Intellectual History

專號：史思傳薪：紀念余英時院士

12

2023 年 12 月

目錄

主編小引

潘光哲（中央研究院近代史研究所研究員）

　　陳寅恪（1890-1969）在二十世紀華人史學社群裏的地位，眾所公認。只是，想要解讀他的著作，以及背後的心態，卻不見得是件容易的事情。舉例來說，當他完成〈論再生緣〉（1954年），[1]向外流傳，頓即引發各方回應，「傳播中外，議論紛紜」。[2]例如，胡適（1891-1962）也得到了一分，批讀一過，對陳寅恪這部自稱「說盡人間未了情」的書，[3]幾乎全無認同，不時留下「迂腐」這樣字眼的眉批。[4]陳寅恪當然不可能知道胡適的批評（他應該也會不在乎）；相形之下，不到三十歲的余英時（1930-2021）在1958年解讀〈論再生緣〉之要

1　陳寅恪，〈論再生緣〉，《寒柳堂集》，陳美延（編），《陳寅恪集》（北京：生活・讀書・新知三聯書店，2001），頁1-106；〈論再生緣〉完成時間，據：蔣天樞，《陳寅恪先生編年事輯（增訂本）》（上海：上海古籍出版社，1997），頁158。

2　陳寅恪，〈論再生緣校補記後序〉，《寒柳堂集》，《陳寅恪集》，頁107；本文自註撰作繫年爲1964年。

3　陳寅恪，〈甲午春朱叟自杭州寄示觀新排長生殿傳奇詩因亦賦答絕句五首近戲撰論再生緣一文故詩語牽連及之也〉，《詩集（附唐篔詩存）》，陳美延（編），《陳寅恪集》（北京：三聯書店，2001），頁106。

4　例如，〈論再生緣〉這一段話：「春融堂集本所載序文亦不同於蘭泉當日交付桂生之原稿者，殆以中多語病，致招陳氏親友之非議，遂亦不得不重改訂耶」（《寒柳堂集》，頁40），胡適在「殆以中多語病，致招陳氏親友之非議」這段話旁以紅筆畫線，並有眉批：「寅恪至老脫不了這種迂腐氣」，胡適藏書：陳寅恪，〈論再生緣〉，頁24A（台北：中央研究院近代史研究所胡適紀念館藏；館藏號：HS-N06F3-047-01）；胡適的其他眉批，不一一舉例。

旨，一在藉考證〈再生緣〉作者陳端生之身世，以寓自傷之意；二在藉〈論再生緣〉之書，而感慨世變，以抒發其對當前之極權統治之深惡痛絕之情，[5]卻讓陳寅恪視爲「作者知我」，[6]儼然深感一己的苦心孤詣，確有知音。時隔多年，因緣際會，余英時又提筆寫下了〈陳寅恪的學術精神和晚年心境〉（1983年），這回他得承受的，卻是來自中共官方的絕無善意的批評；箇中曲折，如何廣引史材，[7]詳爲疏理，有待賢者，這裡就不詳述了。[8]

　　舉此一例，正可想見余英時的學術遺產，豐富多樣；《思想史》本期以「史思傳薪：紀念余英時院士」爲專號，以青年世代的學者爲撰稿主力，其意不僅在爲余英時的學術貢獻，闡幽抉微；更願長江後浪，乘波而起，再創新知。即如本期專輯裡，韓承樺教授闡明余英時研究中國知識群體的意涵，雖未全盤清理余英時研究陳寅恪之始末與爭議，仍復以此爲例，余英時如何透過陳寅恪的書寫，向讀者揭露歷史與當代、知識和價值，兩個世界在知識階層研究的交織互動。新生世代對於史界前賢的詮解，自有一己的獨特觀照。即如徐兆安教授藉由錢穆致余英時的論學書信，鉤沉師徒對於「自覺」概念的重大分歧，非僅述說雙方歷史解釋的不同進路，復可考索各自的思想淵源，

5　余英時，〈陳寅恪〈論再生緣〉書後〉，《陳寅恪晚年詩文釋證》（台北：東大圖書股份有限公司，1998〔增訂新版〕），頁228。
6　余英時，〈書成自述〉，《陳寅恪晚年詩文釋證》，頁6。
7　例如，《夏鼐日記》「1983年4月18日」：「下午至鮑正鵠同志處，送余英時關於陳寅恪先生的文章，因爲院中托他處理此事也」（《夏鼐日記》（上海：華東師範大學出版社，2011），卷9，頁233；按：「院中」當指中國社會科學院成員（或領導要員？），夏鼐時任副院長；《夏鼐日記》的其他相關史料，不一一舉例。
8　其間大略，可以參考：王德威，〈獨立之精神，自由之思想〉，《中國文哲研究通訊》，卷31期4（2021年12月），頁15-18。

亦有獨特之見；而如孔德維博士反思余英時另一名著《中國近世宗教倫理與商人精神》（1986年），藉他山之石，進而析論研究近世的中國宗教與經濟活動，已然拓展的面向與可以持續關注並深化的議題。至於本期專號的其他佳作，各有貢獻與成績，有心之士必然展卷有益；不勞筆者一一費辭。

二十世紀的中國鉅型知識人（及其相關人物）研究，早已蔚爲龐大的學術事業。研究魯迅（1881-1936），「魯學」乃興；研治胡適，「胡學」正盛；探究陳寅恪，「陳學」已立。我們相信，未來研究余英時，也必將展現「余學」的閎闊格局。然而，啓步之始，套用他的提醒：

> 一部中國史浩瀚無垠，它不是一個只可供少數逞才使氣的
> 英雄人物馳驅征服的疆場。只有許多實事求是的史學工作
> 者長期而不斷地默默耕耘，才能把這塊大地化爲一片肥沃
> 的綠野……。[9]

研究余英時，需要的不是摭拾其著述之一二，仰仗小知小慧，信筆而就的才子；相對的，實事求是的史學工作者長期而不斷地默默耕耘，才能讓余英時豐厚的學思遺產，在華人文化知識社群裏，化爲永遠不能割捨的構成要素。

本期專號的文章，最初發表於中央研究院近代史研究所胡適研究群主辦之「余英時院士逝世周年紀念工作坊」（台北：2022年8月5日）；會議宣讀之論文，須經審查通過，始得出版發表，不免有遺珠之憾。會議之舉辦，蒙近代史研究所支持，並得余氏高徒王汎森院士

9　余英時，〈中國史學的現階段：反省與展望〉，氏著，《史學與傳統》（台北：時報出版公司，1982），頁28。

俯允，擔任主題演講人，謹此特致謝悃。與會宣讀與評論諸篇論文之
名家，亦在此一併致謝。個人承司本刊主編，得以匯總諸篇佳作，簡
略稍抒愚見，自感榮寵。一切努力，如能得到學界的支持迴響和批評
指教，必將是最大的榮幸。

【專號論文】

余英時與中國政治思想史研究

傅　揚

國立臺灣大學歷史系學士、碩士，英國劍橋大學東亞系博士。
曾任職東吳大學歷史學系，現爲國立臺灣大學歷史學系助理教
授。主要研究領域爲先秦思想史、漢晉唐政治文化、近現代學
術史。

余英時與中國政治思想史研究*

傅　揚

摘　要

余英時（1930-2021）爲二十世紀後半最重要的華人歷史學家，著作宏富，深刻影響吾人對中國歷史與文化傳統的理解。在諸般評價中，卻罕有人嚴謹闡述他對中國政治思想史研究所做的貢獻。有鑑於此，本文嘗試從余英時關於皇權的看法、關於知識階層與政治權威互動的銳見，以及關於秩序內涵和層次的分析等三個方面，呈現他如何把握中國政治思想傳統。本文認爲余英時的一個首要貢獻，是極有意識地凸顯文化要素、特別是儒家傳統在政治領域的面貌與作用。余英時的中國政治思想史敘事的主線，是探究在帝制時期的權力結構下，儒家士人與官員如何理解、詮釋與實踐「行道於世」的追求，重建理想秩序。借重余英時的眾多著述，中國政治思想史關注的不再只是以往強調的概念辨析和大思想家，而是更廣泛地考察歷史時空中的人如何以觀念和思想論述來理解、回應他們所面對的政治問題。透過余英時的洞見，中國政治思想史研究也可能具有現實意義，有助我們思考如何建立適合當代社會的理想秩序。

關鍵詞：儒家、皇權、士（知識人）、秩序、道

* 本文爲國科會專題研究計畫「西漢後期政治文化中的知識與權威」（110-2410-H-002 -244 -MY3）之部分成果。初稿曾發表於「余英時院士逝世周年紀念工作坊」（2022 年 8 月 5 日），承與會先進不吝指正，復蒙《思想史》審查人惠予寶貴意見，謹此致謝。

一、前　言

　　余英時（1930-2021）可謂二十世紀後半最重要的華人歷史學者，爲理解中國歷史和文化做出巨大貢獻，享譽國際。如所週知，余英時是一百科全書式的學者，研究時段從堯到毛，涵蓋二千多年的中國歷史，主題則廣涉思想觀念、社會經濟、政治文化與近代人文學術發展。余英時著述宏富，若說起最欽羨推崇的作品，可能言人人殊。但就筆者管見所及，在肯定其成就的同時，無論在中文、英文或是日文學界，似乎罕有人有意識地闡述余英時在中國政治思想史領域提出的洞見。這一點其實頗耐人尋味，因爲余英時極爲人稱道之處，便在於他關於思想史和儒學的著述，而此二者與政治皆有密切關係。

　　學界較少強調余英時對中國政治思想史研究的貢獻，與既有的學術社群分野和取徑有密切關係。對理論關懷較強的學者來說，儘管余英時長期以來關注諸如自由、權利、民主等現代政治觀念，但他更多時候仍被視爲一名歷史學家，無意從比較、當代和哲學角度闡釋中國政治思想（由後文討論可知，這個看法並不準確）。至於專精中國政治思想史的學者，他們的取徑多半是以經典或大思想家爲中心，旨在重建這些對象的學說體系甚而予以評價。就此而論，余英時的大量著作其實不易歸類在中國政治思想史的領域。[1]但我認爲，政治思想史除了考察過去關於政治的諸般深刻觀點和論證外，也應該將其視爲一種行動的歷史，即過去的人如何在各種脈絡下，透過思想、觀念、論述

1　對民國以來中國政治思想史研究成果的整理，見劉澤華、葛荃，〈近百年來中國政治思想史研究引論〉，收在劉澤華等編，《中國政治思想史研究》（武漢：湖北教育出版社，2006），頁1-84。這篇文章並未述及余英時，但論文集收有余氏〈反智論與中國政治傳統〉一文（節選）。

來回應各種政治問題。[2]正如史華慈（Benjamin Schwartz, 1916-1999）
所論，政治史與思想史旨在探究人如何認識自身處境，並有意識地做
出回應；[3]政治思想史研究離不開政治史和思想史分析，當然也應慎重
看待史華慈的觀點。

　　本文嘗試綜覽余英時對理解中國政治思想史所做的貢獻。余英時
的自我形象爲歷史學家，也認爲須從歷史角度剖析中國的思想文化。
在〈關於中國歷史特質的一些看法〉（1973）中，他便強調中國政治
傳統的重要性，包括大一統政府的延續性、帝王至高無上之特性，以
及社會經濟發展、價值觀念、宗教和法律制度的表現等，皆「和中國
的政治傳統密切相關」。[4]在可能是生前最後一篇學術文字中（2021），
余英時也著意於中國史上儒家文化與政治權力的交錯互動，認爲此關
係「一直在變化，因爲二者皆生機盎然、變動不居」，且「文化與權
力就像連體嬰，發展離不開彼此，也與對方爭競、爲彼設限」。[5]由上
所述可知，余英時關於中國政治思想的研究與洞見，主要是採用歷史
的取徑，在殊異的各種脈絡中闡釋人與文本的內涵和作用。一般認知

2　參考John W. Burrow, "Intellectual History in English Academic Life:
　　Reflections on a Revolution," in Richard Whatmore and Brian Young, eds.,
　　Palgrave Advances in Intellectual History (Basingstoke: Palgrave Macmillan,
　　2006), pp. 10-11.

3　Benjamin I. Schwartz, "A Brief Defense of Political and Intellectual History:
　　The Case of China," in *China and Other Matters* (Cambridge, Mass.: Harvard
　　University Press, 1996), pp. 30-44.

4　余英時，〈關於中國歷史特質的一些看法〉，收在《歷史與思想》（臺北：
　　聯經出版公司，1976），頁271-284。

5　Ying-shih Yü, "Confucian Culture vs. Dynastic Power in Chinese History,"
　　Asia Major, 34:1 (2021): 1-10. 中譯文見余英時著；傅揚譯，〈中國史上的
　　儒家文化與王朝權力〉，收在《中國歷史研究的反思：古代史篇》（新
　　北：聯經出版公司，2022），頁66。

中的偉大思想或原創觀念，仍是其研究的題中應有之義；但不同時空的人如何回應他們所認知的政治問題，也是同等重要的。用余英時自己的話來說，這是強調「語境」、「事境」（context），與 Quentin Skinner 等人「殊途同歸」的「政治思想史研究法」。[6]

　　本文認爲，在余英時的中國政治思想史研究中，「行道於世」可謂最關鍵的洞見。此乃儒學傳統的核心關懷，也是士人官員追求的目標。根據這個洞見書寫中國政治思想史，不啻探究在帝制時期的權力結構下，不同人物和群體如何理解、詮釋與實踐「行道於世」的理想。余英時的諸多論著，無論宏觀見解或細緻的個案研究，其實都提供重要的觀察與內容，有助我們循上述線索深究中國政治思想史。以下將先考察余英時對皇權的認識，再說明他如何分析知識人（士階層）與政治權威的互動，最後則討論他對「秩序」的理解。除了「歷史的」研究、亦即針對二十世紀以前主題的著述外，本文也會利用余英時有關現當代的學術論著甚至時論，以期更充分呈現他對中國政治思想史的認識。

　　應補充的是，在超過五十年的著述生涯中，余英時留下既多且廣的大量作品，不僅述古，抑且論今。本文綜述余英時對中國政治思想史研究的貢獻，只能採擷有限的若干文字加以說明。余英時許多論著既富啓發性，亦招致不少商權意見，但本文礙於篇幅和文旨，無法一一開展，只能在若干處提請讀者留心。若讀者發現余氏某些著述或其他學人的商權意見可以與本文所論互相發明甚至相詰，實乃推動研究進展的自然之事，亦爲筆者所樂見。此外，余英時諸般作品可以根據

6　余英時，〈「抽離」、「迴轉」與「內聖外王」〉，收在《宋明理學與政治文化》（臺北：允晨，2004），頁338-339。

寫作與出版時間編年，也可以按照主題進行排序。出於方便，本文徵
引余英時著作時，並未採取任何嚴格的時序，而是就討論對象進行揀
擇。這個做法較能直截呈現余英時思想與論點，但當然也會忽略其與
時變化的一面。這個缺憾尚待未來補正，請讀者諒察。

二、皇權的角色

在余英時的論著中，皇帝及其權力是形塑中國政治思想與政治文
化至爲重要的元素。大體而言，帝制中國並沒有能限制皇帝權力的體
系性手段，故「專制」一詞往往被用來描述皇權。[7]作爲歷史學者，余
英時很清楚權力關係的複雜糾葛，曾在《朱熹的歷史世界》（2003）
中指出「皇權不是孤立的」，而是「整體政治權力的一個組成部分，
而且處於權力發動的源頭」。以宋代爲例，「皇權決不能理解爲在位
皇帝的個人權力」，應視之爲「自成一系的權力結構」，參與運作者
包括各種皇室成員和相關角色。[8]他也明確表示，中國史上的皇權有其
發展歷程：

> 自梁啓超以來，學者大都認定中國兩千年的政治形態是所
> 謂「君主專制」……這個說法並不算錯，因爲皇帝至少在
> 理論上是人間權力的最後來源……在古代政治思想中，權
> 力還有超人間的根據，即是「天」。「天」是皇權的保
> 證，但同時又構成皇權的限制……故中國原有的君主專制

7　近代中國專制說的考察，參考侯旭東，〈中國古代專制說的知識考古〉，
　　《近代史研究》，2008卷4期（北京，2008），頁4-28。
8　余英時，《朱熹的歷史世界：宋代士大夫政治文化的研究》（臺北：允
　　晨，2003），下篇，頁578。

　　並不是絕對的、任意的。但君主專制在中國史上有愈演愈
　　烈的傾向，故近人每以明、清爲專制的高峰時代…這一歷
　　史趨勢與「征服王朝」，特別是統一的「征服王朝」有
　　關。[9]

但無論如何，在認識皇帝統治爲專制的這個問題上，余英時絕非孤明
先發，也沒有提供理論性闡發；他的貢獻在於捕捉皇權專制的現象，
究竟如何在具體歷史時空中影響政治觀念的形成和表述。

　　在其眾多著述中，〈反智論與中國政治傳統〉（1975/1976）可能
是少數直截了當、自言爲「政治思想史」角度的文章。[10]這篇文章頗
具影響力，認爲先秦政治思想「主要流派祇有儒、墨、道、法四
家」，且「墨學在秦以後幾乎毫無影響，可以不論」。他進而主張
「儒家在政治上重智性」；道家不看重「智性以及知識」，《老子》尤
其令「道家的反智論及於政治」，並表現在「權謀化」和「思想統
制」等發展上；法家則是反智論的大成，徹底「摧殘智性」、「壓制
知識份子」，並透過「愚民」和「尊君」落實其理念。先秦道、法家
的反智論，在漢代更透過制度與政治文化賡續，促成「儒學法家
化」，致使皇帝關心的不外乎「尊君卑臣，崇上抑下」；儒家若欲當
權，「在政治上最後也祇能成爲『反智論者』」，影響相當深遠。[11]

　　當然，余英時並非主張反智論爲中國政治思想傳統的主幹。[12]更

9　余英時，〈中國史上政治分合的基本動力〉，《歷史人物與文化危機》（臺
　　北：三民，2020），頁260。
10　余英時，〈反智論與中國政治傳統〉，收在《歷史與思想》，頁1-46。
11　在余英時之前，蕭公權已表達過相似意見，強調法家與專制的關係，以及
　　儒、法思想在傳統帝制中的角色，見蕭公權著；劉紀曜譯，〈法家思想與
　　專制政體〉，收在《迹園文錄》（臺北：聯經出版公司，1983），頁75-90。
12　甘懷眞便指出，〈反智論與中國政治傳統〉爲余英時舊作，不能代表他對

精確地說，反智論的終極來源，其實是皇權或君權本身；君權是「絕對」（absolute）且「最後」（ultimate）的，核心精神是「君尊臣卑」。相較之下，官僚制度「反而不乏智性的成份」、有賴「理性的規劃」。問題在於官僚制度「本身不能決定運行的方向，則它的獨立自主性便不免常常受到外來壓力的侵蝕」。尤其關鍵的是，余英時認爲「兩千年來君權問題是理性所不許施，議論所不敢到的領域」，君權「容不得理性的充份施展」。他進而認爲「中國政治傳統至少有三個重要的組成部份」，即「君統」、「官統」和「吏統」，而「君統」不具備任何「現代意義」，現代化也不能簡單仰賴一個權力集中、具charisma的領袖。[13]皇權或君權的這種絕對性，也瀰漫至道德領域，尤其是「政治化的道德」，表現爲「皇帝在理論上是道德最高的人」。易言之，「有德者必有位」的想法，轉而變爲「有位者必有德」，皇帝即「聖人」。余英時甚至認爲，「太強調道德就勢必要輕視才智，甚至以才智爲道德的對立面」，對探究政治思想中「才」、「德」觀念的張力也不無啓發，特別是如何從皇權的角度加以分辨。[14]

　　說皇權與反智傳統有關，似乎暗示它並非政治思想所關注的問題，但情況並非如此簡單。事實上，反智論本身也成爲一種政治論述，與其它政治觀念或表述相互激盪。如唐玄宗、宋徽宗、明太祖注《老子》，便凸顯「權謀術數」、「統制思想」、「愚民」、「嚴刑」等考

中國政治思想特質的定論，見甘懷眞，〈再論儒教國家：代導讀〉，《皇權、禮儀與經典詮釋：中國古代政治史研究（增訂版）》（臺北：臺大出版中心，2022），頁四。

13 余英時，〈「君尊臣卑」下的君權與相權〉，收在《歷史與思想》，頁47-75。

14 余英時，〈從「反智論」談起〉，收在《史學與傳統》（臺北：時報出版公司，1982），頁108-124。

慮。[15] 另一方面，皇帝也不時嘗試控制言論與思想。在〈從中國傳統
看學術自由的問題〉（1975）一文中，余英時指出戰國時期學術自由
「提供了許多可能性」，讓人可以「對當時政治、社會種種大問題提
出各種解答」。但秦代後開始壓制學術自由，明、清時期尤烈。他以
明太祖時的《孟子節文》爲例，認爲朱元璋下令刪改《孟子》，「所
刪的全是我們所謂的民主思想」，故「朱元璋對學術自由是有意的控
制」，目標「就是要消滅民主觀念，使人不得懷疑君權至上」。以政
治力壓迫人民誦讀皇帝聖諭，更會造成教條主義。[16] 無論是否同意余
英時對《孟子》中「民主」精神的判斷，反智論在此確實呈現出一種
政治論述；它不僅反映朱元璋統治時期的氛圍，更有著皇權專制的深
遠影響，值得政治思想史家留心。

　　皇權對政治思想的影響，絕不限於上述的反智問題。余英時在前
引最後一篇學術文字中，便直言政治壓力對儒學傳統帶來的衝擊：

> 明代專制對儒家文化造成的最重大影響，是讓士人不再以
> 宋代理學「得君行道」理想爲念，因爲這在明代不啻天方
> 夜譚。但作爲儒家的基本立場，「行道」的抱負絕不可
> 亡，否則儒家便不成其爲儒家，問題因而變成如何透過其
> 他途徑以實現此抱負。[17]

在余英時看來，明代的政治風氣極大地限制了儒者在政治舞台上「行

---

15 余英時，〈唐、宋、明三帝老子注中的治術發微〉，收在《歷史與思想》，
　　頁 77-85。

16 余英時，〈從中國傳統看學術自由的問題〉，收在《史學與傳統》，頁 125-
　　164。

17 Ying-shih Yü, "Confucian Culture vs. Dynastic Power in Chinese History," 9.
　　中譯見〈中國史上的儒家文化與王朝權力〉，頁 65-66。

道」的可能，理學因此僅能「集中在性、命、理、氣等形而上概念的精微分析方面」。要到王陽明（1472-1529）之手，儒家才得以開展新的社會以及政治理論。簡言之，在著名的龍場頓悟（1508）後，王陽明有意識地「退出權力世界」，不再以「內聖外王」、「得君行道」爲念，因爲其「政治遭遇」讓他認識到處境「險惡」，是故「不但自己盡量避免議論政治，而且也極力以此來約束門人」。但王陽明並非就此消沉，而是開闢一條「新路」，要面向社會小民，透過「良知」學說以「覺民行道」，進而「治天下」。[18]此可謂皇權專制刺激出政治思想新面貌的最好例證。有不少研究可支持以上觀察。如黃進興分析清初政權意識形態，認爲康熙（1662-1722在位）成功綰合政治權威與文化權威，「致使『皇權』變成『政治』與『文化』運作的核心，而統治者遂成爲兩項傳統最終的權威」，強化君主專制，影響及於「君臣關係的變化」和「政治權威概念之改變」。[19]王汎森探究清代文字獄與士人的書寫及出版，指出士人在政治權力高壓下各種自我禁抑的現象，亦可謂反映以滿人爲主的統治集團的皇權的影響。[20]當然，明清皇權專制下的政治思想，還有許多可深入探索的問題，吳兆豐近期分析士人關於教化宦官的想法與實踐，便呈現知識階層如何回應君主專

---

18 余英時，〈明代理學與政治文化發微〉，收在《宋明理學與政治文化》，頁249-332。亦見Ying-shih Yü, "Reorientation of Confucian Social Thought in the Age of Wang Yangming," in *Chinese History and Culture* (New York: Columbia University Press, 2016), v.1, pp. 273-320.

19 黃進興，〈清初政權意識型態之探究：政治化的道統觀〉，收在《優入聖域：權力、信仰與正當性》（臺北：允晨，1994），頁87-124。文中論及的「道統」與「治統」問題，詳下。

20 王汎森，〈權力的毛細管作用──清代文獻中「自我壓抑」的現象〉，收在《權力的毛細管作用：清代的思想、學術與心態（修訂版）》（臺北：聯經出版公司，2014年2版），頁395-502。

制強化。[21]

　　此外，中國史上的皇權專制，是否為近現代極權主義
（totalitarianism）提供思想與文化基礎？這絕非異想天開，而是見證
二十世紀上半世界歷史與各國政治軌跡，以及現代中國政權發展後，
不少人嘗試回答的問題。政治學者錢端升（1900-1990）於1935年時
便在《半月評論》上撰文說明極權主義的內涵，指出「極權國家」
（"totalitarian state"）是「權力廣大、一切權力皆為所有的一個國
家」。[22]余英時也曾在一篇文章中（1987），直接以「極權統治」指稱
當代中國，並感覺「大陸知識分子普遍地表現了衝破極權體系天羅地
網的強烈要求」。[23]作為對照，唐君毅（1909-1978）的看法頗值一提。
唐君毅認為儒家與墨家、道家皆有相通處，與法家則正相反；「法家
之根本精神，用新名詞說，即極權主義」，是「以政府為中心」，「只
承認政治系統而否認教化系統」。他以「特務制度」、「清黨」、「恐
怖政策」比擬法家提倡的政治手段，說「法家之精神」與希特勒
（Adolf Hitler, 1889-1945）、史達林（Joseph Stalin, 1878-1953）並無二
致。他的中心論旨是，「就現實政治之本性而論，一切現實政治皆有
趨於極權之趨向。現實政治總要想支配一切，利用一切。一般政治家
之本性，必難免有權力欲」，所以必須仰賴其他「文化力量」，特別

---

21 吳兆豐，《有教無類：中晚明士人教化宦官行動研究》（北京：社會科學
　　文獻出版社，2021）。

22 錢端升，〈論極權主義〉，收在錢端升著；錢元強編，《政治的學問》（北
　　京：文津出版社，2020），頁104-109。亦見1934年之〈民主政治乎？極
　　權國家乎？〉，《政治的學問》，頁84-103。

23 余英時，〈衝決極權羅網的「反思」——與兩位大陸青年思想家談大陸的
　　改革前景和思想出路〉，收在《文化評論與中國情懷》（臺北：允晨，
　　2019年2版），頁243-248。

是儒家，方可「建立政治民主，以反極權」。[24]在這番見解中，唐君毅當然沒有將整個傳統中國文化視作極權主義，但究實而論，他視之爲極權主義的法家思想，顯然在君主統治和國家控制中扮演重要角色；換言之，皇帝專制的歷史現象，其實可能透過法家思想，與極權主義建立聯繫。

　　對此，余英時是怎麼看的呢？他在〈「君尊臣卑」下的君權與相權〉（1976）中有如下見解：

> 現代中國的反智政治當然有很大的一部份是來自近代極權主義的世界潮流，並不能盡歸咎於本土的傳統。但是潛存在傳統中的反智根源也決不容忽視。如果沒有傳統根源的接引，我們很難想像中國反智政治的狂潮會在短短二、三十年之中泛濫到今天這樣的地步。[25]

在一篇2020年出版的訪談中，余英時則指出，秦漢以後所有朝代有一共同點，即「皇帝只有一個」，「最上面有個絕對君主，再下來有個權力高度集中於中央的行政機構」（另一共同點是「官僚的選拔與培訓」）。比較中國共產黨與皇帝統治的菁英性格時，他也認爲「傳統王朝是君主專制沒錯，但是君權多少受到公卿集體的拘束，而公卿都是操守與詩禮修養的菁英」。「君主獨裁」雖然無法完全避免，「整個來看，歷代王朝的權力都是士大夫集團在運作，皇帝通常也由著他們去運作」。最重要的是，「要追尋中國極權主義的起源，不必看中國歷史，而要往現代西方傳統去找，也就是蘇維埃」。[26]另一篇1993年

---

24 唐君毅，〈儒家之社會文化思想在人類思想中之地位〉，收在《人文精神之重建》（臺北：臺灣學生書局，1989），頁201-207。

25 余英時，〈「君尊臣卑」下的君權與相權〉，頁48。

26 余英時口述；郭玉（Ursula Gauthier）採訪；顏擇雅翻譯，〈中國極權主義

的作品則有如下看法：

> 兩千多年中，中國仍然有一個民間社會的存在，雖不足與
> 帝力正面抗衡，卻未嘗不曾爲個人和私人團體提供了庇護
> 之所……中國專制朝廷不能與現代極權國家相提並論，它
> 沒有消滅社會的野心，也沒有這種組織的能力。由於法家
> 所倡導的國家權力不能深入社會，朝廷必須借重士人以增
> 強其統治（後略）。[27]

若以這三篇文章爲據，在余英時眼裡，皇帝專制是中國史一個顯著特色，有極強延續性，其蘊含的若干內涵，特別是法家的反智傾向，在現代極權國家中也可見蹤跡。但現代中國極權主義自有其根源，特別是來自歐洲的元素。[28]說皇權在傳統中國沒有對政治思想產生多大影響，或輕易將現當代若干政治問題歸咎給皇帝專制及其背後的法家思想，皆不符實情。

　　比較余英時和其他學者關於中國皇帝專制的看法亦有其價值，在此我們以錢穆（1895-1990）和徐復觀（1904-1982）兩位和余英時關係匪淺的歷史學者爲例進行說明。錢穆和余英時爲師弟關係，但他們對中國史上皇權與專制問題的認識，卻有明顯差異。在原刊於1950

的起源〉，收在余英時著；顏擇雅編，《余英時評政治現實》（新北：INK
印刻文學，2022），頁31-41。

27 余英時，〈展望中國民主化的前景──從「國家」與「社會」的關係說
起〉，收在《歷史人物與文化危機》，頁190。

28 劉季倫以青年毛澤東爲例，說明他展現出的極權主義思想特質，其實可見
傳統中國的若干元素，例如對儒家學說的個人解讀，見劉季倫，〈青年毛
澤東的思想與現代中國極權主義的誕生〉，《國立政治大學歷史學報》，第
18期（臺北，2001），頁63-130。由此可知，現代中國極權主義根源的問
題相當複雜，余英時所論勢難盡全豹。

年的〈中國傳統政治〉中，錢穆指出，透過「君主專制」或「民權」
云云來討論中國史，「不能貼近歷史客觀事實之眞相」，因爲「中國
的政治理論，根本不在主權問題上著眼」。秦漢以後的歷史不可逕以
「君主專制」視之，因爲歷代「常保留一個君職與臣職的劃分」。他
認爲中國傳統政治有「法理上的職權規定」，「皇帝不能獨裁，宰相
同樣的不能獨裁」；中國史上「眞正的專制政治」僅見於元代和清
代。要言之，歷史上有些皇帝攬權帶來負面影響，「是人事問題，不
關政治體制」。[29] 錢穆重視「制度」精義的「職分論」觀點，閻鴻中已
有深入分析，於此不贅。[30] 但必須指出的是，錢穆在相關著述中凸顯
的是中國歷史文化的獨特性，和二十世紀以來訴諸普遍性學理原則討
論專制的作法有異，也因此招致批評。如蕭公權（1897-1981）便從
君主大權集中，以及沒有眞正限制君權的制度等面相，斷言傳統中國
的君主統治爲「專制政體」。[31]

　　另一個反駁君主專制的論點，則來自錢穆對士人角色的理解。如
在原刊於1976年的〈帝王與士人〉中，錢穆強調「君尊臣卑，乃政
治制度所宜然，而士貴王賤，亦中國文化傳統中一特殊觀念特殊風
氣，有非晚近國人高呼民主政治者之所能想像」。中國傳統政治「當
名爲士人政府」，「爲帝王者，亦必深受士人之教育」。許多君臣相與
的例子不能僅從「政治體制」或「君臣身分地位」的角度看，一代政

---

29 錢穆，〈中國傳統政治〉，收在《國史新論》（臺北：素書樓基金會，
　　2001），頁86-123。
30 閻鴻中，〈職分與制度——錢賓四與中國政治史研究〉，《臺大歷史學
　　報》，第38期（臺北，2006），頁105-158。
31 蕭公權，〈中國君主政體的實質〉，收在《憲政與民主》（臺北：聯經出版
　　公司，1982），頁60-77。

治情勢也多半繫乎士人而非帝王之身。細查「二十五史及三通九通諸書」和「一切制度及其故事」，中國政治史絕非「帝王專制」可以抹煞。[32]

　　值得注意的是，余英時曾指出，錢穆〈帝王與士人〉一文實乃針對〈反智論與中國政治傳統〉而發。他述及此事時，有若干訊息或可說明二人對中國專制問題理解的異同。余英時自言〈反智論〉一文旨在揭示文革「雖然在意識形態和組織方式上取法於現代西方的極權系統，在實際政治操作上則繼承了許多傳統君權的負面作風」。[33]觀余英時在〈反智論〉之後的著述可知，他對士人在中國政治傳統中扮演的角色，和錢穆的見解並無大異。[34]〈反智論〉所述的君權壓抑智性問題固然不全面，錢穆呈現的君臣互動也僅是理想的一面。錢穆對中國傳統政治原理的闡釋相當精彩，但主要是由士人角度立論，且在強調制度時，反而有淡化皇帝作為個人所具有的能動性之風險，輕忽皇帝專制或專權的運作。事實上，余英時及其他學者的史學研究，正說明不管聚焦專制與否，皇權確為討論中國政治史和思想史無法繞過的課題，是中國政治思想中占據核心位置的元素。

　　相較之下，余英時和徐復觀的看法也許更接近一些。徐復觀在一篇初刊於1957年的文章中認為，「由君臣關係之絕對化因而顯出人君

---

32 錢穆，〈帝王與士人〉，收在《晚學盲言（上）》（臺北：東大圖書，1987），頁493-500。

33 余英時，〈新版序〉，《歷史與思想（二版）》（新北：聯經出版公司，2014），頁i-iii。

34 如余英時晚年便認為，中國的王朝「還是要靠士大夫來維持的。中國完全是皇帝一個人胡作非為也不是事實，文化還有一個控制的力量」。見余英時口述；李懷宇整理，《余英時談話錄》（臺北：允晨，2021），頁146。關於士的議題，詳後文。

特爲尊嚴之觀念，乃長期專制政治下之產物，爲先秦正統思想中所未有」。這種君臣關係的變化，「始於暴秦而完成於兩漢」。從歷史的角度看，「凡講中國文化而將其與專制政治併爲一談，甚且以中國文化作擁護專制之工具者，實皆中國文化之罪人」。論法家角色時，他也強調「法家乃中國之法西斯思想，特將人君之尊嚴絕對化」。[35] 就對法家的評價，以及從歷史演進考慮專制問題而言，徐復觀此處所論和余英時在〈反智論與中國政治傳統〉中的觀點實可互相發明。又如在《兩漢思想史》中，徐復觀也認爲漢代知識分子面對「大一統的一人專制政治」有普遍的「壓力感」；就法家思想成爲「專制政治的骨幹」而言，「兩漢像樣子的知識分子，幾乎沒有不反對法家的」。徹底把握專制政治情態及其影響，則是理解漢代以至後世思想史的「前提條件」。[36]

　　然而，徐復觀雖強調君主專制的現實，卻並未以此作爲中國政治思想的基本特質。〈中國的治道〉（1953）頗可說明這個觀察。這篇文章是以唐代陸贄（754-805）的傳記和《翰苑集》爲據，分析陸贄以至「中國政治思想中核」。徐復觀認爲，中國過去的政治有一根本的矛盾：

> 政治的理念，民才是主體；而政治的現實，則君又是主
> 體。這種二重的主體性，便是無可調和對立……中國的政
> 治思想，總是想消解人君在政治中的主體性，以凸顯出天

---

35 徐復觀，〈國史中人君尊嚴問題的商討〉，收在徐復觀著；蕭欣義編，《儒家政治思想與民主自由人權》（臺北：臺灣學生書局，1988 年增訂再版），頁 167-175。

36 徐復觀，《兩漢思想史・卷一・周秦漢政治社會結構之研究》（臺北：臺灣學生書局，1985 年 7 版），頁 281-294。

下的主體性，因而消解上述的對立……以各種語言表現出

只有把人君在政治中的主體性打掉，才可保障民在政治上

的主體性。這才是中國政治思想的第一義。

換言之，如何抱持以「民」爲本的理念，在專制的實際政治生活中
「合理的安頓」人君，乃中國政治思想的核心關懷。陸贄的實際作爲
是進諫，其行動基礎則是儒學和「殉道精神」。[37]在我看來，徐復觀結
合史傳、文集，從人物行事和抱負探究中國士人的政治思想，和余英
時探究古人追求「行道於世」的思想與實踐異曲同工。而在這個過程
中，皇權甚而皇帝專制，則有著絕難避開的存在之重。余英時在悼念
徐復觀的文字（1982）中寫道，徐復觀「是以歷史的經驗，發掘思想
的問題」，「治中國思想史，分從歷史與思想兩條線索同時進行」。[38]這
個描述若用在余英時本人身上，我想也毫不突兀。[39]

　　由上所述可知，余英時的一個重要貢獻，是將皇權問題設定爲中
國政治思想史研究的一個必要參照。他將反智論刻畫爲一種政治思
想，並說明反智論如何影響其他政治觀念。他也藉由明代理學與政治
文化的研究，分析君主專制如何令儒家學說導向一種有別以往的新政
治理論。透過以上成果，皇權專制不再簡單只是一個抽象觀念或意識
形態背景，而是對政治和政治思想產生實質影響的歷史現象。我們可
以說，研究者若欲探究中國政治思想史，勢必得從不同面向考慮皇權

---

37 徐復觀，〈中國的治道──讀陸宣公傳集書後〉，收在《學術與政治之間》
　　（臺北：臺灣學生書局，1980），頁101-126。

38 余英時，〈血淚凝成眞精神〉，收在曹永洋等編，《徐復觀教授紀念文集》
　　（臺北：時報出版公司，1984），頁115-117。

39 當然，這並不是說余英時和徐復觀在許多方面都很相似，或其學術取徑更
　　接近徐復觀而非錢穆。余英時對徐復觀的描繪，見李懷宇，《余英時訪問
　　記》（臺北：允晨，2022），頁211-216。

在特定歷史情境中發揮的作用。

　　不過，儘管皇權確實是中國政治思想的一個必要參照，我們也不能將中國政治思想史呈現的各種面貌，輕易地視為屈從皇帝或專制統治的結果。余英時在前引〈關於中國歷史特質的一些看法〉中，曾如此說過：

> 無論居最高位者在主觀上是謙還是傲，他在客觀制度上超越世人，君臨天下，總是不可否認的事實。儘管漢儒抬出「天」來限制皇帝的權力，宋儒抬出「理」來壓制皇帝的氣燄，都未見有顯著的作用。[40]

在晚年的訪談中，余英時也有如下觀點：

> 我的朱熹研究中，理學最早是要限制皇帝的權力，後面反過來被皇帝運用：有了權力就有理了。但是理學家從二程、朱熹到明朝的王陽明，都是以理限勢，見了理一定要低頭，這是最高的法則，等於西方的自然法是比人的法律高的。[41]

上引文字有兩點與本文密切相關。首先，余英時對理學的判斷，說明皇帝確實可以影響政治思想與論述的面貌。其次，這兩段話也反映中國史上的學者和官員，絕非無條件屈服皇帝的專制統治。相反的，他們可以闡釋理論並訴諸各種權威（無論是「天」、「理」或其它概念）以回應君權，即便具體成效未必盡如人意。[42] 在我看來，此認知展現

---

40 余英時，〈關於中國歷史特質的一些看法〉，收在《歷史與思想》，頁275。
41 余英時口述；李懷宇整理，《余英時談話錄》，頁231。
42 這有賴研究者扣緊具體時空脈絡進行深入剖析，無法一概而論。以理學與皇權的關係而言，張曉宇的研究便可和余英時的觀點互相參照。見張曉宇，〈理學與皇權——兩宋之際「聖學」觀念的演變〉，《中央研究院歷史

了一件事：若將政治思想史看作人如何在不同脈絡中，透過思想觀念以回應政治問題的歷史，則包含學者、官員、思想家在內的知識人／士階層及其活動，肯定是中國政治思想史研究不容錯過的主題。余英時眾多思想史著述，便清楚說明此點。

三、政治傳統中的士

余英時的中國思想史研究的一大特色，是突出士或知識人的角色。總的來說，他有三個重要觀察與中國政治思想史研究關係密切。首先，他非常有意識地採取了比較的觀點，尤其是軸心時代（Axial Age）和古代中國哲學突破（philosophic breakthrough）的概念。他認為中國的軸心或哲學突破，體現在運用「道」來重新詮釋既有的禮樂傳統。在這個過程中，討論焦點從「天道」轉移至「人道」，促成其所謂「內向超越」，即認為「世間」和「超世間」的關係乃「不即不離」，有別於古希臘（「超世間是世間一切價值之源，它不但高於世間，並且也外在於世間」）、以色列（世間「一方面完全依賴於上帝而存在，另一方面又是實現上帝的一切計畫的工具」）和印度（「對於世間採取捨離的（renunciatory）態度」）。[43]

第二，拜「內向超越」之賜，中國的知識人從公元前五世紀開始，便著意於透過「道」改變世界。這個論點也不乏比較意味。余英時在〈中國知識人之史的考察〉（1990）中援引馬克思（Karl Marx, 1818-1883）的話說明「西方知識人的兩大類型」：「哲學家從來祇是

語言研究所集刊》，92卷4期（臺北，2021），頁649-700。

43 余英時，〈中國知識人之史的考察〉，收在《知識人與中國文化的價值》（臺北：時報出版公司，2007），頁170-176。

以各種不同的方式解釋世界；但眞正的關鍵是改變它」。重要的是，中國的知識人因為「內向超越」，「自始便以超世間的精神來過問世間的事」，要以「道」來「改變世界」：

> 「救世」、「經世」都是「改變世界」的事。這一精神上起
> 先秦下及清代，始終貫穿在中國知識人的傳統之中。所謂
> 「救世」或「經世」也有正面和反面兩種方式。正面的方
> 式是出仕；但出仕則必須以「道」是否能實現為依
> 據。……「改變世界」的反面方式則是對「無道」的社會
> 加以批評。……超世間的出現，使人可以根據最高的理想
> ——「道」——來判斷世間的一切是與非。[44]

換言之，中國文化「內向超越」的特性，讓士或知識人的思想意態自然導向社會與政治問題。

　　第三，由於缺乏限制皇權的制度性憑藉，中國知識人只能靠「修身」、「精神修養」，以此得「道」來對抗皇帝。因為「道」的「唯一保證」，乃「每一個知識人的內心修養」；特別是儒家，欲「以超世間的『道』和世間的『勢』——主要是君主的政權——相抗衡」。此可謂「中國超世間的理想在世間求取實現的唯一途徑」。[45]當然，中國歷史上的知識人不勝枚舉，意趣與行事也不盡相同，余英時的上述觀察，更多的是一種理想型（ideal type）的歸納，或者說寄託他對理想知識人精神風範的期許，不應視為對中國歷史文化實情的一般性描述。

　　除了上述的整體判斷，余英時也強調知識人與政治社會環境在不

---

44 以上見余英時，〈中國知識人之史的考察〉，頁176-179。
45 余英時，〈中國知識人之史的考察〉，頁186-196。

同時代的各種互動。在〈士在中國文化史上的地位〉（1987）中，余英時概括道，「『士』在先秦是『游士』，秦漢以後則是『士大夫』」。秦漢時期士的活動以「儒教」為中心；魏晉南北朝時道家「名士」和若干心存「濟俗」的高僧「更能體現『士』的精神」；唐代除了發願拯救眾生的僧人外，若干詩人、文士「更足以代表當時『社會的良心』」；宋代儒家復興建立新風範，「不僅是原始儒教的復甦，而且也涵攝了佛教的積極精神」，影響及於近代。[46]這個觀點甚富貢獻的一個地方，是提醒我們在研究不同時段的中國政治思想史時，可以將目光投向哪些人或群體之上。[47]

讓我們根據余英時的若干個案研究，更仔細地看他如何呈現知識人與中國政治思想史的關係。早在1978年，余英時便提出古代中國「哲學突破」的觀察，認為中國的「道」有很強的人間性，「比較能夠擺脫宗教和宇宙論的糾纏」。稷下先生的存在，則反映「當時的士已發展了群體的自覺，而道尊於勢的觀點也相當的普遍」。[48]他之後則將帝王與知識人之衝突，描述為「政統」與「道統」之爭：

> 春秋戰國之際……從各國君主一方面說，他們在「禮壞樂崩」的局面之下需要有一套淵源於禮樂傳統的意識型態來加強權力的合法基礎。從知識份子一方面說，道統與政統已分，而他們正是道的承擔者，因此握有比政治領袖更高

---

46 余英時，〈士在中國文化史上的地位〉，收在《知識人與中國文化的價值》，頁209-210。

47 錢穆認為，「若講唐代思想，詩文集之重要，即遠勝於經學注疏也」，亦是此理。見錢穆著；錢婉約整理，〈1957年8月1日函〉，《錢穆致徐復觀信札》（北京：中華書局，2020），頁237。

48 余英時，〈古代知識階層的興起與發展〉，收在《中國知識階層史論（古代篇）》（臺北：聯經出版公司，1980），頁1-92。

　　的權威——道的權威。

要言之，中國知識份子的基本特質，在戰國時期便已奠定，尤著者有
以下三點：首先，他們「主要構成條件已不在其屬於一特殊的社會階
級」，「而在其所代表的具有普遍性的『道』」。第二，「道」在中國
「基本上是一個安排人間秩序的文化傳統」。第三，知識份子相信
「道」尊於「勢」，「根據『道』的標準來批評政治、社會」成為其
「分內之事」。[49]在〈中國知識份子的古代傳統〉中（1982），余英時也
指出「人間性格的『道』是以重建政治社會秩序為其最主要的任
務」，《論語》、《孟子》以及其它文獻所見、「內求諸己的路向」，則
源於中國知識份子缺乏外在憑藉。[50]2014年出版的《論天人之際》除
了凸顯精神修煉的角色，更析論「內向超越」既包含對禮樂傳統的新
詮釋，也蘊含對上古宗教傳統（巫傳統）的轉化。據此，孔、孟、莊
子以至任何人，「透過陶養心中敏感的氣」，均可與天相通、「天人合
一」（「心」、「道」合一），[51]進一步論證中國知識人重視修身的思想
基礎。

　　應強調的是，以「政統」、「道統」的語言論中國政治思想與文
化，並非始自余英時。牟宗三（1909-1995）便有類似主張，但焦點
不盡相同。牟宗三在《政道與治道》中說「政道是相應政權而言，治
道是相應治權而言」，「政道者，簡單言之，即是關於政權的道理」，
也就是「政治形態」的原理；「治道」則是「治理天下之道，或處理
人間共同事務之道」，主要有儒家「德化的治道」、道家「道化的治

---

49 余英時，〈道統與政統之間〉，收在《史學與傳統》，頁30-70。
50 余英時，〈中國知識份子的古代傳統〉，收在《史學與傳統》，頁71-92。
51 余英時，《論天人之際：中國古代思想起源試探》（臺北：聯經出版公
　　司，2014）。

道」及法家「物化的治道」。[52] 在另一篇文章中，牟宗三則使用「道統」、「學統」、「政統」的語言。他認爲「學統」關乎學術文化，「是心靈之智用之轉爲知性形態以成系統的知識（此即學之爲學）所發展成」；「政統」是牟宗三「私立」之名，「意指『政治形態』或政體發展之統緒言」，要點是理解「如何從貴族制轉至君主專制制，如何從君主專制制再必然地要轉至民主制」；「道統」則可謂「心靈之角度與方向」、「文化生命發展之大動脈」，有其獨特性。[53]

直接影響余英時「道統」、「治統」觀念者當屬錢穆。錢穆認爲傳統中國是由學術領導政治。黃克武指出，對錢穆而言，「學術界與教育界所形成的『道統』地位應在政府所形成的『治統』之上」；而此觀點經余英時擴充後，「成爲中國知識階層史的核心觀念」。[54] 兩相比較，牟宗三的「道統」和「政統」說更重義理闡發與歷史演進的必然性或規律，著眼點主要是現代中國文明如何開展出民主體制，錢穆和余英時則嘗試凸顯政治權威與知識人在不同時代的拉扯張力。彭國翔認爲，牟宗三認知的傳統中國政治格局之癥結是「君權約束無力、人民無法參與政治以及知識人參政沒有保證」；[55] 我相信余英時也會認同這個觀察。若然，牟、余二人（以及錢穆）所言之「政統」與「道統」容或有異，切入問題的角度也一偏哲學一屬歷史，但對我們探究

---

52 牟宗三，《政道與治道》（臺北：臺灣學生書局，1991年增訂新版），頁 1-43。

53 牟宗三，〈略論道統、學統、政統〉，收在《生命的學問》（臺北：三民，2011年4版），頁68-80。

54 黃克武，〈錢穆的學術思想與政治見解〉，《歷史學報》，第15期（臺北，1987），頁394-395。

55 彭國翔，《智者的現世關懷：牟宗三的政治與社會思想》（臺北：聯經出版公司，2016），頁372-378。

中國政治思想史來說，都提供了重要洞見。[56]

回到余英時的著作，若上述特徵標誌中國知識人的原始或基本型態，宋代以降的士人更增添若干宗教精神的元素。余英時在《中國近世宗教倫理與商人精神》（1987）中指出，「中國的宗教倫理自新禪宗以來即一直在朝著入世苦行的方向轉變」，宋儒的宗教精神固然源自新禪宗，但他們「正是要在新禪宗止步之地，再向前跨出一步，全幅地肯定『人倫』、『世事』是眞實而非『幻妄』」。宋代新儒家以「理」作爲「道」的根據，以「敬」爲處事的精神憑藉。范仲淹（989-1052）「以天下爲己任」的抱負，說明宋儒「把宗教精神轉化爲對社會的責任感」，且「這種『士』的宗教精神是新儒家的一個極其顯著的特色，這是在南北朝隋唐的儒家身上絕對看不到的」。這種「經世」精神「在北宋表現爲政治改革，南宋以後則日益轉向教化」。[57]

在 2003 年出版的《朱熹的歷史世界》中，余英時也認爲，宋代「一般的社會心理早已盼望著士階層復出，承擔起重建社會秩序的功能。宋初的文治取向正是對於這一社會心理的敏銳反應」，迫使統治階層「爲了鞏固政權的基礎，也不能不爭取遍佈全國各地的士階層的合作」。論及前述「以天下爲己任」抱負時，他甚至說此想法「涵蘊著『士』對於國家和社會事務的處理有直接參預的資格，因此它相當於一種『公民』意識」。這個意識儘管宋代以前便可見端倪，但要到

---

56 應強調的是，這絕不是說採納牟宗三見解的必然爲哲學研究者，或史家便必然偏向錢穆、余英時的定義。如思想史家張灝述及傳統中國制度時，便援引牟宗三對「政統」和「道統」的觀點，見張灝，〈幽暗意識與民主傳統〉，收在《幽暗意識與民主傳統》（臺北：聯經出版公司，1990 年 2 版），頁 30-31。

57 余英時，《中國近世宗教倫理與商人精神》（臺北：聯經出版公司，1987），上篇、中篇。

此時「才完全明朗化」。作為「士」的「集體意識」,「以天下為己任」其實「表現在不同層次與方式上面」,但無論如何,士有「超越一己實際利害的理想層面」,且在政治上表現為士大夫與皇帝「同治天下」的理念,則確為宋代政治文化甚值注意之處:

> 用現代的話說,「同治」或「共治」所顯示的是士大夫的
> 政治主體意識⋯⋯「同治」或「共治」顯然是「以天下為
> 己任」的精神在「治道」方面的體現⋯⋯但緊接著我也要
> 指出,積極倡導「同治」或「共治」的是宋代的士大夫,
> 而不是皇權⋯⋯太宗⋯仍不過視及第進士為皇權統治的工
> 具而已⋯⋯但大體言之,宋代皇權對於士大夫以政治主體
> 自居所發出的種種聲音,畢竟表現了容忍的雅量⋯⋯蒙元
> 以後,這種聲音便逐漸消沉了。[58]

對政治思想史研究而言,余英時關於宋代士大夫政治意識的討論,至少有三點啟發。首先,我們看到比較研究的機會,即傳統中國的人與事如何體現某些現代政治觀念。其次,宋代所見的皇權與此前之後是否確有差異?這些異同又如何影響不同時代人的政治想像?第三,宋代士大夫若如此注重政治議題,則宋代政治思想史研究的可能性當進一步擴大,不僅探討體系性的思想學說,也應考慮文集、書信以至詩文等材料中各種政治語言和論述。

　　上文已述及余英時關於皇帝專制以及它如何促成儒家社會與政治思想的轉向,即把眼光投向庶民。但與政治舞臺保持距離,絕不是說明代以後儒家學說便和政治思想無甚關係。打造一個理想社會,本來

---

58 余英時,《朱熹的歷史世界:宋代士大夫政治文化的研究》,上篇,第2、3章;引文見頁312。

就是政治思想的核心關懷之一。另如余英時在〈中國史上政治分合的
基本動力〉（1995）中也指出，明清儒學出現「反專制的新趨向」，
最具代表性的黃宗羲（1610-1695），他的思想其實也源自王陽明。前
引著作已經說明，余英時認為王陽明思想成熟後不再追求「得君行
道」，刻意遠離政治。但余英時也強調，「陽明集中極少論政治的文
字，但其中哲學論述表面上無政治，而骨子裡處處有政治的涵義」。
明清之際的「公」、「私」觀念，「也是以隱蔽的方式對專制政治提出
抗議」。一言以蔽之，「自王陽明以下，儒家向社會上爭取空間，避
免與專制政權發生直接的、正面的衝突，但他們反專制的精神卻處處
可見」。[59] 又如余英時論清代儒學，一方面突出考證學的重要性，說明
這個思潮與儒學發展「內在理路」的關係（1975），[60] 另一方面也強調
「經世」思想的延續性，在十七世紀和十九世紀晚期面對政治與社會
危機時尤為顯著（2013）。[61] 事實上，正如艾爾曼（Benjamin Elman）
所示，考證學本身也可謂一種政治論述，有自己關於秩序的想像，以
及如何重建秩序的想法。[62]

---

59 余英時，〈中國史上政治分合的基本動力〉，收在《歷史人物與文化危
　機》，頁262-263。
60 余英時，〈清代思想史的一個新解釋〉，收在《論戴震與章學誠——清代
　中期學術思想史研究》（臺北：三民，2020），頁447-486。余英時以「內
　在理路」研究清代思想史的貢獻與限制，參考丘為君，〈清代思想史「研
　究典範」的形成、特質與義涵〉，《清華學報》，24卷4期（新竹，
　1994），頁474-486；蔡長林，〈思想史的內在理路——余英時《論戴震與
　章學誠》的學術遺產〉，《中國文哲研究通訊》，31卷4期（臺北，
　2021），頁7-10。
61 Ying-shih Yü, "Qing Confucianism," in *Chinese History and Culture*, v.2, pp.
　113-132.
62 艾爾曼（Benjamin Elman），〈18世紀中國經學的危機〉，收在陳弱水主
　編，《中國史新論——思想史分冊》（臺北：聯經出版公司，2012），頁

　　論士人與政治，自然不能跳過科舉的問題。余英時在〈試說科舉在中國史上的功能與意義〉（2005）中認為，唐宋以降的科舉，是漢代以來政府選材任官制度史的一環，而這些選拔或考試制度之所以備受歷朝重視，是因為一個根深柢固的信念，即只有士「才能提供政治秩序所必需的道德操守和知識技能」。更進一步說，「科舉不是一個單純的考試制度，它一直在發揮著無形的統合功能，將文化、社會、經濟諸領域與政治權力的結構緊密地連繫了起來，形成一多面互動的整體」。與政治思想關係尤其密切的是考試文本的選擇。余英時有如下看法：

> 通觀前後兩千年考試中基礎文本的持續與變遷，科舉制度的統合功能及其彈性也同樣表現得非常清楚。以原始「聖典」為基礎文本，科舉考試建立了一個共同的客觀標準，作為「造士」與「取士」的依據。漢代的「五經」、宋以下的「四書」都是當時的「士」共同承認的「聖典」。這是科舉在學術思想領域中所發揮的統合功能。

之所以能有此「自我調適的彈性」，是因為「科舉制度從最初設計、考試文本的選定、到實際運作，畢竟操縱在『士』的手中。『士』對科舉的期待與皇權所持的立場有同有異，未必盡合」。由實例可知，即便在皇帝專制極強的明清時期，士人仍不時透過科舉評議時政，絕非簡單「皇權的馴服工具」可概括。[63] 余英時的以上論斷，和他對士的整體觀察並無二致，說明士確實有條件透過思想文化手段回應政治社會問題。關於科舉的諸般討論，如怎麼發揮其統合功能、考試文本

393-414。

63 余英時，〈試說科舉在中國史上的功能與意義〉，收在《中國文化史通釋》（香港：牛津大學出版社，2000），頁181-208。

的內涵、治國應具備的素養爲何等，自然也應是中國政治思想史研究的題中之義。

到了近代，中國知識人「改變世界」的中心關懷，也影響他們對不同政治觀念的去取。余英時論中國傳統思想與馬克思主義的關係時（1983），有以下看法：

> 就具體內容講，這兩者之間可以說毫無共同之處，但是從思想形態、基調、或一般傾向而言，則二者同屬「改造世界」的一型……中國近代思想史上有兩支西方思潮曾先後取得支配的地位，前有杜威的實驗主義，後有馬克思主義。這兩者恰好都是「改造世界」的哲學，這決不是偶然的。[64]

由此可見，「如果我們不深入地檢討中國傳統思想的性質」，在理解近代政治思想史時很可能未達一間。而其中一個關鍵，便在於更深刻認識知識人或士在傳統中國抱持的信念及其發揮的作用。如「五四」從思想到文學以至社會革命，從學生運動擴大到更廣泛的知識份子回應，其中便不乏傳統的「士」的精神。[65]又如胡適（1891-1962），一直到晚年都向當權政府表達異議甚至進行批評，只不過此時若還有所謂「道統」，其內涵也並非儒家之道，而會是「民主」和「自由」了。[66]

但究諸實際，士在近代可謂命運多舛。余英時提出一個重要論斷

---

64 余英時，〈傳統文化與現實政治〉，收在《文化評論與中國情懷》，頁216。

65 陳思和，〈士的精神‧先鋒文化‧百年「五四」〉，收在王德威、宋明煒編，《五四@100＝May Fourth@100：文化，思想，歷史》（新北：聯經出版公司，2019），頁13-21。

66 胡適晚年對國民黨的建言，參考余英時，〈從《日記》看胡適的一生〉，收在《重尋胡適歷程：胡適生平與思想再認識（增訂版）》（新北：聯經出版公司，2014），頁133-156。

（1991），認爲士在二十世紀走向了「邊緣化」。簡言之，士在帝制時期肩負維繫文化秩序與政治秩序的重任，成爲現代「知識分子」後，他們卻不復佔據這種中心地位。前述科舉廢除是一個關鍵，即切斷傳統士人在政治制度上的保障。儘管直到五四時期，知識份子仍在社會上發揮相當作用，但他們在政治上的邊緣化已經一目了然。1949年中共成立，則「正式標誌著現代中國知識分子走到了邊緣化的盡頭」。於此同時，近代中國知識分子甚至「主動造成」他們「文化邊緣化的局面」，表現在五四時期的人「基本上反對以中國的經典來附會西方現代的思想」，且「要中國的經典傳統退出原有的中心地位，由西方的新觀念取而代之」，結果則是「雙重的文化邊緣化」：中國文化處境邊緣化，知識分子「也自動撤出中國文化的中心地帶」。[67]這個巨大轉變，爲政治思想的表述與傾向帶來哪些影響，仍有許多未發之覆。王汎森便從知識分子的「自我形象」著手，更進一步分析清末民國的知識人如何想像與定位自身，其中既有「四民皆士」以至認爲商、工對國家社會更重要的看法，也反映知識人質疑傳統以來的「規範知識」，即「道德、政治的原理」。這些自我印象不僅是思想潮流，甚至成爲國家政策，終導致「現代中國的知識份子一步一步失去制衡統治者的力量」，因爲「在自我邊緣化之後知識份子失去了抗衡統治者的正當性與自信」。[68]近代知識份子在政治、社會身分和想法意態上的變化，允爲中國政治思想史寫作的重要一章。

　　應補充的是，余英時對知識份子的未來並非全然悲觀。他提醒讀

---

67 余英時，〈中國知識分子的邊緣化〉，收在《中國文化與現代變遷》（臺北：三民，1992），頁31-47。
68 王汎森，〈近代知識份子自我形象的轉變〉，《臺大文史哲學報》，第56期（臺北，2002），頁1-28。

者（1984），「中國近代史上一連串的『明道救世』的大運動都是以
知識分子爲領導主體的」；他們可以察覺社會動向、維護基本精神價
值、超越一己階級利害。中國知識分子雖不再無條件擁護傳統名教綱
常，但仍保有其基本性格。余英時認爲，「現代化的社會是一個知識
愈來愈重要的社會，也是一個權威日趨多元的社會」，知識分子力量
擴大後，一方面將承繼傳統抵抗政治權威，另一方面則可望取法西方
「爲知識而知識、爲眞理而眞理的精神」，「使自己眞正轉化爲現代的
知識分子」。[69]

四、秩序的層次

以上我們看到余英時對皇權以及知識人如何「行道於世」的理
解，也說明這兩個要素對中國政治思想史研究的重要性。現在我們要
考慮「行道於世」的另一面，即「道」的內涵究竟爲何。從前引諸多
例子可見，「行道」的目標在於建立「秩序」，那「秩序」的內容又
是什麼呢？在余英時眾多著述中，與秩序有關的討論，多半涉及儒家
傳統。他對儒家傳統的秩序觀的分析，便爲中國政治思想史研究提供
許多洞見。

在〈從價值系統看中國文化的現代意義〉（1984）中，余英時便
以「倫」爲據分析中國的秩序觀。在他看來，「倫」或「人倫」涉及
「個人與個人之間、個人與群體之間，以及不同層次的社群之間的關
係」，「表示一種秩序」，「五倫」則包括社會上人和人關係的「主要
類型」。對政治思想史、特別比較研究特別有意思的，是他指出五倫

---

69 余英時，〈中國知識分子的創世紀〉，收在《文化評論與中國情懷》，頁
101-104。

關係「強調人與人之間的自然關係」,「君臣一倫在現代人眼中雖然不是自然的」,對古人來說卻「仍然是自然的」。進一步說,「政治社會的組織只是人倫關係的逐步擴大」,其始點則是「家」、以之為「範本」。諸如「均」、「安」、「和」等政治觀念,或相關的制度與政策,皆應在這種秩序觀下考察。余英時因而這麼論斷:

> 中國也有近似「集體主義」的社會思想…也有近似「個人主義」的…但是在社會政治思想方面,真正有代表性而且發生了實際作用的則以儒家為主體……儒家一方面強調「為仁由己」,即個人的價值自覺,另一方面又強調人倫秩序……人倫秩序並不是從外面強加於個人的,而是從個人這一中心自然地推擴出來的。儒家的「禮」便是和這一推擴程序相應的原則……「禮」或人倫秩序並不否定法律和制度的普遍性和客觀性,但卻不以此為止境,法律和制度的對象是抽象的、通性的「個體」,因而只能保障起碼的公平或「立足點」的「平等」。「禮」或人倫秩序則要求進一步照顧每一個具體的個人。這一型態的個人主義使中國人不能適應嚴格紀律的控制,也不習慣於集體的生活。[70]

我們也許可以說,以「人倫」為基礎,落實能調和「集體主義」與「個人主義」的「禮」,便是儒家理想的秩序狀態,也是中國政治思想史應探究的重要觀點。而如王汎森所論,當二十世紀初的人企圖打造「新社會」,致使「連繫每一個別的人的關係都是先由特殊的有意

---

70 以上見余英時,〈從價值系統看中國文化的現代意義〉,收在《中國思想傳統的現代詮釋》(臺北:聯經出版公司,1987),頁27-33。

計畫所造成，而不是自然形成」，且「人與人的關係是依照理性設計
而成」，其結果則是「傳統的禮教綱常、倫理秩序便無所附著了」。[71]

　　如果說上述理解強調的，是中國傳統文化與政治思想對「秩序」
的整體認識，歷史學者則須進一步考慮在不同時空與脈絡中，歷史當
事人如何推動、實踐這種秩序，或更精確地說，實踐不同層次的秩
序。在〈漢代循吏與文化傳播〉（1986）中，[72]余英時便點出漢代儒家
在文化史上的兩重意義：「一是由禮樂教化而移風易俗，一是根據
『天聽自我民聽，天視自我民視』的理論來限制大一統時代的皇
權」。限制皇權的部分，前二節已多所涉及；「移風易俗」這點，則
直接關乎對秩序的理解。余英時認為，「從孔、孟、荀到漢代，儒教
的中心任務是建立一個新的文化秩序」；「對孔子和儒家而言，文化
秩序才是第一義的，政治秩序則是第二義的」。余英時在此將「文化
秩序」與「政治秩序」相對，正說明秩序有其層次，儒家士人與統治
階層最關心者有所差異，事實上亦反映「道統」（「師」）和「政統」
（「吏」）的不同關懷。而正如前述關於「人倫」和「家」的看法，余
英時也說漢代以「孝弟」取士，根源便在於「欲治其國者，先其齊
家」的觀點。除了「文化」和「政治」之別，秩序的「層次」也體現
在實踐方式的不同：對士人來說，關鍵是「反求諸己」，由修身推展
到齊家治國的「道德要求」；對一般人民而言，「先富後教」才是不
二法門，「恆產」乃「維繫人民的群體秩序的基本條件」。秦朝強行
以法律「企圖用政治秩序來取代文化秩序」很快便失敗，漢代循吏在

---

71 王汎森，〈從傳統到反傳統——兩個思想脈絡的分析〉，收在《中國近代
　　思想與學術的系譜》（臺北：聯經出版公司，2003），頁 126-132。
72 余英時，〈漢代循吏與文化傳播〉，收在《中國思想傳統的現代詮釋》，頁
　　167-258。

確保民生經濟後推行教化則取得較好成效，「儒家的價值觀念也不知不覺地隨著這種風氣的激盪而滲透到社會意識的深處」。

　　從歷史角度看，秩序觀在先秦兩漢後經過深刻變化，才進一步形成宋代以降的面貌。上文已援引《中國近世宗教倫理與商人精神》，說明宋代以降知識人有了新的宗教精神，這個發展也和追求秩序有密切關係。簡言之，新儒家欲透過闡發心性論，為現世的人倫秩序提供一個「價值之源」，即作為「彼世」的「天理世界」。他們在建立秩序方面，和儒家傳統既有承繼，也有開展，「是採取一種積極的改造的態度；其改造的根據即是他們所持的『道』或『理』」。[73]

　　余英時對宋代政治文化的研究，也凸顯「秩序」在中國政治思想史中的關鍵角色。在《朱熹的歷史世界》中，他直接以「秩序重建」作為宋初儒學的特徵：

> 以胡〔瑗〕、孫〔復〕等人為首的第一階段的儒學則不是道學或理學所能包括的，而另有其特色。依朱熹的概括，儒學復興開始時具有兩層特色：第一是「說經」；第二是「說經」的重點在「推明治道」。……事實上，第一階段的儒學不但始於對六經進行詮釋，而且基本上是「治道」取向的。換句話說，宋初多數儒者都深信六經中蘊藏著永恆的智慧，可以導向合理的政治社會秩序的重建。

據此，宋初重要儒者胡瑗（993-1059）、孫復（992-1057）、石介（1005-1045），「都篤信聖人之道，致力於重建一個合乎儒家理想的秩序」，研究經學則是為了「追求一種文化理想」。到了十一世紀中期，「儒家重建秩序的要求已從『坐而言』進入『起而行』的階

---

73 余英時，《中國近世宗教倫理與商人精神》，頁52-65。

段」，並在宋神宗的配合下，出現了王安石變法等改革運動。尤有甚
者，「南宋以下，儒學並沒有改變其重建秩序的大方向」，只是因爲
現實條件有異，採取了不同作法。[74]

　　過去有些學者認爲，南宋儒家無心於政治，而將注意力投注在道
德修養和地方社會；余英時並不同意此看法。余英時認爲，朱熹及同
時代的理學家，確實「重『內聖』過於向政治領域展開活動」；然
而，理學家作爲個人雖然有其偏重，「但以群體而言，『內聖』和
『外王』卻是不能不同時加以肯定的價值」：

> 宋代儒學復興的原始要求是根據「三代」的理想重建一個
> 合理的秩序。這是宋代儒學的根本方向，貫穿於三個階段
> 之中，並無改變。理學起於北宋，至南宋而大盛；它所發
> 展的則是儒學中關於「內聖」的部分……祇有在「內聖」
> 之學大明以後，「外王」之道才有充分實現的可能……理
> 學在南宋政治文化中正式取代了北宋經學的地位。理學的
> 直接目的雖在於成就個人的「內聖」，但「內聖」的最重
> 要的集體功用仍然是爲了實現「外王」的事業，即重建合
> 理的政治、社會秩序。

重建秩序的關懷，也反映在朱熹重視〈大學〉上，因爲〈大學〉是經
典文獻中唯一提供了來往「內聖」、「外王」之「雙軌通道」者。[75]準
此，宋代儒學不僅追求秩序重建，也爲其理想秩序提供新的、更深刻

---

74 余英時，《朱熹的歷史世界：宋代士大夫政治文化的研究》，上篇，第6
　章。
75 余英時，《朱熹的歷史世界：宋代士大夫政治文化的研究》，下篇，第8
　章。

的理論基礎，即透過嚴格道德修養以明理見道的精神鍛鍊。[76]

　　余英時關於宋儒思想的見解，特別是他對朱熹與理學的「政治」解讀，也招致不少批評。儘管余英時強調其著作是份歷史學的研究，一些中國思想哲學研究者仍主張余英時低估了道德修養對理學的重要性，甚至認為他刻意加以顛覆。[77]在此無法全面分析相關討論涉及的問題，與本文相關的，是余英時為了回應批評者，進一步澄清他在書中所說的「秩序」的內涵。余英時強調（2004），他所論的「人間秩序」或「秩序重建」，並非專指「政治秩序」：

> 我所謂「秩序重建」是從社會的最基本單位——家——算起的……人一生下來便置身於一層層一圈圈的「秩序」之中，每一個「秩序」都可以是「重建」的對象……人既無一刻不在「秩序」中生活，也就是無一刻不面對建立合理「秩序」的問題……就社會為一整體言，「內聖」之學決不可能是終點，而必須在「外王」或「秩序」的領域中顯出「全體大用」。[78]

---

76 張灝認為，宋明儒學「就其論著全體而論，未有不強調經世在儒家思想的義理結構中的重要性」，「在以人世為關懷的前提上，儒家進而求建立一個和諧的政治社會秩序」，可與余英時的觀點互相發明。見張灝，〈宋明以來儒家經世思想試釋〉，收在中央研究院近代史研究所編，《近世中國經世思想研討會論文集》（臺北：中央研究院近代史研究所，1987），頁3-19。

77 參考劉述先，〈評余英時《朱熹的歷史世界——宋代士大夫政治文化的研究》〉，《九州學林》，1卷2期（香港，2003），頁316-334；楊儒賓，〈如果再迴轉一次哥白尼的迴轉——讀余英時先生的《朱熹的歷史世界：宋代士大夫政治文化的研究》〉，《當代》，195期（臺北，2003），頁125-141。

78 余英時，〈我摧毀了朱熹的價值世界嗎？〉，收在《宋明理學與政治文化》，頁348-352。

余英時也指出,「內聖外王」的構想「曾經長期支配著傳統士大夫關
於如何全面重建人間秩序的思考方式」,而對宋代士大夫來說,「儒
學作為一完整的思想系統是具有全面安排人間秩序的潛力的」。要言
之,此構想「為一連續體而歸宿於秩序重建」:

> 「外王」與「秩序重建」之間絕不能畫等號……「內聖外
> 王」是一個連續不斷的活動歷程,最後將導致合理的人間
> 秩序的實現……我始終認定儒家的最大關懷是人間秩序的
> 整體……為了建立這一合理的整體秩序,儒家自始便把這
> 一重任寄託在「士」這一特殊群體的身上。

易言之,儒家的整體規劃(the Confucian project)便是貫通「內聖」
與「外王」,「具體的成就便是各層次上秩序的重建」。[79] 上述觀點更好
地將知識人、儒學傳統與秩序觀做了有機的連結,亦能呼應前文所
論。

　　須強調的是,從理論角度看,「內聖外王」觀念實有其缺陷。陳
弱水認為「內聖外王」的命題乃「個人的德性應當為建構理想的社會
而服務,而且,個人的德性正是真正有效建構理想社會的最基本元
素」,但究諸實際,「個人的道德修養絕不能成為理想政治、社會秩
序的基礎」。就此而論,「內聖外王」思想反而可能為反智態度服
務。[80] 張灝(1937-2022)也指出,「內聖外王」的精神在於「人類社會
最重要的問題是政治的領導,而政治領導的準繩是道德精神」;儒家
的這種「終極政治理想」蘊含「『政教合一』式的權威主義和烏托邦

---

79 余英時,〈試說儒家的整體規劃〉,收在《宋明理學與政治文化》,頁388-
　407。
80 陳弱水,〈「內聖外王」觀念的原始糾結與儒家政治思想的根本疑難〉,收
　在《公義觀念與中國文化》(臺北:聯經出版公司,2020),頁337-379。

主義的傾向」，「和西方自由主義異道而馳，不可輕易的相提並論」。[81]但無論如何，「內聖外王」確為傳統中國秩序觀與政治思想的基石。我們也許可以這麼說：從儒學傳統出發的中國政治思想史，不斷要面對和分析的一個問題，就是不同時空中的士人如何在這個觀念的前提下理解並建立一而多、多而一的秩序。

　　另外，儒家的秩序觀也會因社會經濟環境變動而有所調整。關於商人精神的研究便清楚說明此點。余英時指出，儘管戰國秦漢以降商人都頗活躍，「但以價值系統而言，他們始終是四民之末」。拜十六世紀經濟發展之賜，越來越多商人在財富積累的同時，也有意識地透過接觸或培養子弟，親近儒家思想，致使在相當程度上，儒、商之間的界線益趨模糊。儒學肯定對物質利益的追求，商人也採行儒家倫理學說。影響所及，個體的「私」和「欲」都得到肯定，既有的社會分層觀念（四民次序論）也被動搖。[82]這些現象都關乎理想秩序內涵的變化，特別由儒家價值系統角度來看，意義尤為深刻，允為中國政治思想史研究的重要課題。

　　迄今為止，我們看的都是儒家的秩序觀，因為這是余英時著述的首要主題。但他也沒有完全忽略儒家以外的元素，關於魏晉的討論即為著例。他在〈名教危機與魏晉士風的演變〉（1979）中指出，「魏晉所謂『名教』乃泛指整個人倫秩序而言，其中君臣與父子兩倫更被看作全部秩序的基礎」，且「東晉時代士大夫是把家族秩序放在比政治秩序更為基本的位置上」。但在魏晉新思潮影響下，「儒家的名教已不復為士大夫所重，無論是在父子或夫婦之間，親密都已取代了禮

---

81 張灝，〈超越意識與幽暗意識──儒家內聖外王思想之再認與反省〉，收在《幽暗意識與民主傳統》，頁33-78。
82 余英時，《中國近世宗教倫理與商人精神》，下篇。

法的地位」;「名教危機在一般社會秩序,特別是家族倫理一方面卻全面的爆發了」。家族倫理方面的情、禮衝突,有賴「玄學和禮學的合流」(「禮玄雙修」)、「緣情制禮」和佛教的刺激,才得以於南朝時解決。[83]這種強調「自然」和「情」以衝破儒家名教禮法的觀點,當然和老莊道家之學有密切關係。[84]

　　余英時關於清代的研究,也呈現若干可互相發明的觀察。如他認為曹雪芹(1715-1763)在《紅樓夢》中展現出反傳統思想,至於其思想淵源,曹雪芹「最欣賞的古人是阮籍,最愛好的古籍是莊子」,他的反傳統思想「基本上屬於魏晉一型,尤其是竹林七賢那種任情不羈的風流」。余英時甚至說,「中國反禮法思想的源頭」便是「阮籍、嵇康等人持以打擊周孔名教的莊老自然之說」,以至於《紅樓夢》「以『情』的觀念爲其最後的歸宿」。他還以戴震(1724-1777)爲例,說明「情」在清代「已成爲一切反傳統的思想流派的共同武器了」(1980)。[85]由此可知,在儒家之外,余英時也頗重視道家關於「情」的思想論述,及其與儒家秩序觀念的張力,對我們探究中國政治思想史也有很大助益。

　　從對「秩序」的構想而言,以儒家爲價值系統和政治思想主流,以道家觀念爲潛流,可謂余英時中國政治思想史論述的一個基調。在不同歷史環境中,儒、道影響有時會主客易位,如上述的魏晉時期和

---

83 余英時,〈名教危機與魏晉士風的演變〉,收在《中國知識階層史論(古代篇)》,頁329-372。

84 余英時,〈漢晉之際士之新自覺與新思潮〉,收在《中國知識階層史論(古代篇)》,頁205-327。

85 余英時,〈曹雪芹的反傳統思想〉,收在《紅樓夢的兩個世界》(臺北:聯經出版公司,2017),頁237-258。

清代曹雪芹之例（回應八旗禮法）。直到十九世紀末，因為西方軍事力量與觀念的衝擊，上述情勢才發生根本改變。[86]余英時在〈中國現代價值觀念的變遷〉（1995）中指出，「戊戌變法前後，儒家的價值系統第一次受到比較全面的挑戰」。康有為（1858-1927）已然想「偷樑換柱」、「使西方的價值取代儒家」，譚嗣同（1865-1898）的《仁學》更是「最先向儒家價值系統公開發難」。《仁學》在清末的影響，主要「是在政治思想方面」，「動搖了人們對於君臣一綱的信念，但似乎還沒有衝擊到整個綱常的系統」。此後到了五四時代，中國的價值系統「發生全面的變動」，「傳統倫理秩序」受到極大負面影響。要言之，「中國倫理秩序的解體早在清末民初便開始了。西方經濟和思想的入侵則是導致此一解體的主要力量」。在這個過程中，我們仍能看到對建立秩序的追求：

> 「五四」以來新價值盡管名目繁多，但從根源上說，都可以歸繫到一個中心價值上，即個人的自作主宰；這是從譚嗣同、梁啓超，到蔡元培、早期的魯迅，和陳獨秀、胡適等所共同提倡的。然而這決不是說，他們所嚮往的是西方式的個人主義，而置國家民族的大群於不顧。相反的，他們都是在建立新的群體秩序這一大前提之下，倡導個性解放、個人自主的。[87]

---

86 余英時自言〈名教危機與魏晉士風的演變〉一文多少涉及「現代化問題」，即「文化轉變中如何使舊傳統適應新的價值觀念，因魏晉時代變化之大為中國史上所少見也」，和他對近代思想文化的研究有相同關懷。見余英時，〈1979年7月7日致劉國瑞函〉，收在《余英時書信選》（新北：聯經出版公司，2022），頁32-33。

87 余英時，〈中國現代價值觀念的變遷〉，收在《現代儒學的回顧與展望》（北京：三聯，2004），頁89-125。

根據這些討論，五四時期的知識人，其實和帝制時期一樣，仍不斷追
尋理想的群體秩序。只是到了二十世紀，儒家原有的秩序觀，甚至道
家藉以挑戰儒家的觀念，在西方衝擊下都顯得力有未逮了。

　　確實，儒學在二十世紀面對的困境，遠非此前所能相比。之所以
如此，是由於「社會解體的長期性和全面性」：

> 儒學……是一套全面安排人間秩序的思想系統……儒學通
> 過制度化而在很大的程度上支配著傳統文化……近百餘年
> 來，中國的傳統制度在一個個地崩潰，而每一個制度的崩
> 潰即意味著儒學在現實社會中失去一個立足點。等到傳統
> 社會全面解體，儒學和現實社會之間的聯繫便也完全斷絕
> 了……傳統秩序已隨著舊制度的全面崩潰而一去不返，但
> 是中國人所追求的新秩序則遲遲不能出現。[88]

儒學一旦崩潰，現實生活與政治思想中對秩序的企求，便必須另尋活
水。這個過程在中國近代史上造就了余英時所謂的「激進化」
（radicalization）。要言之，傳統中國有一「以儒家為主宰的政治倫理
的秩序」，但自十九世紀中葉開始，「中國的現狀正在不斷地變，沒
有一個秩序是穩定的」，以至於知識階層不僅嘗試改換政體，也試圖
改變思想傳統，近代中國幾乎找不到真正的保守主義者。最重要的
是，「徹底打破現狀，建造一個全新的理想社會，對於知識分子而
言，還是具有最大的吸引力」。然而，「關於如何建立一個合理的人
間秩序的思維最後總是要落實到某種社會、政治、文化的體系上
面」，但「中國的舊秩序已崩潰，而一個能為多數人所接受的新秩序

88　余英時，〈現代儒學的困境〉，收在《中國文化與現代變遷》，頁94-96。

遲遲無法出現，因此思想的激進化也沒有止境」（1988）。[89]此外，近
代中國秩序崩潰的問題，和皇權失色也有密切關係。張灝考察民國建
立前的思想環境，指出晚清知識份子已認知到當時的「秩序危機」
（crisis of order），一個表現是定調政治和象徵秩序，具宇宙論色彩的
王權體制（cosmological kingship）遭遇了極大挑戰。[90]林毓生也認為
「傳統社會政治秩序與文化道德秩序最終的瓦解」，和中國固有的
「普遍王權」（universal kingship）崩潰有關，並以此作為激進反傳統
主義的一個根源。[91]這些觀點皆可將余英時所論的儒學秩序解體與皇
權傳統聯繫起來。合而觀之，余、張、林三人的著述可奠立我們理解
中國近代政治思想史的重要出發點；進一步聚焦個別人物、群體，特
別是他們如何透過傳統儒家學術以外的西方知識以構想新秩序，則有
待研究者持續掘幽析微。[92]

　　在君主專制和儒學傳統都失去支配力量之時，新的秩序由何而
尋？對二十世紀的知識份子以及余英時來說，民主是最有潛力的選
項。余英時認為自晚清以來，人們共同追求「一個文明的、法治的、
合理的、公平的社會秩序」，使「每一個個人的人權、自由、尊嚴、
安全等都受到法律的保障」，而這種秩序「只有民主的制度才能提

89 余英時，〈中國近代思想史上的激進與保守〉，收在《現代儒學的回顧與
　展望》（北京：三聯，2004），頁 8-42。
90 Hao Chang, *Chinese Intellectuals in Crisis: Search for Order and Meaning
　(1890-1911)* (Berkeley: University of California Press, 1987), pp. 1-8.
91 林毓生著；楊貞德等譯，《中國意識的危機：五四時期激烈的反傳統主義》
　（新北：聯經出版公司，2020），引文見頁 29。
92 相關研究甚夥，尤值參考者如黃克武，《自由的所以然：嚴復對約翰彌爾
　自由思想的認識與批判》（臺北：允晨文化，1998）；潘光哲，《創造近代
　中國的"世界知識"》（北京：社會科學文獻出版社，2019）。

供」（1996）。[93] 不過余英時並非僅著重民主制度本身，他強調民主「是最平凡的一種制度」、「不能保證決策永遠正確」；但至少它是種「開放的制度」，可以「隨時隨地自我矯正」。他在觀察臺灣民主進程時（1993）則認爲，臺灣一個令人憂慮之處是「理想主義精神的稀薄」。[94] 若以余英時對傳統中國秩序觀的多層次分析來看，民主制度（或可以投票選舉來表示）本身僅代表政治秩序，無法輕易含括文化秩序。如他在〈民主與文化重建〉（1988）中便說，「在民主的政治秩序已爲我們所共同接受的大前提下」，我們應進一步思考「建立一個比較理想的政治秩序究竟需要什麼樣的文化條件？」[95] 在2008年的演講中，他也呼籲大家不要僅將民主視爲一種「政治體制」，而是要「把它看作是一種生活方式或文化型態」。要如何做到呢？余英時指出「儒家發揮『道學』便是爲了使政治秩序走上更合理的道路」，黃宗羲甚至「特別強調『學校』在政治、社會秩序中的中心地位」；學校不僅是「全民的教育機構」，還發揮類似議會「監督並批判政府」的作用。準此，臺灣的民主也應該「更自覺地向品質提升的方向發展」。[96] 換言之，良好的學校、觀念以至生活方式，可以說是支撐民主政治秩序的文化秩序。同樣重要的是，作爲歷史學者，余英時並不僅著眼觀念本身，而是如本文所示，也強調觀念得以落實、發揮影響力

93 余英時，〈海峽危機今昔談──一個民族主義的解讀〉，收在《余英時評政治現實》，頁149。

94 余英時，〈一位母親的來信──民主、天安門與兩岸關係〉，收在《余英時評政治現實》，頁70-71。

95 余英時，〈民主與文化重建〉，收在《人文與民主》（臺北：時報出版公司，2010），頁106。

96 余英時，〈人文與民主──余英時院士「余紀忠講座」演講全文〉，收在《人文與民主》，頁85-102。

的社會基礎。被問及「中國現代化和民主化的道路」時（1994），余英時提出了三個步驟的觀察：

> 第一步要恢復人民在生活上自己作主的權利。第二步是使
> 原有民間社會的活力復甦。第三步才能使傳統的民間社會
> 轉化為公民社會。有了公民社會，現代化與民主化才能真
> 正開始。[97]

建立一個政治傳統，除了借重思想觀念的發揮，還需仰賴能相映成趣的社會、制度與文化基礎。余英時對中國文化和政治思想史的研究，以及關於如何在中國、臺灣、香港建立民主和公民社會的見解，在在說明了以上看法。

五、結　論

　　由本文的述論可見，余英時雖不常標榜自己在探究政治思想，但他的諸般觀點，無論是關於歷史文化和思想內涵的見解，抑或是方法論上的提示，對開展中國政治思想史研究都饒有貢獻。總體而言，余英時的中國政治思想史研究，提供了一個皇權、士階層與儒家傳統交織互動的敘事。這個敘事的中心主題，則是知識人如何在帝制時期的政治結構中，追尋且實踐「道」的理想與秩序。

　　余英時的上述理解，不僅有助我們把握傳統中國的歷史，對認識近現代政治思想與政治文化也頗富價值。冒著簡化的風險，我們可以說皇帝專制和儒家傳統，是帝制時期中國政治思想傳統的兩個基石，而此二者在二十世紀都遭遇極顯著的挑戰甚至顛覆。皇帝制度被推

---

97 余英時口述；何頻採訪，〈中共政權解體將不同於蘇聯崩潰〉，收在《余
　　英時評政治現實》，頁98-99。

翻，民主成為新的理想政治型態。儒家部分，上文已簡述他對近代知
識份子邊緣化，以及儒家傳統遭抨擊致使思想意態激進化的看法。這
些都體現中國政治思想傳統的「常」與「變」：傳統延續已久的
「常」，即皇帝制度、士人的領袖地位，以及儒家在政治、社會與文
化中的主導力量，因為前所未有的外部衝擊而「變」，或調整或消
失。我認為，深究二十世紀的人如何解釋和重新構想這些「常」與
「變」，特別是考慮相關要素的錯綜纏結，是書寫近現代中國政治思
想史不可或缺的一環。[98]

　　影響中國現代史至為關鍵的孫逸仙（1866-1925）和毛澤東
（1893-1976），也體現中國政治思想與政治文化傳統的生命力。蕭公
權已經指出，孫逸仙的政治思想「融通中西，調和新舊，以集成為創
造」，「儒家思想」乃其「政治哲學之基礎」，又能「規撫歐洲學說事
蹟」。簡言之，三民主義「採中國固有之原理為基礎，以西洋現代之
實學為內容」。[99] 余英時同意蕭公權所論，即三民主義有若干源自傳統
中國文化的要素。他指出孫逸仙熱中學習中國歷史，亦熟悉晚清經世
學派的思想，並強調孫氏作為一名革命領袖，終其一生都活在各種張
力的拉扯中，包括革命與恢復既有秩序、革新與傳統、以及連續與斷
裂等，卻從未因此退卻喪志。他所創建的民國，也是在各種張力中應
運而生，包含中國傳統與西方現代性的綜合體。[100] 至於毛澤東，儘管

---

98 這也並非孤明先發之論，李澤厚（1930-2021）以「啓蒙」與「救亡」定
　　調五四思潮，亦同此理。見李澤厚，〈啓蒙與救亡的雙重變奏〉，收在
　　《中國現代思想史論》（北京：三聯書店，2008），頁1-46。
99 蕭公權，〈中國政治思想史參考資料緒論〉，收在《中國政治思想史》（臺
　　北：聯經出版公司，1982），頁996-998。
100 Ying-shih Yü, "Sun Yat-sen's Doctrine and Traditional Chinese Culture," in
　　Chinese History and Culture, v.2, pp. 152-177.

他有著革命領袖的形象，也展現出五四以來的反傳統思想，但在余英時眼裡，毛「並沒有跳出中國傳統的政治格局的限制」，尤其是「君主專制」的部分。他在1949年能取得號召力，是因爲時人「望治心切，曾對毛澤東和共產黨寄過深望，尤以知識分子爲然」。要言之，余英時認爲毛澤東的「威勢」有兩個主要的「歷史憑藉」：「明、清以來惡化了的皇權傳統」和「近代西方傳來的極權的政黨組織」。[101]

　　應再三強調的是，在余英時看來，中國政治思想傳統本身，和近現代源於西歐、北美的政治觀念，絕非判然二分、水火不容。如他認爲儒家傳統本身，其實有益於中國吸納現代西方的政治概念。在〈現代儒學的回顧與展望〉（1994）中，余英時指出晚清儒家今、古文經學「共同接受的西方思想」，至少有「抑君權而興民權」、「興學會」、「個人之自主」等三點。而儒家在此時之所以接受這些觀念，除了「救亡圖存」的需要，也因「明清儒家的政治社會思想產生了一種新傾向」。這種源自儒家自身的「內在的根源」，內涵是「對政府或國家權力的不信任」、「希望不斷擴大民間社會和個人的功能，並使之從國家或政府的壓制中解放出來」。[102]同樣的，余英時認爲民主觀念與儒家傳統可以相容不悖。他認爲（1997）傳統中國透過儒家教育所形成的菁英文化，可以提供近似西方公民道德（civic virtue）的要素。尤有甚者，儒家的若干中心學說，在很大程度上可以和自由主義（liberalism）等西方思想體系互通，因爲直至1919年，「中國最願意傾聽民主觀念的人，便是知識菁英」。民主觀念被扭曲以至面目模糊

101余英時，〈從中國史的觀點看毛澤東的歷史位置〉，收在《歷史人物與文化危機》，頁33-44。
102余英時，〈現代儒學的回顧與展望——從明清思想基調的轉換看儒學的現代發展〉，收在《現代儒學的回顧與展望》，頁133-140。

不清，則須歸咎於戰爭及其導致的菁英文化式微（1940年代）。[103] 從政治哲學角度看，余英時對儒家與民主可互相發明的信心，也能得到支持，關鍵則是如陳祖爲所論，不要讓儒家思想「回歸爲國家正統」、「作爲一種全面性學說（comprehensive doctrine）來推廣」；儒家應作爲一種溫和致善主義（moderate perfectionism），根據其美善生活觀，「列出美善生活和良好生活秩序的元素」且「探討這些元素對社會和政治制度的含意」，在尊重和協調中論斷社會中各種道德和價值的優點。[104]

　　當然，中國政治思想史的豐富內涵，及其在現當代的迴響，絕非本文所述的三個主題所能囊括。[105] 論及近現代中國的政治文化，余英時便強調民族主義的重要性。他認爲傳統中國「注重文化意義的民族意識遠過於政治意義的國家觀念，一直維持到清代都沒有改變」（1983）。[106] 他也指出中國很早便有「文化意義上的民族主義」，正因其內涵是「中國自以爲中心，有自大傾向，總覺得別人都有求於我，我卻不求別人」，才會「很難適應近代的國家處境」，因爲被侵略而

---

103 Ying-shih Yü, "The Idea of Democracy and the Twilight of the Elite Culture in Modern China," in *Chinese History and Culture*, v.2, pp. 234-251.

104 陳祖爲著；周昭德、韓銳、陳永政譯，《儒家致善主義——現代政治哲學重構》（香港：商務印書館，2016），頁251-257。亦參考陳祖爲近期對余英時觀點的延伸討論，見陳祖爲，〈儒家思想如何在現代社會中開展及實踐：從余英時對儒學的反思開始〉，《思想》，第45期（臺北，2022），頁233-246。

105 以傳統政治思想而言，余英時便指出「大一統的願望是源遠流長，其追求可上溯到秦始皇」，乃「中國政治思想一大傳統」。見〈中國極權主義的起源〉，頁39。對大一統思想的分析，參考 Yuri Pines, *The Everlasting Empire: The Political Culture of Ancient China and its Imperial Legacy* (Princeton: Princeton University Press, 2012), pp. 11-43.

106 余英時，〈國家觀念與民族意識〉，收在《文化評論與中國情懷》，頁24。

「轉變成政治上的民族主義」。余英時進而認爲,「到了二十世紀,中國政治背後最強大的力量一直是民族主義」,且「中國的民族主義始終不穩定,跟現實是脫離的,只能變成被利用的情緒」(1998)。[107]他在1996年寫道,從1895年到1945年,「民族主義在中國進入了第一次的高潮」,「以一個被侵略、被侮辱的民族的身分,用民族主義爲精神的武裝以抵抗帝國主義」。1945年後,「在中國由弱轉強的現階段,中國人的民族意識忽然又普遍地滋長了起來」;相較之下,「這個新民族主義在性質上與舊民族主義根本不同,因爲它已從自衛轉變爲攻擊」。[108]簡言之,「中國現代民族主義的情結」可謂「羨憎交織」,是考察現代中國政治思想、文化心態以至政策方針的重要憑據。[109]

中國史上宗教與政治思想的關係,也是余英時較少措意的課題。以佛教爲例,康樂(1950-2007)便指出印度以至中亞的轉輪王觀念進入中國後,受中國傳統「政教合一」政治思想和大乘佛教影響,形成了「轉輪王即佛」的觀念,武則天更直接爲自己塑造既是「轉輪

---

107 余英時口述;安琪訪談,〈大中國思想是很壞的思想〉,收在《余英時評政治現實》,頁175-178。晚清民族主義背後的傳統天下思想及其發酵,參考羅志田,〈理想與現實:清季民初世界主義與民族主義的關聯互動〉,收在《近代讀書人的思想世界與治學取向》(北京:北京大學出版社,2009),頁55-103。

108 余英時,〈飛彈下的選舉——民主與民族主義之間〉,收在《余英時評政治現實》,頁106-107。

109 余英時,〈海峽危機今昔談——一個民族主義的解讀〉,頁115-151。應指出的是,余英時在相關討論中,多把前近代觀念視爲近現代民族主義的直接來源之一,忽略它作爲一種意識形態在清末民初的複雜建構過程。相關分析,參考沈松僑,〈我以我血薦軒轅——黃帝神話與晚清的國族建構〉,《台灣社會研究季刊》,第28期(臺北,1997),頁1-77。

王」又是「佛」的形象。[110]陳弱水分析中國中古的排佛論說,則認為
中國本有的「國家全體主義」(political totalism)和「儒家中心主義」
是重要的思想資源;前者「主張人類的所有活動都應歸屬於統治者的
權威」,後者則主張「儒家道德以外的種種價值是邊緣性,甚至無足
輕重的」。[111]簡言之,正如余英時的作品所示,皇權和儒家傳統,以及
二者所建立的秩序,對從政治思想角度理解中國史上的宗教議題,仍
是相當關鍵的。

　　綜上所論可知,在余英時對中國政治思想史的理解中,儒家傳統
扮演相當關鍵的角色,也是理解中國歷史與文化的樞紐。金英敏
(Youngmin Kim)分析中國政治思想史寫作取徑時,曾警告我們小心
本質論(essentialism)的陷阱,即將儒家視為一個「綱舉目張代表中
國文化的概念」(programmatic concept of Chinese culture)。他也正確
地提醒道,學者須避免簡單定調若干儒家政治思想的基本元素,並斷
言某些特質可以不受時空與脈絡限制,適用於任何中國政治思想史的
分析。[112]準此,我們應如何評估余英時對中國政治思想史的看法呢?
確實,余英時的著述無法完全免於這種批判,關於近現代政治思想的
表現與淵源的討論尤其如此。可以理解的是,對余英時和其他不少人
來說,將儒家傳統與中國文化緊密相連,是回應「西方文化」、強調
中西差異的一個便利方法。諸如傳統中國政治思想和文化的特質、傳

---

110 康樂,〈轉輪王觀念與中國中古的佛教政治〉,《中央研究院歷史語言研究
　　所集刊》,67:1(臺北,1996),頁109-143。
111 陳弱水,〈排佛論說與六、七世紀中國的思想狀態〉,收在《唐代文士與
　　中國思想的轉型 (增訂本)》(臺北:臺大出版中心,2016),頁137-
　　156,引文見頁140、147。
112 Youngmin Kim, *A History of Chinese Political Thought* (Medford: Polity Press,
　　2018), pp. 11-15.

統如何走向現代等問題，皆可在這個框架中進行回答。

但另一方面，余英時的眾多研究，其實相當有意識地將儒家置諸不同歷史環境中進行考察。他廣泛分析儒家的「觀念」，也探究與儒家相關的觀念如何在不同場合被理解、表述和實踐。如他的「儒家整體規劃」之說，便與純理論興趣者可能提出的看法有異；余英時此說不僅涉及抽象的概念和價值觀，更引導讀者考慮中國史上各式制度與行為。[113] 論及當代中國意識形態時（2019），他也認為「儒家的政治語言越來越占上風，而馬克思主義的政治語言則已淪為附庸的地位」，但這裡的儒家語言可謂空洞的，並無具體思想內涵，反而是用來壓制「民主、法治、自由、人權等等普世價值」。[114] 換言之，余英時並未將「儒家」視為鐵板一塊，或輕易賦予它某些道德制高點，而是從政治思想與政治語言的角度，考慮其各種表現（representations）。就此而言，余英時和金英敏對如何從事中國政治思想研究的思考，可能比乍看之下更有志一同。

本文一開始便提出，政治思想史研究除了分析觀念與學說，也應該考察歷史當事人如何透過思想論述回應政治課題。以這個角度而言，余英時連結文本與實踐、皇帝與士人，以及思想史與社會政治史，毫無疑問為中國政治思想史研究做出顯著貢獻。應強調的是，通讀全文，本文亦可謂是分析余英時對中國政治傳統或政治文化的理

---

113 金耀基以「國家儒學體制」取代「儒教之國」的想法，便可和余英時的觀點互相發明，見金耀基，《中國政治與文化》（香港：牛津大學出版社，2017），頁29-47。

114 余英時，〈試釋「五四」新文化運動的歷史作用〉，《思想》，第37期（臺北，2019），頁140-147。

解。[115]本文之所以特意標舉「中國政治思想史」這個元素，其實多少帶有「比較」的眼光。如陳弱水所述，「和其他主要學術社群——如英美、歐陸、日本——的思想史研究相比，中文學界有一個明顯的大空檔，就是政治思想史。在西方和日本，政治思想史的研究都相當發達，甚至有重要的方法論概念是從政治思想的研究中產生出來的」。[116]作爲精熟中國政治傳統的思想史家，余英時許多具體論證和觀點，和相關研究方法的示範，都體現歷史取徑的中國政治思想史研究可以如何爲之，以及政治思想和政治文化在理解中國歷史以至當代中國時扮演的重要角色。我認爲，這是余英時留給學界的一個珍貴遺產，有助我們更確實地立基於中國的歷史與文化脈絡，推展中國政治思想史研究。至於余英時自己在他描繪的中國政治思想史傳統中佔據什麼位置，也是一個值得深究的問題，有待我們繼續探討。[117]

---

[115]關於歷史學者使用的政治文化概念，參考傅揚，〈秦漢政治思想史中的知識與權威：研究現況與展望〉，《政治與社會哲學評論》，第76期（臺北，2022），頁130-138。

[116]陳弱水，〈導言〉，收在陳弱水主編，《中國史新論：思想史分冊》（臺北：聯經出版公司，2012），頁8。

[117]以自由主義定調余英時的政治觀點，是較常見的作法，參考周質平，〈自由主義的薪傳：從胡適到余英時〉，《傳記文學》，105卷5期（臺北，2014），頁4-18；王邦華，〈余英時與羅爾斯的政治自由主義〉，《思想》，第45期（臺北，2022），頁213-231。

徵引書目

王汎森，〈近代知識份子自我形象的轉變〉，《臺大文史哲學報》，56（臺北，2002），頁1-28。

王汎森，〈從傳統到反傳統——兩個思想脈絡的分析〉，收在《中國近代思想與學術的系譜》，臺北：聯經出版公司，2003，頁126-132。

王汎森，〈權力的毛細管作用——清代文獻中「自我壓抑」的現象〉，收在《權力的毛細管作用：清代的思想、學術與心態（修訂版）》，臺北：聯經出版公司，2014年2版，頁395-502。

王邦華，〈余英時與羅爾斯的政治自由主義〉，《思想》，45（臺北，2022），頁213-231。

丘為君，〈清代思想史「研究典範」的形成、特質與義涵〉，《清華學報》24:4（新竹，1994），頁451-494。

甘懷真，〈再論儒教國家：代導讀〉，《皇權、禮儀與經典詮釋：中國古代政治史研究（增訂版）》，臺北：臺大出版中心，2022，頁1-72。

牟宗三，〈略論道統、學統、政統〉，收在《生命的學問》，臺北：三民，2011年4版，頁68-80。

牟宗三，《政道與治道》。臺北：臺灣學生書局，1991年增訂新版。

艾爾曼（Benjamin Elman），〈18世紀中國經學的危機〉，收在陳弱水主編，《中國史新論——思想史分冊》，臺北：聯經出版公司，2012，頁393-414。

余英時，〈「君尊臣卑」下的君權與相權〉，收在《歷史與思想》，臺北：聯經出版公司，1976，頁47-75。

余英時，〈「抽離」、「迴轉」與「內聖外王」〉，收在《宋明理學與政治文化》，臺北：允晨，2004，頁338-339。

余英時，〈一位母親的來信——民主、天安門與兩岸關係〉，收在余英時著；顏擇雅編，《余英時評政治現實》，新北：INK印刻文學，2022，頁69-79。

余英時，〈人文與民主——余英時院士「余紀忠講座」演講全文〉，收在《人文與民主》，臺北：時報出版公司，2010，頁85-102。

余英時，〈士在中國文化史上的地位〉，收在《知識人與中國文化的價值》，臺北：時報出版公司，2007，頁199-212。

余英時，〈中國史上政治分合的基本動力〉，收在《歷史人物與文化危機》，臺北：三民，2020，頁255-263。

余英時，〈中國知識人之史的考察〉，收在《知識人與中國文化的價值》，臺

北：時報出版公司，2007，頁 161-198。

余英時，〈中國知識分子的創世紀〉，收在《文化評論與中國情懷》，臺北：
　　允晨，2019 年 2 版，頁 87-104。

余英時，〈中國知識分子的邊緣化〉，收在《中國文化與現代變遷》，臺北：
　　三民，1992，頁 31-47。

余英時，〈中國知識份子的古代傳統〉，《史學與傳統》，臺北：時報出版公
　　司，1982，頁 71-92。

余英時，〈中國近代思想史上的激進與保守〉，收在《現代儒學的回顧與展
　　望》，北京：三聯，2004，頁 8-42。

余英時，〈中國現代價值觀念的變遷〉，收在《現代儒學的回顧與展望》，北
　　京：三聯，2004，頁 89-125，頁 1-46。

余英時，〈反智論與中國政治傳統〉，收在《歷史與思想》，臺北：聯經出版
　　公司，1976，頁 1-46。

余英時，〈古代知識階層的興起與發展〉，收在《中國知識階層史論（古代
　　篇）》，臺北：聯經出版公司，1980，頁 1-92。

余英時，〈民主與文化重建〉，收在《人文與民主》，臺北：時報出版公司，
　　2010，頁 103-114。

余英時，〈名教危機與魏晉士風的演變〉，收在《中國知識階層史論（古代
　　篇）》，臺北：聯經出版公司，1980，頁 329-372。

余英時，〈血淚凝成真精神〉，收在曹永洋等編，《徐復觀教授紀念文集》，
　　臺北：時報出版公司，1984，頁 115-117。

余英時，〈我摧毀了朱熹的價值世界嗎？〉，收在《宋明理學與政治文化》，
　　臺北：允晨，2004，頁 348-352。

余英時，〈明代理學與政治文化發微〉，收在《宋明理學與政治文化》，臺
　　北：允晨，2004，頁 249-332。

余英時，〈飛彈下的選舉——民主與民族主義之間〉，收在余英時著；顏擇雅
　　編，《余英時評政治現實》，新北：INK 印刻文學，2022，頁 105-114。

余英時，〈唐、宋、明三帝老子注中的治術發微〉，收在《歷史與思想》，臺
　　北：聯經出版公司，1976，頁 77-85。

余英時，〈展望中國民主化的前景——從「國家」與「社會」的關係說起〉，
　　收在《歷史人物與文化危機》，臺北：三民，2020，頁 189-194。

余英時，〈海峽危機今昔談——一個民族主義的解讀〉，收在余英時著；顏擇
　　雅編，《余英時評政治現實》，新北：INK 印刻文學，2022，頁 115-151。

余英時，〈國家觀念與民族意識〉，收在《文化評論與中國情懷》，臺北：允
　　晨，2019 年 2 版，頁 21-35。

余英時，〈從《日記》看胡適的一生〉，收在《重尋胡適歷程：胡適生平與思

想再認識（增訂版）》，新北：聯經出版公司，2014，頁133-156。

余英時，〈從「反智論」談起〉，收在《史學與傳統》，臺北：時報出版公司，1982，頁108-124。

余英時，〈從中國史的觀點看毛澤東的歷史位置〉，《歷史人物與文化危機》，臺北：三民，2020，頁33-44。

余英時，〈從中國傳統看學術自由的問題〉，收在《史學與傳統》，臺北：時報出版公司，1982，頁125-164。

余英時，〈從價值系統看中國文化的現代意義〉，收在《中國思想傳統的現代詮釋》，臺北：聯經出版公司，1987，頁1-51。

余英時，〈曹雪芹的反傳統思想〉，收在《紅樓夢的兩個世界》，臺北：聯經出版公司，2017，頁237-258。

余英時，〈清代思想史的一個新解釋〉，收在《論戴震與章學誠　清代中期學術思想史研究》，臺北：三民，2020，頁447-486。

余英時，〈現代儒學的回顧與展望──從明清思想基調的轉換看儒學的現代發展〉，收在《現代儒學的回顧與展望》，北京：三聯，2004，頁133-140。

余英時，〈現代儒學的困境〉，收在《中國文化與現代變遷》，臺北：三民，1992，頁93-99。

余英時，〈傳統文化與現實政治〉，收在《文化評論與中國情懷》，臺北：允晨，2019年2版，頁213-233。

余英時，〈新版序〉，《歷史與思想（二版）》，新北：聯經出版公司，2014，頁i-iii。

余英時，〈試說科舉在中國史上的功能與意義〉，收在《中國文化史通釋》，香港：牛津大學出版社，2000，頁181-208。

余英時，〈試說儒家的整體規劃〉，《宋明理學與政治文化》，臺北：允晨，2004，頁388-407。

余英時，〈試釋「五四」新文化運動的歷史作用〉，《思想》，37（臺北，2019），頁140-147。

余英時，〈道統與政統之間〉，《史學與傳統》，臺北：時報出版公司，1982，頁30-70。

余英時，〈漢代循吏與文化傳播〉，收在《中國思想傳統的現代詮釋》，臺北：聯經出版公司，1987，頁167-258。

余英時，〈漢晉之際士之新自覺與新思潮〉，收在《中國知識階層史論（古代篇）》，臺北：聯經出版公司，1980，頁205-327。

余英時，〈衝決極權羅網的「反思」──與兩位大陸青年思想家談大陸的改革前景和思想出路〉，收在《文化評論與中國情懷》，臺北：允晨，2019

年2版，頁243-248。

余英時，〈關於中國歷史特質的一些看法〉，收在《歷史與思想》，臺北：聯經出版公司，1976，頁271-284。

余英時，《中國近世宗教倫理與商人精神》，臺北：聯經出版公司，1987。

余英時，《朱熹的歷史世界：宋代士大夫政治文化的研究》，臺北：允晨，2003。

余英時，《余英時書信選》，新北：聯經出版公司，2022。

余英時，《論天人之際：中國古代思想起源試探》，臺北：聯經出版公司，2014。

余英時口述；安琪訪談，〈大中國思想是很壞的思想〉，收在余英時著；顏擇雅編，《余英時評政治現實》，新北：INK印刻文學，2022，頁175-196。

余英時口述；何頻採訪，〈中共政權解體將不同於蘇聯崩潰〉，收在余英時著；顏擇雅編，《余英時評政治現實》，新北：INK印刻文學，2022，頁91-104。

余英時口述；李懷宇整理，《余英時談話錄》，臺北：允晨，2021。

余英時口述；郭玉（Ursula Gauthier）採訪；顏擇雅翻譯，〈中國極權主義的起源〉，收在余英時著；顏擇雅編，《余英時評政治現實》，新北：INK印刻文學，2022，頁31-41。

余英時著；傅揚譯，〈中國史上的儒家文化與王朝權力〉，收在《中國歷史研究的反思：古代史篇》，新北：聯經出版公司，2022，頁57-67。

吳兆豐，《有教無類：中晚明士人教化宦官行動研究》，北京：社會科學文獻出版社，2021。

李澤厚，〈啟蒙與救亡的雙重變奏〉，收在《中國現代思想史論》，北京：三聯書店，2008，頁1-46。

李懷宇，《余英時訪問記》，臺北：允晨，2022。

沈松僑，〈我以我血薦軒轅——黃帝神話與晚清的國族建構〉，《台灣社會研究季刊》，28（臺北，1997），頁1-77。

周質平，〈自由主義的薪傳：從胡適到余英時〉，《傳記文學》，105:5（臺北，2014），頁4-18。

林毓生著；楊貞德等譯，《中國意識的危機：五四時期激烈的反傳統主義》，新北：聯經出版公司，2020。

金耀基，《中國政治與文化》，香港：牛津大學出版社，2017。

侯旭東，〈中國古代專制說的知識考古〉，《近代史研究》，2008卷4期（北京，2008），頁4-28。

唐君毅，〈儒家之社會文化思想在人類思想中之地位〉，收在《人文精神之重建》，臺北：臺灣學生書局，1989，頁195-209。

徐復觀，〈中國的治道——讀陸宣公傳集書後〉，收在《學術與政治之間》，臺北：臺灣學生書局，1980，頁101-126。

徐復觀，〈國史中人君尊嚴問題的商討〉，收在徐復觀著；蕭欣義編，《儒家政治思想與民主自由人權》，臺北：臺灣學生書局，1988年增訂再版，頁167-175。

徐復觀，《兩漢思想史・卷一・周秦漢政治社會結構之研究》。臺北：臺灣學生書局，1985年7版。

康樂，〈轉輪王觀念與中國中古的佛教政治〉，《中央研究院歷史語言研究所集刊》，67:1（臺北，1996），頁109-143。

張曉宇，〈理學與皇權——兩宋之際「聖學」觀念的演變〉，《中央研究院歷史語言研究所集刊》，92:4（臺北，2021），頁649-700。

張灝，〈宋明以來儒家經世思想試釋〉，收在中央研究院近代史研究所編，《近世中國經世思想研討會論文集》，臺北：中央研究院近代史研究所，1987，頁3-19。

張灝，〈幽暗意識與民主傳統〉，收在《幽暗意識與民主傳統》，臺北：聯經出版公司，1990年2版，頁3-32。

張灝，〈超越意識與幽暗意識——儒家內聖外王思想之再認與反省〉，收在《幽暗意識與民主傳統》，臺北：聯經出版公司，1990年2版，頁33-78。

陳思和，〈士的精神・先鋒文化・百年「五四」〉，收在王德威、宋明煒編，《五四@100＝May Fourth@100：文化，思想，歷史》，臺北：聯經出版公司，2019，頁13-21。

陳弱水，〈「內聖外王」觀念的原始糾結與儒家政治思想的根本疑難〉，收在《公義觀念與中國文化》，臺北：聯經出版公司，2020，頁337-379。

陳弱水，〈排佛論說與六、七世紀中國的思想狀態〉，收在《唐代文士與中國思想的轉型（增訂本）》，臺北：臺大出版中心，2016，頁137-156。

陳弱水主編，《中國史新論：思想史分冊》，臺北：聯經出版公司，2012。

陳祖為，〈儒家思想如何在現代社會中開展及實踐：從余英時對儒學的反思開始〉，《思想》，45（臺北，2022），頁233-246。

陳祖為著；周昭德、韓銳、陳永政譯，《儒家致善主義——現代政治哲學重構》，香港：商務印書館，2016。

傅揚，〈秦漢政治思想史中的知識與權威：研究現況與展望〉，《政治與社會哲學評論》，76（臺北，2022），頁109-185。

彭國翔，《智者的現世關懷：牟宗三的政治與社會思想》，臺北：聯經出版公司，2016。

黃克武，〈錢穆的學術思想與政治見解〉，《歷史學報》，15（臺北，1987），頁393-412。

黃克武，《自由的所以然：嚴復對約翰彌爾自由思想的認識與批判》，臺北：
　　允晨文化，1998。

黃進興，〈清初政權意識型態之探究：政治化的道統觀〉，收在《優入聖域：
　　權力、信仰與正當性》，臺北：允晨，1994，頁87-124。

楊儒賓，〈如果再迴轉一次哥白尼的迴轉──讀余英時先生的《朱熹的歷史
　　世界：宋代士大夫政治文化的研究》〉，《當代》，195（臺北，2003），頁
　　125-141。

劉季倫，〈青年毛澤東的思想與現代中國極權主義的誕生〉，《國立政治大學
　　歷史學報》，18（臺北，2001），頁63-130。

劉述先，〈評余英時《朱熹的歷史世界─宋代士大夫政治文化的研究》〉，
　　《九州學林》，1:2（香港，2003），頁316-334。

劉澤華、葛荃，〈近百年來中國政治思想史研究引論〉，收在劉澤華等編，
　　《中國政治思想史研究》，武漢：湖北教育出版社，2006，頁1-84。

潘光哲，《創造近代中國的"世界知識"》，北京：社會科學文獻出版社，
　　2019。

蔡長林，〈思想史的內在理路──余英時《論戴震與章學誠》的學術遺產〉，
　　《中國文哲研究通訊》31:4（臺北，2021），頁7-10。

蕭公權，〈中國君主政體的實質〉，收在《憲政與民主》，臺北：聯經出版公
　　司，1982，頁60-77。

蕭公權，《中國政治思想史》。臺北：聯經出版公司，1982。

蕭公權著；劉紀曜譯，〈法家思想與專制政體〉，收在《迹園文錄》，臺北：
　　聯經出版公司，1983，頁75-90。

錢端升，〈民主政治乎？極權國家乎？〉，收在錢端升著；錢元強編，《政治
　　的學問》，北京：文津出版社，2020，頁84-103。

錢端升，〈論極權主義〉，收在錢端升著；錢元強編，《政治的學問》，北
　　京：文津出版社，2020，頁104-109。

錢穆，〈中國傳統政治〉，收在《國史新論》，臺北：素書樓基金會，2001，
　　頁86-123。

錢穆，〈帝王與士人〉，收在《晚學盲言（上）》，臺北：東大圖書，1987，
　　頁493-500。

錢穆著；錢婉約整理，《錢穆致徐復觀信札》。北京：中華書局，2020。

閻鴻中，〈職分與制度──錢賓四與中國政治史研究〉，《臺大歷史學報》，
　　38（臺北，2006），頁105-158。

羅志田，〈理想與現實：清季民初世界主義與民族主義的關聯互動〉，收在
　　《近代讀書人的思想世界與治學取向》，北京：北京大學出版社，2009，
　　頁55-103。

Burrow, John W. "Intellectual History in English Academic Life: Reflections on a Revolution," in Richard Whatmore and Brian Young, eds., *Palgrave Advances in Intellectual History*, pp. 8-24. Basingstoke: Palgrave Macmillan, 2006.

Chang, Hao. *Chinese Intellectuals in Crisis: Search for Order and Meaning (1890-1911)*. Berkeley: University of California Press, 1987.

Kim, Youngmin. *A History of Chinese Political Thought*. Medford: Polity Press, 2018.

Pines, Yuri. *The Everlasting Empire: The Political Culture of Ancient China and its Imperial Legacy*. Princeton: Princeton University Press, 2012.

Schwartz, Benjamin I. "A Brief Defense of Political and Intellectual History: The Case of China," in *China and Other Matters*, pp. 30-44. Cambridge, Mass.: Harvard University Press, 1996.

Yü, Ying-shih. "Confucian Culture vs. Dynastic Power in Chinese History," *Asia Major* 34.1 (2021): 1-10.

Yü, Ying-shih. "Qing Confucianism," in *Chinese History and Culture*, v.2, pp. 113-132. New York: Columbia University Press, 2016.

Yü, Ying-shih. "Reorientation of Confucian Social Thought in the Age of Wang Yangming," in *Chinese History and Culture*, v.1, pp. 273-320. New York: Columbia University Press, 2016.

Yü, Ying-shih. "Sun Yat-sen's Doctrine and Traditional Chinese Culture," in *Chinese History and Culture*, v.2, pp. 152-177. New York: Columbia University Press, 2016.

Yü, Ying-shih. "The Idea of Democracy and the Twilight of the Elite Culture in Modern China," in *Chinese History and Culture*, v.2, pp. 234-251. New York: Columbia University Press, 2016.

Yü Ying-shih's Insights into the History of Chinese Political Thought

Fu Yang

Abstract

An eminent intellectual historian of China, Yü Ying-shih 余英時 (1930-2021) had considerably influenced our understanding of Chinese history and culture in many regards. His contributions to the study of Chinese political thought, however, have been insufficiently recognized. This paper examines Yü's insights into the history of Chinese political thought from three perspectives: his observations on the emperorship, his analyses of the interplay between the intellectual and the political authority, and his views on how the different layers of order were conceived of in China. The paper argues that Yü's most important contribution to the subject matter lies in his emphasis on the manifestations and functions of culture, especially the Confucian tradition, in the political sphere. The central motif in Yü's narrative of the history of Chinese political thought, in a nutshell, is the ways in which Confucian intellectuals and officials had sought to reconstruct order, or *dao*, within the imperial political structure. In light of Yü's insights, topics other than pure concepts and great thinkers should also be included in the study of Chinese political thought; that is, we should examine how people in the past made use of ideas and discourse to understand and respond to the political problems they faced in given contexts. Research into the history of Chinese political thought, in turn, may well have contemporary relevance by helping us to think more carefully about how to establish ideal order in the present world.

Keywords: Confucianism, emperorship, *shi* (the intellectual), order, *dao*

史家的兩個世界：余英時與傳統中國知識分子研究

韓承樺

臺灣大學歷史學系博士，現任臺灣大學歷史學系助理教授。研究領域爲中國近代思想史。特別關注兩個面向：語言、詞彙和概念在近代中國與東亞的變遷歷程；現代知識、學科轉型和建構歷程，及其如何影響中國觀看與理解世界的方式和經驗。特別想在此說明的是，余先生的眾多書文，「實爲啓蒙筆者對中國史學之興趣以及關於知識人公共性的認識。藉著撰寫本文機會，重溫當年引我踏入史學殿堂的論著，並進一步認識到余先生早年建構此般史學和現實關懷的心路歷程，筆者甚感是幸。同時，也以此文提醒自己應時刻牢記知識人「以有言勝無言」的責任。

史家的兩個世界：余英時與傳統中國知識分子研究

韓承樺*

摘要

　　在余英時長時期的歷史研究裡，中國知識分子的處境、思想和行動，形成了一個具明顯連續性的主題。此課題也可視爲，余先生求索學問以尋思改革當代中國之法的自我實踐。本文討論余英時的中國知識分子研究，嘗試歷時性描寫其史學觀點和方法，如何在事實和價值相互交織下逐步建構；並引導他從長時段視野觀察知識人在特定時空環境下，憑藉超越性精神和自覺動力於政治、經濟、社會、文化領域中展顯的具體實踐和內在矛盾、張力。而這與他將現實關懷及歷史經驗探索結合在一起的特點，是密切相關的。本文指出，余氏中國知識分子研究，突顯他想建構中國歷史文化自身邏輯，以及強調「人」之主體性來反對歷史決定論的主張；此舉具有顯著之東西方文化衝突的時代背景，也與他對中國傳統和現代文明對立問題的思考，緊密相聯。他早年就形成的觀點和方法，進一步發展成知識分子研究的三個思想特點：長時段發展的傳統和斷代變遷，軸心突破引致之內向超越，自覺覺人的精神動力。

　　這部分成爲余英時描寫和評估知識人的主軸，也是他從歷史經驗中得出，如欲重建知識群體傳統以重塑社會重心，進而革新中國社會與文化的理則。

關鍵字：錢穆、知識分子、軸心突破、內向超越、自覺

* 國立臺灣大學歷史學系助理教授。本文曾發表於「余英時院士逝世周年紀念工作坊」（2022 年 8 月 5 日），感謝評論人黃克武教授提出的建議。論文修改之際，幸有助教王崇怡同學悉心協助搜集相關資料，並得三位審查人的批評指正，筆者衷心感謝。

一、前　言

　　不少論者會以「兩個世界」來回憶和評述余英時先生豐富且多彩的學思歷程與研究成果，突顯其人一生的中國關懷是涉足學術探索和現實評論兩個相互交織的範疇。陳方正就標誌出「中國歷史探索」和「當代中國評論」此二領域的動態關係；李懷宇則是以韋伯（Max Weber, 1864-1920）的「一個是對學術之真誠與承諾，一個是站在政治邊緣上的絕望中的呼籲」這兩個「熱性的政治世界與冷性的學術世界」來形容他訪問所感受到的余英時先生。[1]指向理想目標和現實的「兩個世界」論，其實也見諸於余先生手筆。筆者認為，回顧余先生的學術成果，觀察他通過學術與現實兩個彼此交織之領域所構建出關於「中國」或「中國文化」的描述和評估工作，就好像看見了余氏於1973年發表的名作〈紅樓夢的兩個世界〉。文中，曹雪芹（1710-1765）用小說創造了理想烏托邦以與現實世界的污濁區隔，但又明顯意識到，淨潔的大觀園是在會芳園的骯髒上誕生；虛幻與現實在曹雪芹筆下，密不可分，互有影響。〈紅樓夢的兩個世界〉結論是悲觀的。他認為曹雪芹通過小說展現了「乾淨既從骯髒而來，最後又無可奈何地要回到骯髒去」，這是人世間最大的悲劇。[2]我們無法確知余英

1　陳方正，〈論余英時的兩個世界〉，《二十一世紀》，總第187期（香港：2021年10月），頁135-141。李懷宇，《余英時訪問記》（臺北：允晨文化，2022），頁188。訪問記裡韋伯語是作者引自金耀基，請見：金耀基，《海德堡語絲（增訂本）》（北京：中華書局，2016），頁64-65。

2　余英時，〈紅樓夢的兩個世界〉，余英時，《歷史與思想》（臺北：聯經出版公司，1976），頁437。從現在可見的回憶錄、訪談錄和訪問記，確實讀不出余先生有藉此篇文章暗喻當代中國之意。余氏自陳對紅樓夢的研究是留美期間與研究生同學聚會所提出來的討論問題，他甚至這樣說：「我不覺得《紅樓夢》那麼重要，我認為近代中國人在文學上沒有造詣，所以

時紅學論著的現實指涉及意涵。惟可稍加揣測的是，交疊在余氏心中
的兩個世界，學術探索的歷史領域確實是建築在他對當代中國各項發
展乃至於困境的深刻反思。只是，余先生應該是十分希望，這兩個世
界的動態關係，最終能走出他在《紅樓夢》裡看到的悲劇。

　　對余英時來說，當代中國能否走出他從歷史探索過程中所見的悲
劇，知識分子作為歷史行動者的主體及能動性，應該是相當關鍵因
素。在余氏眾多中國史研究論題裡，以知識分子為題的討論散見於思
想史、社會史或政治文化史的作品中。透過對知識分子於特定時空脈
絡中展現的行動、思想與意義，來建立對中國從傳統到現代變遷的貫
通性論述，概為余英時形構這幅知識人圖譜之深意。在余氏構想中，
知識人是位在儒學文化與政治、社會領域間的中介層，而儒學文化的
深遠且長久影響力及來自於士人群體的各項實踐，使儒學的言說、觀

才在《紅樓夢》上討論不已。」李懷宇，《余英時訪問記》，頁282。事實
上，若細讀另一篇姐妹作〈近代紅學的發展與紅學革命〉可以感受到余先
生對此議題是做了比較多的學術史意義的討論，包括針對傳統中國考證學
發展可能遇到的材料危機，以及對當時中國學術界慣常以社會階級、經濟
決定論來討論、分析歷史材料此手法作出學術意義的回應。後者的批評比
較有針對盛行於是時中國以意識形態主導學術研究的馬克思主義歷史學。
余英時，〈近代紅學的發展與紅學革命：一個學術史的分析〉，余英時，
《歷史與思想》，頁381-417。本文使用余英時論著材料分成三個部分：回
憶錄和訪談錄；廣西師大版與聯經出版公司版文集（以後者為主）；專著
與論文集。特別要說明的是，本文討論余氏香港時期發表的論文、專書，
部分在臺灣難以尋得原稿，特別是單篇論文。故此，本文引述資料版本即
以聯經出版公司文集版為準。下文引用此階段的作品，會加註明原出處；
如為聯經出版公司、允晨、時報出版公司、三民論文集中作品，就不特別
說明論文原發表、出版處。讀者如欲掌握余氏中、外文著作繫年，現階段
比較完整的材料應該是車行建整理的〈余英時教授著作目錄〉，收錄於陳
致訪談，《我所走過的路：余英時訪談錄》（臺北：聯經出版公司，
2012），頁1-69（由書後數來）。

念和價值均能著落於國家典章制度、學校及社會禮俗、家庭倫理和個人言行規範此些範疇中。從知識群體成形發展至宋、明清兩代，是儒學從「得君行道」轉往「覺民行道」，更為深化其與社會、人民和日常生活的關聯。近代以來，儒學遭遇的困境即在於這股動力的消逝。傳統社會解體和士人轉型為現代知識分子，特別是後者，廢除科舉切斷了知識群體和傳統價值的直接聯繫，他們不僅不再是忠實的載體暨實踐者，更反倒成為最力倡打倒的革命人。[3] 此見，余氏不僅突顯這批特殊群體的各種實踐如何可能推動傳統層疊轉遷，同時還說明了，群體歷史經驗是有助理解中國歷史的複雜變化。從上古、漢唐、兩宋、明清到近現代，是余先生關切的五個重大轉換時期，皆可見出知識群體作為行動者與歷史環境互動而展現的實踐、限制與張力。從 2007

3　余英時，〈現代儒學的困境〉，《中國文化與現代變遷》（臺北：三民書局，2021），頁 94-97；余英時，〈儒家思想與日常人生〉，《中國歷史研究的反思（現代史篇）》（臺北：聯經出版公司，2022），頁 118-119。宋與明清二代理學／儒學與政治、社會文化的變遷，請見余氏幾部明清思想史的討論如《中國近世宗教倫理與商人精神》、〈現代儒學的回顧與展望：從明清思想基調的轉換看儒學的現代發展〉。但本文此處比較仰賴：余英時，〈從政治生態看宋明兩型理學的異同〉、〈王陽明時代儒家社會思想的轉向〉，《中國歷史研究的反思（古代史篇）》（臺北：聯經出版公司，2022），頁 113-138、235-292。我們也可視這部分的研究為余氏嘗試描述「儒學」在近世中國政治、社會、思想、文化、經濟五大領域的發展和變化。誠然，如果將視線從「士人群體」移開，即可見出不同於余氏思想史研究的儒學於中國發展歷程。例如，余英時考量的是知識分子如何離開政治位置，下降至社會、人民群體中發揮影響力。但考慮儒學思想文化擴散問題，不應該僅集中在士人群體實踐和移動，還得從政治史、社會史和文化史角度，考慮思想如何形塑制度、規範，如何影響社會場域的群體如家庭組織的變化和運作，並思考原屬於精英階層的思想如何向一般民眾傳播，轉而成為人民日常生活理解且熟悉的生活方式。葛兆光，〈「唐宋」抑或「宋明」：文化史和思想史研究視域變化的意義〉，《歷史研究》，第 1 期（北京：2004 年），頁 18-32。

年開始的幾次訪談，余先生都談及自己是貫通地描述士人群體的變化，嘗試尋找士人在不同時期的各樣表現和作用；這是貫串他眾多歷史問題中的主線。[4]誠如余氏自道，「整個結構與結構中間的變化」是他探索歷史的重心之所在，而知識分子／士人就是他描寫和評估如何從連串變遷的片段形成對中國史通貫性認識的客體，也是主體。[5]

　　在余英時歷史世界中扮演關鍵角色的知識群體，是我們瞭解和把握其人思想歷程及特質的重要切入點。晚近有論者特別點明余氏是由士人兩種特殊實踐——從歷史情境生發之心理自覺和思想的積極能動性——形成氏著「獨樹一幟的士人論」。論者指出，余氏對士人自覺精神的描寫和評估是爲突破歷史決定論限制，以「竭力挖掘『人』的思想創造力與精神價值。」但這樣的思考框架、分析手法卻也可能陷入「價值」與「事實」相互牽引或干擾的困境，突顯史家主觀意識太受到時代思潮及史學趨向的影響。[6]事實上，余先生從未否認史家主觀因素的存在及作用。早在1973年發表的〈史學、史家與時代〉就特別強調，史學和時代存有「很明確的動態的關係」，建立於史家著述對其時空環境的敏銳感受。[7]這樣來看，合理且貼近地描寫與評估余先

4　陳致訪談，《我所走過的路：余英時訪談錄》，頁32。余英時口述、李懷宇整理，《余英時談話錄》（臺北：允晨文化，2021），頁278。

5　余英時口述、李懷宇整理，《余英時談話錄》，頁282。

6　楊舒雲，〈余英時的士人論及其歷史思維：以宋代「君臣同治天下」觀爲切入點〉，《史原》，總第二十四期（臺北：2012年9月），頁123-166，引文處見頁158。作者在頁148-152有討論余氏在「事實」與「價值」相互作用對士人論的影響。作者顯然認爲，關鍵問題是余英時沒有直接回答士人爲何必須「自覺」？目的何在？對此，作者引述錢穆《國史大綱》來說明余英時是延續其師士人自覺論的內在精神動力說，此觀點的形成則反映錢穆身處的時代氣圍與研究動向。

7　余英時，〈史學、史家與時代〉，收於氏著，《歷史與思想》，頁247-270。

生的歷史思想，也許不能單從史學論著內涵著手，還必須結合時空脈絡的縱向發展、變化，思考他爲何提出此論點？有什麼特定目標？由此問題出發，余英時特別著重知識分子，亦即「生活在社會裡面的人」之因素，究竟反映他看待歷史、中國文化傳統的何種觀點與思想特色？[8]是在什麼樣的時空環境、學術氛圍底下養具余先生此般想法？這些問題都值得我們重新思考。

　　建構知識分子論的工作，橫貫余先生求學論世的一生。檢視其著作目錄，最早一篇相關論著概是1953年發表的〈論中國智識分子的道路—中國傳統社會人物批判〉，討論智識群體脫離人民，如何嘗試「從政治以外的其他許多方面去服務人民」，拓展智識和實踐的範疇至社會領域。[9]其後，余氏陸續產出士人傳統與中國文化、價值體系的相關論著，晚年談及近代學人，他還指出顧頡剛（1893-1980）「思想上沒有自己的一套看法」，只「屬於專才」，與傅斯年（1896-1950）、吳宓（1894-1978）、陳寅恪（1890-1969）等具有堅定信念、能承擔苦難、文化的學術研究者很不一樣。[10]從1950年代的評論到晚年談話，均展現余氏對知識群體的評價不單單緊扣著智識內涵，更多是強調其精神和價值層面如何化作實際行動，與現勢拮抗這類涉及政治、社會層面的公共性特點。此見，從年少接受傳統儒學教育，到流

引文處見頁263。

8　余英時，〈史學、史家與時代〉，余英時，《歷史與思想》，頁258。

9　余英時，〈論中國智識分子的道路——中國傳統社會人物批判〉，《香港時代文集》（臺北：聯經出版公司，2022），頁149。原文刊載於《自由陣線》第十五卷第一到四期、第六期（1953年7、8月），頁14-15、14、14-15、10-11、19。

10　余英時口述、李懷宇整理，《余英時談話錄》，頁237-239。陳致訪談，《我所走過的路：余英時訪談錄》，頁212。

亡香港師從錢穆（1895-1990），於新亞求學並和自由主義知識社群的往來，後轉至美國接受現代西方學術訓練，展開完整的中、西歷史文化比較探索。其中，外在環境對他思考知識分子、中國文化走向與未來的刺激和反饋，不可不謂為重要。

　　誠然，筆者並非提倡，史學研究不需要釐清「事實」與「價值」的混淆，只是，若欲理解史家的思想，兩者如何互動進而影響其人所思所想也是重要課題。余英時先生關於知識群體的研究其實深刻體現了「事實」和「價值」的問題，也就是本文想特別指出的學術探索和現實評論此二世界的交織。過去我們比較多關注余先生在學術世界的成就，近幾年陸續出版的回憶錄、訪談錄，適度披露了其人對當代中國的討論和批判；加之早年政治、文化評論文集陸續出版，展現余氏接受史學訓練前的觀察和思考，這些材料在不小程度上能幫助我們理解他第二個世界逐漸形成之歷程及想法，藉以思考余氏政治、文化評論和學術論著觀點間的可能關聯。對此，本文旨在描寫余英時關於中國知識人群體研究的思想淵源、發展歷程和特點，進一步嘗試挖掘事實和價值在余先生身上相互作用的痕跡。文章分成三個部分。第一，爬梳余先生1950年間發表的文論，討論觀點與方法在兩個世界逐步相遇下成形。第二，梳理三個研究特點，它們構成余氏筆下知識人立足於中國歷史長河中的獨特身影。第三，討論其近代知識人研究，我認為這不僅是史學論述，更蘊涵了他認為當代中國社會、文化能否重生的一線生機。惟必須說明的是，余先生著作豐碩，筆者尚難搜羅整全；且尚無較好的年譜供參考，目前僅得以專題式方式書寫，儘可能兼及編年、順時性考索。趁余英時論著全貌陸續披露、出版之際，筆者期望此文能作為閱讀索引，以理解他環繞著中國知識分子的思考歷程、特點和現實意義。

二、觀點與方法的思想淵源

　　環繞著中國知識階層的研究，余英時展現了著重歷史、長時段求索，嘗試在中西比較視野裡重建中國歷史、文化獨特性的想法，而且有著希望通過比較來探索與創建民主政治、社會的鮮明目標；這般想法概是 1950 到 1955 間，余英時在香港求學時期逐漸萌芽、生成的。誠如余氏自陳，歷史研究是爲探求中國文化特色；這是導源於五四以來西方文化的挑戰，使他思考中國文化該如何調整與轉化，才可能在華人世界結成民主之果實。[11] 於此，中國在現實世界遇到的困境，促使他鑽入歷史長廊探索。而這 5 年也就是他「兩個世界」首次形成、相遇的階段。此時他在香港新亞書院求學，深受錢穆的史學薰陶，亦和流亡至當地的「中國自由派知識人」密切往來；這段經歷提供了豐沛的思想養分以建構他心中兩種交錯、互補的關懷。[12] 晚近幾位學者也指出，流亡香港這五年經驗深刻影響他選題論世的智識基礎和思考方向，一路延續至晚年都未斷卻。王汎森整理出此階段余氏關注的四個問題範疇：自由主義和社會主義、對傳統文化是否持批判態度、中國和西方關係、人類的文明和文化及其未來走向。[13] 這四個問題範疇顯著反映了，五四運動以降中國對待傳統文化、價值的態度以及急遽左傾、崇羨集體、革命風潮之政治文化的走向。而余先生就是在此背

11　余英時，〈序〉，收入沈志佳編，《余英時文集（第七卷）：文化評論與中國情懷（上）》（桂林：廣西師範大學出版社，2014），頁 II-III。

12　陳方正，〈論余英時的兩個世界〉，《二十一世紀》，總第 187 期，頁 136。「中國自由派知識人」爲余氏用詞，請見余英時，《余英時回憶錄》（臺北：允晨文化，2018），頁 124。

13　王汎森，〈史家與時代：余英時先生的學術研究〉，《書城》，第 3 期（上海：2011 年），頁 12-13。

景下成長，這也成爲他日後爲中國歷史文化立論的基本立場和所欲解決之問題、目標。

理解中國作爲長遠存在、發展之文化體系的特點及理由，與向特定政治文化體系、結構對抗的想法是一體兩面的。1950年代在香港讀書的余英時，思考的其實是這兩件交織在一起的事情。他曾爲文指出，在個人知識、思想尚未發展達精密前，切勿企圖建立思想體系，也不一定要抉選一種體系式思想爲信想。[14] 顯見對一元式思想及其背後之共產極權體制的排拒。此般政治壓力，滲透入余氏求學的日常生活中。1952年，余氏自新亞書院畢業，校刊畢業專欄的贈言寫道「如今，民族的命運危急了，人類的命運也到了生死的邊緣，而我們呢？卻輕輕的興起一陣低靡的驪歌。」余先生回贈文寫下「此時此地，我們的合與離絕不是偶然的，而是歷史背景，時代潮流所共同促成的」。[15] 民族命運危急、時代潮流這類用詞顯示學子們對時局發展的震盪或微變，皆十分敏感且負責任心。從回憶錄來看，余英時此時思考的問題，就是如何在能回應馬克思主義唯物史觀與歷史發展五階段

---

14 余英時，〈知而不行，祇是未知〉，收於氏著，《到思維之路》（臺北：聯經出版公司，2022），頁203。本書原版爲1954年由香港高原出版社出版，1984年漢新出版社刊行臺版。這部文集蠻強烈地表達對於體系、一元式思想追求的反對之意。余氏開篇即表明，他「絲毫沒有『建立思想體系』的雄圖」，他僅是嘗試去解開存在於那個時代的若干思想糾結。這就包含了：思想「定於一」的疑難、主義與問題之爭論、唯心與唯物之辨、左與右的異同這些問題。

15 余英時，〈臨別的話〉，《新亞校刊》，第一期（香港：1952年6月），頁30。余英時和幾位同學的交誼，請見：周言，《余英時傳》（臺北：印刻文學，2021），頁103-106。新亞書院的出版品史料，得自香港中文大學新亞書院網站（https://www.na.cuhk.edu.hk/monthly_magazine/report-on-new-asia-college-june-1952/?lang=zh-hant），檢索時間：2022年10月28日。

論的前提下，建立對中國歷史的整體瞭解，好以尋得它作爲世界史上一個淵源流長之文明體系存在的特點和意義。[16]這裡頭交織了中國／西方、現代／傳統、自由主義／社會主義幾種文化、價值系統相遇、碰撞和競爭。而余氏探究中國歷史知識階層問題的基本觀點和方法，也就是在青年時期考慮這幾種問題的脈絡裡誕生。以下將概述三個方向。第一，循中國自身邏輯求得歷史文化的一體性理解，並建立中、西比較研究基礎。第二，反省並尋求以「人」爲核心的歷史觀，由此重新釐定「人」在歷史結構中可能的主體位置及能動性。第三，結合前兩線索來描寫和評估余氏1953年在《自由陣線》發表的〈論中國智識分子的道路——中國傳統社會人物批判〉觀點，這是他第一篇討論中國知識群體的論文，應具有一定程度代表性。

（一）循中國自身邏輯建立整體史和比較史的眼光

2006年，余英時曾公開表示自己研究中國歷史的兩條主線：第一、按照中國文化自身邏輯並同時從比較的角度來加以理解；第二、總是將焦點放在歷史階段的轉變時期，爲釐清其中連續與斷裂，以求得中國歷史變遷的獨特模式；兩者是相互配合的。[17]我們這裡的討論

---

16 余英時在回憶錄中幾次提及這階段對中國歷史的學習和探索，很大目標是爲了回應自己對馬克思主義唯物論、發展階段論的質疑和無法接受。余英時，《余英時回憶錄》，頁117-119。

17 這是余先生2006年在克魯格人文獎授獎典禮上的講辭內容。余英時，〈接受克魯格人文獎講詞〉，收於氏著，《知識人與中國文化的價值》（臺北：時報出版公司，2007），頁304。晚年接受訪談時，余先生也多次自道「中西比較」觀點對他研究的重要性。他還特別強調是「用了西方很多思想家的看法來跟中國的思想家做對照和碰撞。」余英時口述、李懷宇整理，《余英時談話錄》，頁304、313。

以第一項特點為主，而此面向與余氏在港求學時期分別採納中、西學術資源有關；這還反映了1950年代香港特殊的政治、思想文化氛圍。

　　以文化為主體觀點的成形，有人類學論述的痕跡，也有跟隨錢穆讀書習史的深刻經驗。余氏回憶錄就有提及此時閱讀文化人類學，如班奈迪克（Ruth Benedict, 1887-1948）《文化的類型》（*Patterns of Culture*）、克羅伯（Alfred Louis Kroeber, 1876-1960）《文化成長的統觀》（*Configurations of Culture Growth*），讓他理解民族文化傳統是通過時間淬煉形成的整體與獨立系統，即便在為接納或建制西方異文化元素如民主制度、自由觀念的現代化過程時，也不可能是透過全盤掃除原有體系的方式。[18]錢穆的影響是使余英時從研究視野和價值理念來肯定中國文化的獨特性。他在回憶錄裡這樣描述錢穆：「我感到受到他影響最深最大的主要在建立了對於『學問』的認識」。[19]同時，余英時還明確指出，錢穆的學術是帶有鮮明價值取向，亦即以儒家文化為主軸的價值體系。執此，錢穆時常提醒他，要以整體的眼光來嘗試理解中國傳統作為一個悠久文明的運作方式、過程和價值；亦得找出中國之所以如此的原因和特徵。[20]整體而言，余英時隨錢穆讀書的五年期間，概是形塑了一種以精讀歷史文獻、長時段且不隨意割裂歷史時間的方法，來考索中國歷史與文化的細節和事實，並深刻思索中國之於現代世界文明的價值與意義此一終極目標。[21]與在燕京大學的習

18　余英時，《余英時回憶錄》，頁122-123。

19　余英時，《余英時回憶錄》，頁104。

20　余英時，《余英時回憶錄》，頁102、105。

21　這部分可參見：郭泳希、張奔勝，〈余英時的學術傳承初探——以余先生居港向錢穆求學（1950-1955）為中心〉，收於李帆、黃兆強、區志堅主編，《重訪錢穆（下）》（臺北：秀威資訊科技，2021），頁218-230。對中國史學的基礎方法及視野，余英時深受錢穆影響，這是無可否認的。但在

史經驗相比，錢穆史學對初探中國史堂奧的余英時來說，顯然留下深刻印記。

這裡想特別描述錢穆對余英時關於歷史時間思考的影響，包括長時間的眼光以及時間連續和斷裂問題；這塊是出於師徒針對一篇知識階層研究論文——余英時的少作〈漢晉之際士之新自覺與新思潮〉（1959）——交換學術意見。這封書信是近代學術史很著名的論學書簡。錢氏信上指出余文幾處分析偏差。第一，討論知識階層「形成」時，太過重視士人群體內心自覺而忽略「政治、社會、經濟等種種外面變動」。第二，治學術思想史的「時間性」問題，亦即如何建構歷時性觀點與在共時空間下理解特定實踐和變遷。首先，錢穆信上指出「作歷史性的研究，最要在能劃清時代界線」。錢穆認為，余文雖論漢晉之交的轉變，卻因未能先釐清兩漢的變化，導致全文「沒有一明白的開頭，下面亦沒有一明白的結梢。」錢穆特別提醒，「轉變之時期與關捩在哪裡」，必須要在描寫學術思想文論中作清楚交代。第二，「為學須從源頭處循流而下」，像儒家以天下為己任之精神是「先秦孔孟儒家開宗」，不可認為是「自東漢啓之」。錢穆信中指出，余文初稿雖專究漢晉士人群體，但如要追索群體自覺的思想源頭抑或

史學研究過程中是否要讓史家對中國文化的理想，亦即錢穆認知應該由經學之「經義」或「道」來統攝歷史研究，對中國歷史、文化做本質性的判斷。這一點或許就可見出受現代學術紀律訓練的余英時和其師對史學之態度和做法的差異。這部分請參見：王汎森，〈錢穆與余英時〉，收入於王汎森、王健文等合著，《重返國史大綱：錢穆與當代史學家的對話》（臺北：商務印書館，2023），頁258-262。而一位審查人提及，余英時「反智論」、「君尊臣卑」和錢穆「士人政府／政治」論之間的差異是如何形成的，也許也可從兩人對「史學之於己身學問體系的位置、角色、功能」來考慮。惟可惜本文尚無篇幅展開此問題的討論，只能留待他文。

是特定的行為、心態，便不得只斷論於漢晉一代，忽略了前緣歷史經驗可能的延續性。他提醒余氏，必須對「先秦本源處」有一定程度理解，才能比較深刻描寫從儒學傳統至漢晉時期的變動。[22] 此可見出，余英時的知識分子論能貫串中國歷史，又特別從時代轉遷處突顯不同時空環境下知識社群相異的思想特徵，就應為早年從錢穆論學所獲致的治學觀點和方法。

　　更甚者，圍繞著中國文化傳統獨特性的思考，亦與其中西比較的研究視野相關。這主要出自於余英時對故國與西方世界在文明發展進路和程度差異的理解與反省，多見諸於《近代文明的新趨勢》、《民主革命論》、《到思維之路》、《民主制度之發展》、《自由與平等之間》五部專著。這些書集結他1950-1955年在港時期發表的各種政治、社會、文化評論論文，突顯了余氏此階段與當時匯聚香港的「中國自由派知識人」社群往來互動痕跡。這段時間，余英時在《人生》、《祖國評論》、《中國學生周報》發表許多時論，他甚至負責《自由陣線》的部分編務並主持「山外叢談」專欄，這些刊物都為在香港活動之「第三勢力」的政治、文化宣傳品；對余英時來說，則更是年少接觸自由主義思想資源的管道。[23] 這些論述反映他對西方自

---

22 錢穆，〈錢賓四先生論學書簡（附原文）〉，收於氏著，《猶記風吹水上鱗：錢穆與現代中國學術》（臺北：三民書局，2021），頁241-243。這封信寫於1960年5月21日。余英時在悼念錢穆的論文中也提到，錢穆要他不要過度注重斷代的歷史現象而忽略了貫通。余英時，〈猶記風吹水上鱗——敬悼錢賓四師〉，頁10。

23 余英時，《余英時回憶錄》，頁130-149。周言，《余英時傳》，頁112-113。就目前資料所示，余英時與「第三勢力」的交往或許僅止於著文、投稿與編輯。如其自陳，他同情「第三勢力」，但並未參與政治組織的聚會或活動，僅是出於思想與文化的興趣加入了由自由知識人社群撐起的印刷文化陣營。余英時曾擔任編輯工作的《自由陣線》，是由青年黨人左舜

由、民主精神和制度發展歷程的普遍性認識，並進一步考慮其如何與現代中國接軌、轉型的各式問題。這時期研究議題展現他龐大且入世的學術關懷，在跨國與長時間探索取向下，嘗試摸索中國現代轉型的理想道路。用余氏自己的話，就是對「文化哲學」（Philosophy of Civilization）與「社會哲學」（Social Philosophy）的探索。[24] 兩個範疇彼此關聯，從社會具體問題出發，涉入人類文明的抽象與哲學思考，整體反映他對1949變局後的思索。

　　這些環繞著中、西文化比較的研究，即是以五四新文化運動為出發點。此時的余英時，開始以五四新文化運動為切入點反省中西文化互動中，究竟是心態、方法或目標，哪個環節產生問題，引致後續全盤激烈反傳統的危機。1954、1955年，余英時接連寫就〈五四運動

生（1893-1969）、謝澄平（生卒年不詳）先後創辦、主持，後更在美援協助下成立自由出版社。不過，余氏擔任《自由陣線》編輯的時間頗短，1951秋冬至1953秋，約2年左右。由此可推得，與這批自由派知識人交往的影響，最大部分還是觸發他在港時期關於中國和西方傳統、文化、價值的廣泛思考，而非實際、具體的政治議題乃至於活動。從王汎森一篇談余英時1963年「海外文化王國」構想的短文，也說明了余氏始終認為應該在國、共勢力之外處重建一個能結合自由、民主與傳統文化且能適應現代世界的文化中國。而非單純從事如第三勢力的政治運動。王汎森，〈建立「海外文化王國」──余英時先生1960年代的一個構想〉，收於胡曉真主編，《閱讀余英時：著作與志業》（臺北：允晨文化，2023），頁117-127。關於《自由陣線》可見：陳正茂，〈「第三勢力運動」史料述評──以《自由陣線》週刊為例〉，收於氏著，《中國青年黨研究論集》（臺北：秀威資訊科技，2008），頁13-39。郭士，〈「自由出版社」滄桑史〉，收入陳正茂編著，《五○年代香港第三勢力運動史料蒐秘》（臺北：秀威資訊科技，2011），頁73-100。

24 余英時，《自由與平等之間》（臺北：聯經出版公司，2022），頁9-11。本書原於1955年在香港自由出版社出版，後於1984年以《自由與平等》在臺灣由漢新出版社刊行。

的再檢討〉、〈五四文化精神的反省──兼論今後文化運動的方向〉，
指出兩個關鍵問題。第一，五四的問題在於沒有建立接收西方文化的
正確態度，也無法掌握文化再造方式。理想上應該從中國傳統文化精
神和生命處著手。第二，五四不如西方文藝復興的人文主義運動，而
僅是尋求個人徹底解放的反傳統運動。易言之，要重新認識並肯定中
國文化的獨特性，就必須從傳統根源處著手，並循以人為主體的人文
主義方式，才可能重建現代中國的社會文化。[25]整體而言，這段時間
生產的歷史論著、文化及政治評論，均體現余氏嘗試從價值面向來肯
定中國歷史、文化之於現代西方世界的獨特性；並透過整體、長時段
和中西比較角度來描述、評估中國歷史與文化，欲從事實面建立價值
實踐的堅實論據。

（二）以「人」為核心的史學來回應馬克思主義史學

　　將知識階層設定爲把握中國歷史獨特性的基礎單位，呈現余英時
致力建立一種以「人」爲核心之史學取徑的嘗試；而這應是出於他早
年對馬克思主義史學的省思。他曾在1970年代一場在新亞書院的演

---

25 余英時，〈附錄一：「五四」文化精神的檢討與反省─兼論今後文化運動
　　的方向〉，收於氏著，《文明論衡》（臺北：聯經出版公司，2022），頁
　　139-150、150-159。這個版本是將原始兩篇文章編輯在一起，原本的兩文
　　分別爲：〈五四運動的再檢討〉，《人生》第七卷第十二期（1954年5
　　月），頁3-4、6。〈五四文化精神的反省──兼論今後文化運動的方式〉，
　　《自由陣線》，第二十二卷十一期（1955年5月），頁5-6、22。由此來論，
　　無怪乎余氏會在回憶錄裡談及「『五四』尚未完成」之論，五四遺產的
　　「民主」和「科學」還無法在中國傳統文化的土壤上扎根、成長。請見：
　　余英時，《余英時回憶錄》，頁37。

講上提到，自己在香港時就聽過「歷史潮流不可抗拒」這種說法。[26]
這裡的「歷史潮流」就是指向當時他遭遇的馬克思主義歷史唯物論、
歷史發展五階段論等強調社會階級、結構和經濟活動決定歷史發展規
律，人為意志是無可作用的觀點。確實，馬克思主義史學對青年余英
時的挑戰是顯性且巨大的。余氏在回憶錄裡兩次使用「接受」與「克
服」馬克思主義史學的挑戰，描述這段經歷。這種深刻性應與他年少
在中國讀書求學的左傾經驗相關。[27]49 年後輾轉來到香港的他，該如
何對抗這股歷史詮釋的力量，就為此階段的重中之重。而其思考的過
程及階段性成果，也形塑了日後對歷史決定論的抗拒與反省。

　　余氏批評馬克思主義史學的方向，概分為兩條線索──唯機械、
唯物解釋方法抹煞了人之主體性和心力在歷史中的能動性，以及一元
論式理論架構使人誤以為僅有一種真理能全面地解釋世界──兩者合
論，更表現出余氏對極權主義的批判。關於第一條「唯物與人」線
索，余氏在《近代文明的新趨勢》裡描寫極權主義根源處有提到，工
業革命產生的機械生產制度，培育了唯物主義的思潮。書中指出，工
業革命造成人文主義的衰退，大量機械創造了輝煌的物質文明，卻也
使「人」不再受到重視。機器生活造成人大量集中、機械化與零件
化、生活保障低落，而此結果就是間接促成「重物輕人」觀念的誕
生，以及工人因生活困境陷入容易受「鬥爭」、「階級仇恨」口號搧
動的狂熱症中。由此，余英時推論出十八世紀的機械工業和資本主義
經濟制度，促成了唯物觀念興起和「人」之消逝，進而形構了二十世

---

26 余英時，〈史學、史家與時代〉，收於氏著，《歷史與思想》，頁 266。
27 「接受」、「克服」請見：余英時，《余英時回憶錄》，頁 106、117。少時左
　　傾經驗，請見頁 69-70、87-89。

紀極權制度發展的溫床。[28]

　　環繞著對一元論歷史解釋的討論，比較集中展現在《到思維之路》這本討論「思維的本質」小書中。該書出版於1953年，是余英時擔任《自由陣線》編輯時寫的文論集纂成書。這本書討論思想「定於一尊」，以及所謂「暢通」思想的可能蔽害，他的論述對象很明顯是指向共產黨人的政治思想宣傳。更進一步，此書還反省了追求這類思想的思維模式。余氏認為真理是不易求得的，世界上也沒有一種永恆且絕對性的，可以概括解決所有問題的單一原理。他提出「理未易察」想法，「人類文明程度越高，真理就愈不易察見」；方法論上的共同原則雖值得追求，但必須針對個別問題、現象逐一分開處理。綜言之，余英時在這部書裡提倡的思維方法，是想強調在尋得真理前的嘗試和錯誤都是重要的，追求思想體系是危險的作法，因為思想理應是零散、多元的，每種思想的建構必須仰賴堅恃的知識材料；而思想並不必要上升至「信仰」的地位，那樣反倒會引來具危險性的思維方式。[29]

　　為求索能抗拒左傾和非理性革命狂潮的思維方式，余英時最終歸

---

28 余英時，〈帝國主義時代——極權主義的根源及其萌芽〉，收於氏著，《近代文明的新趨勢——十九世紀以來的民主發展》（臺北：聯經出版公司，2022），頁130-135。本書源於1953年在香港自由出版社出版，後於1984年與《民主制度之發展》合輯為《西方民主制度與近代文明》在臺灣由漢新出版社刊行。

29「理未易察」、「原則與問題之區辨」、「知識、思想與信仰」分別出自：余英時，〈理未易察〉、〈主義與問題〉、〈知識・思想・信仰〉，《到思維之路》，頁95-100、83-88、165-170。該書許多篇章都談到了特定共產主義政治文化致使思想體系化、一元化可能帶來的缺點，如〈「定於一」？〉、〈說「通」〉、〈「吾道一以貫之」？〉、〈解開心物之爭的死結〉、〈解「執」〉、〈左・右・異・同〉、〈思維與思維方法〉。

結至「人」作爲個體得培養的獨立思維和行爲能力。這裡要說明他在此階段提出的一個概念「新人文主義」/「新人文思想」。不過，青年時期的余先生並未清楚說明概念內涵及其「新」處爲何。余英時的認識很可能是從義大利文藝復興的「人文主義」（Humanitas）推衍而生。這股以「人的重新發現」孕育「再生」及「新生」力量的文化運動，及其進而派生的「個人主義」，（individualism）觀念，使余英時高度肯定「人」在古典文化轉化過程中扮演之角色、可能的實踐和根本性的普遍價值。[30]植基於此，余氏遂在「人文主義」基礎上根據對現代文明發展歷程、困境的觀察，提出此一新概念作爲解方。在這批1950年代文論裡，他大抵用過兩個詞彙「新人文主義」與「新人文思想」來論述。在《近代文明的新趨勢》末章討論人類如何可能克服極權發展民主，余氏指出得以「新人文主義」引導，瞭解人類需與自然、社會、物質環境的限制相互協調，才可能繼而發展文明。[31]余英時構想的「新人文思想」是能在物質與人間求取平衡。他曾在一篇討論人心覺察自我與環境的文章結論處提及，推動世界文明創新前進的動力必須仰賴這種新自覺精神，亦即「揚棄『神道』（Divinity）與『物道』（Law of Thing），也揚棄了唯心論與唯物論的新人文思想」。[32]余氏並未再進一步闡明「新人文思想」內涵，但看得出來，他構思的是以人心內在精神爲主體，且能克服神性、機械、物質、心靈以再造人類文明的想法。

---

30 余英時，〈新文化的啓蒙（上）──文藝復興（The Renaissance）〉，《近代文明的新趨勢──十九世紀以來的民主發展》，頁33-35。

31 余英時，〈近代文明的新趨勢──十九世紀以來的民主發展〉，《近代文明的新趨勢──十九世紀以來的民主發展》，頁217-219。

32 余英時，〈論自覺〉，《文明論衡》，頁87。

　　整體而言，此階段的「新人文主義」實屬模糊概念。實際上，為尋回「人」之能動性及價值，余英時這階段的部分文論仍多集中於批評馬克思主義史學的唯物史觀和一元論體系，還未發展出該以何種方法來描寫和評估「人」在歷史結構、發展進程中的位置和實踐。誠如其人所言，自己是「方法論的多元論者」。[33]此時的余氏，或許是抵抗那種系統化、一元論的詮釋方法，使他對知識的可靠性、思想的可適性、信仰的存在與否，都展現了明顯的懷疑主義。直至1956年，赴美求學期間發表的〈一個人文主義的歷史觀：介紹柯靈烏的歷史哲學〉，才援引西方歷史哲學論來闡述「人」在歷史脈絡中之身影。他藉柯氏觀點將歷史分割為三種層次的連續性經驗：最外層是事件的過程，是屬於外緣因素的部分；中層是行動的過程，亦即人對應環境所採取的各種行動和實踐；最內層是思想的過程（process of thought），是前個層次人類行動的內在環節，史家在描述人的行為舉止就必須深入並結合在內核驅策他的思想及心靈狀態。[34]由此，操持「思想」的人自然會成為決定歷史發展走向的主角，而且是能突破歷史決定論限制的角色。

---

33 余英時，〈思維與思維方法〉，《到思維之路》，頁186。
34 余英時，〈一個人文主義的歷史觀：介紹柯靈烏的歷史哲學〉，余英時，《歷史與思想》，頁227-228。周言在傳記裡認為，柯靈烏人文主義是余英時1956年到哈佛求學才產生的思想新動向。但筆者認為這裡不能忽略余氏赴美前即以開始思考以「人文」為歷史主體性的可能性。周言，《余英時傳》，頁176。

（三）〈論中國智識分子的道路──中國傳統社會人物批判（一到五）〉

檢閱現存已知的余英時著作，1953年發表在《自由陣線》上〈論中國智識分子的道路──中國傳統社會人物批判〉概爲最早的知識分子研究，與後出之論相比，此文展露了部分具延續性的觀察、論點以及部分差異。首先要說明的是，這是「一組」文章，余氏並非單純討論智識分子，他還有另文〈重重壓迫下的中國商賈──中國傳統社會人物批判〉。兩篇文章合起來觀察，即顯現余氏撰文目的是爲透過人物析論來理解中國傳統社會性質的問題；這自然是呼應了20、30年代的「中國社會性質論戰」，以及後續馬克思主義史學所認定的「封建社會」之論。[35] 兩篇文章呈現的圖景，可見出此時在余氏心中，中國政治、社會、文化領域裡的智識社群扮演之角色，其與商賈團體的關係，並由此推知傳統政治文化、商業文化以及與社會階層交織互動的情狀。以下我會提要式描寫這兩文展露的特點。

第一，智識分子社群的起源、地位及與政治領域的關係。中國智識分子的原型是出於春秋戰國時期的「士」，創建者爲孔子，是在禮崩樂壞時期，隨著王官學術下落民間，使士人逐漸在社會上形成一鮮明的階層。藉由科舉制度，士子群體長期積累並壟斷了知識來源和仕進途道，他們高居於四民之首，且與政治領域存有密不可分的關係，這也深刻影響了士人群體取得眞正在知識、思想和地位的獨立與解放。與西方智識分子的道路不同，中國智識分子的能動性和價值都得

---

35 余英時，〈重重壓迫下的中國商賈──中國傳統社會人物批判〉，《香港時代文集》，頁151-171。原文刊載於《自由陣線》，第十五卷第十一期、第十六卷第一到三期（1953年9、10月），頁10、16-19、16、16-17。

通過在政治範疇中行動來實踐；但長期在道統與政統的競爭過程中，這種制度設計和社會結構終究是限制了智識分子形成一股獨立於王權外的力量參與政治領域。[36]

第二，知識的特性，朝向人類社會而排除自然世界。中國智識階層的知識內涵是「重道輕器」的，缺落了自然世界這一塊，而採取完全面向政治、社會領域的態度。這自然和其形成的傳統有關。士人群體熟悉的知識是「如何治理社會的知識」，這種嚴格的知識分化態度在孔子、墨子身上就一顯無遺。換言之，從王官學下落民間時起，就只有政治、社會面向的智識範疇被士人拾起。這最終導致近代中國在認識、接引西方科學、技術知識時的各種困難。[37]

第三，智識社群和商賈社群的敵對關係。這是在論商賈分子那篇文章談到的面向。余氏基本論點在於，智識分子是憎惡商賈社群，後者是長期遭前者貶低的。智識社群憎惡商人的原因，首要是出於士人佔據四民社會之首，認為自己作為「治人者」，商賈群體則處於被治者的角色。再者，文獻顯示，智識分子認為任何商業交易是帶有剝削性並破壞傳統社會道德的行為，是無法創造任何價值的，處於「末端」的行動。[38]

第四，智識分子必須回到民間才可能重建中國社會。余英時認為，中國智識分子必須打破和民眾之間的「上、下」隔閡，重新回到

---

36 余英時，〈論中國智識分子的道路──中國傳統社會人物批判〉，《香港時代文集》，頁126-139。

37 余英時，〈論中國智識分子的道路──中國傳統社會人物批判〉，《香港時代文集》，頁129-132。

38 余英時，〈重重壓迫下的中國商賈──中國傳統社會人物批判〉，《香港時代文集》，頁160-164。

民間與「廣大人民打成一片」，取得獨立於政治領域以外的社會地位，才可能協助中國社會逐步走向民主化。再者，智識分子必須和商賈密切合作，不得再輕視商人行爲帶給社會的可能貢獻，合作才可能爭取中國轉向民主。甚而，智識社群還必須擴大知識範疇，破除過往的隔閡、界線，「使科學的智識和社會的智識齊頭並進」，才可能從政治以外的領域來從事建設。[39]

　　我們可將〈論中國智識分子的道路〉一文視爲余英時知識分子研究的雛形，上述四點都可在往後研究中尋得相應線索。前兩個面向有比較強的延續性，形成余氏討論士人社群尋求「得君行道」的作爲和可能遭遇的困境，及其如何形塑了知識階層之於皇權既依附又對抗的緊張關係。第三個面向則在他日後環繞著明清商業社會發展和儒學轉型的討論中有所修正，指出商人與士人雙方彼此愈趨靠攏，商賈可進仕途，士子則將儒學文化轉往民間傳遞與扎根，進一步使儒學越加日常生活化。第四個面向，關於知識群體和中國社會重建的部分，隱含日後討論邊緣化問題之線索，並由此突顯知識分子主體性和能動性的重要性。這樣來看，余氏對此問題的關切，實則呼應本節描寫他在此階段發展的兩種觀點及方法——循中國史邏輯建立整體和中西比較眼光，並強調「人」在社會結構、階層、政治文化間的能動性——這些都能在以智識分子爲核心的研究中展顯。而士人做爲重建中國社會的核心力量，意謂余氏認爲必須擴充民間社會這層基礎建設和集體力量，而非單純如近代歷史經驗所展現的從歷史和文化理論、意識形態層面著手，亦即中國共產黨在49年取得政權與建政後的作法。1955

---

39 余英時，〈論中國智識分子的道路——中國傳統社會人物批判〉、〈重重壓迫下的中國商賈——中國傳統社會人物批判〉，《香港時代文集》，頁149-150、170-171。

年出版的《文明論衡》收錄〈中國社會重建的一點檢討〉，就提及知
識分子應該設法使自己獨立於政治領域，再來承擔這場再造運動的
「中堅份子」，憑藉知識的理想主義來改革中國。[40]這樣的論點，在他
後期關於近代知識分子邊緣化與中國社會解體的論述中，亦可尋得相
關想法的連繫。

　　本節描寫余英時早年建構學術世界的三條軸線，嘗試指出這與他
對當時中國的經驗和省察密切相關。我認爲，余氏此般基本立場的形
成，很緊密的和他在香港求學這5年期間所建造的另個世界──批判
性理解造成中國社會苦難和困境的歷史、文化因素──結合在一起。
從回憶錄揭露的成長背景來看，年少家鄉、北平求學時期，後轉至香
港隨錢穆求學與自由主義知識社群往來的經歷，讓余氏一步步建立起
對中國歷史、文化、傳統採正面肯定的價值立場。以知識人自詡的余
英時，身處於左派勢力和革命狂潮交織的香港，明白此地不容他僅作
純學術的探索，而得思索該採取何種行動。[41]他自第三勢力的知識社
群汲取資源，卻未轉化爲政治實踐，反倒多是透過文字闡發自己從歷
史世界中尋找的可能解答。他這五年的作品比較著重於，從文化角度
建立對西方文明、唯物思想、極權制度和共產勢力的批判思考；而非
純粹對中國共產黨的政治批評。這些文論逐步導引他將眼光聚焦在中
國知識階層上，初步形成他對重建中國社會的基本看法。誠如他在
〈史學、史家與時代〉裡思考，史家如何可能貼近地回應時代動向而
做出合適的史學論著。余英時其實是從正面角度來肯定史家主觀寫史
的做法和意義。由此而論，余氏認爲知識群體在長遠中國歷史裡扮演

---

40 余英時，〈附錄三 中國社會重建的一點檢討〉，《文明論衡》，頁186-188。
41 余英時原文：「一方面實深感此時此地殊不容我『兩年不聞窗外事，一心
　　祇讀聖賢書』」。余英時，〈自序〉，余英時，《自由與平等之間》，頁11。

的決定性角色，既是他認定的歷史事實，也可能是價值觀念的投射。
他企圖通過長時段手法建立對中國史的整體理解，是爲回應馬克思主
義史學業已建構的歷史發展律則和分期概念；而以知識分子爲歷史書
寫的主體，更是爲著從「人」在社會結構下的能動性與具體實踐，來
彰顯中國社會、歷史文化的總體特徵。

三、知識分子論述的思想特點

余英時筆下的知識人/階層在中國政治和社會文化脈絡裡具有高
度連續性的傳統，又有不同斷代的特徵。本節嘗試顧及時間向度，提
要式描寫余英時知識分子論述的三個特點。惟必須說明的是，本節無
法盡述余氏所有研究，只是想透過這般概括討論突顯余英時長年投入
此領域研究的主要目標：透過探索知識群體在歷史長河的身影與行
動，映襯中國歷史文化之精神要義和總體傾向是相異於西方文明的。
這既是學術探索的議題，也爲余英時先生史學關懷的核心目標及價
值。而我認爲，就是這些要點構成了余氏肯定中國知識階層具有特異
於世界其他文明的條件；惟其也塑造了一幅思想、儒學與政治權力、
社會文化相互對抗與競合，充滿張力的歷史圖景。這也構成余英時認
爲，自20世紀以降至今，中國必須喚醒業已衰退、斷裂的知識人傳
統來改造社會的思想緣由。

首先，我想指出一篇接續〈論中國智識分子的道路〉的概覽式文
章〈中國知識分子的創世紀〉，寫作於1980年代，整體展現了余英時
從長時間及比較視野建立中國知識人傳統特色和限制的整體圖像。
1984年12月，在《聯合文學》開始連載的〈中國知識分子的創世
紀〉，開篇即指「中國知識分子的傳統是源遠流長的，在世界文化史

上佔有一個非常獨特的位置。」[42]這篇文章描寫與評估中國知識分子的傳統、文化背景和思想特點與相應限制，都是在與西方世界比較下形成，特別是與三種觀點的對話。包括美國史家、公共知識分子霍夫斯達德（Richard Hofstadter, 1916-1970）、俄羅斯對「知識分子」（intellectual/intelligentsia）的普遍定義，以及派深思（Talcott Parsons，1902-1979）「哲學突破」（philosophic breakthrough）概念。前兩種論點是余英時用以概括描述、比較中國與西方足以代表「社會良心」的知識分子的基準；「哲學突破」則是氏論用以突顯中國與西方世界如何從歷經相似的思想突破進而轉向明顯差異，也就是以超越性之「道」涉入人間問題的狀態。在余氏看來，知識分子應該具備的知識專業態度、對社會議題之關懷、因罪惡感而生成的公共責任心、企圖運用知識改變現狀的想法，這在中西世界皆然。而雙方文明最顯著差異在於，哲學突破後對此世和彼世的理解。西方世界將兩者區別開來，從而發展出宗教活動、教會組織和僧侶群體來承擔價值文化體系；中國則是將精神世界寄寓於現實生活，由儒、道兩家人士秉持著「道高於勢」的立場，戮力於現實政治文化與世俗社會裡實現合理的秩序。

　　最後，余氏則指出中國知識分子傳統的兩項限制。第一，知識群體僅能以「道」來支持其介入政治運作、和權威交涉的行動，無法如西方社會發展出的具體組織、團體得以依附。換句話說，當政治權力是勢、道兼具之明君時，知識分子便可能全然地依從指揮，失卻持道

---

42 余英時，〈中國知識分子的創世紀〉，收入沈志佳編，《余英時文集（第四卷）：中國知識人之史的考察》（桂林：廣西師範大學出版社，2014），頁177。原文刊載於《聯合文學》，第1卷第2-3期（1984年12月-1985年12月），頁10-13、10-16。

自守的立場。第二，知識分子重視道德多過於「爲知識而知識，爲眞
理而眞理」之精神的追求。這影響了中國「知識領域」能在道德、倫
理空間外自主發展的可能性。這兩個面向其實都指向了，中國知識階
層缺乏秉持知識、學術立場以形成一塊獨立於政治干擾的空間，而這
也反映傳統中國政治領域、學術/知識領域、倫理道德領域頻密交
涉、影響的特點，也是限制。余氏此語自然還有現實關懷和指涉，他
舉了史達林時期李森科（Trofim Denisovich Lysenko, 1898-1976）仰
仗政治權威發展己說，打壓他種生物學、遺傳學的例子，認爲這是
「對人類的智慧和理性的一種最大侮辱」，並進一步指出，中國的人
文學科受政治干預、壓抑的現象尤爲嚴重。[43] 而知識階層欲在現代社
會做出貢獻，就必須克服將知識作爲終極目的而非僅爲手段的觀點，
逐步打造能獨立自主行動的性格和場域、空間。這篇做於80年代初
期的文章可視爲余氏知識分子論點「長時段延續性、超越現世的精神
特性、與現實政治權力場域關聯的內在限制」的濃縮，呈顯余先生力
圖指出的，中國知識群體具有一悠長不中斷的文化傳統，且是以一種
較強烈之「人間性」姿態涉入世俗世界，也容易遭遇外在政治環境、
權勢壓縮活動空間的各項問題。這是循世界歷史文化脈絡中來求索和
肯定，才可見得中、西知識分子傳統的共相與疏相。

　　接著描寫第一個特點，是余英時明顯想從時間、歷史延續性角

---

43 余英時，〈中國知識分子的創世紀〉，收入沈志佳編，《余英時文集（第四
　　卷）：中國知識人之史的考察》，頁190-192。如以生物、遺傳學來論，
　　1946年時任中研院植物研究所的李先聞，就在1948年底院裡同仁討論搬
　　遷事宜時，表示自己必須離開，若然在中共政權底下就得奉李森科遺傳學
　　爲信條來治學。李先聞，《李先聞自傳》（臺北：臺灣商務印書館，
　　1970），頁180。

度，建立中國知識分子橫跨先秦、漢晉、兩宋、明清時代所形成的悠遠傳統，並在特定時空環境下描寫與評估知識人的行動及思想特點，進而呈現各斷代史的總體特徵。先秦時期為知識階層興起階段，這部分的研究較多寫於1970、80年代，且部分論點還是氏著長期思考不斷深化的對象。關於古代知識階層成形，要以寫於1978年的〈古代知識階層的興起與發展〉為基準，從中可看出余氏嘗試結合西方概念將中國知識分子放在具備比較思想、文化史意義的位置。這裡他首次援引社會科學「哲學的突破」概念，來解釋春秋戰國以降禮樂崩壞後，儒家如何重新賦予這些王官學知識新的精神和意義。借此概念，余氏得以將儒家定義為「文化事務專家」（specialists in cultural matters），可以視為中國知識分子群體最原始的型態，且是持蘊含「歷史性」和「人間性」之「道」來構思人間秩序的合理安排。[44]而此「突破」概念就是整個80年代及其後，余英時花了很多力氣在思考中國經歷此番精神躍進後何以走上與西方世界相異的道路，這也就關乎中國知識分子和歷史文化的整體特性。

　　余英時對漢晉時期知識群體研究的開展，是早於上述先秦階段的討論，從中可見出余氏先後師從錢穆與楊聯陞而獲致結合思想史與社會經濟史的觀點。這部分主要見於〈東漢政權之建立與士族大姓之關係〉（1956）和〈漢晉之際士之新自覺與新思潮〉（1959）兩篇先後登載於《新亞學報》的文章。這系列著作是結合內、外緣因素來描寫士人個體和群體由內心生發之自覺意識，以此推出個人獨立、自由的想法，以及士大夫階層如何從關心私己轉進至群體、家國。而經由個

44　余英時，〈古代知識階層的興起與發展〉，收於氏著，《中國知識階層史論（古代篇）》（臺北：聯經出版公司，2019），頁31、53-56。

體和群體自覺的交織互動，藉著儒學要求之自我克制和超越精神所推展出的公共關懷，則是上承先秦，下接宋明儒者，貫串整段中國文化史的顯著特徵。[45]這兩段時期的成果，構成余英時討論古代中國知識階層的名作《中國知識階層史論（古代篇）》。有論者認為這部書是「錢穆史學的精緻化」，從政治制度、學術思想、社會經濟面向來深化其師對士大夫之於中國歷史積極角色的論述。此致，讀者在某種程度上，可將此書之論視為錢穆《國史大綱》「士人政治論」的延續與深化。[46]究其實，透過對先秦至漢晉時期的知識分子研究，余英時勾

---

45 余英時，〈漢晉之際士之新自覺與新思潮〉，《中國知識階層史論（古代篇）》，頁214。

46 陳正國，〈臺灣史學中的余英時身影：余英時獲「克魯格獎」後的隨想〉，《當代》，第232期（臺北：2006年12月），頁41-42。錢穆「士人政治論」請見賴國筆：〈《國史大綱》的「士人政治論」〉（臺北：國立臺灣大學歷史學系碩士論文，2017）。值得進一步考察的是，所謂「深化」究竟是錢穆「士人論」的延續，抑或余氏不同於師論處？此處僅提出兩點供讀者參照。第一，從錢穆針對〈漢晉之際士之新自覺與新思潮〉與余英時的論學書簡，即可見出余氏關於「群體自覺」的描述、解釋，不若錢穆如此強調士大夫的理想與責任，反倒比較偏重群體感知自我和他人（外戚、宦官）不同的意識。是爾，錢穆的意見認為余英時在此對士大夫群體的討論有點偏向馬克思主義的階級意識。這部分亦請見王汎森的討論。王汎森，〈錢穆與余英時〉，收入於王汎森、王健文等合著，《重返國史大綱：錢穆與當代史學家的對話》，頁262-264。第二，筆者認為余英時或許是有意識地從漢晉士人群體著手，尋找錢穆《國史大綱》〈士大夫的自覺與政治革新運動慶曆熙寧之變法〉描寫宋儒自覺精神與行為的上源。〈漢晉之際士之新自覺與新思潮〉註7處，余氏花了不少篇幅解釋漢晉士人自覺精神如何「下開宋明儒者之襟抱」。但整體來說，師徒二人的士人自覺論，均十分強調個人內心精神力量所能發揮之限度，以及由此觸發的行為實踐。惟錢穆在《國史大綱》中提出的士人自覺帶有一層與民國時期流行之學說與論述對話的想法，而余英時筆下的自覺，筆者認為更多是出於其對五四新文化運動以來的文化破壞，以及共產中國亂象的深層反省。錢穆《國史大綱》士人論的特點，請參見徐兆安的討論。徐兆安，〈士之自覺：

勒了這個士大夫群體成形的順時變化。這部分自然有得益於政治、社
會、經濟等外緣因素影響，特別如制度性的選拔人才管道建構，使這
批人獲致深厚的社會基礎；但余氏明顯更關注兩個內在、精神層面的
變化——哲學突破與自覺意識——據以勾勒出能說明從知識人群體逐
漸形成循「道」論「政」，自詡作爲文化價值體系承載及實踐者角色
的歷時性思想因素。

　　兩宋與明清階段研究展現余英時在方法面的突破，一方面是嘗試
將思想行動放入政治文化脈絡裡重新理解，另方面則試圖回應關於中
國明清時期的「韋伯問題」。整體來說，作爲余英時視野中歷史行動
者的士大夫群體，從兩宋到明清時期的變化大致表現在，更爲自主地
承擔文化和政治責任並採取行動，但也受限於政治文化和社會經濟範
疇的變動，行「道」論「政」的具體實踐被迫轉入世俗社會與其他群
體往來互動，從而形成儒學思想內涵乃至於士人群體的板塊性變動。
兩宋的研究，要以1999年爲《朱子文集》作序時所觸發的問題爲起
點，最後以2003年完稿出版的《朱熹的歷史世界》爲主。余英時主
要嘗試以朱熹（1130-1200）爲典型來考索士大夫群體的儒學/道學思
想和政治思惟、實踐之關聯，將過去僅針對朱熹和這批士人的理學內
在面向做思想史和學術史解讀，往外拓展、連結至其與現實政治世界
中所欲回應的問題，進而建構這段從北宋朝起，經歷熙寧變法、失
敗，後轉至南宋朱熹集道學大成之時代，士人逐漸自覺掌握如何「成
爲」政治主體所該採行之思考與行動的政治文化。[47]「主體意識」爲余

能動性問題與現代中國思想史中的《國史大綱》〉，《重返國史大綱：錢穆
　　與當代史學家的對話》，頁214-251。
47 余英時，《朱熹的歷史世界：宋代士大夫政治文化的研究（上、下篇）》
　　（臺北：允晨文化，2003）。

英時借取現代詞彙對兩宋士大夫自覺意識由文化領域轉至政治領域的
用詞，他力在突顯「以天下為己任」要為兩宋年間儒學/道學在政治
範疇中具象化實踐的特殊精神和目標。[48]質言之，關於此階段的研
究，余氏主要是嘗試從以朱熹為典範之士大夫群體的理學著述及思
想，觀察其如何回應兩宋時期政治範疇的基本問題：權力結構、運作
方式和人間秩序之安排與實現的「基本信仰或預設」。[49]

　　關於明清知識群體的研究有兩條線索，其一概為余氏源發於
1980年代關於「韋伯式問題」的回應而來，思考儒、釋、道三家思
想是否曾推動明清社會的商業發展。這部分的研究牽涉三個範疇的問
題：明清商業社會的形成和發展；在這過程中，儒、釋、道三教互動
產生複雜道德觀念的可能影響；經濟、思想變動與士、商頻密互動所
造成四民社會結構變化。余氏這部分的研究，勾勒了明清士人面對的
問題，是在商業日趨發達的社會裡思考是否、如何經營與累積私利，
奢侈觀念、行為究竟是否該被禁止或批評，這些困擾導引出理和欲、
義和利、公和私觀念在此階段可能產生的基調轉換，以及傳統四民社
會位階中儒、商的上下錯動。這背後有一很重要的思想文化因素在
於，儒、釋、道三家出於不同原因共同強化俗世化精神，更於王陽明

---

48 余英時，〈「同治天下——政治主體意識的顯現」〉，《朱熹的歷史世界：宋
　　代士大夫政治文化的研究（上篇）》，頁288-289。

49 余英時，〈緒說〉，《朱熹的歷史世界：宋代士大夫政治文化的研究（上
　　篇）》，頁60。當然，也是基於這般「基本預設」所做的政治史、思想史
　　和學術史相關聯的討論，讓這部朱熹研究引起正反不一的評論意見。請
　　見：楊儒賓，〈如果再迴轉一次「哥白尼的迴轉」：讀余英時先生的《朱熹
　　的歷史世界：宋代士大夫政治文化的研究》〉，《當代》，第195期（臺
　　北：2003年11月），頁125-141。劉述先，〈評余英時《朱熹的歷史世界：
　　宋代士大夫政治文化的研究》〉，《九州學林》，第1卷第2期（香港：2003
　　年），頁316-334。此處不贅列所有書評討論。

（1472-1529）手上將其行動的目標及對象，從士人群體轉入通俗社
會，加快了士商間的互動。[50]第二條線索與前述明清商業社會文化變
遷相配合，從知識群體和理學思想研究角度展開，這部分接續余氏兩
宋理學研究脈絡，將明清心學的思想放回政治文化史脈絡觀察。余英
時指出，明清時期是中央集權發展最爲完盛的階段，當政治文化不再
崇尚士人與君主「共治天下」時，知識群體僅能在專制威權下轉往民
間尋覓別種空間；而王陽明的「良知」、「心即理」論說提出，就是
將「道」從朝廷政治空間轉移至民間社會，從另個角度推動儒學和士
大夫群體在社會領域開拓儒學「日用常行化」或「人倫日用化」的發
展。[51]

　　兩塊領域的成果，展顯余氏在描寫和評估兩宋至明清士人群體思

---

50 余氏就指出此研究是關係到是否能對「理學在中國文化史上的地位獲得一
　種比較完整的瞭解」。余英時，〈自序〉，余英時，《中國近世宗教倫理與
　商人精神》（臺北：聯經出版公司，2004），頁56。以士商互動來考慮儒
　學思想轉變的部分，可見：余英時，〈士商互動與儒學轉向──明清社會
　史與思想史之一面相〉，《中國近世宗教倫理與商人精神》，頁175-248，
　特別是頁205-221談「義利之辨、奢侈問題」。
51「日用常行化」、「人倫日用化」語出：余英時，〈現代儒學的回顧與展
　望：從明清思想基調的轉換看儒學的現代發展〉，《中國歷史研究的反思
　（古代史篇）》，頁227。明清理學的討論可見：余英時，〈從政治生態看宋
　明兩型理學的異同〉、〈王陽明時代儒家社會思想的轉向〉，《中國歷史研
　究的反思（古代史篇）》，頁113-138、235-292。兩宋到明清時期的討論，
　多半發展於1980、90年代，兩者在余氏心中應該是相互影響交涉的範
　疇。特別本文提到的第二條以「理學」爲主線的討論，寫作時間均集中於
　1990年至2000年間，余氏曾在《宋明理學與政治文化》序言自道，在寫
　作《朱熹的歷史世界》時，明代理學已時常以對照組的角色浮現在他心
　中、筆下，可顯現作者在這塊研究上具內在一致性和順時發展、變化的特
　徵。余英時，〈《宋明理學與政治文化》自序〉，沈志佳編，《余英時文集
　（第十卷）：宋明理學與政治文化》（桂林：廣西師範大學出版社，
　2014），頁2。

想行爲和發展變遷時，特別著重他們在俗世間各種實踐所帶來的影響和意義；而這些以理學爲主要取向的新儒家，更是「士」在中國史發展的最後階段。[52] 可以這樣說，從先秦、漢唐、兩宋時期，余英時提出的問題是知識人「得君行道」之傳統如何建立、形成，又反映中國政治文化的何種特徵？轉入明清時期，問題則隨理學轉型、王陽明良知學說提出，轉爲知識人爲何會改採「覺民行道」策略，其時之政治、社會、經濟、文化背景爲何？這對儒學／理學學術、思想內涵又產生何種影響。

　　知識分子論的第二個特點，應屬哲學／軸心突破和由此衍生的內向超越論，兩者恆互於余氏長期探索中國歷史的進程中，直到晚年最後一部論著《論天人之際：中國古代思想起源試探》才算完結。突破和內在超越論，是余英時描寫古代知識階層興起時援引的西方論點，也成爲他肯定中國文化有別於西方的立論基礎。他使用突破論有一個演進過程，也在起因和目標上就存有中、西比較研究的念頭。我們跟著余先生的自述倒回去看就能發現，他自陳於1950年代就從聞一多（1989-1946）〈文學的歷史動向〉讀到，中國、印度、以色列、希臘四個古文明約略於同樣時間在文化表現上產生飛躍性發展。[53] 該論點再次出現於余氏筆下，即見〈古代知識階層的興起與發展〉裡「哲學的突破」一節。這裡存有學術名詞差異以及背後知識來源的問題。一開始，余先生是引述派深思介紹韋伯古代宗教研究以及部分關於「知識分子」（intellectual）的論文，故使用派氏「哲學的突破」。其後，

52　余英時，〈士在中國文化史上的地位〉，《知識人與中國文化的價值》，頁208。

53　余英時，〈代序：中國軸心突破及其歷史進程〉，收於氏著，《論天人之際：中國古代思想起源試探》（臺北：聯經出版公司，2014），頁12-13。

受到1980年代社會科學界隨艾森斯塔（Shmuel Noah Eisenstadt, 1923-2010）推動關於「軸心文明」（Axial civilization）相關討論影響，余氏逐漸改用雅斯培（Karl Jaspers, 1883-1969）的「軸心突破」論，其承自韋伯對古代文明起源的部分觀點，再進一步深化與尖銳化此問題。[54]

　　「軸心突破論」對余英時知識分子研究的影響發生在三個面向：第一，用「突破」的視野可以合理描述原本僅屬一整塊的思想學術領域在特定時空環境裂解爲多元板塊的正面意義。第二，「突破」以後生成可掌握各別知識能力的群體，即成爲余氏描寫知識階層/群體/個人的原型與線索。第三，最重要的，突破並非獨屬西方或中國，是幾個古文明皆然，循此即可藉著比較研究將中國擺回世界文化史的行列中。[55]世界幾個重要古典文明約在同時間產生的突破性變化，這在余英時看來，和莊子「道術將爲天下裂」，春秋以降禮樂崩壞，儒、道、墨三家各自發展一套可承接和創造性轉化傳統的思想學說，若合符節。而這樣的想法和嘗試，仍脫不開余英時企圖透過論證來反對由西方傳入中國的「歷史演進一元論」，這種已然從以西方爲主體的價

---

54 余英時，〈代序：中國軸心突破及其歷史進程〉，《論天人之際：中國古代思想起源試探》，頁 1-3。余英時，〈軸心突破和禮樂傳統〉，《二十一世紀》，總第 58 期（香港：2000 年），頁 17-18。

55 1980 年代的討論中，余英時曾提過哲學突破論對於勾勒與分析古代知識階層的影響主要表現在三個面向：「文化系統」與「社會系統」分離、相對獨立；分化後的知識階層成爲新興教義的創建和傳播者；突破導致不同學派並起，從而產生異端與正統的分歧。余英時，〈古代知識階層的興起與發展〉，《中國知識階層史論（古代篇）》，頁 35。本文稍作改變，以比較統整的視野來觀察突破論對余英時建構中國知識階層觀點的影響。

值觀點來推估歷史事實走向的決定論。[56]

中國軸心突破模式特出於其他文明處，就在於那個超越性精神領域的不同，也就是余英時指出，中國是走內向超越（inward transcendence），而西方文明是典型的外向超越類型。余英時在這個論點上耕耘許久。早自80年代他就已寫成〈從價值系統看中國文化的現代意義〉，提出中國「內在超越」（immanent transcendence）路向，形成一種認為理想的彼世就應該在現實之此世實踐，而「人」就是將這種超越性價值內化於心，將「天」內化於「人」，試圖在人世間建造理想政治道德秩序的實踐者。余氏由此推衍出中國價值系統蘊含很強烈的人文精神。[57]晚近，他在2014年出版的《論天人之際：中國古代思想起源試探》增添更多例證來還原從軸心突破發展至內向超越的歷史場景，描述在與「巫」奉祀之「天」拉開一定距離後，春秋中晚期逐漸形成一股「修德」個人化與內在化的精神動態，從而在人的內心建造這個超越性的價值領域，並以內轉方式達致目標。我認為，這個論點形塑了余英時筆下的知識群體在傳統中國政治結構、民間社會中行動之身影和內在限制。也就是說，從突破論導引出的「內向超越」概念，讓余英時在理解與把握古代中國知識階層的思想與行動時，特別是在描述個人或士人群體在政治場域與各種勢力競逐時，

---

56 余英時，〈代序：中國軸心突破及其歷史進程〉，《論天人之際：中國古代思想起源試探》，頁3-8。

57 余英時，〈從價值系統看中國文化的現代意義〉，《中國思想傳統的現代詮釋》，頁1-51。要注意的是，在這篇文章行文中余英時是用「內在超越」，後來才修正為「內向超越」。他認為前者的英譯詞immanent會涉入哲學與神學／宗教關於這個超越性領域是否為一「精神實體」的爭議，亦即「道體」，與他想要描寫的狀態不同。這個修正請見：陳致訪談，《我所走過的路：余英時訪談錄》，頁70-74。

會認為士人因缺乏俗世性組織，致使其依賴政治權威以彰顯道德位階，這是種容易失衡的危險平衡。同時他也相當著重「理」與「勢」、「道統」與「治統」的對抗，他曾經如是指出，中國知識人必須講求心性修養，這是「『內向超越』的知識人，在傳統格局下的唯一出路。」[58]

　　第三個特點我認為是自覺精神，這要屬余氏早期在探討古代中國知識階層興起時的看法。這特點雖然未如第二點時常出現於論述中，卻是支撐余英時所肯認的，中國知識分子傳統裡有一股強烈的自我認同之共通感受與精神，支撐其行道天下。余氏自 1950 年代起就開始用「自覺」表達自我反省、批判之意。1954 年出版的《民主革命論：社會重建新觀》討論如何透過全面緩漸革命來達成社會重建的作法，書末余英時就指出革命是「需要自覺的精神為最高的指導。」民主革命就是一個「不斷的反省、批判與改進的運動」。[59] 差不多時間點所發表的五四紀念文論，則以「文化自覺」描述經由與西方文化互動、接觸而形成自我省察的五四新文化運動。至於比較完整的論述，則是 1954 年發表在《人生》上的〈論自覺〉，討論自覺精神和中國文明重建、發展的關係及問題。這篇自覺概念的少作，展現他嘗試從中西文化比較視野來思考，傳統中國思想與「自覺」相關之精神意涵，

---

58 余英時，〈中國知識人之史的考察〉，《知識人與中國文化的價值》，頁196。當然，若追本溯源，此觀點仍和余英時早年師從錢穆，受其對中國文化精神要義之論影響有關。請見：郭泳希、張奔勝，〈余英時的學術傳承初探——以余先生居港向錢穆求學（1950-1955）為中心〉，《重訪錢穆（下）》，頁 227-228。

59 余英時，《民主革命論：社會重建新觀》（臺北：聯經出版公司，2022），頁 182。本書原於 1954 年在香港自由出版社出版，後於 1979 年由九思出版社刊行臺灣版。

及其如何可能協助現代文明克服「機械思想、唯物思想」以達致均衡發展階段的問題。這十分切合收錄此文的專輯《文明論衡》主旨：在中西交織互動視野中討論文化問題，以建構一套重建中國社會、文化的理則，亦即書中數次出現的「文化哲學」一詞；〈論自覺〉在此文化哲學的結構中，就屬討論人類主體精神、能動性的篇章。[60]

　　文章循哲學和心理學、印度佛學、宋明理學與陽明心學三條結合現代學科知識、宗教及中國傳統文化的線索，嘗試描寫自覺現象的普世性。余英時筆下的自覺，環繞著以人為主體的基本價值，牽涉三個層面「人知覺自己為人」、「人與禽獸相異」、「形成有組織之群體生活」，循此逐步建立個體、群體自覺和文明建構的緊密關聯。另方面，〈論自覺〉實則還蘊含強烈的現世關懷，此文從抽象觀念著手，其實旨在批判當代文明陷入無法自我省察，導致自覺精神為唯物、機械思想蒙蔽，民主主義被「偽裝的野蠻力量」阻礙。余氏期待以自覺精神激發前文提及的「新人文思想」，由此才可能建構現代世界文明。[61]

---

60 《文明論衡》的篇章結構為〈文明與野蠻〉、〈論進步〉、〈論自覺〉、、〈論傳統〉、〈論文化整體〉、附錄一至四分別為，〈「五四」文化精神的檢討與反省〉、〈我對中國問題的反省〉、〈中國社會重建的一點檢討〉、〈「文明」與「文化」釋名〉。整體來看，余氏撰寫此書時交互運用了西方哲學、心理學、社會學、人類學與廣義的中學。他企圖利用前五個篇章建構一種「文化哲學」，後四篇附錄是循著對「五四」反省出發，將其「文化哲學」應用至解決現當代中國的成果。整體而言，余英時認為當時中國面對兩個問題：第一，中國文化臨襲於西方文化的影響下，如何可能在保存部分傳統元素下，轉型為能肆應現代世界的文化型態。第二，在轉型過程能突破偽裝成「文明」實則「野蠻」的共產極權體制；這不僅是中國的課題，更是當時世界面臨的困境。1950年代寫就這些論文的余氏應該深有感觸。

61 余英時，〈論自覺〉，《文明論衡》，頁63-87。

　　自覺論第二次正式出現在余氏學術論著，要數1959年撰成的
〈漢晉之際士之新自覺與新思潮〉，以人心自覺作爲判斷推動士人群
體形成的關鍵思想因素。此論也遭錢穆批評他過於重視內緣，忽略外
緣因素。文中對自覺的定義是：「區別人己之謂也，人己之對立愈
顯，則自覺之意識愈強。」也就是說，人會感知到自己是一個與他人
不同的獨立個體；且通過與他人往來互動，會逐漸加強這種意識。[62]
此處論述就與〈論自覺〉描寫三個層次的覺察，若合符節，這也說明
了余氏對自覺問題思考的連續性。其中的關鍵變化在於西學知識的改
變。余英時不再運用曾借取的心理學、哲學和佛學，反倒還參酌、運
用了布克哈特（Jacob Burckhardt, 1818-1897）的文藝復興研究。他將
士大夫重視自我名聲和精神之舉視爲自覺意識的高度發展，比附於文
藝復興時代文士珍視自我聲名、價值所表徵的個人意識抬頭。余氏特
別舉佩脫拉克（Francesco Petrarca, 1304-1374）爲例，指出「近人」
論西方個人意識萌芽多溯源至佩氏。[63]這如實反映他在回憶錄裡多次
提到，自己對西方歷史文化經驗的重視，是將文藝復興作爲西方世界

---

[62] 余英時，〈漢晉之際士之新自覺與新思潮〉，《中國知識階層史論（古代
　　篇）》，頁206、231-232。

[63] 余英時，〈漢晉之際士之新自覺與新思潮〉，《中國知識階層史論（古代
　　篇）》，頁235。余氏在該文註腳20自陳，布克哈特文藝復興論著「論個
　　體」一章頗能作爲此節論述參照。其後在訪談中也提到，1957年時自己在
　　哈佛修讀文藝復興專題課，細讀了布克哈特《義大利文藝復興時代的文
　　化》，使他終身受用。陳致訪談，《我走過的路：余英時訪談錄》，頁
　　148。布克哈特在描寫文藝復興時代出現的個人自我醒覺的趨向，這很明
　　顯地以「對世俗聲譽的追求」這種外在形式展露。當人們開始深究如何在
　　公共領域獲致聲譽，就會進一步循此來評斷他們是否也配享這種名聲、榮
　　耀。這個論斷和余英時的「自覺」論是互相搭配的。雅各・布克哈特
　　（Jacob Burckhardt）著、花亦芬譯註，《意大利文藝復興時代的文化》（臺
　　北：聯經出版公司，2007），頁182-185。

從中古轉入近代的轉折點，以利他構思中國從傳統轉進現代的相關問題。[64] 很巧的是，就在〈漢晉之際士之新自覺與新思潮〉成文的同年，他在《新亞書院學術年刊》發表〈文藝復興與人文思潮〉，兩文相對比就可以很明顯地看出，余氏關心西方文藝復興，無論是歷史經驗或是概括抽象性概念的層次，都是環繞著個人主義而生，強調人應該重視自我意識的提升與沉落，以求取「超拔之道」。[65] 就環繞著「人心有一種價值自覺的能力」這部分來說，確實就是貫串余英時描寫和評估中國知識階層傳統的顯著特點。[66]

　　藉深化知識階層的歷史來證成中國歷史文化獨特性，應該是余英時長時間投入知識階層研究的核心目標。如氏著自言，思想突破帶來的超越性，以及結合出世與入世精神的自主行動，從不同斷代的歷史經驗建構貫通性的知識分子論述，這段淵長的歷史、文化獨特性可讓我們具體辨清，中西文化在起源和流變兩方面的根本分歧。[67] 此即符合本節描寫的三個特點。筆者認為，除長時段歷史線索把握外，余英時筆下中國知識分子形象的建立，更仰賴他結合思想史與哲學面向的考索。本文無意將余先生寫成一位唯心論者，他一定也不會認同。但本文還是想強調，軸心突破帶來的內向超越以及個人／群體自覺精神，此二論點讓余氏書寫中國知識階層在不同時代的身影時，在設定思想目標、發展系統言說、採取實際行動上雖有殊異甚至相互辯難

---

64 余英時，《余英時回憶錄》頁 177-178。
65 余英時，〈文藝復興與人文思潮〉，《歷史與思想》，頁 325。
66 余英時，〈從價值系統看中國文化的現代意義〉，《中國思想傳統的現代詮釋》，頁 39。
67 余英時，〈士在中國文化史上的地位〉，《知識人與中國文化的價值》，頁 207-209。此論還可見諸於前引文〈中國知識分子的創世紀〉與〈中國知識人之史的考察〉。

處，卻可在幽微的人心和精神世界，展現順時發展的高度一致性。即
如余氏討論朱熹和陸九淵（1139-1192）的論辯，指出雙方歧異在
「內聖」該如何安排，惟「外王」目標是相對一致的。余氏刻畫了內
在動力形塑知識個體乃至於群體的可能，這和他著重「人」和「思
想」在歷史世界的作用力，批評歷史決定論的立場遙相呼應。這三個
特點勾勒出的知識人身影，具體而微地說明了，余氏早年的現實關懷
如何在其日後思想世界留下痕跡。

　　更進一步，余氏對知識階層歷史的探索，關涉到他對中國傳統文
化、價值是否、如何能相嵌合於現代社會自由、民主體系的考慮，也
與其現代命運及困境密切相關。這或許也可視之爲余氏探索歷史經驗
的現實目標和動力。對余英時來說，傳統知識階層就是價值體系的實
踐者，其發展、轉型經驗呈現了中國文化的變動歷程。2007年出版
的一本論文集《知識人與中國文化的價值》，余先生在序言提到：

> 文化的價值雖然起源於一個民族的共同生活方式之中，但
> 必須經過系統的整理、提煉、闡明，然後才能形成一套基
> 本規範，反過來在這個民族的精神生活中發生引導作用。
> 這一整理、提煉和闡明的重大任務，就中國傳統而言，一
> 直是由「士」承擔著的。[68]

在余氏觀點中，「士」作爲社會特殊群體從先秦以降就承擔了開創中
國價值系統原始形態的責任，士人竭力扮演著承擔和傳遞者之角色。
然而，這套獨特的系統卻在現代轉型時期面臨嚴峻挑戰，也就是
「『士』轉化爲現代『知識人』（intellectual）」，開始以嚴厲批判傳統

68　余英時，〈自序〉，《知識人與中國文化的價值》，頁6。

文化爲手段和目的，展開這段歷程。[69]這也就是中國知識分子於近、現代遭遇到最嚴峻的挑戰，從政治、社會、文化之核心逐漸邊緣化的問題。

四、現代知識分子邊緣化命運與重建中國社會重心的可能──代結論

　　中國知識分子在20世紀以來遇到的邊緣化困境，是余英時知識分子論述所建構的歷史連續性中，最明顯的一次斷裂。「士的『傳統』在現代結構中消失了，『士』的幽靈卻仍然以種種方式，或深或淺地纏繞在現代中國知識人的身上。」[70]2002年，余英時替新版的《士與中國文化》重做序言時提出如是觀察。十分明顯的，余氏認爲中國現代轉型的劇烈程度，造成社會結構和思維、價值體系大幅度斷裂，而依違於此的士大夫群體雖同時轉型成現代知識分子，卻可能只是傳統士人行爲、思想和精神的部分遺緒。本文認爲，余英時關於現代中國知識人的觀察和論述，其實與他建構的知識分子論點，那股由強烈內在、精神層面的動力所促成的思想和行動，密切相關。這個歷時性特點，在現代轉型時期因外在環境劇烈改變而夭折。本節旨在描寫他關於現代中國知識分子的兩個論點：第一，知識人邊緣化困境；第二，由「士」轉爲現代意義「知識分子」（intellectual）過程中儒學價值體系斷裂的問題。在描述思想觀點外，我還嘗試進一步評估余氏此論點的特定目標，以代作爲本文結論。當然，要做全面評估，就還得參酌非中國文化式知識分子研究，才可能梳理出余氏筆下傳統中國

69　余英時〈自序〉，《知識人與中國文化的價值》，頁7-8。
70　余英時，〈士的傳統及其斷裂〉，《知識人與中國文化的價值》，頁222。

知識分子在全球文化脈絡中的特色。這是本文目前尚欠缺處。我僅希望藉此說明「兩個世界」的交織，如何影響他對這批活躍或掙扎於20世紀中國知識群體的定義和評價。

余英時的近代知識人研究確是蘊含濃厚現實意味。陳弱水指出，余氏論著裡的近代史部分，大抵從1980年代展開，內容都與中國文化和中共問題緊密相連。[71] 隨著他近代史的學術世界逐漸發展，論者心中另個指向現實的世界，則越顯清明地勾勒出中國共產黨極權政治體制的怪獸姿態。其實，從其評論文字就可見出，80年代以後的寫作，已不採泛談社會、文化理則的路線，而是直接批判中共統治下的政治、經濟、文化現象和議題。筆者認為，這也許和他1978年的中國訪問行有關。這段旅程讓他能近距離觀察文革結束後的中國社會，更使他有不少和當時知識社群接觸的機會。從其行程中的文字紀錄與陸續出版之訪談和文稿來看，這趟旅行其實只讓余英時徹底感覺到，他認識的中國文化已經消逝了，而且知識分子群體的精神與「銳氣」，早已在經歷1957年反右鬥爭運動中被消磨殆盡。[72]「不見江南總斷腸」、「不知何處是吾家」，誠如其詩，余氏此行不僅沒機會返回家

---

71 陳弱水，〈余英時典藏套書引言〉，收於彭國翔編，《會友集（上）—余英時序文集》（臺北：三民書局，2023），頁5-6。中國、中共問題評論的部分可見：余英時，《余英時時論集》（臺北：聯經出版公司，2022）。該書收錄他1970年代以降發表的中港臺時事評述。余先生另於2001年起擔任自由亞洲電台評論員，內容亦多是環繞著中國與中共統治問題。這些內容均收錄於余英時，《余英時政論集 上、下冊》（臺北：聯經出版公司，2022）。

72 周言，《余英時傳》，頁306。余英時，〈十字路口的中國史學（1981年）〉，收於氏著，《十字路口的中國史學》（臺北：聯經出版公司，2023），頁18。

鄉，更認識到自己過去熟習的故國文化已於1949年後逐漸逝去。[73] 或許，對余英時來說，站在「十字路口」的不單單是史學知識的發展，更是中國未來該往何處去的沈重問題。而造成此困境的歷史因素，很大部份得結合知識人的遭遇及處境來理解。

　　邊緣化困境的討論，見諸於作者在1990年代初期先後寫就的兩篇文章：〈待從頭，收拾舊山河〉、〈中國知識分子的邊緣化〉，發文的時間點很明顯和方甫發生大規模鎮壓知識群體的「天安門事件」密切相關。六四對余英時的影響巨大，他用「獨夫一怒揮刀斧」描述鄧小平（1904-1997）與領導階層下的決定，並以終生不進入中國、替政權背書為具體行動。[74]1990年2月，余英時在《二十一世紀》發表了〈待從頭，收拾舊山河〉，談到當代中國必須通過知識人努力才可能在革命後的廢墟重造民間社會，企求合理的新秩序。這篇文章可能是余先生首次以「邊緣化」這般社會位階、結構劇烈變動來描述現代知識人遭遇的困境。文章談到，革命引致社會邊緣人物如地痞、流氓、光棍、無賴、不第秀才佔據中心地位，支配中國命運。余氏此時尚未明言「邊緣人」即指共產黨統治集團。文章重點在於強調，邊緣分子通過革命的破壞，輕易且全盤摧毀了傳統社會的組織結構和文化價值，進而形成一個不代表傳統「士、農、工、商」利益的「新統治階級」。余先生顯然對這樣的現象感到悲觀。他將革新此問題的重責大任放在其所珍視的知識階層上，直指「二十一世紀將是中國知識分子贖罪的世紀」，而贖罪得從思想反省做起。[75]

---

73 余英時，〈訪故國感懷 二首〉，收於氏著，《余英時詩存》（臺北：聯經出版公司，2022），頁62。

74 余英時，〈賀艾理略先生六十五初度〉，《余英時詩存》，頁100。

75 余英時，〈待從頭，收拾舊山河〉，《二十一世紀》，總第2期（香港：

　　知識分子邊緣化的論點在隔年才發展完備。在〈中國知識分子的邊緣化〉中，作者對以「邊緣化」來描寫社會階層、結構轉變過程有比較清楚、完整且分層次的處理，也調整了「邊緣人集團」定義，特別指向了國、共兩黨內部的中、下層人物所組織的社群，其中又特別將共產黨界定爲最爲徹底的「邊緣人集團」。文章還區分出政治與文化的範疇雙重邊緣化，指出知識階層先在五四後逐漸讓出政治範疇的中心位置；接著則是從文化議題的中心地帶退出，從而致使整個中國文化體系失卻了原本的中心位置。而當文化範疇不再是維繫中國社會的內核，知識分子的邊緣化困境，可見一斑。[76]

　　共產中國對知識人的影響，還反映在余英時棄「知識分子」改用「知識人」的轉折。順時考索余先生這些相關論著即可發現，他慣用的詞彙從「士」/「士人」到「知識分子」，最後轉爲「知識人」。「知識人」一詞首次出現在1990年爲日本《中國──社會文化》撰寫

1990年），頁5-7。

76 余英時，〈中國知識分子的邊緣化〉，《二十一世紀》，總第6期（香港：1991年），頁15-25。「知識人邊緣化」的論點，開啓後續史家想像和理解，近代以來中國的社會階層、結構變動，以及此歷程中「士人」如何轉變爲現代「知識分子」。像羅志田的研究特別集中於制度變動和知識群體板塊錯動。前者如科舉廢除間接造成四民社會解體；後者則指舊有士人階層失去獲致「政統」機會，被迫轉型爲自由游動的知識分子，逐漸邊緣化，新興學生、青年則從「邊緣知識人」透過把握文化、思想意識煥新之機會，逐步上升。羅志田，〈近代中國社會權勢的轉移：知識分子的邊緣化與邊緣知識分子的興起〉，收於氏著，《權勢轉移：近代中國的思想、社會與學術》（武漢：湖北人民出版社，1996），頁191-241。王汎森則援引「邊緣化」觀點來考察知識人自我認知、定位的變遷。他指出，隨著外在環境和知識範疇的分化與改變，士人逐漸從「以天下爲己任」走向問自己「爲什麼還不是一個工人」。此即爲近代知識分子的「自我邊緣化」。王汎森，〈近代知識份子自我形象的轉變〉，《臺大文史哲學報》，第56期（臺北：2002年），頁1-27。

〈中國知識人之史的考察〉一文，當時很可能是對應日本讀者，所以使用日文對 "intellectual" 的譯詞「知識人」。其後，他在另篇文章提及這個有意識的改變。他指出，自己是受到《明報月刊》上語言學家陳原（1918-2004）發表的〈當人變成分子的時候〉影響。該文嚴厲批判了中共以「分子」對社會群體做政治化區隔及定義，如「右派分子」、「反動分子」、「富農分子」，並指出「分子」論是徹底剝奪了 "intellectual" 屬於「人」的尊嚴。[77] 自此，余英時對「分子」一詞產生負面想法，他開始強迫自己改用「知識人」，目的是為從行文間恢復 "intellectual" 為「人」的尊嚴；這與中國「士」之傳統是遙相呼應的。[78] 名詞稱謂改變反映的是，余英時對共產中國摧折知識群體的不滿情緒。而這種極力恢復人之尊嚴的想法，其實也呼應著他的人文主義觀點。

　　知識人從政治、文化中心退縮與共產政權的暴力，最終致使儒家思想僅剩遊魂，無法在社會上尋得附體實踐的身軀。藉著描寫近代知識人的命運，余氏進一步推衍出儒家價值體系於當代逐漸崩毀的歷程。此論主要分成兩條線索展開。第一，余氏注意到制度改變對社會結構的巨大影響。余氏點出，廢科舉實切斷了知識人與權力世界的內

---

77 此文後收入陳原，《重返語詞的密林》（瀋陽：遼寧教育出版社，2002），頁40-52。余英時在晚年接受李懷宇訪問時才透露是讀了陳原文章的影響。請見：余英時口述、李懷宇整理，《余英時談話錄》，頁226。余氏還曾在寫給林載爵的信中表達，自己「越來越不喜歡把『人』看成某種『分子』」，以致放棄「知識分子」用法。余英時，〈二○○四年四月二十一日〉，以於氏著，《余英時書信選》（臺北：聯經出版公司，2022），頁200。

78 余英時，〈士的傳統及其斷裂〉，《知識人與中國文化的價值》，頁215-216。

在關聯。[79]也讓這些現代知識群體逐漸從價值世界退卻,褪爲「知識從業員」(mental technician)。[80]第二,社會經過共產政治暴力的破壞與轉化,現代中國知識人就宛若「站在價值荒原上的儒家幽靈」,失卻以「道」來安排世間政治和倫理秩序的精神及動力。[81]

而在近代知識人群像裡,余英時還曾透過書寫史家陳寅恪來闡明己志,也向讀者揭露,歷史與當代、知識和價值這兩個世界在自己知識階層研究上的交織互動。考證陳寅恪晚年詩文之舉,發端於1958年對《再生緣》的研究,後陸續完成〈陳寅恪的學術精神和晚年心境〉(1982)、〈陳寅恪晚年詩文釋證〉(1984)、〈陳寅恪與儒學實踐〉(1996)、〈試述陳寅恪的史學三變〉(1997)。這些探索陳氏「心史」的作品概分作兩條線索,嘗試藉著結合史學考證和思想史的心境詮釋,一方面考察陳寅恪晚年詩作「隱語系統」的現實指涉,另方面解讀《論再生緣》及《柳如是別傳》之於陳氏其他史著的差異和意義,重建他晚年的生活和思想世界,還原其對共產極權之批判、文化中國的緬懷以及對知識人精神的堅恃。對余氏來說,這是結合價值系統和認知系統的雙重視野,描寫陳寅恪晚年的詩文創作,如何傳遞他對於知識人理應守持「自由的意志和獨立的精神」之肯認與實

79　余英時,〈「五四精神是一股眞實的歷史動力」〉,《中國歷史研究的反思(現代史篇)》,頁162。

80　「知識從業員」爲余英時在《歷史與思想》自序中提出與「知識分子」(intellectual)做區別的詞彙。知識從業員一生的目標是「學成文武藝,貨與帝王家」,知識分子是具備「以天下爲己任」的精神。余氏自陳,《歷史與思想》一書的立論是建基於「知識分子」的立場。余英時,〈自序〉,《歷史與思想》,頁3。

81　余英時,〈價值荒原上的儒家幽靈〉,《知識人與中國文化的價值》,頁154-159。

踐。[82]這系列論著在當時中國引起極大爭議，促使官方動員政治宣傳系統，塑造正統認可的「陳寅恪熱」。故此，我們也可以說，余英時的陳寅恪研究不僅從學術角度提出挑戰，更是從價值層面上對共產中國發起最深刻的質疑。

　　余氏此論確實大體呈現了近代知識人面臨的挑戰與困境，而這又與他早年就已關注的社會、文化重建問題交織在一起。對余英時來說，自晚清以降陸續浮現的問題就是「全面社會重建的問題」；這自然涵攝了「文化再造」的深層意涵。[83]收錄在《文明論衡》的三篇文字，表達了50年代之際，余英時如何從「文化」角度考量知識分子與中國社會再造的問題。他首先指出，五四運動是一場民族文化自覺的運動，透過與西方文化的比較和省察，將問題推展至文化再造層面。然而，這場運動過於早熟，非但未能達致歐洲文藝復興的人文主義境地，更是將中國社會裂解為僅有個人失卻任何群體形式的狀態。更甚者，五四摧折了傳統文化，卻未有建構相應體系，這被余氏稱為

---

82 余英時，〈陳寅恪與儒學實踐〉，收於氏著，《陳寅恪晚年詩文釋證》（臺北：三民書局，2023），頁342。陳氏原引文出自〈對科學院的答覆〉，即於1953年11月，他收到北京科學院邀請他就任歷史第二所所長的書函答簡。全文請見：陸鍵東，《陳寅恪的最後20年》（北京：三聯書店，1995），頁111-113。陳寅恪研究並非余氏首次嘗試透過個人思想、心境研究來理解群體、社會情狀。1972年出版的《方以智晚節考》就是藉由考據方以智（1611-1671）在明清轉換之際的心境和行動，描寫明清社會在政治文化變動下的思想情景。值得注意的是，「價值系統」似乎是余英時用以描寫、評估人物的準繩。他在回憶錄中提及哈佛求學階段認識的經濟學者邢慕寰（1915-1999），是一位「為知識而知識」，且積極投入臺灣經濟建設的入世型學者。余氏自陳兩人「價值系統」是相近的。余英時，《余英時回憶錄》，頁163-164。

83 余英時，〈附錄二：我對中國問題的反省〉，《文明論衡》，頁176-177。

「哲學的貧困」，導致共產主義趁隙塡補此缺口。[84]更甚者，部分知識人尙未建立成熟文化觀念，便錯將共產主義當作最新的西方文化來接納與傳佈。[85]整體而言，余英時早年的文論就已將現當代中國的問題設定在文化範疇裡，而解決方法很直接的指向理應作爲政治、社會、文化中堅層的知識群體。

　　中國社會重建與知識分子的關聯自然不弱，只是該採取何種行動，才可能解決余氏設定的「文化問題」？整體來說，余英時企盼的是，知識階層能以傳統自覺覺人方式擴散影響力，完成自五四以來揭開序幕的文化自覺運動。事實上，余氏從1950年代至晚年的一貫想法，就是透過知識人群體從政治、社會、文化結構的核心位置，在社會各階層發揮實質影響力來重建中國社會。余氏晚年接受訪談中曾提及自己認爲西方「社會工程」（social engineering）觀念是不可行的。他認爲這是西方世界慣常採行的，有計畫地全盤改造社會，但事實上不會有任何一種計畫能適用整個社會的每一寸土地。余氏認爲，1949年以前，民國時期的社會進步是很可觀的，是「社會自己在往前走」。[86]此處指出的社會自動進發，我認爲其實透露了余氏始終相信人

---

84 余英時，〈五四文化精神的檢討與反省──兼論今後文化運動的方式〉，《文明論衡》，頁152-157。

85 余英時，〈附錄二 我對中國問題的反省〉，《文明論衡》，頁164。

86 余英時口述、李懷宇整理，《余英時談話錄》，頁223。筆者目前未能確定余氏筆下的「社會工程」是否單純指1949年後各種以「計畫」爲名的政治、經濟措施，還是他有接觸過西方社會科學界對此概念的定義。這是指1920年代起，美國社會科學逐漸形成的「科學的工程學概念」（engineering conception of science）傾向，這讓知識成爲干預社會現代化發展的實質資源，目的即是爲了安排合理的政治、社會秩序。Dorothy Ross, "Changing Contours of the science Disciplines," in Theodore M. Porter and Dorothy Ross edited, *The Cambridge History of Science*, Volume07, *The*

心自覺的能力，而知識階層如能站持傳統士人階層的位置，就得以自覺覺人方式來影響社會，帶動緩漸進步。如其於1953年著成的〈附錄二 我對中國問題的反省〉指出，重建中國社會的運動必須先建立社會重心，知識階層原為四民社會之首，且具有超越經濟利害的理想主義精神，是最為理想和適宜的群體。[87] 重造社會重心其實和1980年代余氏〈中國知識分子的創世紀〉指出知識群體缺乏組織，無法建造獨立、自主於政治場域且是「為知識而知識」的學術領域，是一體兩面的問題。[88] 換言之，這個「重心」和「場域」是要讓知識人能潛心用學，並能向社會發「有學術的思想」及「有思想的學術」之音。[89] 余英時並未言明該如何解決此問題。結合晚近他對知識人失卻重心問題、當代儒學與社會價值斷裂的討論，我們大概可以想像，余英時是希望透過知識人擺脫邊緣化困境，重新回到民間社會中心，承載和實踐價值體系，轉化和重組儒學和現代社會秩序、日用人生關係之鏈

Modern Social Science (Cambridge: Cambridge University Press, 2003), p. 220, 223. 而這種「社會工程」概念在民國時期的具體實踐，就是各種社會科學專業知識人員對中國社會做的全盤調查和改造計畫。可參見：Yung-Chen Chiang, Social Engineering and the Social Science in China, 1919-1949 (New York: Cambridge University Press, 2001).

87 余英時，〈附錄二 我對中國問題的反省〉，《文明論衡》，頁188、193。

88 余氏很重視「為知識而知識」的精神，他曾指出，陳寅恪早已注意到中國「不重視精神之學問」，「偏重實用」；惟至今日中國，反倒更是注重經濟、物質發展，而缺乏「為知識而知識」的學術追求精神。余英時，《余英時回憶錄》，頁203。

89「有學術的思想」及「有思想的學術」是援引自許紀霖討論知識分子時引述王元化先生的文字。而王元化（1920-2008）和許紀霖所討論的，其實都指向了知識分子「公共性」如何在學術研究和內心關懷求取平衡且實踐的問題。這部分和余英時對陳寅恪的研究取向和價值投射，有若合符節處。許紀霖，〈知識分子死亡了嗎？〉，收於氏著，《中國知識分子十論》（上海：復旦大學出版社，2003），頁28-31。

結，並由自覺精神來帶動人民自省自發的行動，由個人私領域通向公領域，進而重建理想社會。[90]

　　藉由描寫和評估余英時的中國知識群體研究觀點，本文企圖突顯其知識追求和價值抉擇這「兩個世界」的形成、發展與聯繫。兩個世界的結合，肇端於1950至1955這5年。此間，余氏不僅積極涉入社會、文化評論場域，也嘗試建構研究中國史的基本立場。兩者都展現對中國現實問題的高度關懷，如實反映1950年代以降，余英時在香港這塊籠罩於東、西文化冷戰氛圍的土地上，對其時西方文明所面臨困境，以及五四新文化運動之於中國傳統文化和價值挑戰的深刻反省。而匯聚於兩個世界之交的，即是余英時筆下作爲歷史主體的知識階層，它們更是余氏認爲得以消解故土困厄的解方。本文描寫余氏知識群體研究的三個特點，其實都可在他早年建構的史學觀點、方法中找到源頭；而孕生自現實政治、文化評論的知識階層問題，更可視爲余先生自我價值的探究與實踐。我們若想整體且深入掌握余氏關於中國知識群體的思想主張和目標，對其論著深描細寫的工夫除外，還得回到這位史家學思歷程的具體時空環境裡；從其逐步將事實和價值結合的起源來探索這段經歷。若是用他自己的話來說，就是去挖掘余英時如何將史學、史家與時代三者作最緊密的結合。

　　2020年，《二十一世紀》迎接創刊30週年，余先生寫了一首七言絕句以表恭賀，詞中他欲以思想言論扭轉中國命運的雄心壯志表露無遺，卻也讓我們嗅得他無力回天的遺憾感。「當時開筆欲迴天，今日

---

90 此處指的是余氏針對現代儒學之困境和命運的相關討論。余英時，〈現代儒學的回顧與展望：從明清思想基調的轉換看儒學的現代發展〉，《中國歷史研究的反思（古代史篇）》，頁227-233。

重思徒悔慚；回首卅年聊自解，有言畢竟勝無言。」[91]余先生的「當時
開筆」就是指〈待從頭，收拾舊山河〉這篇首次刊登在《二十一世
紀》的文章，也就是前述知識分子邊緣化論點的開頭。此其後，他一
共為雜誌撰寫了12篇論文，第3篇就是〈中國知識分子的邊緣化〉。
這首七言詩的前兩句雖語帶惋惜、悲觀之意，認為知識人是絲毫無法
改變中國現狀。但也許我們應該將重點放在最後一句「有言畢竟勝無
言」。「言」是余英時十分重視的知識人傳統和特質。翻閱他各類政
論時文，我找到他曾於2010年12月，劉賓雁（1925-2005）追思會
上，以「敢言之士」形容這位80年代的異議分子。他引述「老鴉」
這個特殊政治文化符號，將劉賓雁寫入范仲淹（989-1052）和胡適
（1891-1962）「寧鳴而死，不默而生」的系譜裡。而像他曾為文聲援
的對象——劉曉波（1955-2017）、方勵之（1936-2012）、廖亦武等當
代文化、知識人士——也理當被他歸入這列敢為自由、民主與科學執
言的行伍中。[92]顯然，無關乎他是傳統儒學、自由主義抑或馬克思主

---

91 余先生在這首詩後寫下這段文字：「二十一世紀創刊，余亦恭與其盛。當
時妄欲藉文字以挽世運，今月回顧，徒自慚耳，茲值卅年之慶，感賦小詩
為賀。」余英時，〈《二十一世紀》卅年感賦〉，《余英時詩存》，頁172。
顏擇雅認為這首詩就是為〈待從頭，收拾舊山河〉下的註解，我也同意此
說；但更以為這首詩可以用來解釋，余先生心中那兩個世界在其一生的學
術研究和現世批判中所發揮的積極作用及意義。余英時著、顏擇雅編，
《余英時評政治現實》（臺北：印刻文學，2022），頁302-303。

92 2009到2013年間，余英時在自由亞洲電台陸續發表幾篇政治評論，展現
他對這幾位知識人言論和實踐的肯定。余英時，〈《零八憲章》與劉曉波
案〉、〈談劉曉波事件〉、〈廖亦武身上所體現的「見義勇為」〉、〈方勵之
的卓越成就〉、〈科學與民主相結合：方勵之、許良英等知識人〉，收於氏
著，《余英時政論集下冊》（臺北：聯經出版公司，2022），頁667-670、
675-680、681-684、685-688、689-692。

義者，中國士人文化理應是超越政治信仰和時空環境的。[93]

　　環繞著人物言行的評述，亦可視作論者信仰與價值的實踐。誠此而論，余英時2020年筆下的「有言」，或許是回顧了自己三十年來關於中國歷史的研究和詮釋，以及以史學爲出發點批判當代中國的複雜心情；最重要的是，希冀藉由〈待從頭，收拾舊山河〉與其他文論喚醒位處邊緣的知識人，尋回自身在歷史傳統中的公共性以承擔重造中國的政治、社會責任。對余英時來說，縱使今日還未能見得此景，華人世界的知識人都不應該，也沒有權力悲觀；因爲，執言文行道於天下，克服他在《紅樓夢》所見大觀園悲劇的時刻，或許就是現在。

---

93 余英時，〈「寧鳴而死，不默而生」——在劉賓雁追思會上的發言〉，收於氏著，《余英時雜文集》（臺北：聯經出版公司，2022），頁91-97。

徵引書目

史料

余英時，〈臨別的話〉，《新亞校刊》，第一期，香港：1952年6月，頁30。

余英時，《歷史與思想》，臺北：聯經出版公司，1976。

余英時，〈待從頭，收拾舊山河〉，《二十一世紀》，總第2期，香港：1990年，頁5-7。

余英時，〈中國知識分子的邊緣化〉，《二十一世紀》，總第6期，香港：1991年，頁15-25。

余英時，〈軸心突破和禮樂傳統〉，《二十一世紀》，總第58期，香港：2000年，頁17-28。

余英時，《朱熹的歷史世界：宋代士大夫政治文化的研究（上、下篇）》，臺北：允晨，2003。

余英時，《中國近世宗教倫理與商人精神》，臺北：聯經出版公司，2004。

余英時，《知識人與中國文化的價值》，臺北：時報出版公司，2007。

余英時，《方以智晚節考》，臺北：允晨文化，2011。

余英時，《論天人之際：中國古代思想起源試探》，臺北：聯經出版公司，2014。

余英時，《中國知識階層史論（古代篇）》，臺北：聯經出版公司，2019。

余英時，《猶記風吹水上鱗：錢穆與現代中國學術》，臺北：三民書局，2021。

余英時口述、李懷宇整理，《余英時談話錄》，臺北：允晨，2021。

余英時，《中國文化與現代變遷》，臺北：三民書局，2021。

余英時，《中國歷史研究的反思（古代史篇）》，臺北：聯經出版公司，2022。

余英時，《中國歷史研究的反思（現代史篇）》，臺北：聯經出版公司，2022。

余英時，《文明論衡》，臺北：聯經出版公司，2022。

余英時，《民主革命論：社會重建新觀》，臺北：聯經出版公司，2022。

余英時，《自由與平等之間》，臺北：聯經出版公司，2022。

余英時，《余英時書信選》，臺北：聯經出版公司，2022。

余英時，《到思維之路》，臺北：聯經出版公司，2022。

余英時，《近代文明的新趨勢——十九世紀以來的民主發展》，臺北：聯經出版公司，2022。

余英時，《香港時代文集》，臺北：聯經出版公司，2022。

余英時，《余英時雜文集》，臺北：聯經出版公司，2022。

余英時，《余英時時論集》，臺北：聯經出版公司，2022。

余英時，《余英時政論集下冊》，臺北：聯經出版公司，2022。

余英時，《十字路口的中國史學》，臺北：聯經出版公司，2023。

余英時，《陳寅恪晚年詩文釋證》，臺北：三民書局，2023。

余英時著、顏擇雅編，《余英時評政治現實》，臺北：印刻文學，2022。

李先聞，《李先聞自傳》，臺北：臺灣商務印書館，1970。

李懷宇，《余英時訪問記》，臺北：允晨，2022。

沈志佳編，《余英時文集（第七卷）：文化評論與中國情懷（上）》，桂林：廣西師範大學出版社，2014。

沈志佳編，《余英時文集（第十卷）：宋明理學與政治文化》，桂林：廣西師範大學出版社，2014。

沈志佳編，《余英時文集（第四卷）：中國知識人之史的考察》，桂林：廣西師範大學出版社，2014。

陳致訪談，《我所走過的路：余英時訪談錄》，臺北：聯經出版公司，2012。

研究論著

（一）專書

金耀基，《海德堡語絲（增訂本）》，北京：中華書局，2016。

周言，《余英時傳》，臺北：印刻文學，2021。

雅各・布克哈特（Jacob Burckhardt）著、花亦芬譯註，《意大利文藝復興時代的文化》，臺北：聯經出版公司，2007。

陸鍵東，《陳寅恪的最後20年》，北京：三聯書店，1995。

陳原，《重返語詞的密林》，瀋陽：遼寧教育出版社，2002。

Chiang, Yung-Chen. *Social Engineering and the Social Science in China, 1919-1949*. New York: Cambridge University Press, 2001.

（二）論文

王汎森，〈近代知識份子自我形象的轉變〉，《臺大文史哲學報》，第56期，臺北：2002年，頁1-27。

王汎森，〈史家與時代：余英時先生的學術研究〉，《書城》，上海：2011年第3期，5-18。

王汎森，〈錢穆與余英時〉，收入王汎森等著，《重返國史大綱：錢穆與當代史學家的對話》，臺北：臺灣商務印書館，2023，頁252-268。

王汎森，〈建立「海外文化王國」──余英時先生1960年代的一個構想〉，

胡曉真主編，《閱讀余英時：著作與志業》，臺北：允晨文化，2023，頁117-127。

徐兆安，〈士之自覺——能動性問題與現代中國思想史中的《國史大綱》〉，收入王汎森等著，《重返國史大綱：錢穆與當代史學家的對話》，臺北：臺灣商務印書館，2023，頁214-251。

郭士，〈「自由出版社」滄桑史〉，收入陳正茂編著，《五〇年代香港第三勢力運動史料蒐秘》，臺北：秀威資訊科技，2011，頁73-100。

郭泳希、張奔勝，〈余英時的學術傳承初探——以余先生居港向錢穆求學（1950-1955）為中心〉，李帆、黃兆強、區志堅主編，《重訪錢穆（下）》，臺北：秀威資訊科技，2021，頁218-230。

陳方正，〈論余英時的兩個世界〉，《二十一世紀》，總第187期，香港：2021年10月，頁135-141。

陳正茂，〈「第三勢力運動」史料述評——以自由陣線週刊為例〉，收入於氏著，《中國青年黨研究論集》，臺北：秀威資訊科技，2008，頁13-39。

陳正國，〈臺灣史學中的余英時身影：余英時獲「克魯格獎」後的隨想〉，《當代》，第232期，臺北：2006年12月，頁34-51。

許紀霖，〈知識分子死亡了嗎？〉，收於氏著，《中國知識分子十論》，上海：復旦大學，2003，頁1-32。

葛兆光，〈「唐宋」抑或「宋明」：文化史和思想史研究視域變化的意義〉，《歷史研究》，第1期，北京：2004年，頁18-32。

楊舒雲，〈余英時的士人論及其歷史思維：以宋代「君臣同治天下」觀為切入點〉，《史原》，總第二十四期，臺北：2012年9月，頁123-166。

楊儒賓，〈如果再迴轉一次「哥白尼的迴轉」：讀余英時先生的《朱熹的歷史世界：宋代士大夫政治文化的研究》〉，《當代》，第195期，臺北：2003年11月，頁125-141。

劉述先，〈評余英時《朱熹的歷史世界：宋代士大夫政治文化的研究》〉，《九州學林》，第1卷第2期，香港：2003年，頁316-334。

賴國峯：〈《國史大綱》的「士人政治論」〉，臺北：國立臺灣大學歷史學系碩士論文，2017。

羅志田，〈近代中國社會權勢的轉移：知識分子的邊緣化與邊緣知識分子的興起〉，收於氏著，《權勢轉移：近代中國的思想、社會與學術》，武漢：湖北人民出版社，1996，頁191-241。

Ross, Dorothy. "Changing Contours of the science Disciplines," in Theodore M. Porter and Dorothy Ross edited, *The Cambridge History of Science*, Volume07, *The Modern Social Science*. Cambridge: Cambridge University

Press, 2003, pp. 205-237.

數位資源

香港中文大學新亞書院網站（https://www.na.cuhk.edu.hk/monthly_magazine/
　　report-on-new-asia-college-june-1952/?lang=zh-hant），檢索時間：2022年
　　10月28日。

The Historian's Dual Worlds: Yu Ying-shih and the Studies of Traditional Chinese Intellectuals

Han Cheng hua*

Within the extensive historical research conducted by Yu Ying-shih, a prominent theme emerges regarding the circumstances, thoughts, and actions of Chinese intellectuals, which demonstrates significant continuity over time. This theme can be perceived as Yu's self-practice in the pursuit of academic inquiry to contemplate reforming contemporary China. This paper discusses Yu Ying-shi's study of Chinese intellectuals, attempting a diachronic depiction of his historical perspective and methods and how they gradually evolve through the intertwining of facts and values. It also guides him to observe intellectuals in specific temporal and spatial contexts, where they manifest concrete practices, internal contradictions, and tensions in the realms of politics, economy, society, and culture, driven by their transcendent spirit and self-conscious motivation. This observation is closely related to his integration of real-world concerns and historical explorations.

The paper highlights that Yu's research on Chinese intellectuals underscores his endeavor to construct the inherent logic of Chinese historical culture and emphasize the subjectivity of "individuals" to counter the historical determinism. This endeavor is significantly influenced by the context of East-West cultural conflicts and intricately connected to his contemplation on the conflict between traditional and modern civilizations in China. His early-formed perspectives and methods further develop into three characteristics in

---

*　Assistant Professor, Department of History, National Taiwan University.

the study of intellectuals: the tradition and transformative changes in the long-term development, the inward transcendence resulting from axial breakthrough, and the self-conscious spiritual motivation. These characteristics serves as Yu Ying-shih's criteria for depicting and evaluating intellectuals, and they represent his derived principles from historical experiences, aiming to reconstruct the traditional foundation of the intellectual community to reshape the social center, in order to rejuvenate Chinese society and culture.

Keywords: Qian Mu, intellectual, axial breakthrough, inward transcendence, self-conscious

錢穆與余英時的兩種「士之自覺」：
從1960年論學書切入的討論

徐兆安

香港中文大學歷史系學士，國立清華大學歷史研究所碩士，美國布朗大學歷史系博士，現任中央研究院近代史研究所副研究員。研究領域爲明清到中國近代思想史、制度史。近年主要研究課題爲：後科舉時代的考試制度建設、二十世紀中國的反官僚主義，以及明清科舉的去中心化與制度韌性。

錢穆與余英時的兩種「士之自覺」：從 1960年論學書切入的討論

徐兆安

摘要

　　本文從錢穆在1960年5月致余英時的論學書信切入，鉤沉出當時兩人對於「自覺」概念的重大分歧，以此理解他們對於歷史解釋的不同進路，並考索他們各自的思想淵源。本文指出，錢穆的《國史大綱》雖然重視外在條件在長時間醞釀下造成的效應，但在論及「士之自覺」時，卻強調特定的個人可以逆轉政治社會經濟等外在條件，在特定的時刻帶來溢出歷史發展軌跡的深遠影響。這種自覺因此是精神的，甚至是藉由違反外在條件，才能算是純然精神表現。余英時雖然同樣採取「自覺」的用語，但無論是在此時期的知識階層史，或是日後的知識人史，他都採取一種外在條件加上思想創造的進路。在這種進路下，思想的創造更像已有外在趨勢之上的轉轍器，可以一定程度地改變趨勢的走向，但不能無中生有地創造出新的發展。這兩種迥異的世界觀，在1959年余英時〈漢晉之際士之新自覺與新思潮〉一文與錢穆的評論中形成激烈的衝突。由於師徒兩人互相欣賞與尊重，以及維繫關係的雅量與忍讓，這種種思想上的衝突看似風平浪靜，不經過深入發掘，難以察覺。若要展開對於余英時的思想史研究，這種考掘的工夫將會是不可或缺的基礎。

關鍵字：士人，自覺，錢穆，余英時，《國史大綱》

一、前　言

　　錢穆在1960年5月致余英時的信札，可能是二十世紀中國人文學界最有名的論學書之一。[1]尤其是後三分之一（第三張信紙）開始，錢穆衡量各大史家論學文字的長短，判語精簡深刻，猶如老吏斷獄。信中對於論學見解相反的胡適，反而評價高於更欣賞錢穆的陳寅恪，既出人意表，也展現出錢穆的超然與公允。這段勝義紛陳的文論往往會讓讀者忘記，這封書信的前三分之二，其實都是對余英時1959年〈漢晉之際士之新自覺與新思潮〉一文的回覆。[2]受到錢穆後段的論學文體論震撼，讀者也很可能會不由自主地全盤接受錢穆對〈新自覺〉一文的評論，並把焦點集中在余英時早年磨練論學文體的歷程，反而忽略了雙方在思想內容上的差異。若暫時遮蔽後段文論的光輝，細繹錢穆對於〈新自覺〉一文的評論，我們會發現錢穆並不純然是在提點余英時如何淬煉本身的立論，他更多是從另一立場出發，反駁余英時的論點。這反駁是非常嚴厲的，錢穆甚至建議余英時擱置〈新自覺〉的框架，用文章中材料另起爐灶，並改以漢晉之際學風爲博士論文題目。

　　本文從錢穆對〈新自覺〉的評論切入，探討余英時與錢穆思想的不同取向。在二十世紀後半，余英時成爲華文人文學界代表人物開

1　本文所用的版本爲錢穆，〈致余英時書〉（1960年5月28日），《素書樓餘瀋》，收入《錢賓四先生全集》（臺北：聯經出版公司，1998），冊53，頁423-430。

2　余英時，〈漢晉之際士之新自覺與新思潮〉，《新亞學報》，卷4期1（1959年8月），頁25-144。文中一律簡稱爲〈新自覺〉。《新亞學報》該期是爲錢穆祝壽的專號。余英時也是本諸賀壽之意完成文章，見余英時，《余英時回憶錄》（臺北：允晨文化，2018），頁195。

始，他與恩師錢穆二人的思想差異，一直未有有系統的討論。誠然，對於專業學者或長期讀者來說，兩人的種種差異分歧是耳熟能詳的。從成長背景，生涯軌跡，對新亞書院的願景，到對於中西文化的態度，我們都很容易能舉出很多掌故與例子，側寫師徒二人不同的思想面貌。可是，現有的討論，對於錢余異趣的程度與意義，都有重大的低估。在程度上，余英時早在50年代初的香港時期，已經摸索出一條與錢穆南轅北轍的思想路徑。我們甚至可以說，雙方的思想分歧，並非等到余英時在哈佛獲得博士學位，在美東學界平步青雲後才漸漸發生，他與錢穆的思想，很可能從一開始就猶如冰炭。在意義上，雙方的分歧並不局限於對於中國傳統與西方主導的現代世界之間的認同。更重要的是，他們尋求這些答案的路徑，背後的種種理論預設，幾乎無一不存在衝突。由於師徒兩人互相欣賞與尊重，以及維繫關係的雅量與忍讓，這種種思想上的衝突看似風平浪靜，不經過深入發掘，難以察覺。

　　從錢穆對〈漢晉之際士之新自覺與新思潮〉的評論出發，本文將逐步爬梳錢余思想在60年代前已經成形的異趨。本文討論分為三節。第一節細讀錢穆1960年5月〈致余英時書〉的評論，在隔濾錢穆對於早年余英時文字表述的建議後，發掘出兩人在思想內容的根本差異，尤其著重錢穆對於〈新自覺〉論點有意無意間的誤讀。第二節藉由勾勒錢穆《國史大綱》的「士之自覺」說，說明該概念在錢穆的歷史觀念中奇特而關鍵的位置，藉此解釋他反駁余英時〈新自覺〉一文的立場所在。[3]第三節從《文明論衡》〈論自覺〉一章出發，說明〈新

3　採用的版本為錢穆，《國史大綱》（臺北：商務印書館，2017）。

自覺〉中余英時對於自覺概念的種種考量。[4]雖然〈新自覺〉的註文強調布克哈特（Jacob Burckhardt, 1818-1897）筆下義大利文藝復興為「人的覺醒」的影響，但余英時的這番夫子自道，卻無法解釋「群體自覺」觀念的來源，以及其所連帶的種種思想意涵。我們必需從《文明論衡》出發，才能充分掌握余英時以「自覺」涵攝漢晉士風的關懷所在。

二、「不擬再從士之自覺一點立論」

　　若翻譯為英文的話，余英時〈漢晉之際士之新自覺與新思潮〉一文中的「自覺」，毫無疑問是複數的。該文分為三節，第一節討論東漢士人的群體自覺，指出群體自覺固然有政治（例如與外戚宦官的鬥爭）與經濟（豪族的經濟生活型態）的基礎，但這些政治與經濟的因素，並不全然決定群體自覺中的思想內容。以黨錮之獄的士人領袖李膺、陳蕃、范滂為例，共同的政治與經濟背景固然形塑了他們群體的組成，但他們賦予這群體的意義——「澄清天下」的理想——卻不一定與政治黨派或經濟階級的利害關係相吻合。[5]與此同時，士的群體自覺也是多元而衝突的，道德高下的評價、門第出身、地域等都可以成為自覺的成分，所以群體自覺是不穩定，隨時會「內在分化」的。第二節討論個人自覺，指出士人的個人自覺與群體自覺約略同時興起。與群體自覺一樣，漢晉士人的個人自覺既有政治與制度的共同基礎，

4　採用的版本為余英時，〈論自覺〉，《文明論衡》，收入《余英時文集》（桂林：廣西師範大學出版社，2006），卷7，頁107-120。

5　余英時，〈漢晉之際士之新自覺與新思潮〉，《新亞學報》，卷4期1，頁29。

也就是東漢的察舉孝廉制度—但在思想上卻有眾多不同的可能性：例
如強調與群體的分別，標奇立異；[6]反對命定，著重個人努力；[7]個人
立身重於澄清天下等等。[8]正是這種個人自覺，可與布克哈特筆下歐洲
文藝復興時代對個人的發現互相對照。[9]第三節討論這兩大類的自覺，
如何激盪出各種思想與文學的創造，其中也點出群體自覺與個人自覺
之間的矛盾，在魏晉時代流行的名教與自然論中的呈現。綜合言之，
〈漢晉之際士之新自覺與新思潮〉旨在把握漢晉時代自覺的共性與分
殊性。

　　若逐字逐句細究〈新自覺〉一文，我們卻不時會看到單一定義的
自覺闌入於敘述之中，與個案分析所呈現的複雜樣態扞格。文章一開
始對於「自覺」的定義，就與「群體自覺」的概念有潛在的衝突：
「惟自覺云者，區別人己之謂也；人己之對立愈顯，則自覺之意識亦
愈強。」[10]當然，若把「人」、「己」變成複數，變成我群與他群，也
可以勉強自圓其說，但對於「對立」的強調，始終與文章中眾多案例
的價值觀相去甚遠。與不正當的勢力鬥爭，固然是對立，但同仇敵愾
而形成群體，則非人己對立所能涵括。在第二節論個人自覺中，余英
時曾不合比例地強調個人的內心世界（例如：「然自覺云者，本屬內
心之事」；[11]「內心自覺之顯證」），[12]雖然還是會補充說明「但士之自覺

6　余英時，〈漢晉之際士之新自覺與新思潮〉，頁50。
7　余英時，〈漢晉之際士之新自覺與新思潮〉，頁55。
8　余英時，〈漢晉之際士之新自覺與新思潮〉，頁64。
9　余英時，〈漢晉之際士之新自覺與新思潮〉，頁131-132，註20。
10　余英時，〈漢晉之際士之新自覺與新思潮〉，頁26。
11　余英時，〈漢晉之際士之新自覺與新思潮〉，頁60。
12　余英時，〈漢晉之際士之新自覺與新思潮〉，頁64。

亦具經濟之基礎」，[13]但畢竟還是與文章開首著重的人己關係，有一段
不少的距離─如果自覺是區別人己的話，那就不可能完全是發生在內
心的現象，必當是內外交融互動的產物。在本文後段，我將會進一步
討論余英時早自1955年已經注意到應以「關係」來理解自覺，重視
內心與外在的同時掌握。這裏要指出的是，從〈新自覺〉的敘述框架
與所選取的案例可知，其意旨乃在呈現出內心與外在社會政治條件的
互動，但余英時當時的行文，亦的確不少過份簡化的部分，反而削弱
了這種多層次敘述的力量。錢穆1960年5月的信中謂「弟文下語時時
有含混不分明之處」，若孤立地看這一句話，確實是合理的評論。[14]

　　但錢穆的建議並不是要把含混不分明之處釐清，修正語病，而是
要余英時完全捨棄「自覺」的概念框架。在〈與余英時書〉的中段，
大約是這封信的前三分之一處，錢穆提到「寫至此，得弟來書，謂此
後論文，不擬再從士之自覺一點立論」。[15]雖然余英時致錢穆的這封書
信未能得見，無法肯定余英時當時是否真的對錢穆聲言會把文章全盤
改寫，但錢穆的態度是十分明確的：〈漢晉之際士之新自覺與新思
潮〉雖然已經刊登於《新亞學報》第四期，但其分析框架有根本的缺
陷，應該揚棄。他建議余英時用本來的材料，改為發展一篇關於漢晉
學風的論文：

> 只從學風著眼，其事似較易著手。學風與學者之內心意態
> 乃一事之兩面，如此下筆，弟之原論文，大體仍可用，較
> 之另作一題難易相差甚遠。[16]

13　余英時，〈漢晉之際士之新自覺與新思潮〉，頁68。
14　錢穆，〈致余英時書〉，《素書樓餘瀋》，頁423。
15　錢穆，〈致余英時書〉，頁424。
16　錢穆，〈致余英時書〉，頁425-426。

〈與余英時書〉一開篇，錢穆便從四方八面挑戰余英時對於「群
體自覺」的定義，而不是要指引他釐清這個概念的可能方式。值得注
意的是，錢穆信中先直接把余英時的「群體自覺」指認為「一種階級
意識」，由此推進，他提出了五點批評。[17]第三、四點稍為次要，指余
英時「內在分化」分類下的各種群體自覺，無法一一與史料對應。更
關鍵的是一、二、五點，都圍繞著價值取向與階級分野應該有明確分
別，不能含混。錢穆的第一點，認為余英時用「階級意識」解釋東漢
士人與外戚宦官的鬥爭，「稍嫌不貼切」，重點應該還是在「正義
感」；第二點接著批評，「以天下為己任，即與階級意識之覺醒判然
兩事。」（此引文後面，即是前段引述「弟文下語時時有含混不分明
之處」一句。）第五點更進一步指出，不認同馬克思史觀的話，不應
該以階級為自覺：

> 所謂「自覺」，本身應有一價值，階級意識自馬克思階級
> 鬥爭之歷史觀言，自有甚大價值，但自不取馬氏歷史觀
> 者，階級意識根本不當有，此即不能用自覺一語。世族賤
> 視寒門，卻不得謂其是一種自覺也。至於個體自覺，則自
> 當別論。[18]

錢穆拋出眾多問題，但這些問題卻建基於一個明顯的，甚至不無
故意的誤讀。他在第一點說「若謂是一種階級意識」，[19]此為假設之
詞，既可以說余英時行文不清晰，讓他的群體自覺與階級意識混淆，
也可以說余英時的群體自覺本質上就是階級意識。若以「疑點利益歸
於被告」的角度來說，評論人似乎可以先從前一種說法切入，而不用

---

17 錢穆，〈致余英時書〉，頁423-424。
18 錢穆，〈致余英時書〉，頁424。
19 錢穆，〈致余英時書〉，頁423。

立刻斷定群體自覺等同於階級意識。錢穆卻是先提出疑點，然後在後
文直接把疑點當爲事實，建立他的駁論。事實上，余英時〈論自覺〉
一文雖然有眾多未盡清晰之處，其反對經濟決定階級，階級決定思想
與行動的論點，卻是最爲一貫而明朗的。就連錢穆本人也注意到，余
英時的文章指出道德才是群體自覺最終樣態的關鍵（第四點有云：
「弟謂『當時士群交際道德意識重於階級意識』，此話極扼要」）。[20]從
本文開段所引述與重構可見，余英時〈論自覺〉通篇都是採取一個
「承認經濟與政治條件的重要，但價值觀的建立並不完全可以經濟與
政治條件解釋」的論述策略。在既有研究所指出的政治社會經濟現象
上，余英時加上像「轉轍器」那樣，模塑行動與學術文藝成果，偏向
思想的「自覺」。〈論自覺〉的要旨就是以「群體自覺」反駁「階
級」，反駁的方式不是否定經濟政治條件的存在，而是提出在這些條
件之外（或之上）尚有思想一層次。換言之，余英時回應階級決定論
的方式，是用「加號」把思想加進歷史解釋，而不是把思想與階級作
絕對的對立。

　　錢穆的批評，卻是基於價值與階級對立的預設。因此，他會肯定
余英時「士群交際道德意識重於階級意識」一語，卻不能接受〈論自
覺〉用「加號」來處理階級於思想問題的方式，最終甚至認爲余英時
「不能用自覺一語」。[21]錢穆「價值超越客觀條件」與余英時「政治經
濟社會加思想」兩種不同的思路，也影響了錢穆對於余英時如何處理
既有研究的態度。關於這一點，〈與余英時書〉有另一條更爲有名的
評語：

---

20 錢穆，〈致余英時書〉，頁423。
21 錢穆，〈致余英時書〉，頁423-424。

> 牽引別人著作有107條之多，此亦是一種時代風尚。鄙意
> 凡無價值者不必多引，亦不必多辨。論文價值在正面，不
> 在反面。[22]

我們往往會從學術論文寫作體例的差異來解釋錢穆的評語：錢穆
屬於舊式的札記體與綱目體，因此不重視羅列既有研究；余英時屬於
新式的學術論文體，腳註會傾向廣採既有研究的成果。但並觀錢穆的
前文，這評語的重點並不在體例的差異，而在於「是否對既有研究作
商榷與反駁」。在這一點上，他對〈論自覺〉一文的判斷卻是不準確
的，事實上，余英時並沒有對所引述的研究作太多反駁。〈論自覺〉
的百餘條註文，絕大多數都是引述既有研究來支持己說，就算是以政
治經濟與階級解釋的論著，余英時的引述都是以他們為「重要」而非
「決定性」的條件。從這些注釋再次可見，余英時的思想解釋，是以
「加號」加在其他條件上面，因此不需要多作駁論。若余英時採取價
值與階級對立的取徑，那他對楊聯陞關於東漢豪族政治經濟背景的研
究，以及陳寅恪以察舉制度解釋人倫鑑識的研究，都應該有所商榷，
但余英時行文引述這些先行研究時，都沒有作出反駁。他是要讓這眾
多的既有成果，成為他文章「政治經濟社會加思想」結構的一部分。
換言之，沒有廣引既有成果，則無法彰顯思想作為轉轍器的關鍵位
置，從這個角度來說，引用不全然是時代風尚或論文格式使然，對於
建立論點，其實也是多多益善。〈論自覺〉一文所展現的，是余英時
作為綜合者的特質與能力。

　　本節摘要討論錢穆對〈新自覺〉一文的評論，旨在點出錢穆的意
見不能直接作為余文優劣與當否的準繩。師徒二人在此時的學力與筆

---

22 錢穆，〈致余英時書〉，頁426。

力固然有高下，但評語之嚴峻卻不能只以「高下」來解釋，而要從雙方思想的「差異」來理解。對讀錢穆評語與余英時原文，我們就會發現，錢穆對於「群體自覺」說的批評，大多建立在誤讀，或是非同情的閱讀上面，錢穆可說是抱著非常強烈的先入之間來否定新自覺的分析框架。錢穆的評語，展現出對於自覺與階級以及其他外在條件對立的堅持；余英時的〈新自覺〉雖然在完成度與表達方式上尚有可以議論之處，但以「加法」處理既有討論，綜合政治經濟與思想的分析，打通內心與外在條件，已經有自成一家的態勢。雙方在學理上的衝突，似乎是無可避免。

另一方面，余英時〈新自覺〉一文的注釋裡面少數的重大異議，對象就是錢穆。〈新自覺〉的全部註釋裡面，以註七為最長，論點也是最鮮明。這條註釋討論范仲淹「以天下為己任」思想的源頭。在羅列范仲淹相關記載後，余英時引述了錢穆在《國史大綱》的說法：

> 錢師賓四論宋代士大夫之自覺精神亦謂由希文呼喚出來，
> 誠是也，然希文以天下為己任雖然有其特殊之時代背景，
> 其歷史之先例則不能不求之於東漢季年士大夫之自覺。[23]

在這段引述後，余英時插入一筆，反駁 Arthur Wright 謂范仲淹以天下為己任乃佛教影響的說法。接著就再回到「宋儒的東漢思想淵源」一點上面，進一步修正錢穆《史綱》的說法。這個淵源說看似溫和，也像是另一種「加法」的處理方式——在錢穆的討論之上，加上一個更長遠的思想解釋（甚至有後來內在理路說的影子）。但這「加法」的效果，卻與對陳寅恪與楊聯陞的引述截然不同。余英時此處的

---

23 余英時，〈漢晉之際士之新自覺與新思潮〉，《新亞學報》，卷4期1，頁128，註7。

引述，不但對《國史大綱》對於范仲淹的討論有細微但關鍵的誤讀。無論是有意無意，這解讀也挑戰了錢穆在《國史大綱》中所欲表彰的「士之自覺」論。在下一節，筆者將重構錢穆《國史大綱》的自覺論，勾勒錢穆如何形成「價值超越客觀條件」的見解，嘗試解釋其面對〈新自覺〉時的強烈反應。

三、「這顯然是一種精神上的自覺」

先要說明的是，對於漢晉之間道德的不同評價，固然是錢穆與余英時分歧的原因之一。錢穆並不認同余英時的東漢淵源說，在〈與余英時書〉直言「以天下為己任」、「自先秦孔孟儒家開宗即如此，不得謂自東漢啟之」。[24]同時稍後的另一封信中（1950年在耶魯大學寄出，月日不詳），又特別再提出這點，「以天下為己任之精神，導自東漢，語終不妥。」[25]。余英時〈新自覺〉推崇漢晉之間充滿思想活力，甚至比擬於布克哈特筆下的文藝復興時代。但對錢穆來說，漢晉之際產生的道德偏於狹隘，雖然勉強維持先秦以來士階層的道德精神，但畢竟還是帶來了魏晉的衰運。在《國史大綱》中，錢穆指出東漢察舉制度所形塑的道德，「只看重形式」，「不看重事實的效果」。[26]為了展現超乎他人的高尚，甚至形成一些戲劇性的奇節，例如不合理的久喪以及代友復仇等，最終流為虛偽。其道德的思想內涵，則「只注重個人、家庭與朋友，而忽略了社會與和國家」。[27]

---

24 錢穆，〈致余英時書〉，頁423。
25 錢穆，〈致余英時書〉，頁431。
26 錢穆，《國史大綱》，上冊，頁230。
27 錢穆，《國史大綱》，上冊，頁230。

　　但雙方的異議絕對不止於對漢晉道德的評價，他們對於歷史解釋的進路有更關鍵的差異。余英時採取的是外在條件加上思想的架構，而錢穆則是在大多數時候都充分考慮外在條件對歷史人物的影響之餘，仍然堅持精神有逆反外在條件的可能性。在《國史大綱》中，范仲淹正是這個可能性的代表人物。因此，相較於他對東漢魏晉道德的高評價，余英時對於《史綱》范仲淹一節的引述，才是他與錢穆歧異的關鍵。上引余英時的引述，有云「然希文以天下爲己任雖然有其特殊之時代背景」，意指錢穆所強調范仲淹的特質，是來自北宋特定的時代背景。[28]但偏偏錢穆要在《史綱》中所強調的，是范仲淹的奮起，不但與經濟社會政治等外在條件沒有直接關係，甚至是與這些條件相反的。換言之，錢穆認爲特殊的是范仲淹的個人，是人的自覺精神，而不是北宋的時代背景。

　　通讀《國史大綱》，我們會發現范仲淹在錢穆通史敘事中的奇特位置。相較於全書著重對於長時段潮流的勾勒，《史綱》「士大夫的自覺與政治革新運動」一章的前半段把范仲淹的自覺提升至異常重要的位置；這段敘述也脫離全書保持「記誦、考訂派」的史家工夫，非常接近「宣傳革新派」的氣質。[29]「士大夫的自覺」章對范仲淹的描述如下：

> 所謂「自覺精神」者，正是那輩讀書人漸漸自己從內心深
> 處湧現出一種感覺，覺到他們應該起來擔負著天下的責
> 任。（夾註：並不是望進士及第和做官）
> 這顯然是一種精神上的自覺……這已是一種時代的精神，

28　余英時，〈漢晉之際士之新自覺與新思潮〉，頁128，註7。
29　錢穆在《國史大綱》〈引論〉自言，他是要「以考訂派跟記誦派的功夫，達宣傳革新派的目的」。錢穆，〈引論〉，《國史大綱》，上冊，頁10。

　　早已隱藏在同時人的心中，而爲范仲淹正式呼喚出來。[30]

　　在這一章的論述中，錢穆並無興趣討論這種自覺精神的思想內
容，是否有東漢以至先秦的前例；更無興趣討論如何的政治社會經濟
背景，造就了這種自覺精神的閃現。在一本惜字如金，需要以極簡煉
文字勾勒數千年歷史大潮流的通史著作中，他揮霍地給了這沒有具體
定義，缺乏具體背景，近乎信仰般的自覺精神接近四頁的篇幅。從字
面來看，讀者對這「自覺精神」只會得到模糊的印象，難以從中得出
社會科學式的定義。若要加以闡明，我們只能從反面切入，掌握這自
覺精神「不是」什麼。首先，范仲淹自覺精神與經濟條件剛好相反
的，所以「在『斷虀畫粥』的苦況下，而感到一種應以天下爲己任的
意識」；其次，自覺精神不受階級或階層背景限制，甚至可以說，是
違反階級階層背景，才能彰顯自覺精神，所以錢穆強調「范仲淹並不
是一個貴族（夾註：……宰相范履冰之後，然至仲淹時已微……）
」；最後，自覺精神不是朝廷所可以教化與灌輸，就連以「養士」聞
名的北宋朝廷也不例外──范仲淹「亦未經國家有意識的教養，他只
在和尙寺裡自己讀書」。[31]綜合這三點，錢穆在「士大夫的自覺」章所
要表彰的范仲淹，是一個克服和超越外在條件的人物，而如果歷史是
一個政治社會經濟的旋轉木馬，那范仲淹就是（在一定程度地）掙脫
這個迴旋，「超歷史」的人物。[32]

---

30 錢穆，《國史大綱》，下冊，頁38。

31 錢穆，《國史大綱》，下冊，頁38。

32 此處旋轉木馬改寫自 Richard Rorty "literary-historical-anthropological-
political merry-go-round" 的說法。Richard Rorty, *Consequences of
Pragmatism: Essays, 1972-1980* (Minneapolis: University of Minnesota Press,
1982), p. xxxvi.

　　就算是在《國史大綱》一書之中，這一段「超歷史」的敘述也是非常突兀的。對於士階層在春秋戰國、兩漢、魏晉南北朝、宋元明等四期的活動，錢穆都提供了高度歷史化，綜合政治經濟社會與思想的解釋。士階層在春秋時代的形成，政治上來自封建統治的崩壞；思想上則來自對於作爲制度的「禮」的資訊落差。（「於是貴族之間逐漸有『知禮』與『不知禮』之別，遂有所謂學者從貴族階級中間露眼。」）[33] 西漢士人政府的形成，錢穆也以從政治與知識切入解釋。除了漢武帝的表彰五經外，由「經義斷獄」等例子可見，經學禮樂是作爲「制度」來與政治實作結合，因此「讀書博通之士在政治上所表現的成績，究竟比貴族軍人和商人們來得強」。[34] 對於他所批評的東漢道德觀，錢穆仍是採取同樣的歷史解釋：察舉制度造成鼓勵了可以表現，甚至是表演的道德；經學家法的繁複，造成資訊的不流通，讓世族壟斷學問。

　　更甚者，在《史綱》後段（四十一章）討論宋以下的書院講學時，錢穆也是強調外在條件的發展，而沒有再重複第三十二章「士大夫精神自覺」的說法。在政治社會上，科舉制帶來門第的消融，士人階層的擴張與開放；在知識上，從五代雕版印刷術大盛，到宋代活字版的發明，都根本地改變了資訊的流量；在知識的制度面向上，書院模式在北宋的成形，則爲後來的講學活動奠定基礎。尤其值得注意的是，此章關於書院興起的敘述中，范仲淹是戚同文、孫復、胡瑗等一眾書院講學開創者之一，甚或是其中處於繼承者的位置，而不是三十二章中，在外在條件成熟前，已經在寺院（一個錢穆認爲是不利於士

---

33 錢穆，《國史大綱》，上冊，頁112。
34 錢穆，《國史大綱》，上冊，頁182。

大夫自覺精神發揮的場所），沒有特定師承，「特達自興」的先覺者。[35]

　　難以解釋的自覺，與可以歷史解釋的士階層發展史，呈現兩種相反的思路。它們在《史綱》中並沒有經過綜合，維持著並置的狀態。這樣的並置當然可能是由於《國史大綱》在抗戰中寫就，未盡完整。但與此同時，它們也反映了錢穆如何處理歷史中的「不可知」，以及其樂觀與悲觀交集的深刻思考。這可以分爲兩個層次闡釋。首先，范仲淹那樣一二人的「自覺精神」既然可以對歷史的走向帶來重大改變，這是對於人的能動性的表彰，這個自覺既是來去無蹤，甚至可以與風氣時勢相反，那在客觀環境最不利的時候，也理應可以保持希望，因爲改變可能會在意想不到的地方冒起。這種悲觀中可以樂觀的思想，自然是《史綱》對抗戰不利局面的有力回應。[36]另一方面，自覺既然無法完全解釋，也不盡貼合於士階層活動的種種外在條件，故而無法藉由營造外在條件的來複製自覺，催生民族與文化的復興。因此，對於一種過分樂觀，主張可以用具體規劃的「工程」來改變社會的願景，錢穆《史綱》關於自覺的不可知論，也可以有一定的節制，甚至煞停的作用。

　　《史綱》的自覺說，也是錢穆民族復興觀的關鍵環節。在《史綱》有名的〈引論〉中，錢穆花了一大段來分辨「病」與「睡」的兩種狀

35 錢穆，《國史大綱》，下冊，頁39。
36 本文體例所限，無法全面地追溯錢穆自覺說中的傳統思想資源。此處可以先指出的是，曾國藩〈原才〉篇強調一二人之心可以扭轉風俗世運，應該有非常重要的暗示作用。錢穆早年爲學，即十分受曾國藩的人格典型影響。錢穆，《師友雜憶》，收入氏著，《錢賓四先生全集》（臺北：聯經出版公司，1998），冊51，頁69、88。

態。他反對清末以來流行的中國睡獅說，因為睡獅說預設中國只是一時的失去意識，但潛力具在，只需要適當的外在刺激，就可以覺醒，重振大國雄風。[37]這刺激很可能就是認識並師法世界的公理，或已經在西方國家證明成功的現代化藍圖。由於現代化可以移植，所以只要改革的幅度夠大，在後發展位置的中國也可以追回落後的時間。錢穆認為這種看法其實過分樂觀，因為中國的問題是政治與文化的長期病，這長期病可能是明清以來的君權壓到士人自主性的問題。[38]追至更遠，則是安史之亂以來士人缺乏穩固基礎來面對權力者的問題。無論是採取長或短的診斷，錢穆認為這病都必須以文化內部的自覺對治，而不是採取他人的現成方案就能解決。因此，對於主持中國社會的「新士」來說，「自覺之精神，較之效法他人之誠摯為尤要」。[39]

　　此外，錢穆這種從內部自發的「自覺」觀，其實與清末民初以來的「自覺」說針鋒相對。直至抗戰時期，「自覺」通常作為consciousness的翻譯。[40]其重點在「覺」（另譯的「意識」），是自我對

---

37 楊瑞松已經說明，睡獅說表面上是西方通行的說法，而「醒覺」的意義確有基督宗教的脈絡，但「睡」與「獅」的結合，其實很大程度出於中國士人與知識份子的創造與改造。楊瑞松，《病夫、黃禍與睡獅：「西方」視野中的中國形象與近代中國國族論述想像》（臺北：政大出版社，2010），頁116-130。

38 錢穆，《國史大綱》，下冊，頁28。

39 錢穆，〈引論〉，《國史大綱》，上冊，頁30。

40 韓承樺指出，在心理等專業學科中，「自覺」這個翻譯在與「意識」的競爭中處於下風。韓承樺，〈意識：從「學術」到「政治」場域的概念挪用（1890-1940）〉，《東亞觀念史集刊》，期2（臺北：2012年6月），頁147-148。但值得注意的是，在政治與文化的論述中，「自覺」卻一直是關鍵字，遠超出特定學科內部的意義。關於「自覺」的討論，主要參考John Fitzgerald, *Awakening China: Politics, Culture, and Class in the Nationalist Revolution* (Stanford: Stanford University Press, 1992); Sabina Knight, *The*

於外在環境，或是世界公理的認識，而不是reflection的「自反」與
「自省」。這種認識外在的自覺觀，是各方文化政治領袖之間的共
識，這裏只舉幾個最顯著的例子，以見其一端。陳獨秀和李大釗在
1915年關於自覺與愛國心的討論，都把自覺定義爲對世界情勢的認
識。[41]稍後，新文化運動健將傅斯年就在1919年〈《新潮》發刊詞〉中
主張，《新潮》雜誌的任務，是讓中國民眾知道世界學術潮流，「自
覺其形穢」。[42]同一時期，護法運動中的孫中山，則主張民主主義與議
會制度乃「世界自覺國民」的共同價值。[43]在政治光譜的另一端，毛
澤東也運用了相近的「自覺」定義。在1935年〈論實踐〉中，毛澤
東認爲由蘇聯帶動的共產主義改造，其不願意接受改造者「須要通過
強迫的階段，然后才能進入自覺的階段」。[44]對於這些後覺者來說，自
覺的來源是外在的。從陳獨秀到毛澤東等的「自覺」，都是重視對於
外在情勢的認識，或是預設有一套外在的、既成的發展模式，可以跟
從、採用。[45]

Heart of Time: Moral Agency in Twentieth-Century Chinese Fiction
(Cambridge: Harvard University East Asian Center, 2006).

41　陳獨秀，〈愛國心與自覺心〉，《甲寅》，卷1號4（1914），頁1-6；李大
　　釗，〈厭世心與自覺心（致甲寅雜誌記者）〉，《甲寅》，卷1號8（1915），
　　頁7-16。

42　傅斯年，〈《新潮》發刊旨趣書〉，《傅斯年全集》（長沙：湖南教育出版
　　社，2000），卷1，頁80。

43　孫中山，〈爲主張和平通電全國文〉（1918），《國父全集》（臺北：中國國
　　民黨中央委員會黨史委員會，1981），冊2，頁70。

44　毛澤東，〈實踐論〉，《毛澤東選集》（北京：人民出版社，1991），冊1，
　　頁296。

45　在一眾傾向外在公理的理論家中，梁啓超處於較爲特別的位置。他早年的
　　《新民說》主張效法西方模式來製造新民，到1910年代後期，歐戰過後的
　　《歐遊心影錄》則轉而重視「中國人的自覺」。汪暉因此以梁啓超爲例子，

綜上而言之，錢穆自覺說的種種思想意涵，都源自於一個雙重的前提：自覺屬於精神一面，而精神面必須透過逆反外在條件方能成立。因此，余英時「外在條件加上思想」的進路，是在最根本的層次與錢穆存在矛盾。他對於《史綱》范仲淹一節的解讀，更把這種矛盾展開在錢穆面前。如果范仲淹的自覺，是順應著北宋種種政治經濟社會條件，那錢穆自覺說背後的精神，就會變得沒有著落了。因此，對於其他關於東漢魏晉士風的研究，余英時的「加法」可以與之並行不悖，甚至增添它們的思想意義。可是，偏偏對於本師錢穆的引述，卻觸碰了一個無法消解的矛盾。亦因此，錢穆建議余英時把〈新自覺〉拆除重建，絕不只師徒傳承中的一件小事，而是二十世紀思想史中的一個重要公案。此處既然已經說明錢穆的立場，下節當從余英時方面著眼，指出其「加法」的思想淵源。

四、「精神文明與物質文明必然是一個有機的配合」

如是者，余英時的「加法」從何而來？諳熟學術史與余英時自述文字的讀者，很容易會把〈新自覺〉一文視爲布克哈特的理論框架與漢晉現象的結合。無可否認的是，余英時在寫作此文期間，剛好是在

說明「反觀自身」是一種五四前後的文化轉向。汪暉，《世紀的誕生：中國革命與政治的邏輯》（北京：三聯書店，2021），頁203-204。但這論說在時序上卻多有難以解釋之處。例如此處所引的傅斯年與毛澤東的自覺論，或是 John Fitzgerald 所討論的國民黨意識形態中對於世界慣例的自覺，就無法符合轉向之說。John Fitzgerald, *Awakening China*, pp. 34-39。更要者，細究梁啓超所論，他所主張的，其實也是觀察世界大潮流的發展，然後順勢而爲，只是潮流剛好從清末的西方壓倒中國，變成歐戰後的西方危機而已。綜合前期晚期來說，梁啓超還是重視「公理」，而不像錢穆後來那麼極端的重視自覺中的「自」，更沒有錢穆那種反潮流而行的執著。

哈佛博士班的第二年，在研究早期近代歐洲的史家Myron Gilmore指
導下開始閱讀《義大利文藝復興時期的文化》一書。[46]在〈新自覺〉的
註二十，余英時更自承受到布克哈特啟發，表示拳拳服膺之意。但細
玩這條註文，其中卻有若干線索，顯示〈新自覺〉的基本架構並非來
自布克哈特。註文曰：

> 意大利文藝復興最以人的覺醒著稱。名史家Burckhardt著
> 意大利文藝復興之文化（The Civilization of the
> Renaissance in Italy）論述之，稱為文化史著述之楷模焉！
> 其書論個體之發展一章頗足為本節之參考，以十四、五世
> 紀意大利知識份子個性發展之環境與歷程與吾國漢晉之際
> 之士極多相似之處故也。[47]

　　註文有兩點值得留意。首先，這條註文並沒有把「自覺」的概念
歸於布克哈特，而以「人的覺醒」來稱述布氏所研究的意大利文藝復
興。綜觀〈新自覺〉的全文，余英時對於自覺其實採取多元而寬廣的
定義，這裡卻不把文藝復興時代的個人觀念定義為「自覺」的一種，
很可能是因為他本人並不認為「自覺」一題是來自1959年才開始研
讀的《義大利文藝復興時期的文化》一書。其次，就算布克哈特對於
〈新自覺〉的研究有重大影響，尤其是從士人弔祭等現象看個人觀念
的形成等，這影響也集中（或限縮）在第二節的「個體自覺」一環。
最能顯示出余英時「外在條件或階級加思想」的「加法」，也最牽動
他與錢穆分歧的「群體自覺」概念，顯然不是來自布克哈特。事實
上，布克哈特認為個人觀念興起前，人「只能透過種族、民族、黨

---

46 陳致訪談，《我走過的路：余英時訪談錄》（臺北：聯經出版公司，
　　2012），頁148-149。
47 余英時，〈漢晉之際士之新自覺與新思潮〉，頁131-132，註20。

派、組織、家庭及其他集體形式的框架，來理解認同自我的存在」，
人的覺醒即是超越這些群體認同，找到個人的存在，因此，按其論
述，所謂群體的覺醒或是「群體自覺」是沒有位置的。[48]換句話說，
假如余英時真的是寫一篇「布克哈特式」關於漢晉個人觀念的文章，
那錢穆很可能會首肯他的進路，至少不會有那麼強烈的反駁。

　　關於〈新自覺〉的思想淵源，其實余英時本人的早年文字已經留
下顯豁的答案，研究者無需，也不應該基於晚期回憶文字的片段作猜
測。1954年，余英時在香港的《人生》雜誌分三節發表了〈論自覺〉
一文，這篇文章是他對中西文明綜合理論的嘗試之一，次年結集成為
《文明論衡》一書在香港出版。[49]

　　從〈論自覺〉一文可見，余英時「群體自覺」說的目標是西方哲
學中的主觀客觀統一或綜合；理論根據則來自20-30年代以後心理學
與社會學的新發展。這篇文章雖然嘗試溝通中西思想中關於自覺的概
念，以為將來建立一種普世的自覺哲學的準備，但最具理論深度的部
分都是來自西方的討論。文章前段的自覺定義「自覺乃是唯一的實
體，也是主體與客體的統一」，源自余英時對近世西方哲學史的概括
與歸納；[50]接下來引述新近的心理學與社會學見解，則更為直接而詳
盡。心理學家對余英時最大的啟發，就是「從關係中看自覺」。他引
述實驗心理學家 Edwin G. Boring 的 *The Physical Dimensions of
Consciousness*（此書1954年時沒有中譯本，余英時所引頁數來自1933

---

48 布克哈特引文來自雅各・布克哈特著，花亦芬譯註，《義大利文藝復興時
　代的文化：一本嘗試之作》（臺北：聯經出版公司，2007），頁170。
49 此書初版的封面由錢穆題簽，見余英時，《文明論衡》（香港：高原，
　1955）。
50 余英時，〈論自覺〉，《文明論衡》，頁108。

年英文原本）一書，把 "consciousness exists as relations and exists only
in the sense that relations exist" 一語翻譯爲「自覺乃是作爲關係而存
在，而且也只有在關係的意義上才存在。」[51]Boring原文是討論意義
（meaning）存在於關係的脈絡中，余英時則抽出這一句話，並引申
爲：自覺存在於人我之間，因此個人自覺與群體自覺是一體雙生的關
係。後文則把這「關係的自覺」連接到社會學家Charles Horton
Cooley 的 *Social Organization* 一書中「社會性的自我」的說法：

> 社會自覺與自覺是不可分的，因爲除非我們與某種社群有
> 關聯，否則便很難想到我們自己。這二者是結合在一起
> 的，我們所真正自覺到的自我乃是一個很複雜的個體或社
> 會整體……自我與社會是孿生的，我們知道了這個立刻也
> 就知道了那個，分散而孤立的自我觀念實系一錯覺。[52]

因此，群體自覺的理論根據，既不是布克哈特的個人自覺，更不
是錢穆評論時所認定的，馬克思主義的階級與階級意識。余英時對於
外在條件與思想的關係，也是來自〈論自覺〉一文所引述的社會學家
Edward Johns Urwick：

> 土地、氣候，與食物的供給──工作或工業的結果等──

---

51 Edwin G. Boring, *The Physical Dimensions of Consciousness* (New York,
London: Century Company, 1933), p. 222. 余英時，〈論自覺〉，頁109。

52 余英時，〈論自覺〉，頁115。原文作 "In general, then, most of our reflective
consciousness, of our wide-awake state of mind, is social consciousness,
because a sense of our relation to other persons, or, of other persons to one
another, can hardly fail to be a part of it. Self and society are twin-born, we
know one as immediately as we know the other, and the notion of a separate
and independent ego is an illusion." Charles Horton Cooley, *Social
Organization: A Study of the Larger Mind* (New York: Charles Scribner's Sons,
1909), p. 5.

乃是操縱原始社會的東西，同時對於一般比較開化的文明
社會的活動，也是不無影響，但是他們的力量因受社會內
部力量的影響，漸漸發生變化。所謂內部的力量，就是我
們在前面說所的生命力量與心理力量，其中，最重要而且
影響力最大的就是社會和社會中分子在他們目的方面的自
覺。在原始時代，自然界強迫人類指導人類，社會生活的
形式完完全全是由自然界支配。後來自然界的這種強迫力
量漸漸減少，因為人類的權力和自覺的目的漸漸發達成
熟，但是自然界的力量雖然不能完全表示出來，然而始終
是存在的。後來這種力量更是容易改變，於是成了人類發
展中的第二等力量。……後來心理的力量與精神的力量漸
漸長大，並開始與生長的力量競爭，因此理性與靈魂的局
部的自覺力量也就出現了。[53]

　　自覺是內部力量，但從物質的基礎上生長；心理與精神的自覺力
量增長，便會與物質生長的力量競爭。此處對於自覺與外在條件的理
解，彷彿與錢穆自覺作為精神的論說頗有相通之處，但細究其內涵則
不然。余英時所引述Urwick的理論，自覺在產生以後雖然會與物質

---

53 余英時，〈論自覺〉，頁115。此段引文沒有標明出處與頁數，但可以推知
　　是來自黃卓生譯，《社會進步的哲學》（上海：商務印書館，1934）。黃譯
　　本把E. J. Urwick誤寫為C. J. Urwick，余英時行文引述時也沿襲了這個錯
　　誤。更值得注意的是，余英時引文來自黃譯本頁43-44，但黃譯以「覺悟」
　　翻譯consciousness的兩處，余英時都改寫為「自覺」，應該是為了行文前
　　後一貫的方便。這個例子，正好與前述〈新自覺〉註二十的作法對比。如
　　果余英時認為有必要的話，他可以改稱意大利文藝復興的個性觀念稱為
　　「自覺」，他選擇「覺悟」兩字，很可能是一個提示，提示他的自覺說並不
　　來自布克哈特。

條件競爭,但自覺一開始的產生,是順著物質生產的有利條件而出現的,而就算在自覺產生以後,物質的力量是始終存在的。因此余英時的文明史書寫,呈現物質加精神的架構。錢穆的自覺精神,則是在沒有有利因素,看似不可能的時刻,逆反外在條件地產生的。因此其自覺說與對於士階層活動的外在條件沒有(也可能無法)綜合,在《史綱》中維持著緊張的關係。因此,余英時與錢穆後來1959-60年在「自覺」上的分歧,其實最晚在1954-55年已經成形,在1959年加入布克哈特的思想資源,並不是其中的關鍵。

物質與精神的結合,既是余英時史學分析的框架,也是他對於文明發展的願景。〈論自覺〉一文後段有如此結論:

> 自覺一方面是物質文明的成因,另一方面又是物質文明的結果,這二者是相互推動、相互生發的。這話初看似矛盾,細想卻一點也不錯。因為精神文明與物質文明必然是一個有機的配合。[54]

在撰寫〈新自覺〉時,余英時帶著這一個牽一髮動全身的體系,其與錢穆在《國史大綱》發揮的自覺精神說發生衝突,可謂勢所必然。

五、結 論

在受到錢穆的嚴厲批評後,余英時最終放棄了以「自覺」的框架來撰寫博士論文。他後來的博士論文《東漢生死觀》也的確有錢穆建議的影子:以〈新自覺〉第三節「新思潮」所收集的材料入手,另起

---

54 余英時,〈論自覺〉,《文明論衡》,頁118。

爐灶，只是題目沒有定在士人學術風尚，而轉向探討士人與民間共有的價值觀而已。[55]

　　但這絕對不代表雙方的分歧以余英時改弦易轍作結。〈新自覺〉一文後來近乎一字不改地收入1980年《中國知識階層史論（古代篇）》，成為余英時版本的「士階層史」的主要構成部分。[56]更要者，自覺說背後兩種截然不同的世界觀，持續地影響錢余兩人的學術風格與路徑。終其生涯，錢穆始終保持著「主流批評者」的態度，對於清末以來現代中國文史學術的眾多強勢見解，提出極具深度的反駁意見；余英時則從一開始就是一位「大綜合者」，一直以他的「加法」整理各個有眾多先行研究的戰場，從清代學術到明清商人精神的研究皆然。[57]當然，要完整地掌握余英時與錢穆之間的思想張力，並不能侷限在自覺一點的討論，還須更廣更深入的後續研究。可以肯定的是，本文關於自覺說的探討，讓我們看到余英時與錢穆思想分歧所牽連的議題，遠比想像中來得深而廣。

---

55 《東漢生死觀》關於民間思想的部分，則來自當時中國與日本對於《太平經》的新出研究，尤其是王明在1960年出版的《太平經合校》。余英時，《余英時回憶錄》，頁195-196。余英時在1962年完成該博士論文，但當時錢穆對此仍然不滿意。〈致余英時書〉（1962年3月1日）直言：「即如弟此次之論文，化去精力不少，然最後挑定此題，由穆懸想，殆不能有甚大價值與意義之發現也。」見錢穆，《素書樓餘瀋》，頁438。直至1963年底，錢穆對這題目的口風才轉緩。書信中詢問「哈大論文改寫，不知將來全書完成，擬另寫中文出版否？」見錢穆，〈致余英時書〉（1963年11月26日），《素書樓餘瀋》，頁443。此時余英時已歷經哥倫比亞大學本擬以丁龍講座聘任的波折，並在密西根大學任職。

56 余英時，《中國知識階層史論（古代篇）》（臺北：聯經出版公司，1980），頁205-327。

57 錢穆作為主流批評者的說法，取自杜正勝，〈錢穆與二十世紀中國古代史學〉，《新史學之路》（臺北：三民書局，2004），頁230。

　　總結本文的觀察，錢余兩人世界觀的根本差異在於「與客觀對抗主觀」與「主觀客觀交融」。這根本的差異，呈現於在1959-60年〈新自覺〉一文與錢穆的回應，而在此之前的十年內，已經圍繞著「自覺」這一個概念逐漸成形。在1940年出版的《國史大綱》中，錢穆已經在探討歷史發展的種種外在潮流同時，以「士之自覺」的論說爲中心，擴充主觀意志，尋找克服甚至超越外在條件的可能性。余英時1950年代初在新亞書院研習，早期功課之一即是精讀《國史大綱》，對錢穆的自覺說絕對不會陌生。[58] 可是，最晚到1955年出版《文明論衡》時，其中〈論自覺〉的專章已經強調主觀與客觀性的相互依存，所謂自覺即consciousness即意識，應該是主客交融，也即是個人與社會交會而產生的。

　　自覺的概念是眾多根本思想問題的樞紐，由此切入，除了可以更確切地把握錢穆與余英時思路的差異外，亦將能發現中國現代思想史中較少受到注意的線索——尤其是史家的世界觀與思想界的連動。在展開進一步研究前，此處先以自覺說在錢穆與余英時文化觀念中的關鍵位置，作爲初步結論。錢穆認爲，中國文化的復興必當源於文化自身產生的自覺，這自覺不能靠外力刺激或移植來催生，也往往只能在外在條件不利時才能弔詭地展開，因此其過程必然緩慢。余英時則認爲，文化的復興是普世共同的歷程，余英時認爲，文化是可以綜合的，這個綜合的基礎，是自覺的主體與其他自覺的主體之間的溝通，由於主客可以交融，因此文化的自覺與復興——至少在未來——是世界共通的。因此，〈論自覺〉透過「移花接木」的方法結合中西印思

---

58 余英時，〈猶記風吹水上鱗——敬悼錢賓四師〉，《猶記風吹水上鱗》（臺北：三民書局，1991），頁8-10。

想中「自覺」的概念，以爲將來普世的「自覺精神」的基礎。錢穆的中國本位以及余英時對普世價值的堅持，其背後有一系列運思的過程作爲支撐，並不是單純的信仰與認同。

正因爲累積了這些深思的歷程，錢穆與余英時的史學著作大多有其思想上的整體性。若只是單純地當作研究成果引用，很容易會走失他們本身的意旨所在。對於這些廣受引用的著作，我們的理解往往不是想像中的那樣深。

徵引書目

余英時，〈猶記風吹水上鱗──敬悼錢賓四師〉，《猶記風吹水上鱗》，臺
　　北：三民書局，1991，頁1-15。

余英時，〈漢晉之際士之新自覺與新思潮〉，《新亞學報》，卷4期1，1959年
　　8月，頁25-144。

余英時，〈論自覺〉，《文明論衡》，收入氏著，《余英時文集》，桂林：廣西
　　師範大學出版社，2006，卷7，頁107-120。

余英時，《中國知識階層史論（古代篇）》，臺北：聯經出版公司，1980。

余英時，《余英時回憶錄》，臺北：允晨文化，2018。

李大釗，〈厭世心與自覺心（致甲寅雜誌記者）〉，《甲寅》，卷1號8
　　（1915），頁7-16。

杜正勝，〈錢穆與二十世紀中國古代史學〉，《新史學之路》，臺北：三民書
　　局，2004，頁216-233。

汪暉，《世紀的誕生：中國革命與政治的邏輯》，北京：三聯書店，2021。

孫中山，〈爲主張和平通電全國文〉，《國父全集》，臺北：中國國民黨中央
　　委員會黨史委員會，1981，冊2，頁69-70。

烏爾章克（C. J. Urwick）著，黃卓生譯，《社會進步的哲學》，上海：商務印
　　書館，1934。

陳致訪談，《我走過的路：余英時訪談錄》，臺北：聯經出版公司，2012。

陳獨秀，〈愛國心與自覺心〉，《甲寅》，卷1號4（1914），頁1-6。

傅斯年，〈《新潮》發刊旨趣書〉，收入氏著，《傅斯年全集》，長沙：湖南教
　　育出版社，2000，卷1，頁79-82。

雅各・布克哈特著，花亦芬譯註，《義大利文藝復興時代的文化：一本嘗試
　　之作》，臺北：聯經出版公司，2007。

楊瑞松，《病夫、黃禍與睡獅：「西方」視野中的中國形象與近代中國國族論
　　述想像》，臺北：政大出版社，2010。

錢穆，《師友雜憶》，收入氏著，《錢賓四先生全集》，臺北：聯經出版公
　　司，1998，冊51。

錢穆，《素書樓餘瀋》，收入氏著，《錢賓四先生全集》，臺北：聯經出版公
　　司，1998，冊53。

錢穆，《國史大綱》，臺北：商務印書館，2017。

韓承樺，〈意識：從「學術」到「政治」場域的概念挪用（1890-1940）〉，
　　《東亞觀念史集刊》，期2，2012年6月，頁147-148。

Boring, Edwin G. *The Physical Dimensions of Consciousness*. New York, London: Century Company, 1933.

Cooley, Charles Horton. *Social Organization: A Study of the Larger Mind*. New York: Charles Scribner' s Sons, 1909.

Fitzgerald, John. *Awakening China: Politics, Culture, and Class in the Nationalist Revolution*. Stanford: Stanford University Press, 1992.

Knight, Sabina. *The Heart of Time: Moral Agency in Twentieth-Century Chinese Fiction*. Cambridge: Harvard University East Asian Center, 2006.

Rorty, Richard. *Consequences of Pragmatism: Essays, 1972-1980*. Minneapolis: University of Minnesota Press, 1982.

The Two Consciousnesses of the Scholar-official: A Discussion based on Qian Mu's Correspondence to Yu Yingshih (1960)

Shiuon Chu

Abstract

Departing from a famous letter Qian Mu wrote to Yu Yingshih in 1960, this paper excavates their contrasting concepts of self-consciousness, how such difference contributed to their different approaches of historical explanation, and their intellectual implications. In Qian Mu's An Outline of the National History, I argue, self-consciousness is conceptualized as a purely spiritual force that reverses preexisting long term developments. And furthermore, it is only by acting against the external developments—either political, social, or economic—can this spirituality of self-consciousness demonstrated. Yu, on the other hand, sees self-consciousness as a Weberian "switchmen" that alters, but never create nor offset, preexisting historical developments. Qian and Yu's sharply different concepts of the self and the world crashed in their discussion over Yu's 1959 essay "New Self-Consciousness and Intellectual Trends Between the Han and Jin Dynasties". Due to their mutual respect, however, their conflict often slips from attention without in-depth analysis of the related texts. To embark on the historical research of Yu Yingshih's intellectual legacy, I contend, such basic but fundamental work of textual analysis is indispensable.

Keywords: Scholar-official, self-consciousness, Qian Mu, Yu Yingshih, An Outline of the National History

在三十五年後回顧余英時的「韋伯式問題」：宗教學的觀察

孔德維

歷史及宗教研究學者，現時任職於國立臺灣大學人文社會科學發展中心，研究全球化早期的東亞文化變遷，並對地域內的少數族群的信仰、身份認同及與主流社會的互動。曾於沙烏地阿拉伯費薩爾國王學術與伊斯蘭研究中心、香港大學、香港中文大學、香港教育大學、國立中山大學任職研究及教學職，並籌備及任教中國、東亞、世界歷史及宗教史相關的科目；近年亦多次爲馬來西亞新紀元大學學院講座系列擔任主講人。

在三十五年後回顧余英時的「韋伯式問題」：宗教學的觀察[1]

孔德維

摘要

　　本文將先與讀者回顧在過去三十五年關心近世中國史的學者對「西方為何興起？」與「宗教如何影響經濟？」兩個問題的各種猜想和回應，檢視自《中國近世宗教倫理與商人精神》出版以來學界在相關方面的成果與趨勢，以思考「韋伯式問題」與余英時的貢獻在今天的定位和價值。在肯定「韋伯式問題」與余英時的研究進路及成果在「大分流」等全球史的潮流中仍有其價值後，我們將從宗教學的角度出發，利用現代宗教的一位重要推手尼尼安・斯馬特（Ninian Smart, 1927-2001）於1989年就提出的「宗教的七個面向」（Seven Dimensions of Religion）與他在1983年提出的「世界觀分析」（Worldview Analysis），嘗試與讀者演繹宗教學的研究進路如何有助於我們釐清余英時的「韋伯式問題」。我們的討論將引伸到《中國近世宗教倫理與商人精神》最核心關注的儒教與商人精神以外，近世中國的宗教的不同面向如何推動經濟形態變遷；並在其後以「新道教」的案

1　本文初於2022年8月5日發表於地點中央研究院近代史研究所「余英時院士逝世周年紀念工作坊」，蒙王汎森院士、潘光哲博士、顧忠華博士及多位與會學者賜正；於寫作過程曾就經濟史學理論問題向國立臺灣大學經濟學研究所碩士暨研究助理鄭紹鈺先生請益，獲鄭先生細心以書面回應；亦就宗教學理論與香港中文大學文化及宗教研究學系龔惠嫻博士及牛津大學東方研究所衞婥怡博士詳細討論；新道教經濟活動的研究，在2011年香港中文大學崇基神學院蒙葉菁華博士於宗教經濟學的角度多次指正，謹此一併致謝。

例說明中國宗教複雜的世界觀是由不同信仰者共同譜成的概念，當中有其共性但亦有內部張力，故不能也不應被化約爲一套完整的倫理與價值觀，而應以更細緻的方式處理主張不同世界觀的各個群體在社會的組成方式、活動範圍、影響力等等。

關鍵字：余英時、韋伯式問題、大分流、新道教、宗教研究

引　言

馬克斯‧韋伯（Maximilian Karl Emil Weber, 1864-1920）在1905年出版《新教倫理與資本主義精神》（*Die protestantische Ethik und der Geist des Kapitalismus*）嘗試梳理新教倫理與17世紀西歐工業資本主義興起之間的關係。《新教倫理與資本主義精神》出版之際正值西歐工業文明在全球擴散其經濟模式及生活文化的高峰，歐洲中心思想（Eurocentrism）視歐洲爲人類文明的獨特經驗（European exceptionalism）；當時甚至連文學作品也普遍地將歐洲描繪爲極富男性象徵的英雄，而其他族群則爲冒昧的蠻族（savage peoples）。[2] 最爲顯著的例子，可說是吉卜林（Joseph Rudyard Kipling, 1865-1936）在1899年之前出版了著名詩作《白人的負擔》（*The White Man's Burden*），述說著西歐與北美文明之於世界有傳播文明的責任。[3]

19世紀的歐洲如何（起碼歐洲人眼中）成爲世界的中心？這問題在19世紀已爲不同學者努力解釋。弗里德里希‧黑格爾（Georg

2　Daniel Iwerks, "Ideology and Eurocentrism in Tarzan of the Apes," in Richard Utz ed., *Investigating the Unliterary: Six Readings of Edgar Rice Burroughs' Tarzan of the Apes* (Regensburg: Martzinek, 1995), pp. 69-90.

3　Joseph Rudyard Kipling, "The White Man's Burden," *McClure's Magazine* 12 (Feb. 1899).

Wilhelm Friedrich Hegel, 1770-1831）早於1837年出版的《歷史哲學
講演錄》（*Vorlesungen über die Philosophie der Weltgeschichte*）就提出
人類歷史自東方的亞洲起始，並漸次轉移至希臘、意大利，最終北擴
至阿爾卑斯山以北的法國、德意志地區，最終抵達英國。黑格爾認為
亞洲（主要是中國與印度）的社會發展一直停濟，主因在於其社群成
員欠缺觀念和意志動力產生對群體進程的主觀期望，而使客觀存在的
「傳統」不斷將社會的「進步」打回原形；而歐洲文明的獨特性，卻
正正在於擁有不受制於自然、外在條件制約，而具獨立性、能動性、
主體性（Subjektivität）的「精神」（Geist），足以推動「傳統」的變
革。[4] 雖然韋伯並不如黑格爾一樣認同單一因素足以推動人類社會的變
遷，但《新教倫理與資本主義精神》與他及後一系列探討宗教與經濟
社會學關係的作品，卻不斷圍繞著「為甚麼工業資本主義單單發生於
17世紀以降的歐洲？」這一核心命題回應。韋伯的問題隱含的，同
樣是認為西歐工業文明的起源為人類歷史的單一現象。

　　然而，在《新教倫理與資本主義精神》出版的81年後（1986
年），資本主義顯然已在東亞流行。日本、南韓、臺灣、香港、新加
坡等地在第二次世界大戰以後創造出經濟奇蹟。新制度經濟學派的領
軍人物佛利民（Milton Friedman, 1912-2006）更說出「要看真的資本
主義就去香港罷」（If you want to see capitalism in action, go to Hong
Kong）的判斷。[5] 認為資本主義（無論任何原因）祇能在歐洲流行的

4　Karin de Boer, "Hegel's Lectures on the History of Modern Philosophy," in
　　Dean Moyar ed., *The Oxford Handbook of Hegel* (Oxford: Oxford University
　　Press, 2017), pp.623-644.

5　Milton Friedman, Rose D. Friedman, *Free to Choose: A Personal Statement*
　　(San Diego: Harcourt Brace Jovanovich 1990), p.34.

觀點受到重大挑戰。韋伯認定西歐和北美的清教徒（Puritan）拒絕此世，但在恐懼自身不蒙上帝恩選的焦慮下，以理性追求對商業的成功以證明自身獲得超越性的恩寵。由於理性被視為追求此世成功而非享樂的工具，財富及資本在增加收入、降低消費的情況下得以累積，得以與工業資本主義的精神呼應（余英時譯為「入世苦行」（inner-worldly asceticism））；[6] 而在中國宗教的倫理下，韋伯卻認為華人的理性為追求此世享受／福報的工具，並致力以理性維繫社會穩定（order），因而不如新教倫理與資本主義精神契合。[7] 至 1980 年代初，日本與「四小龍」的經濟成就已是無庸置疑，關心宗教、思想、經濟與社會議題的學者自然地重探韋伯在 80 年前的觀點。

　　余英時（1930-2021）在 1986 年於香港出版《中國近世宗教倫理與商人精神》，是這一學術發展潮流在東亞研究中重要的一環。《中國近世宗教倫理與商人精神》一書認可以韋伯提出新教倫理的「入世苦行」特徵作為 17 世紀西歐工業資本主義興起的精神及思想因素，也同意 17 世紀資本主義在西歐發生是獨有現象、近世中國未有自發的工業資本主義等等結論。然而，余英時卻認為中國的宗教倫理其實「大體上恰好符合」「入世苦行」的型態，因此韋伯雖然達到正確的終點，卻是走在錯誤的道路上。[8] 整體來說，余英時認為近世中國宗教倫理的確是有助於資本主義的發生，但卻不如新教所表現的「入世苦行」精神「強烈」、「鮮明」；而同時在近世中國欠缺了制度與政治層

6　余英時，《中國近世宗教倫理與商人精神》（新北：聯經出版公司，2018[1987]），頁 lxvii-lxxi。

7　Christopher Adair-Toteff, "Max Weber on Confucianism versus Protestantism," *Max Weber Studies*, January 2014, Vol.14, No.1, pp. 79-96.

8　余英時，《中國近世宗教倫理與商人精神》，頁 lxvii-lxxi。

面的變革，因此商人地位的提升有其限制，祇能在「傳統」與「（工業）資本主義」的邊緣遊走，而未能突破傳統社會規範。余英時認爲在君主專制下官僚體系的政治結構，對商人累積財富與保障產權構成了重大挑戰。這點可以說成是政治制度對經濟形態的影響，凌駕了同具「入世苦行」特徵的近世中國宗教倫理對工業資本主義興起的有利因素。

　　這裏便牽涉出另一個重要問題，即《新教倫理與資本主義精神》除了解釋19世紀初西歐與北美文明獨霸寰球的現象外，更嘗試與19世紀中葉已漸次獲得學者肯定的歷史唯物主義（Historical materialism）商榷。當卡爾·馬克思（Karl Marx, 1818-1883）認爲宗教不過是「資本生產關係所呈現的意識形態幽魂」（a merely ideological spirit of capitalist relations of production），一切人類社會現象都由資本關係所構成時，韋伯並沒有提出另一套單一原因的歷史觀點，而是從根本反對單一原因足以推動人類社會演變。韋伯甚至提醒他的讀者不應該將新教倫理視之爲工業資本主義出現的充份條件，誤以爲資本主義精神祇能在歐洲宗教改革後出現，或是視資本主義爲宗教改革的產物。《新教倫理與資本主義精神》以最簡單的方式強調了不論「唯物」與「唯心」的歷史推論都與事實有一定距離，也就是描繪了宗教在社會經濟變革中的推動角色。[9] 同樣地，余英時也在《中國

9　Max Weber eds., *The Protestant Ethic and the Spirit of Capitalism* (London: Allen & Unwin, 1976[1904]), pp.177-178, 282-284; Hans Heinrich Gerth and Charles Wright Mills, eds., *From Max Weber* (London:Routledge & Kegan Paul, 1947), pp. 267-268, 280; Georg Lukács, *History and Class Consciousness* (London: Merlin Press, 1971[1923]), pp.103-105, 183-185; Karl Löwith, *Max Weber and Karl Marx* (London: Routledge, 2003[1993]), pp.121-125. 論全眞道的民間性

近世宗教倫理與商人精神》質疑了當時中國史學家以唯物史觀爲基礎，期望證明資本主義在近世中國「萌芽」的觀點。較於解釋資本主義在中國的起源或是未能出現的原因，余英時更重視的是中國宗教（以儒教爲主，同時兼論了曾發生入世轉向的釋、道教派）的倫理觀念是否對近世中國的商業發展產生過推動作用？因此，余英時將作品分爲「中國宗教的入世轉向」、「儒家倫理的新發展」以及「中國商人的精神」三項，其次序反映了《中國近世宗教倫理與商人精神》與其說是中國資本主義起源史，不如說是中國宗教倫理的經濟影響史。

　　然而，宗教現象較一般的哲學、政治思想之日常應用更爲複雜，它類同於在王汎森所說的「降一格」文本，但結構與面向更爲宏大。王氏在17世紀以還的大清帝國留意到「思想要落實到現實，往往就要『降一格』成爲條文、格言之類的東西……相對複雜深奧的思想一階一階地降。後來可能成爲幾個概念或幾個口號，或是不停地通俗化或改寫（包括具象化與譬喻化）」。所以當我們研究屬於大眾的政治文化時，很難維繞著戴震（1724-1777）、焦循（1763-1820）、凌廷堪（1757-1809）等抽象、精煉的政治思想文本，而是需要留意那些「在地型」、「在本地社會發生重要影響」的「雜書」。王汎森引用了 E. P. Thompson（1924-1993）的觀點，提醒研究者無需視20世紀中晚期的英國工人文化爲「原初」英格蘭文化的墜落，而是可以簡單視「降一格」的文化爲一種新的變態。[10] 與很多20世紀初的學者想像不同，在現代宗教研究的進路，神學（theology）與教義（doctrine）並不是宗教現像的中心，宗教學者不會將宗教精英的宗教經驗和想像視爲較一

---

10 王汎森，《思想是生活的一種方式：中國近代史的再思考》（臺北：聯經出版公司，2017），頁26-33。

般信仰者爲高等，因爲宗教研究不應是「純粹的規範性學科」。作爲
「歷史性的科學研究」，宗教學應該從歷史的宗教現象出發。[11] 由此角
度觀看，宗教精英複雜而合乎邏輯的思想體系，與一般信仰者直觀的
宗教經驗與表達，在歷史上發揮影響的形式當無差異，亦應該在研究
者的分析框架中被視爲「同質的」（homogeneous）。事實上，韋伯的
《新教倫理與資本主義精神》亦有留意到加爾文教派（Calvinism）與
約翰・加爾文（Jean Calvin, 1509-1564）的神學論述亦有一定落差：
以此世的事業成就作爲彼世的神恩彰顯，其實並不是約翰・加爾文
的神學觀點。然而，這卻是新教倫理與資本主義扣連的重要紐帶。我
們不能將加爾文教派簡地地視爲約翰・加爾文神學思想的「降一
格」，因爲不同宗教信仰者對宗教的詮釋往往會帶來異樣的歷史效
應。宗教信仰的演變不同於複雜的思想化約爲條文與格言，而可以以
藝術、儀式、倫理、法律、社會制度等等的樣式存在。如果我們祇留
心中國宗教的「倫理」如何影響經濟活動形式的演變，不少重要的現
象都會被這個較爲狹隘的框架忽略。就此點而言，現代宗教學在近數
十年的發展，相信能有所供獻於余英時所關心的「韋伯式問題」。

　　余英時在《中國近世宗教倫理與商人精神》初版後的三十五年逝
世。在這三十五年間，從韋伯到余英時所關心的兩個主要問題仍然爲
學界所留心：17世紀後歐洲興起的問題以不同形式不斷出現；宗教
或更廣義的心靈活動對經濟形式的影響，則擴展爲廣爲宗教與經濟學
者參與的重要議題。有關中國近世宗教與經濟活動形式關係的探討，
也因爲資料與文獻推陳出新而有長足發展。如果說韋伯就宗教與社會

---

11 黎志添，《宗教研究與詮釋學：宗教學建立的思考》（香港：香港中文大
　　學，2003），頁9-10。

關係留下的「韋伯式問題」影響了超越一整個世紀的學者，筆者認爲
《中國近世宗教倫理與商人精神》所提出的問題：「中國宗教對商業
發展是否曾發生過推動作用？」同樣成爲幾代學者深思的議題。本文
將先與讀者回顧在過去三十五年關心近世中國史的學者對「西方爲何
興起？」與「宗教如何影響經濟？」兩個問題的各種猜想和回應，檢
視自《中國近世宗教倫理與商人精神》出版以來學界在相關方面的成
果與趨勢，以思考「韋伯式問題」與余英時的貢獻在今天的定位和價
值。在肯定「韋伯式問題」與余英時的研究進路及成果在「大分流」
等全球史的潮流中仍有其價值後，我們將從宗教學的角度出發，利用
現代宗教學的一位重要推手尼尼安‧斯馬特（Ninian Smart, 1927-
2001）於1989年就提出的「宗教的七個面向」（Seven Dimensions of
Religion）與他在1983年提出的「世界觀分析」（Worldview
Analysis），嘗試與讀者演繹宗教學的研究進路如何有助於我們釐清
余英時的「韋伯式問題」。我們的討論將引伸到《中國近世宗教倫理
與商人精神》最核心關注的儒教與商人精神以外，近世中國的宗教的
不同面向如何推動經濟形態變遷；並在其後以「新道教」的案例說明
中國宗教複雜的世界觀是由不同信仰者共同譜成的概念，當中有其共
性但亦有內部張力，故不能也不應被化約爲一套完整的倫理與價值
觀，而應以更細緻的方式處理主張不同世界觀的各個群體在社會的組
成方式、活動範圍、影響力等等。

　　「大分流」之後，仍需要「韋伯式問題」本文以《中國近世宗教
倫理與商人精神》爲中心，與讀者回顧韋伯與余英時所關心的兩個互
爲表裏的問題，即：一、近世以西歐文明獨步全球，而亞洲（尤其中
國）未能在同時生成工業資本主義的歷史現象如何形成？二、宗教
（尤其思想層面）與經濟發展的關係？在近年，前者在全球史的熱潮

下成爲顯學。2000年彭慕然（蘭）（Kenneth Pomeranz）出版 *The Great Divergence: China, Europe, and the Making of the Modern World Economy*（後譯作《大分流：中國、歐洲與現代世界經濟的形成》）後，更幾近主導了首個問題的探討方向。韋伯的首個問題，也就因此成爲了「在14世紀生活水準居於世界領先地位的中國，是如何被以英國爲首的西方世界，在過去兩個世紀藉工業革命之力，高速成長反超車的？」[12]

《大分流》的其中一個重要貢獻，在於首三章中以大量的統計數據說明18世紀中前期中國的出生率、科技、交通、消費品等方面與同時期的英國相差無幾，故「西」高於「東」的「大分流」時間點其實出現在18世紀中期左右，相距韋伯所重視的16世紀宗教改革近200年之多。18世紀中期的「大分流」起源於何處呢？彭慕然理論的中心在於指歐洲於17世紀末獲得大量的礦物和土地，而促使西歐的經濟狀況突飛猛進；同樣重視物質資源的 Dennis Flynn（1923-2003）、Arturo Giráldez 與 Richard von Glahn，則在《大分流》出版後不久意識到美洲出產的白銀推動了以西歐爲中心的世界經濟一體化出現的主要因素。「大分流」討論在21世紀以來重視寰球物品交換所造成的「西升東降」，可說是這二十年最廣受關注的學說，從獲得資源、貿易到區域經濟的整合呼應了冷戰以後經濟全球一體化的大潮流。[13]

---

12 林明仁、鄭紹鈺，〈爲甚麼中國沒有資本主義？大分流之後的反思〉，收入彭慕蘭著、黃中憲譯，《大分流：現代世界經濟的形成，中國與歐洲爲何走上不同道路？》（新北：衛城出版，2019），頁432-451。

13 Kenneth Pomeranz, *The Great Divergence China, Europe, and the Making of the Modern World Economy* (Princeton, N.J.: Princeton University Press, 2000);

　　從馬克思與韋伯到百年以後的「大分流」觀點其實經歷了多個階段的發展。Tirthankar Roy與Giorgio Riello認為19世紀馬克思與韋伯等先行者在19世紀末至20世紀初因為西歐工業革命的經濟奇蹟而急切地需要整全的理論作出解釋；但歷史學界在當時卻延續著自法國大革命以來的國別史（national history）研究傳統，解釋經濟運作的歷史著作也因此以國別為主。馬克思與韋伯以「世界」為對象的研究方法也因此在20世紀的經濟史學者當中為小眾的進路。當然，除國別史與韋伯等學者嘗試回應經濟與社會關係外，歷史研究者也在20世紀中前期嘗試了其他路徑，例如在1949年Fernand Braudel（1902-1985）就以海洋為中心探討西歐特殊的經濟現象。[14] 然而至1980年代，環境史、新馬克思史學、帝國史等研究範疇與進路都令經濟史學者跨越了國別的框架，嘗試以其他分析方法處理近世西歐工業資本主義超越其他區域的問題，遂再重新開展了以全球經濟為研究對象的潮流。[15] 同一時代，新制度經濟學派的出現與普及，令學界愈益重視合約法律（contractual law）與產權制度（property right）對經濟行為的影響。道格拉斯・諾斯（Douglass Cecil North, 1920-2015）以「路徑依賴」（Path dependence）的概念說明（經濟）行為的變遷。諾斯認

　　Dennis Flynn, Arturo Giráldez, and Richard von Glahn eds., *Global Connections and Monetary History, 1470–1800* (Aldershot, Hampshire, and Burlington, VT: Ashgate Publishing Company, 2003); Tirthankar Roy, Giorgio Riello eds., *Global Economic History* (London: Bloomsbury Academic, 2019), p.6.

14　See Fernand Braudel, *The Mediterranean and the Mediterranean World in the Age of Philip II* (Berkeley: University of California Press, 1996[1949]).

15　Tirthankar Roy, Giorgio Riello eds., *Global Economic History*, pp.1-7; Stefan Berger and Chris Lorenz, "Introduction," in *Nationalizing the Past: Historians as Nation Builders in Modern Europe* (Berlin: Springer, 2016), pp.1-25.

爲在固定條件下，個體的決策選擇往往受制於本人或他人過去的決策，形成了制度變動後不可預期的種種現象，因此，當17、18世紀西歐的法律對私有產權有所保障時，生產力也因而得以解放與累積，在數百年間形成了西歐與北美的經濟優勢。[16] 無獨有偶，同屬新制度經濟學派的佛利民，也同樣以產權保障與法治作爲香港在20世紀中期以後極度富饒的原因。[17]《大分流》的討論正建立在以上各個20世紀重要的經濟史學思潮之上。

　　與馬克思的理論不同，上述不同學派都沒有斷定西歐工業資本主義單由一個因素促成。以《大分流》爲例，彭慕然雖然強調資本主義在英國出現主要是由於佔有「新大陸」（主要是回應了上述的道格拉斯・諾斯）的資源與市場，但在這基礎上，他也認同合約法律與產權制度對經濟發展的重要影響。[18] 但是，彭慕然反對了諾斯等學者簡單地假定中國與印度並沒有發展出西歐的社會經濟制度，《大分流》從對歐洲與亞洲土地制度、勞動力投放（labour input）與商業化娛樂生活（commercialized leisure）的比較，發現到近世中國的私人土地流動較諸同時代歐洲更爲普遍；另一方面，中國的勞動人口也並非如前人所認爲的被各種傳統束縛，而是在累積私有財產的同時，發展出各

---

16 Douglas C. North, *Institutions, Institutional Change and Economic Performance* (Cambridge: Cambridge University Press, 1996[1990]), pp.83-91; Douglas C. North, *Understanding the Process of Economic Change* (Princeton and Oxford: Princeton University Press, 2005), pp.127-145.

17 Milton Friedman, Rose D. Friedman, *Free to Choose: A Personal Statement*, p.34.

18 Kenneth Pomeranz, *The Great Divergence China, Europe, and the making of the modern world economy*, pp.14-15.

樣以娛樂爲目的的商品。[19] 因此，私有產權顯然早已於中國有一定實然的影響。

　　林明仁、鄭紹鈺根據彭慕然在《大分流》出版後的不同討論，進一步歸納他反對新制度經濟學視法律對私有產權與政府不干預政策爲西歐 17、18 世紀經濟、政治實力超越世界各地的原因。彭慕然認爲歐洲與東亞的政府對跨國貿易的態度，相較於經濟制度與法制可能帶來更重要的差異。當歐洲政府透過特許、武裝衝突等手段協助私人企業開拓了國際貿易時，大明國與大清國卻盡力剿滅林道乾（？─？）、鄭芝龍（1604-1661）、張保仔（1786-1822）等海上勢力。歐洲各國之間的內部軍事競爭導致了各國政府盡力應用民間勢力，不同於近世中國政府將貿易視爲維繫帝國國際與國內秩序的憑藉，故產生了海外市場與歐洲社會經濟特有的關係。林氏與鄭氏因此相信，彭慕然最終「反對把大分流的差異歸因於『中國的市場先天不良於行」的解釋，進而去尋找真正可造成差異的解釋（non-trivial explanation）』。」[20]

　　從馬克思的唯物史觀認爲資本關係足以決定人類社會演變進程，到韋伯提出宗教因素於經濟形式的變革有推動作用後，韋伯探討宗教或文化因素對社會經濟的影響作爲一個研究範式雖然沒有在上述經濟史的學者當中帶來重要影響，但卻廣爲社會學與歷史學者所關注。余英時在 1950 年代於哈佛大學時業已留心韋伯的論述，但一直至 80 年代才在日本與中國商人研究的潮流當中才正式開始探討該議題。余英時的韋伯式問題，主要圍繞「中國商人在歷史上起過甚麼作用」與

---

19 Kenneth Pomeranz, *The Great Divergence*, pp. 91-98.
20 林明仁、鄭紹鈺，〈爲甚麼中國沒有資本主義？大分流之後的反思〉，頁438。

「中國宗教（主要是儒教）倫理在中國經濟史起過甚麼作用」。[21] 與歐美的經濟史學者不同，在80年代亞洲，不論學者或政策制定者都對「韋伯問題」中宗教倫理在社會經濟事務所能產生的作用深感興趣。余英時在1982年就受新加坡政府邀請協助推行「儒教倫理」，新加坡政府期望相關計劃能促使社會維持穩定並得以發展經濟。姑勿論成敗，宗教與文化在社會經濟事務的角色確實在當時的亞洲廣受各界關注。[22]

事實上，雖然20世紀的經濟史學者鮮再將宗教與文化因素在社會經濟事務的影響置於討論的核心，但他們也沒有完全忽略相關因素。同為新制度經濟學派的張五常（N. S. Cheung）就在1985年時論及親屬與家人互相幫助（投資教育、投資創業）的文化傳統對中華人民共和國的經濟改革起關鍵作為，並指出文化大革命及一孩政策對文化及社會結構的傷害，也會漫延到經濟層面。[23] 余英時對於宗教與文化之於社會經濟的影響一直有所重視，早於1976年就發表〈工業文明之精神基礎〉，盛讚 John Ulric Nef, Jr.（1899-1988）的 *Cultural Foundations of Industrial Civilization*，該文指出「從歷史之全景來看18 世紀的人道思想，我們所得到的重要印象是，人心與思想的改變對18 世紀歐洲人的人生與政治行為的影響力，比新技術與科學對工業生活的影響更為重大。歐洲人在煤與鐵結合之前，在蒸汽力與工業結合之前，已先獲得一種新的良知。」余英時認同Nef所提出17世紀

---

21 余英時口述、李懷宇整理，《余英時談話錄》（臺北：允晨文化實業股份有限公司，2022），頁83-84。

22 《余英時談話錄》，頁196-200。

23 張五常，〈沒有兄弟姊妹的社會〉（1985年2月14日），載氏著：《中國的前途》（臺北：遠流出版公司，1989），頁99-105。

歐洲史進程的「精彩處」並不在於機械與科技的發明，而在於宗教信仰及藝術工藝領域當中，故在17世紀中葉的歐洲「經濟主流」並不是北歐或英國所發展的工業經濟，而是歐洲大陸的「質的經濟」。[24]

　　以上關於思想因素對社會經濟發展影響的思考在近年「大分流」的討論中已漸次邊緣化，但張五常和John Ulric Nef的作品都反映了思想因素在經濟社會發展的思考並非缺乏意義。在《中國近世宗教倫理與商人精神》出版以後，雖然有一些學者批評余英時對韋伯理論與中國宗教有各種誤讀，但卻交口稱頌余氏在史料開拓與應用的貢獻。[25] 而在超越史料的層面，宗教作為前現代最重要的思想與集體形式之一，其於經濟與社會的影響亦不是單單局限於「倫理」層面。較少為論者留意到的是，余英時在《中國近世宗教倫理與商人精神》最早的單行本中，就將楊聯陞（1914-1990）與劉廣京（1921-2006）的序文載入書中，並說明兩篇序文並非「尋常的序跋文字」，而是全書補充；而劉廣京的序文，正是突破了韋伯《新教倫理與資本主義》及余英時一書正文所關注的倫理問題，轉向宗教與社會制度面向入手，陳述商業活動與這些制度的問係。[26] 劉廣京的討論，令人聯想起19世

---

24 余英時，〈工業文明之精神基礎〉，載氏著，《歷史與思想》（臺北：聯經出版公司，1976），頁339-380。

25 杭之，〈評余英時《中國近世宗教倫理與商人精神》〉，《臺灣社會研究季刊》，卷1，期2-3（1988），頁389-415；Philip Clart, "The Protestant Ethic Analogy in the Study of Chinese History: On Yü Ying-shih's Zhongguo jinshi zongjiao lunli yu shan- gren jingshenu," *B. C. Asian Review*, Vol.6, 1992, pp.6-31；焦長權，〈比較還是比附：《中國近世宗教倫理與商人精神》——兼與余英時先生商榷〉，《社會科學論壇》，期15，2008，頁122-130；林錚，〈社會階層與社會流動：當余英時《中國近世宗教倫理與商人精神》遇上韋伯式觀點〉，《思與言》，卷53，期1（2015年3月），頁209-246。

26 余英時，《中國近世宗教倫理與商人精神》，頁xxv-liii, lxxvii。

紀的法國政治思想家托克維爾（Alexis-Henri-Charles Clérel, comte de Tocqueville, 1805-1859）在其名著《民主在美國》（*De la démocratie en Amérique*）對宗教與政治關係的描繪：

> 宗教在美國於法律及公眾意願之細節並無重大影響，但宗教卻主導了其信仰團體之風俗與價值，亦由是而使國家的政策改變。（"...in the United States religion exercises but little influence upon the law and upon the details of public opinion; but it directs the customs of the community, and, by regulating domestic life, it regulates the state..."）[27]

托克維爾將19世紀初的美國與歐洲對比，稱美國的基督新教爲與羅馬教會相對的「民主與共和基督教」（Democratic and Republic Christianity），指出在歐洲飽受政治與宗教機構合一之害的美國人，捨棄了宗教對世俗事務的直接監控權力，但卻仍因某一宗教爲國民的主要信仰，難以避免宗教信仰繼續塑造國民性格，使國策因之改變。同理，無論是今天學者關心的「大分流」或是韋伯所留意的「工業資本主義」奇蹟發生在16至18世紀任何時段，宗教在寰球各國的影響力正如日中天，不同帝國的治理也不同於今天的現代政府，毫不忌諱而又理所當然地將宗教與政治緊密結合。[28] 我們難以想像宗教與文化

---

27 參 Alexis de Tocqueville, Arthur Goldhammer trans., *Democracy In America* (New York: Library of America: Distributed to the trade in the U.S. by Penguin Putnam, 2004), Chapter XVII: Principal causes which tend to maintain the democratic republican in the United States。

28 傳統論述認爲西歐工業革命、資本主義與民族國家興起後，宗教漸次從政治領域中被剔除。這種論述假定了宗教在西方的現代化進程同時推動了公共生活的世俗化，而宗教也落入私人生活的一環。但回顧19世紀前後的歐洲和亞洲，宗教與政治仍然在世界各地緊密連繫。Peter van der Veer 與

因素在「大分流」的過程中沒有產生作用，韋伯的早逝令宏大的世界宗教與社會寫作計劃中斷，而20世紀初有限的歷史資料也局限了研究者的推論能力，故「韋伯式問題」顯然未曾有完備答案。余英時在80年代在近世中國的案例中修正了韋伯的觀點，在認同韋伯理論的大體下，補充了韋伯所忽略的歷史資料。然而，隨著近世中國宗教、商業與經濟史在過去三十五年的推進，新的觀點與史料亦有足以補足《中國近世宗教倫理與商人精神》在「宗教／文化因素之於社會經濟影響」課題所未探討的面向。如果說宗教是「韋伯式問題」的其中一個核心環節，我們接下來的討論，便應以宗教學的研究進路思考近世中國案例中的「韋伯式問題」尚有何發展的可能性。

多面向的宗教世界

「宗教／文化因素之於社會經濟影響」課題在《中國近世宗教倫理與商人精神》的探討主要圍繞著，宗教對信仰者個人倫理觀念的影響，再思考個體對所處群體以至社會所產生的影響。因此余英時將作品的中篇用於闡明「儒家倫理的新發展」，並以張載（1020-1077）、朱熹（1130-1200）、陸九淵（1139-1193）與王陽明（1472-1529）如何一步一步接納商業行為作結。[29] 在《中國近世宗教倫理與商人精神》

Hartmut Lehmann 等學者在1999年曾出版論文集，分析印度、日本、英國與荷蘭，發現民族國家的出現並非建基於宗教為民族主義取代，而是兩者的結合。Peter van der Veer; Hartmut Lehmann eds., *Nation and religion: perspectives on Europe and Asia* (Princeton, N.J.: Princeton University Press, 1999)；近年亦有其他學者類同地視宗教在民族主義的發展歷史具有重要角色，參 J. Christopher Soper; Joel S. Fetzer, *Religion and Nationalism in Global Perspective* (Cambridge: Cambridge University Press 2018)。

29 余英時，《中國近世宗教倫理與商人精神》，頁74-94。

的下篇，余英時則轉向社會倫理對商人的評價，也提出了儒者與商人
地位的漸次接近；而在1997年正式修訂完畢的〈士商互動與儒學轉
向──明清社會史與思想史之一面相〉，則從人口與科舉名額比例與
社會價值觀念演變，述說商人在17世紀以來社會經濟地位一直上
升，雖然無法如西歐中世紀末期般成為與政權分庭抗禮的實體，卻在
面對晚明政府的苛政時，與儒者合流對抗宦官；另一方面，余英時也
介紹了儒學的「宗教轉向」，即以主張「百姓日用即道」王艮（1483-
1541）與得到「上天垂象」而在群眾中講學傳道的顏元（1635-1704）
為例，說明「儒學」於17世紀末成為面向社會大眾的「宗教」。[30] 無

---

[30] 余英時，《中國近世宗教倫理與商人精神》，頁175-248；余英時這裏對
「宗教轉向」的定義與現代宗教學對宗教的理解頗具分歧。〈士商互動與儒
學轉向──明清社會史與思想史之一面相〉一文的宗教性，體現於推廣宗
教者的宗教經驗與大眾化的思想傳播形式，當中又以為者為中心。然而，
我們很難認同作為作為一種「世界觀」（worldview）的儒教本身並沒有具
「超越的成分」（transcendence）；故指泰州學派為儒學帶來「宗教轉向」，
其實更可能應被稱為「儒教的大眾轉向」。就宗教的定義問題，我們可以
參考宗教學者Hendrik M. Vroom對「宗教」的定義。Hendrik M. Vroom並
不是儒教研究的專家，但他在書寫有關宗教對話的教科書時卻同樣需要面
難以對「宗教」給予嚴格定義的困難，因此提出學者不妨在研究時轉向一
個更龐大的觀念：「世界觀」。Hendrik M. Vroom認為，世界觀可說是同類
型觀念中最廣的概念。任何有關生命的觀點都可以被理解為世界觀，他簡
單地將世界觀分為「世俗的」（secular）和「宗教的」（religious）。前者
不承認任何「一般」人類經驗以外的事物和法則，後者則為「一般」經驗
難以接觸的存在（being）留下一席之地，此一存在可以是神，可以是任
何具神聖意味的事物和法則。根據這種理解，活躍於帝制中國各級祭祀與
教化的儒教顯然不可能被視為祇有此世（only this world）的「世界觀」。
參 Hendrik M. Vroom, Morris and Alice Greidanus trans., *A Spectrum of
Worldviews: An Introduction to Philosophy of Religion in a Pluralistic World*
(Amsterdam: Rodopi, 2006), p.2；事實上，余英時在晚年的作品也留意到儒
教自創設以來就具有強烈的宗教面向，參余英時：《論天人之際：中國古

可置疑，《中國近世宗教倫理與商人精神》所關心的「宗教」，主要局限於教義、哲學、倫理與法律的面向如何改造信仰者，進而推動經濟社會的演變。惟宗教具有多種不同面向，並不局限於信仰者的思想層面。尼尼安・斯馬特（Ninian Smart，1927–2001）於1989年提出的「宗教的七個面向」（Seven Dimensions of Religion），意在界研究者更全面地理解宗教現象，當中包括：實踐與儀式的面向（Ritual；如禮拜、佈道、祈禱、冥想、告解、獻祭等）、經驗與情感的面向（Experiential and Emotional；如直表接觸神明、開悟（enlightenment）、出神（ecstasy）等）、敘事或神話的面向（Narrative and Mythic；如神明與信仰者交流的故事、聖傳（hagiography）等）、教義與哲學的面向（Doctrinal and Philosophical；如神明或先知直接傳達的經文（scripture）、經提煉的指導性思想等）、倫理與法律的面向（Ethical and Legal；如佛教的五戒、猶太教的「妥拉」（Torah）、伊斯蘭教的「沙里亞」（Sharia）等）、社會與制度的面向（Social and Institutional；如基督新教的團契（fellowship）、佛教的僧團（Sangha）、中國宗教的香會等）與物質的面向（Material；如象徵符號、器物、地點、建築、紋飾等）。[31]

　　如果就「韋伯式問題」有意說明宗教與社會經濟的關係，則《中國近世宗教倫理與商人精神》所涵蓋的教義、哲學、倫理與法律的面

代思想起源試探》（臺北：聯經出版公司，2014）；有關漢末至晚期帝制中國的儒教如何被政權、知識階層、平民視為宗教，可參考臺灣中央研究院學者黃進興，〈作為宗教的儒教：一個比較宗教的初步探討〉，《亞洲研究》第23期（1997年），頁184-223。本文最後一節將會就宗教與「世界觀」的關係再作深入討論。

31 Ninian Smart, *The World's Religions: Old Traditions and Modern Transformations* (Cambridge: Cambridge University Press, 1989), p.21.

向可能並未能充份演繹中國宗教在17世紀以後對中國經濟模式帶來
的影響。在「商人精神」與日益面向大眾的「儒教倫理」以外，近世
中國宗教的社會與制度的面向就很清楚地反映了宗教對經濟發展的影
響。如以研究華南史聞名的科大衛（David Faure）就在《皇帝與祖
宗：華南的國家與宗族》（*Emperor and Ancestor: State and Lineage in
South China*）引用了弗里德曼（Maurice Freedman, 1920-1975）將宗
族定義爲類近於歐洲的控股公司（shared company），指南中國的宗
族會以其族譜和祠堂爲中心，劃定社群的身份標準與權力，並用以應
付政府的賦稅制度、地方行政工作、科舉制度與禮儀信仰。更重要的
是，他們會以公有財產進行商業貿易，既成爲建立社會秩序的基礎，
也得以擴充集體的財富」。《皇帝與祖宗：華南的國家與宗族》重塑
了宗族成爲「公司」的歷史背景，釐清了以儒教爲中心的中國宗教如
何在制度層面催生了近世中國最重要的經濟實體（cconomic entity）
的歷史。[32]

　　以「皇帝」與「祖宗」爲中心的世界觀，讓華南的居民在接納大
明國初年的里甲登記後，漸次主動迎合帝國以獲得政府承認的正統性
的身份。成爲「宗族」的群體因此獲得各種控產的機會，進而形成機
制。科大衛以陳白沙（1428-1500）爲例，說明15世紀廣東的「知識
份子宗族」在宗族建設的過程中強調了「忠於皇帝」與「孝順祖先」
的宗教。而在16世紀中葉大明國最重要的宗教事件「大禮議」當
中，嘉靖帝（1507-1567）教義改革的動作更令宗族成爲地方經濟活
動核心的潮流無以逆轉。當時，支持嘉靖帝改革立場的粵籍官員呼應

---

[32] 科大衛，《皇帝與祖宗：華南的國家與宗族》（香港：商務印書館（香港）
　　有限公司，2017），頁12-15。

君主強調「祭祀父母」的潮流，紛紛在家鄉修建祠堂，使之成為了凝聚力極強的「宗族」。而在1580年代以後的賦役制度與行政改革中，宗族成了帝國推行間接管治的重要機構，更為了代理賦稅徵收的原因，以更系紀的文字（如族譜、家訓類規章）來記錄族人與佃戶的財產。隨後，《皇帝與祖宗：華南的國家與宗族》進一步說明不同宗族在社會經濟地位穩定後，以儒教禮儀及不同中國宗教的節慶、廟宇、書院整合社區，進而推進宗族的「士紳化」。當中最便捷的成功方式，就是在科舉考試中獲得功名，帶動整個宗族成為主要的地方勢力。科大衛所舉佛山霍氏的例子，便是形成宗族後因成員獲功名而成為地方富得當中典型。[33] 以中國宗教世界觀維繫的地方群體集中資源，利用儒教價值的考試作為擴充及維護產權的社會資本，從而在市場中獲取更多的資源，足以證明宗教在社會與制度面向影響經濟行為的現象在近世中國確實存在。

　　科大衛的學生宋怡明（Michael A. Szonyi）則在近著《被統治的藝術：中華帝國晚期的日常政治》（*The Art of Being Governed: Everyday Politics in Late Imperial China*；下稱《被統治的藝術》）討論大明國與不同的被統治個體互動時的角色與能動性（agency）時，亦發現到宗教的社會組成形式往往會為被統治者應用於在帝國管制的局限下謀求最大的利益。在實踐／儀式、社會／制度與物質的面向，中國宗教對近世中國的社會經濟狀況有重大的影響。宋怡明論及14世紀的大明政府一夜間將國民「入海」的權利全數以國防名義剝奪，無數沿岸人口頓時失去謀生的渠道。為了防衛3.2萬公里長的海岸線旁，也同時為了監察本國國民，不少沿岸居民被攤派為「軍戶」，令

---

33 科大衛，《皇帝與祖宗：華南的國家與宗族》，頁113，127-272。

家族中的任何一人都會有機會被「抽丁」或「籍選」參與衛所。如衛
所成員逝世或逃走，則由家族的其他成員補上，「軍戶」世代都需負
上這一責任。[34]《被統治的藝術》以14世紀以來的「軍戶」制度促使
小型家庭漸次演化爲壯大的「宗族」。其中一個重要方式，就是以不
同的「合約協議」（contractual arrangement）優化（optimize）自身的
經濟處境。「軍戶」家庭爲了應對帝國無視社會現實制定的劃一律
令，設計了多種不同「合約」，得以將宗族不同支派的人口數目、經
濟比較優勢（comparative advantage）及服役意願三者納入「誰需要
被帝國『勾軍』？」的問題，盡可能將不可控的風險變得可控。《被
統治的藝術》與過往論述不同的是，宋怡明留意到「軍戶」家庭設計
的「合約」不僅是消極地應付服役的責任，而是利用「軍戶」與「衛
所」制度謀取利益。當然，謀求利益的主體可以是「軍戶」家庭，也
可以是家庭的其中一脈或個別成員。他們的謀利方式可能是以特權階
層的身份參與非法的經濟活動（如海上國際貿易）、或是「軍戶」與
「民戶」的產權、賦稅與司法制度差異作制度套利（regulatory
arbitrage）。

　　宗教在上述的活動發揮了甚麼作用呢？首先，「軍戶」的制度決
定了人口的不斷遷徙，遷徙者與原居地者不斷重複「解域」與「整
合」的過程，除了與當地人通婚以外，興建寺廟或捐贈畫像、雕像、
匾額等物質與宗教的儀式與節慶，有效地整合了遷徙社群或與在地社
群。當宋怡明考察社群供奉的神明、寺廟的興建與宗教物品的捐贈

---

34 中央研究院歷史語言研究所校勘，《明太祖實錄》（臺北：中央研究院歷
　　史語言研究所，1966），卷70，洪武四年十二月七日，頁1300；張廷玉等
　　撰；楊家駱主編，《明史》（臺北：鼎文書局，1980），卷90，志66，頁
　　2196。

者、儀式網絡的建立與維護等問題時，他就得以藉物質、節慶與儀式反映出「軍戶」在整體沿海社會經濟的地位。在銅山的案例中，「軍戶」在原籍地的信仰九鯉湖仙公、在地的信仰「三山國王」與官方祀典內的關帝信仰與城隍神信仰的寺廟，往往都是在經濟繁榮鼎盛的時代建成，反映了城市的商業精英的動力與活躍程度。

　　不少學者留意到，《被統治的藝術》延續了宋怡明在2008年 *Cold War Island: Quemoy on the Front Line*（下稱《前線島嶼》）有關冷戰時期的金門人在經濟、社會、宗教與身份認同等面向如何受到中華人民共和國的軍事挑戰、中華民國駐軍軍事化、現代性、地緣政治化（geo-politicization）、全球化等具不同層面因素影響的討論。從軍事屯駐制度思考不同在地持份者（stakeholder）的角色，《被統治的藝術》一直被被理解爲《前線島嶼》的擴大研究，但宋怡明有關統治者與被統治者互動的研究，其實更與他早年關於近世中國宗教的「標準化」standardization）討論更爲接近。「標準化」的討論由華琛（James L. Watson）在1980年代末期以來開展。[35] 華琛認爲14世紀以來的兩個

35　參 James L. Watson, "Standardizing the Gods: The Promotion of T'ien Hou（"Empress of Heaven"）along the South China Coast, 960-1960," in Johnson, D., Nathan A. J., Rawski E. S., eds., *Popular Culture in Late Imperial China* (Berkeley: University of California Press, 1985), pp.292-324; "Introduction: The Structure of Chinese Funerary Rites," in James L. Watson and Evelyn S. Rawski eds., *Death Ritual in Late Imperial and Modern China* (Berkeley: University of California Press, 1988), pp.3-19; "Rites or Beliefs? The Construction of a Unified Culture in Late Imperial China," in Lowell Dittmer and Samuel S. Kim eds., *China's Quest for National Identity* (Ithaca, New York: Cornell University Press, 1993), pp.80-113. 當時的一系列討論可以參考在2007年出版的《近代中國》（*Modern China*）和2008年出版的《歷史人類學學刊》（*Journal of History and Anthropology*），見 *Modern China*, Vo. 33, no.1, January, 2007 及《歷史人類學學刊》，第6卷，第1及2期合刊，2008

帝國政府在政治一統的前題下致力於建構文化和「正統」
（orthodoxy）的「大一統」，但一些學者卻認爲「正統」建構和國家
「標準化」並不能有效地取代地方的傳統。由於地方傳統的精英會在
與國家的互動過程中，以不同的策略（如「僞正統行爲」（pseudo-
orthoprax））維繫自身原有的的「正統」，因此所謂「標準化」後的
「文化大一統」，事實上並未有如華琛等學者所認爲的成功推行。宋
怡明針對福州五帝信仰的討論，就是對上述議題的回應。這裏的「五
帝」指「五瘟神」，一般以五尊獸頭神像呈現。雖然被國家列爲「淫
祀」，但所受的政治壓力卻在不同案例中有所不同。從信仰者的角
度，「五帝」是載有地方歷史與認同的信仰，在地的知識人（甚至較
爲寬容的地方官員）會有意識地將之「改造」爲符合國家規範的「正
祀」。因此，宋怡明等學者認爲在14世紀以後存活下來的近世中國宗
教雖然有一定的共性，但其實「大一統」卻是不同地方社會營造的幻
象。[36] 無論如何，宋怡明對宗教的研究往往反映了宗教作爲場域
（field）呈現了不同的經濟人（homo economicus）與經濟實體

年10月。

36 見 Donald S. Sutton, ed., Special Issue on 'Standardization, Orthopraxy, and
the Construction of Chinese Culture—A Critical Reappraisal of James L.
Watson's Ideas,' *Modern China: An International Quarterly of History and
Social Science* 33,1 (January 2007); Donald S. Sutton, "Ritual, Cultural
Standardization, and Orthopraxy in China—Reconsidering James L. Watson's
Ideas," in *Modern China* 33,1: (January 2007) 1-19；科大衛更進一步提出
「大一統」的「實相」便是一個由不同地方傳統共同想像而成「表象」（可
以是儒教或中國宗教）。這個「表像」因爲不同地方傳統都相信自己的傳
統（包括信仰和行爲）與「大一統」的「正統」有更密切的關係，因而構
造出「中國」的「文化大一統」。科大衛、劉志偉：〈「標準化」還是「正
統化」？—從民間信仰與禮儀看中國文化的大一統〉，《歷史人類學學
刊》，第6卷，第1、2期合刊（2008年10月），頁1-21。

（economic entity）的活動；在不過分仰賴知識人、地方官員或是帝國中央政府的文字紀錄下，地方志往往顯明了在地的經濟活動建基於宗教的儀式、物質與其所促成的社會組成形式，又使宗教成爲了經濟活動的一部份。

　　上文簡介了近世中國宗教除倫理以外的幾個面向對經濟活動的影響及其影響的方式，宗教之於經濟活動的推動力眞實存在，當無疑義。但我們仍需要嘗試推敲另一「韋伯式問題」，即「爲甚麼工業資本主義單單發生於17世紀以降的歐洲？」在「大分流」討論中，彭慕然認爲歐洲於17世紀的殖民經驗使他們獲得大量的礦物和土地，成爲促成工業資本主義成形的一個核心原因。雖然John Darwin曾以大英帝國的案例提醒我們殖民者（settler）、商人、教會與政府的利益在殖民帝國的擴充過程往往矛盾，故學者不宜簡單地視基督宗教爲殖民擴張的推動力，但認爲兩者相關的學者無疑仍然普遍。[37] 近世中國確然沒有大型的海上殖民經驗，但中國宗教在華人於海外貿易與定居是否有正面作用，仍然是一個合理的問題。同樣地，我們也可以從中國宗教的實踐／儀式、社會／制度面向，試以觀察。

　　龔鵬程認爲東南亞的商幫與會黨是華人經濟與社會活動最常見的

---

[37] See John Darwin, *Unfinished Empire: The Global Expansion of Britain* (New York: Bloomsbury Press, 2013), pp.265-303; Hilary M. Carey, *God's Empire: Religion and Colonialism in the British World, c.1801-1908* (Cambridge: Cambridge University Press, 2011); Elizabeth Elbourne, *Blood Ground: Colonialism, Missions, and the Contest for Christianity in the Caoe Colony and Britain, 1799-1853* (Montreal: McGill-Queen's Press, 2002); Andrew E. Barnes, *Global Christianity and the Black Atlantic: Tuskegee, Colonialism, and the Shaping of African Industrial Education* (Waco: Baylor University Press, 2017).

連結形式。雖然名爲商幫，但龔氏卻認爲它是地域、商貿、宗教、倫理與語言合一的組織，東南亞最爲常見的福建幫、廣府幫、本來是以貿易集團性質組成，但他們卻往往以關帝、天后、王爺、九皇星君等信仰整合群體，原爲宗教場所的宗祠、義山（公塚）等，也成爲了經濟和公共生活的核心空間。而過往被稱爲「秘密社會組織」的「私會黨」與「幫會」，往往與正式、爲官方接納的公司、會館緊密連繫。在檳城的義興公司（大約1799年）、和勝公司（1810年）、海山公司（1823年）、存心公司（1820年）、建德堂（大伯公會，1844年）、和合社（1860年代初）、全義社（1860年代初）與義福公司（約1875年）等成爲了華人的另一凝聚形式。龔鵬程引用陳劍虹的研究，發現在1881年，義興、建德、和勝、存心、義福和海山六大會社成員數目，約占當時檳城華族總人口的69%、男性人口的84.6%。這一類型會社除了與移民華人的地域方言團體疊合，亦同時以大量宗教儀式與規約維繫彼此關係，雖然沒有由明確的宗教精英主持，但我們卻無法忽視儀式群體的宗教性。於是龔鵬程提出「說同一區域方言的同鄉，聚在一起，拜自己的神，一同去家鄉外面打拚賺錢謀生⋯⋯是南洋華人社會的基本型態」。這種說法與李豐楙《從聖教到道教：馬華社會的節俗、信仰與文化》的論述，即指以儒、道、釋三教的世界觀爲基礎，在實踐層面結合的「聖教」（東南亞華人對整體中國宗教的稱呼）成爲了馬來西亞華人社會運作的中心。從節慶、社群互動、商業到私人的社會保障系統，都由「聖教」所推崇的「祖德」出發，再漸次衍生爲「族義」。觀乎以上各點，中國宗教東南亞的華人社群的互動減低了重大的交易費用（transaction cost），它讓素不相識的移民社群得以融資，並在一定程度上提供了基礎的社會保障系統，進一步支

持社群成員商業上的冒險（entrepreneurship）。[38] 在此，我們特別應該留意到的是，這些地域、商貿、宗教、倫理與語言合一的組織的活躍，使龔鵬程得出「南洋華人社會仍是以商人為領導骨幹，而未形成大陸或臺灣這樣的『士紳』階層」的結論。

　　如上所言，余英時整體認為中國宗教的確是資本主義出現的助力，但近世中國的政府官僚體系扼殺了商人的財富累積與再投資的可能性，使其社會經濟地位提升出現了難以突破的天花板。這種政治制度的局限，使商人祇能徘徊於傳統經濟模式與工業資本主義之間。陳劍虹、龔鵬程與李豐楙在東南亞的案例研究，可能正正呼應了余英時的觀點，在抽走了帝制政府、官僚與科舉後，商人無需成為「士紳」或官僚以保障自身的財產，繼續於商業上作擴充。以上的簡單回顧，當然未能完整地疏理東南亞的中國宗教是否真的可以效促進華人商人成為社會翹楚，但中國宗教的「世界觀」（worldview）所催生的儀式與制度在這一段商業歷史的角色，卻值得學者進一步探討。這裏所說的「世界觀」並不同於宗教的「教義」（doctrine），而是信仰者信納某一宗教所構成的看待事物方法。事實上，斯馬特在提出宗教的七種面向之前，就提出了以「世界觀」作為分析框架理解宗教的理論。在以下的部份，我們會嘗試以「新道教」的案例演繹當我們將信仰者內部的「世界觀」釐清後，余英時所關心的「韋伯式問題」，尚有何種解釋與說明之可能。

---

38 龔鵬程，〈東南亞華人社會的文化變遷〉，臺灣與東南亞：文化文學與社會變遷研討會，2004；陳劍虹，〈檳城華人社會組織的歷史演變〉，《資料與研究》，32（1998/3/31），頁23-27。

「世界觀」的釐清：以「新道教」的世界觀為例

　　現代的宗教研究作為一個以宗教為主要研究對象的學科訓練，對
於宗教現象有一些既定的觀點。上引的斯馬特在多年間推廣應將「現
代宗教研究」（the modern study of religions）或「宗教比較學」（The
comparative studies of religions）拓展為「世界觀分析」（worldview
analysis）。在其比較宗教的典範作品 *Worldviews: Crosscultural
Explorations of Human Beliefs*（1983）中，斯馬特就開始應用「世界
觀」一詞描述宗教。究其原因，乃在於英語中並沒有一個字彙能概括
傳統的「宗教」（religion）和現代的「意識形態」（ideology，如民族
主義（nationalism）、馬克斯主義（Marxism））。斯馬特的分析框架
認為「宗教」與「意識形態」的本質都是對自身的「信仰者」的一套
信念或價值體系，驅使其作出或不作出某些行為，並為該些行為賦予
意義。因此，斯馬特認為「世界觀」較於將「宗教」和「意識形態」
對立，更有助學者思考宗教現象。這樣的安排解決了一個長期困擾人
類社會的研究者的難題。首先，斯氏認為要在西歐與北美以外的社會
分辨「宗教」和「世俗的」（secular）思想非常複雜，也因「宗教」
的定義和翻譯困難，衍生大量失焦的討論，如在中國宗教研究中久為
學者爭辯的儒教問題，就是典型例子。在1995年 *Worldviews: Cross
cultural Explorations of Human Beliefs* 的再版中，斯馬特進一步指出不
少在20世紀末的當代問題，被分析者認定是由意識形態或思想所產
生，但這些「世界觀」之於「行為」的影響模式，其實無異於「宗
教」現象。[39] 有關「世界觀」的觀點，在斯馬特在1986年出版的

---

39 Ninian Smart, *Worldviews: Crosscultural Explorations of Human Beliefs*
　　(Englewood Ciffs, New Jersey: Prentice–Hall, Inc., 1995), pp.1-11, 148-166；

Religion and the Western Mind 和 1993 年出版的 *Buddhism and Christianity: Rivals and Allies* 多次重申。[40]

當研究者體認到「宗教」可以被當作成「世界觀」的一種時，我們很容易就會留意到「世界觀」往往由信仰者所吸收的不同資訊與其個人的詮釋所共同建立。因此，同一宗教的信仰者的「世界觀」之間往往有光譜濃淡之分，這可能因爲他們對神明（deity）、超越存在（transcendental being）的理解有所不同，也可能因他們對儀式意義（meaning of ritual）、宗教團體內的秩序或是宗教與宗教之間的關係出現了不同想像而致。宗教學者的工作，就是要紀錄宗教信仰者的世界觀看似細微的差異，進而分析差異的由來和所能對信仰者、信仰群體，以至非信仰群體的影響。我們在上文提出了由余英時開展的近世中國宗教與社會經濟關係討論在未來仍需要發展的方向，但在這個以宗教爲重心的議題，卻未有以宗教學所善長的進路思考。

由於現代宗教研究重視個體信仰者的經驗和世界觀，當我們研究某一特定信仰團體的時候，往往會首先釐清該信仰團體的大小（size）與界線（boundary）。也就是說，我們不能單單以哲學研究的方式將一個思想系統的內在差異去蕪存菁，整理出一套完整而合乎邏

有關儒教問題，參 Chen Yong, *Confucianism as religion: controversies and consequences* (Leiden; Boston: Brill, 2013); 有關耶穌會士與他們友好的儒士合作化約儒教爲倫理哲學，亦爲 John Lagerwey 所認同，見 John Lagerwey, *China: A Religious State* (Hong Kong: Hong Kong University Press, 2010)：有關大陸地區的歷史工作者對儒教問題的爭論，可見任繼愈主編，《儒教問題爭論集》（北京：宗教文化出版社，2000）。

40 參 Ninian Smart, *Religion and the Western Mind* (London: Macmillan; New York: New York University Press, 1986) 及 Ninian Smart, *Buddhism and Christianity: Rivals and Allies* (Honolulu: University of Hawaii Press, 1993).

輯的理論作爲代表，進而假定信仰者群體的內部的差異並不重要。舉
例說明，當宗教學者需要處理「道教」問題時，我們第一個要問的就
是該位信仰者的信仰內容由何而來，他可以接收了超越者直接臨在傳
遞的資訊（如張道陵（34-156）遇到太上老君），也可以是由先知或
經卷得到訊息（如太平道的張角（？-184）和《太平經》），更可能
是由信仰者的思考或研究所得（如中世道士煉製丹藥的知識就在很多
時從自身研究的經驗而來）。再如18世統流行的呂祖信仰，以扶乩所
獲文字爲主要的宗教知識接收途徑，研究者就會重視不同的扶乩文字
所構成的「聖典」（sacred text）由甚麼人製成，流播途徑與詮釋歷史
又爲何，從而推斷出該個「文獻群體」（textual community）的大小
與組成爲何。不幸地，在余英時開啓的「韋伯式問題」討論前，我們
卻很少看到關於信仰者具體世界觀的資訊，也未見後來的研究者細緻
解構同一宗教標籤下信仰者的個體差異。在《中國近世宗教倫理與商
人精神》中，除了儒者的著作以外，尚廣泛應用碑記、墓誌銘和地方
志，正好解決了上述問題。然而，余英時的重點安置於論證儒教倫理
對商業行爲的支持，破除當時以爲儒者與中國宗教長期賤視商業活動
的慣性論述，故亦未有仔細分清哪些儒者或中國宗教信仰者支持或反
對商業活動，亦未有涉足於分類與釐清推動或阻撓經濟行爲的宗教論
述，我們無從得悉抱持某一具體立場的信仰者群體或個人的數目、分
布與影響力所在。

　　從宗教學的角度觀看，余英時所論及出現入世轉向傾向的近世中
國宗教與所有宗教一樣，其實並沒有可能祇抱持同一種世界觀。以下
我們以《中國近世宗教倫理與商人精神》中探討的「新道教」爲例，
嘗試說明宗教內部世界觀的張力，如何令宗教現象更爲豐富，並同時
加深了準確量度宗教與社會經濟活動關係的困難。「新道教」一詞並

非由余氏所創，20世紀末的宗教史學者一段以「新道教」泛指12世紀以來散現於中國的新興道教教派，由於與過去的正一派與靈寶派傳統有所差異，故稱爲「新」。卿希泰（1927-2017）認爲：

> 在這一百多年中（筆者按：指北宋亡後南北對峙的一百多年），南北文化交流基本中斷，雙方文化在不同的社會環境下發展，表現出不同的特點。尖銳的民族矛盾，造成了漢民族傳統的道教生長發展的適宜條件，再加上道教本身發展的大勢所趨，使這一時代的道教相當興盛，新道派紛紛出現，教義教制都表現出嶄新的面目，在一定意義上，可以稱爲道教的又一革新運動。[41]

這裏的「新道教」主要包括北方的全眞道、太一道與大道教及南方的淨明道、清微道及後來與北方全眞合流的內丹派。在余英時的視角下，新道教之經濟倫理的主要特色包括了「入世修行」與「安貧乞化的民間性」，[42]〈中國近世宗教倫理與商人精神〉一文更將之比擬基督新教的「天職」（calling）觀念：

> 新道教的倫理對中國民間何仰有深而廣的影響，其中一個特別值得注意的思想便是天上的神仙往往要下凡歷劫，在人間完成「事業」後才能「成正果」、「歸仙位」(如《玉釧緣》彈詞中的謝玉輝)，同時凡人要想成仙也必須先在人間「做善事」、「立功行」。《太上感應篇》卷上說：「所謂善人……所作必成，神仙可冀，欲求天仙者當立一

---

41 卿希泰，《中國道教史》（成都：四川人民出版社，1993），卷3，頁1。

42 詳見馬西沙，〈論全眞道的民間性〉，載盧國龍編，《全眞弘道集：全眞道——傳承與開創國際學術研討會論文集》（香港：青松出版社，2004），頁353-364。

千三百善；欲求地仙者當立三百善」，即是這一思想的通
俗化表現。其實全真教的「打塵勞」、丘處機說「不遇
境、不遇物，此心如何見得成壞」，便是神仙下凡歷劫之
說的一個遠源。馬鈺教人「當於有爲處用力立功立德，久
久緣熟，自有透處」，丘處機教人「積功行，存無爲而行
有爲」，這也與立善成仙的說法相去不遠，這種思想正是
要人重視人世的事業，使俗世的工作具有宗教的意義，人
在世間盡其本份成爲超越解脫的唯一保証。如果說這種思
想和基督新教的「天職」觀念至少在社會功能上有相通之
處，大概不算誇張吧！[43]

從此一時期社會特徵的宏觀角度而言，劉滌凡在對同時期道教「勸善
書」的研究之中，傍證了當時的道教傾向接受商業力量支援，並解釋
了教義支持商貿者資助道教機構本身：

道教神諭的善書所宣揚社會慈善救濟主要是針對商賈、地
主、富豪之流。唐宋海貿流通，刺激了經濟發展，庶民階
層因經商而致富者，他們相信長期積累的善行，不但會保
有目前的地位，也會使後代子孫獲致功名。因此，對於社
會慈善的工作總是不遺餘力……[44]

而全真道信仰者的正宗本身，亦在其典籍之中描繪了對商業行爲的接
納。大概活躍於13、14世紀之際的苗善時（？-？）在《純陽帝君神
化妙通紀》中更有度化故事講述商人之與呂祖交善，或是呂祖化身爲

---

43 余英時，〈中國近世宗教倫理與商人精神〉，載氏著，沈志佳編，《儒家倫
　理與商人精神》（桂林：廣西師範大學，2004），頁257。
44 劉滌凡，《道教入世轉向與儒學世俗神學化的關係》（臺北：學生書局，
　2006），頁102-103。

商人的故事。[45] 余英時所說「入世修行」與「安貧乞化的民間性」，彷彿與西歐的新教倫理有異曲同工之妙，即使未有促成工業資本主義，亦起碼得以支持商業行為的普及。然而，重新檢視《道藏》文獻與碑文遺物，我們卻可以發現不少被稱為「新道教」的教團於草創後數十年已累積鉅額財富，卻沒有由之而引出的商業行為，陳垣（1880-1971）更因此稱這些單純地累積財富的教團為「末流」，並視之為「新道教」墮落的證據。[46] 相較於《中國近世宗教倫理與商人精神》以「韋伯式問題」為起點推論出「新道教」對並非純粹的財富潔癖或祇具有簡單的禁慾思想，陳垣的說法也有可以相權之處，但關於「新道教」是末流純粹斂財或是教團因更高層次的原因而積累財富是一個關鍵而複雜的問題，我們需要在本節較後部份方能申述。這類先希望讀者能留心的是，道教教團與政府維持密切關關係並非「新道教」的創舉。在666年，道教更正式進入大唐帝國的殿堂：

> 武德三年五月，晉州人吉善，行於羊角山，見一老叟，乘白馬朱鬛，儀容甚偉，曰：「謂吾語唐天子，吾汝祖也。今年平賊後，子孫享國千歲。」高祖異之，乃立廟於其地，乾封元年三月二十日，追尊老君為太上元元皇帝……[47]

在具體的制度上，道教更在741年進入了科舉的殿堂：

---

45 黎志添，〈識見、修練與降乩——從南宋到清中葉呂洞賓顯化度人的事蹟分析呂祖信仰的變化〉，《清華學報》，卷46，期1，2016，頁41-76。

46 陳桓，〈卷二全真篇下末流之貴盛第十一〉，《南宋河北新道教考》（臺北：新文豐出版公司，1977），頁56-60。

47 王溥，《唐會要》（武英殿聚珍版影印本）（京都：中文出版社，1978），頁865。

（開元）二十九年，始置崇玄學，習《老子》、《莊子》、
《文子》、《列子》，亦曰道舉。其生，京、都各百人，諸
州無常員。官秩、廕第同國子，舉送、課試如明經。[48]

除了在國家祭祀制度與科舉制度外，道教與「新道教」在經濟上的差
異亦沒有卿希泰與余英時想像的巨大。8世紀前後的道教教團的經濟
來源的確有接受權貴的直接資助，並來源包括了皇室、公卿、士人，
以代為興建宗教建築或以金錢捐助營運道觀為主。皇室的資助道教的
傳統早在唐高祖（566-635）的時代開始；[49] 而士庶公卿亦大量施贈道
觀。[50] 更重要的是，傳統道教本身亦參與於世俗的經濟活動。據林西
朗考據，8世紀到10世紀道教組織除田產與佃戶之莊園收入外，尚有
商業性經營之部份，包括宗教物品、服務、茶葉、藥物的販賣等等，
更有作為經營性收入的高利貸等。[51]

　　時至10世紀，社會貴顯對道教的資助更盈豐裕。孫克寬（1905-
1993）指出了北宋皇室分別在捐贈和制度方面對道教有所支援：「從
來崇奉道教的朝代，沒有不大興土木，營建殿閣宮觀的。真宗時代，

---

48 歐陽修、宋祁撰，《新唐書》（北京：中華書局，1975），頁1164。
49 如唐高宗乾封元年正月，令「兗州界置紫雲、仙鶴、萬歲觀，封巒、非
　煙、重輪三寺。天下諸州署觀、寺一所……二月己未，次亳州。幸老君
　廟，追號曰太上玄元皇帝，創造祠堂。其廟置令、丞各一員。」從高宗即
　位後即時置道觀的舉措看來，資助道觀已成了唐室的傳統。劉昫撰、楊家
　駱主編，《舊唐書》（臺北：鼎文書局，1981），卷5，〈高宗李治下紀第
　五〉，頁89。
50 如黃巢之亂時之淮南節度使高駢「日夕齋醮，煉金燒丹，費以巨萬計」，
　想黃巢亂時淮南最為混亂，其節度使仍好仙至此，可見有唐一代崇道之
　風。有關高駢之事，參司馬光編纂，岳青標點，《資治通鑑》（長沙：岳
　麓出版社，1990），卷第254，〈唐紀七十〉，頁416-418。
51 林西朗，《唐代道教道教管理制度研究》（成都：四川出版集團，2006），
　頁272-275。

卻更普遍地建置地建置宮觀，並且定爲政治制度，以大臣分領宮觀，寖假成爲宋代特有的祠錄制度。宮觀之建，起於太宗時代的上清宮，眞宗時代興建的玉清昭應宮與景靈宮、天慶觀等規模最大…… 由於宮觀滿天下，又多是官家營建，每處常有宮觀使臣的遺派，演化成宋代官吏的祠錄制度。」[52] 至12世紀，這一現象更爲熾烈。《宋東京考》載：「徽宗因林靈素之言建上清寶籙宮，密連禁署……上下亭宇不可勝計。」[53] 楊燕曾分析有宋道教的財源。當中，建設資金有由皇帝或政府、貴族或大臣出資；營運資金則出諸土地收入、皇帝賞賜、宗教活動收入及道士歲錢和歲糧。[54] 當中，我們可以看到道觀的絕大部份收入都是源於政府的直接資助或補助政策。而大量補助之下，7至12世紀道教宮觀極爲大型並且美侖美奐。[55] 道教教團佔有大量財富，亦爲當時道教信仰者所批判，王磐（1227年金國進士）於山西〈眞常觀碑誌〉中有激烈批評：

> 夫道宮之有別院，非以增添棟宇也，非以崇飾壯麗也，非以豐阜財産也，非以資助遊觀也，賢者懷高世之情，抗遺俗之志，道尊而物附，德盛而人歸，蓋欲高舉遠引而不可得遂焉。故即此近便之地，閑曠之墟，以暫寄其山林棲遁之情耳。南華有言，聖人鶉居而鷇食。夫鶉居者居無定處也，鷇食者食不自營也。今也掌玄教者，蓋與古人不相伴

52　孫克寬編撰，《宋元道教之發展》（臺中：中央書局，1965），頁86-87。

53　周城輯，《宋東京考》，收入《續修四庫全書》（上海：上海古籍出版社影印民國本，1995年），史部冊734，頁387-388。

54　楊燕，〈宋代道觀經濟簡論——以南北宋兩京道觀經濟爲主〉，《宗教學研究》，2007，期4，頁192-194。

55　李心傳撰，徐規點校，《建炎以來朝野雜記》（北京：中華書局，2006），頁79-81。

矣。居京師住持皇家香火焚修，宮觀徒眾千百，崇塘華
棟，連互街衢。京師居人數十萬戶，齋醮祈禳之事，日來
而無窮。通顯士大夫泊豪家富室，慶弔問遺，往來之禮，
水流而不盡，而又天下州郡黃冠羽士之流，歲時參請堂下
者，踵相接而未嘗絕也。小闕其禮則疵釁生，一不副其所
望，則怨獄作，道宮雖名爲閒靜清高之地，而實與一繁劇
大官府無異焉。故長春之有別院，所以爲避喧撥冗之地也
歟？清心時來，憩止退堂，則永遂休閒，此別院之所可、
貴可尚而不可無也。老氏有云，君子終日行不離輜重，雖
有榮觀，燕處超然。故別院者，君子所以駐輜重而存燕處
者歟，若夫計地產之肥磽，校棟宇之多寡，如豪家大族增
置財產，以厚自封殖而務致富強，則非賢者之用心矣。[56]

在王磐解釋長春別院理想時，他與陳垣一樣將全眞道與唐宋傳統道觀
建構成兩個徹然不同的理念，前者脫俗崇道，後者則爲肆利所制，豪
奢建築與修道無關。由此，我們可以看到全眞道創興以來，時人已將
「新道教」苦行與唐宋道教之相異作爲最鮮明之特徵。Vincent
Goossaert 、Paul Katz 及 Pierre Marsone 亦對上言的觀點表示贊同；
Pierre Marsone 更引用馬西沙的觀點，視全眞教之異於傳統交結政
治、集中財富的道教而爲其可致成功之一重點。[57] 這一認爲全眞道參

---

56 王磐（鹿菴），〈剙建眞常觀記〉，載李道蒙編，《甘水仙源錄》，收入《道
  藏》（北京：文物出版社；上海：上海書店；天津：天津古籍出版社，
  1988（三家本）），冊19，頁802中-803上。

57 Vincent Goossaert, Paul Katz, "New Perspectives on Quanzhen Taoism: The
  Formation of a Religious Identity," *Journal of Chinese Religions*, Vol. 29, 2001,
  pp.91-94; Pierre Marsone, "Accounts of the Foundation of the Quanzhen
  Movement: A Hagiographie Treatment of History," *Journal of Chinese*

與苦行的觀點的確不乏歷史資料之支持。早在王重陽（1113-1170）與七眞的時代，苦行已成爲了全眞道修行的常見法門。王重陽居於活死人墓、以拳打腳踢的方式向馬丹陽（1123-1183）傳教，七眞乞化於華北、華東、關隴各地而成立了「五會」，成爲了全眞道的基石。蜂屋邦夫《金代道教研究：王重陽與馬丹陽》就參考了碑誌等原始史料，重組了王重陽在生時全眞道乞化的傳統，對早期全眞道的歷史有全面的闡述。[58]

然而，全眞道在王重陽在生時已有多次交往不同政權的經歷。卿希泰《中國道教史》中展示了幾條有關金代「新道教」的資料：

> 早在皇統八年（1148），金廷就曾召見太一教主蕭抱珍，表示了對民間新興道教的承認保護。大定七年（1167），金廷召見大道教劉德仁，詔居中都天長觀，賜「東岳先生」號，表現出對民間新道教的鼓勵提倡。[59]

絕非巧合的是，王重陽正是於1167年開始往金國山東的重鎭傳教，[60]故我們其實大抵可以同意卿希泰指「王嚞的出家修道與東行傳教，與金廷的道教政策緊密相應。」[61]如果說王重陽的傳教方略與金國宗教政策祇是巧合，則玉陽子王處一（1142-1217）於「大定丁未（1187）十一月十三日初奉宣詔」，並爲金世宗舉行渡亡儀可見，全眞教與金國統治者的關係極爲密切。更爲著名的例子可見於丘處機（1148-

---

Religions, Vol.29, 2001, pp.95-110.

58 參蜂屋邦夫著，欽偉剛譯，《金代道教研究：王重陽與馬丹陽》（北京：中國社會學出版社，2007）。

59 卿希泰，《中國道教史》，卷3，頁35。

60 蜂屋邦夫著，欽偉剛譯，《金代道教研究：王重陽與馬丹陽》，頁53。

61 卿希泰，《中國道教史》，卷3，頁34。

1227）的龍門派與元國的關係。[62] 全眞教與元國的密切關係可見於丘
處機與成吉思汗之書信往來、重陽宮、白雲觀的碑誌及元史之記
載。[63] 如果說以上均爲全眞教上層與政府的交往，故不能斷言這反映
了全眞教並未作出「苦行」，那麼以下所引全眞普通道士修建道觀的
〈開州神清觀記〉，就更有助於重新檢示全眞道與貸殖之關係：

> 丁亥（即1227年，同年爲金正大四年、蒙古太祖二十二
> 年，同年秋七月元太祖遺策滅金）秋七月，先生（張志信
> （？-？），號逍遙子，彰川人，師從郝大通（1140-1212）
> 的華山派）步及澶淵，……縣令趙候見而敦請留居於靈應
> 眞君之廟，時往餉之。自是遊其門者日數之而不及也……
> 會首蔡公喜其爲人也，以己廟側之田文而畀之，蔚築締
> 構，俾局以蘆之。安撫使王公嘉其制行嚴謹，裁成費助，
> 浸興是觀。[64]

從上文可見的普通全眞道觀成形的過程可見，全眞教團往往得到了來
自政府（縣令趙候、安撫使王公）、士紳（會首蔡公）的資助，這亦
很可能是全眞道觀建立時的慣例。李洪權〈金元之際全眞教道觀的社
會經濟來源〉一文析述了此一現象之由來：

> 金末亂前，由於金朝禁止民間私創寺觀，全眞教只有少數

---

62 宋濂等撰，《元史》（北京：中華書局，1976），冊15，卷210，〈列傳八
　十九釋九〉，頁4524-4526；陳垣編纂，陳智超、曾慶瑛校補，《道家金石
　略》（北京：文物出版社，1988），頁45、500-501、532。

63 劉處一，《雲水集》，卷2，收入《道藏》（北京：文物出版社；上海：上
　海書店；天津：天津古籍出版社，1988（三家本）），冊25，頁658中-659
　中。

64 姬志眞，〈開州神清觀記〉，收入陳垣編纂，陳智超、曾慶瑛校補，《道家
　金石略》，頁529-530。

> 道觀，教徒主要以乞食爲生。蒙古侵入中原後不久，全眞
> 教即受崇于蒙古貴族，成爲當時北方官民爭相敬奉的對
> 象，全眞宮觀也蔚然而興，遍佈北方。其中有些宮觀，就
> 是當地官員給予全眞教的。這主要有兩種：一是戰亂中被
> 遺棄的舊有宗教場所，二是官員個人創建的道觀。這些來
> 源於官方的宮觀，是全眞教道觀經濟的重要組成部分……
> （其時）很多宗教建築被毀棄，當地官吏有時就把它們施
> 給了全眞教。全眞教徒以此爲基礎，舊者新之，缺者補
> 之，小者大之，務使其完整宏闊……尤其值得注意的是，
> 在道教宮觀相對集中的區域，當地官員有時把宮觀成批地
> 轉到全眞名下。[65]

此一潮流在元代亦得以維持，成吉斯汗（1162-1227）的聖旨大概說
明了狀況：「我前時已有聖旨文字與你，來教你天下應有底出家善人
都管著者。好底歹底，丘神仙你就便理會，只你識者，奉到如此。」[66]
大抵，全眞教在此一時期由於得政權之青睞，得以大量進佔舊道派的
宮觀，成爲了當時道門中的最大勢力。李洪權文中視「乞食爲生」與
「受崇于蒙古貴族」爲兩個不同的時期，似乎證明了陳垣、Vincent
Goossaert、Paul Katz、Pierre Marsone 等學者的觀點，也合乎余英時
所說「全眞教雖然後來在元代發展出『末流貴盛』的現象，但在初起
時以自食其力、勤苦節儉爲號召。」[67] 然而我們在上文卻從史料中看

---

65 李洪權，〈金元之際全眞教道觀的社會經濟來源〉，《鄭州大學學報（哲學
　社會科學版）》，卷41期2（2008年），頁156-159。

66 李志常，《長春眞人西遊記》，收入《道藏》（三家本），冊34，頁500-
　501。

67 余英時，《中國近世宗教倫理與商人精神》，頁28。

到，所謂的兩個時期不同祇有程度上的差異，而並非本質上的不同。

　　全眞教在12、13世紀得以大力發展，貴顯更勝舊時並不因當時的全眞道侶「末流」違背祖訓而屈膝權貴。全眞教道侶其實仍然依七眞時代的教義發揚與傳承，如果從新檢視王重陽渡化馬、孫夫婦的方法、劉處一訪金庭及丘處機臨大漠，我們都可以看到上引〈開州神清觀記〉碑文中，道士先以己身之苦行與修行之敬虔，感化他人，要誘化其崇道之心，進以或資助、或惠澤，以致出家的「宣教模式」如出一轍。王重陽時代的乞化並不同於一般乞丐之要飯，獲得資源本是「宣教」過程之副產品，馬丹陽本爲山東富豪，王重陽對他的誘化成功後得到大批資金宏教，這一「乞化」的成果在本質上，其實無異於丘處機之化元太祖而獲治理天下道教之資格。在上引〈眞常觀碑誌〉中，王磐引用了道德經二十六章「君子終日行，不離輜重，雖有榮觀，燕處超然」一語。據朱謙之（1899-1972）的解釋，本句「喻君子終日行，皆當以重爲本，而不可輕舉妄動」，爲一道德之教誨。[68] 但王磐於此句的理解應該是「雖有營建之樓臺亭榭以供亭用，彼仍超然物外，樂於燕居，安閒靜處……」的意思。[69] 簡而言之，亦即物質的擁有並不會妨礙道人的修行，眞正的標準在於信仰者對財物的心態。王磐下文「若夫計地產之肥磽，校棟宇之多寡，如豪家大族增置財產，以厚自封殖而務致富強，則非賢者之用心矣」明確講述了全眞信仰的經濟觀念並非「財富潔癖」，而是非議營營役役謀利之心或牽涉於營役之事上。是故，我們可以看到全眞信仰者另可接受各界的捐贈，而不願參與於商業性經營如8世紀流行的茶葉、藥物販賣或高利

---

68 朱謙之，《老子校釋》（北京：中華書局，2009），頁104。
69 高明撰，《帛書老子校注》（北京：中華書局，1996），頁358。

貸等等。從這裏看，即使「入世苦行」的世界觀眞的爲整個全眞教所奉行（在現實世界幾近不可能），他們是否眞的能如韋伯所說的「新教式入世苦行」一般，得以成爲推動工業資本主義的一個因素，實在值得令人懷疑。

另一方面，西歐的「入世苦行」與資本主義精神相連之處，在於延後消費（consumption）而得以累積資本（capital），再重新投入至生產過程。但正如鐘海連〈丘處機與全眞道教團管理制度的創建和成熟〉一文指出，全眞道分散各地乞食行化的狀況在丘處機東歸棲霞後始生逆變，「丘處機大興土木，把濱都觀建得氣勢壯觀，成爲東方道林之冠。」[70] 此一具象徵性的行爲，彷彿證明了在「受崇于蒙古貴族」後，全眞道的確趨於豪奢。而《丘處機集》之中更載：當留守祖庭之執事呂道安、畢知常、楊明眞等爲了籌措購買祖庭官額之費，求援於棲霞之丘處機時，「長春以所有之資，傾囊盡付，及親作疏文，俾先生 (畢知常等) 化導諸方，爲重建計。」[71] 更證明在當時的其他全眞道侶已公認了與蒙元交好的丘處機之富有；但與西歐新教信仰者相異的是，被累積的財富被消費至宗教象徵與符號的建立與維護，而沒有重新轉點經濟學上的「投資」（investment）。

上文的簡短介紹並沒有意圖一舉解決「新道教」或全眞道信仰者的世界觀問題。相反，我們挪列出同一宗教內部多元而複雜的證據以說明世界觀的釐清是一個困難的問題。上文沒有處理到全眞教精英與一般信仰者經濟觀念的差異，也沒能釐清不同宗派、地域或信仰者出身所對其神聖與凡俗生活的影響，但上述的討論已經非常複雜。事實

---

70 鐘海連，〈丘處機與全眞道教團管理制度的創建和成熟〉，載《學海》，2011 年期 3，頁 59-63。
71 趙衛東輯校，《丘處機集》（濟南：齊魯書社，2005），頁 506。

上，如果我們視「乞食爲生」與苦行爲全眞教早期的宣教模式，最終能促使政府、貴族或富有的信仰者向教團提供物質支援，「新道教」祇不過是將12世紀前的傳統道教募捐的對象由皇室與貴冑轉移到更廣的層面。如果我們希望印證余英時所論及的入世轉向，學界仍需要在倫理層面以外對「新道教」（或其他中國宗教）的信仰者再作更多的探討。

結 語

　　關於宗教與社會的關係往往難以簡單表述，這是因爲宗教現象充滿含混性（ambiguity），而且在歷史上被信仰者與觀察者開放地詮釋。宗教以千百年計的詮釋歷史互爲扣連，再由信仰者以不同的面向呈現自身的信仰，再因種種歷史的偶然性而使部份證據存留於今天研究者的眼前，即使我們將焦點集中於其於經濟的影響，也不會是一個可以被簡單解釋，甚至是描述的事情。就此含混性的處理，黎志添引用 Jean-Francois Lyotard（1924-1998）的意見，提醒研究者宗教之於社會往往同時存在「世界秩序的鞏固」（world-sustaining）、「世界秩序的轉化」（world-transforming）及「世界秩序的破壞」（world-destroying）三種特性。由於宗教對信仰者可以產生強大而持續的影響力，此世社會秩序的維繫者（可以是政府，也在很多情況下包括了其他既得利益者）便不得不細心處理各樣被他們視爲「狂熱蓬勃」的宗教運動：宗教可以是合理化此世政治制度和秩序器具，也可以因其宗教理想中描繪的「彼岸」、「超自然的世界」而得到挑戰及改變現

世社會的秩序的力量。[72] 今天「大分流」討論的參與者都對這種複雜的思想因素頗爲忽略。

　　重回三十五年前余英時的討論，《中國近世宗教倫理與商人精神》盡可以擴充史料的收集維度，從傳統思想史應用的精英文本以外，大量引入地方志、碑記、墓誌銘等不爲時人所重視的資料。這重史料的運用方式反映了余英時理解到近世中國宗教並不完全由知識人與精英所主導；當商人與商業活動的影響力日益上升時，他們所接收的儒教倫理不可能盡數從當世大儒而來。以今天的目光回顧，我們自然可以指出《中國近世宗教倫理與商人精神》可以如何引用更多地方研究的史學材料，更具體地說明不同宗教與商業活動及經濟發展形式的關係，但在三十五年前商業史研究與地方宗教史研究方興未艾之際，沒有時光機的余英時亦不可能獲得今天歷史人類學者累積了數十年得成果。類同的狀況可以參考王爾敏在1977年初到香港時所發現的大埔海下村翁士朝藏書一事。王爾敏於香港教學時，偶然爲香港史學者介紹了香港一位塾師翁士朝的藏書，發現了下層的地方民間儒者（尤其塾師課蒙的儒生）在地方除了教育、尚需爲地方宗族提供日常生活禮儀、文儀、術數等指導；以今天的用語理解，這些地方的民間儒者兼管了一境的教育與宗教事務。然而，這樣的觀點在當時雖然是新穎的發見，卻沒有引起當時的歷史學者的重大興趣。[73] 我們可以大概由此推斷到余英時在探討他的「韋伯式問題」時，所能獲得的歷史

---

72 黎志添，《宗教研究與詮釋學：宗教學建立的思考》，頁133-136。

73 王爾敏，〈清廷《聖諭廣訓》之頒行及民間之宣講拾遺〉，收入氏著，《明清社會文化生態》（臺北：臺灣商務印書館，1997），頁3-36；王爾敏：〈塾師翁仕朝歷經世局三變及其故國情懷〉（2007），載氏著，《近代經世小儒》（桂林：廣西師範大學出版社，2008），頁454-481。

資料限制爲何。

　　本文回顧自《中國近世宗教倫理與商人精神》出版以來，近世中國史的學者對「西方爲何興起？」與「宗教如何影響經濟？」兩個問題的各種理解方式，說明余英時的「韋伯式問題」及其解答在「大分流」討論當中仍有重要的價值。雖然「西方爲何興起？」的問題得到充份及多角度的研探，但這些作品往往將思想或宗教的因素簡化或邊緣化，未能對複雜的宗教現象在此世的影響力釐清。故本文從宗教學角度出發，在《中國近世宗教倫理與商人精神》的基礎上，利用尼尼安・斯馬特的宗教學分析框架，向讀者展示近世中國宗教與經濟活動的研究，如何能利用「宗教學」獨特的分析框架與視角，以更整全而細緻的方式回應余英時在三十五年前的關懷。中國歷史學界從《中國近世宗教倫理與商人精神》出版至余英時逝世經歷了三十五年的推進，在宗教學以外自然尚其他可以補充「韋伯式問題」的研究成果。如近世中國的地域差異（如雲南的特殊地域特色）、經濟活動的形式差異（如華南沿岸的跨國海上經濟活動），以上文曾提及的不同場境（context）下的宗教經濟關係（如帝國境內外、華人作爲多數或少數）比較，都是值得以《中國近世宗教倫理與商人精神》提出的研究問題爲基礎進一步發展的議題。[74]

---

74 讀者可參楊斌著、韓翔中譯，《流動的疆域：全球視野下的雲南與中國》
　　（新北：八旗文化，2021）；賀喜、科大衛主編，《浮生：水上人的歷史人
　　類學研究》（上海：中西書局，2021）。

徵引書目

中央研究院歷史語言研究所校勘，《明太祖實錄》，臺北：中央研究院歷史語言研究所，1966。

任繼愈主編，《儒教問題爭論集》，北京：宗教文化出版社，2000。

余英時，《中國近世宗教倫理與商人精神》，新北：聯經出版公司，2018[1987]。

余英時，《歷史與思想》，臺北：聯經出版公司，1976。

余英時，《論天人之際：中國古代思想起源試探》，臺北：聯經出版公司，2014。

余英時口述、李懷宇整理，《余英時談話錄》，臺北：允晨文化實業股份有限公司，2022。

余英時著，沈志佳編，《儒家倫理與商人精神》，桂林：廣西師範大學，2004。

劉昫撰；楊家駱主編，《舊唐書》，臺北：鼎文書局，1981。

劉滌凡，《道教入世轉向與儒學世俗神學化的關係》，臺北：學生書局，2006。

劉處一撰，《雲水集》，收入《道藏》，北京：文物出版社；上海：上海書店；天津：天津古籍出版社，1988（三家本）），冊25。

卿希泰，《中國道教史》，成都：四川人民出版社，1993。

司馬光編纂，岳青標點，《資治通鑑》，長沙：岳麓出版社，1990。

周城輯，《宋東京考》，收入《續修四庫全書》，上海：上海古籍出版社影印民國本，1995年，史部冊734。

孫克寬編撰，《宋元道教之發展》，臺中：中央書局，1965。

宋濂等，《元史》，北京：中華書局，1976。

張五常，《中國的前途》，臺北：遠流出版公司，1989。

張廷玉等撰；楊家駱主編，《明史》，臺北：鼎文書局，1980。

朱謙之，《老子校釋》，北京：中華書局，2009。

李心傳撰，徐規點校，《建炎以來朝野雜記》，北京：中華書局，2006。

李洪權，〈金元之際全真教道觀的社會經濟來源〉，《鄭州大學學報（哲學社會科學版）》，卷41，期2，2008年，頁156-159。

李道蒙編，《甘水仙源錄》，收入《道藏》，北京：文物出版社；上海：上海書店；天津：天津古籍出版社，1988（三家本）），冊19。

杭之，〈評余英時《中國近世宗教倫理與商人精神》〉，《臺灣社會研究季刊》，卷1，期2-3，1988，頁389-415。

林明仁、鄭紹鈺，〈為甚麼中國沒有資本主義？大分流之後的反思〉，收入彭慕蘭著、黃中憲譯，《大分流：現代世界經濟的形成，中國與歐洲為何走上不同道路？》，新北：衛城出版，2019，頁 432-451。

林西朗，《唐代道教道教管理制度研究》，成都：四川出版集團，2006。

林錚，〈社會階層與社會流動：當余英時《中國近世宗教倫理與商人精神》遇上韋伯式觀點〉，《思與言》，卷 53 期 1，2015 年 3 月，頁 209-246。

楊斌著；韓翔中譯，《流動的疆域：全球視野下的雲南與中國》，新北：八旗文化，2021。

楊燕，〈宋代道觀經濟簡論──以南北宋兩京道觀經濟為主〉，《宗教學研究》，期 4，2007，頁 192-194。

歐陽修、宋祁撰，《新唐書》，北京：中華書局，1975。

焦長權，〈比較還是比附：《中國近世宗教倫理與商人精神》──兼與余英時先生商榷〉，《社會科學論壇》，期 15，2008，頁 122-130。

王汎森，《思想是生活的一種方式：中國近代史的再思考》，臺北：聯經出版公司，2017。

王溥，《唐會要》（武英殿聚珍版影印本），京都：中文出版社，1978。

王爾敏，《明清社會文化生態》，臺北：臺灣商務印書館，1997。

王爾敏，《近代經世小儒》，桂林：廣西師範大學出版社，2008。

科大衛、劉志偉，〈「標準化」還是「正統化」？──從民間信仰與禮儀看中國文化的大一統〉，載《歷史人類學學刊》，第 6 卷第 1、2 期合刊 2008 年 10 月，頁 1-21。

科大衛，《皇帝與祖宗：華南的國家與宗族》，香港：商務印書館（香港）有限公司，2017。

蜂屋邦夫著，欽偉剛譯，《金代道教研究：王重陽與馬丹陽》，北京：中國社會學出版社，2007。

賀喜、科大衛主編，《浮生：水上人的歷史人類學研究》，上海：中西書局，2021。

趙衛東輯校，《丘處機集》，濟南：齊魯書社，2005。

鐘海連，〈丘處機與全真道教團管理制度的創建和成熟〉，載《學海》，2011 年期 3，頁 59-63。

陳垣編纂，陳智超、曾慶瑛校補，《道家金石略》，北京：文物出版社，1988。

陳垣，《南宋河北新道教考》，臺北：新文豐出版公司，1977。

馬西沙，〈論全真道的民間性〉，載盧國龍編，《全真弘道集：全真道──傳承與開創國際學術研討會論文集》，香港：青松出版社，2004，頁 353-364。

高明撰，《帛書老子校注》，北京：中華書局，1996。

黃進興，〈作爲宗教的儒教：一個比較宗教的初步探討〉，《亞洲研究》第 23 期 1997 年，頁 184-223。

黎志添，〈識見、修練與降乩——從南宋到清中葉呂洞賓顯化度人的事蹟分析呂祖信仰的變化〉，《清華學報》，卷 46 期 1，2016，頁 41-76。

黎志添，《宗教研究與詮釋學：宗教學建立的思考》，香港：香港中文大學，2003。

龔鵬程，〈東南亞華人社會的文化變遷〉，臺灣與東南亞：文化文學與社會變遷研討會，2004；陳劍虹，〈檳城華人社會組織的歷史演變〉，《資料與研究》，32（1998/3/31），頁 23-27。

Adair-Toteff, Christopher. "Max Weber on Confucianism versus Protestantism." *Max Weber Studies*, Vol. 14, No. 1, January 2014, pp.79-96.

Barnes, Andrew E. *Global Christianity and the Black Atlantic: Tuskegee, Colonialism, and the Shaping of African Industrial Education*. Waco: Baylor University Press, 2017.

Berger, Stefan and Chris Lorenz. *Nationalizing the Past: Historians as Nation Builders in Modern Europe*. Berlin: Springer, 2016.

Braudel, Fernand. *The Mediterranean and the Mediterranean World in the Age of Philip II*. Berkeley: University of California Press, 1996[1949].

Carey, Hilary M. *God's Empire: Religion and Colonialism in the British World, c. 1801-1908*. Cambridge: Cambridge University Press, 2011.

Chen, Yong. *Confucianism as Religion: Controversies and Consequences*. Leiden: Brill, 2013.

Clart, Philip. "The Protestant Ethic Analogy in the Study of Chinese History: On Yü Ying-shih's Zhongguo jinshi zongjiao lunli yu shan-gren jingshenu," *B. C. Asian Review*, Vol. 6, 1992, pp. 6-31.

Darwin, John. *Unfinished Empire: The Global Expansion of Britain*. New York: Bloomsbury Press, 2013.

De Boer, Karin. "Hegel's Lectures on the History of Modern Philosophy" in *The Oxford Handbook of Hegel*. edited by Dean Moyar. Oxford: Oxford University Press, 2017, pp. 623-644.

De Tocqueville, Alexis. *Democracy in America*. translated by Arthur Goldhammer. New York: Library of America; Distributed to the trade in the U.S. by Penguin Putnam, 2004.

Der Veer, Peter van and Hartmut Lehmann. edited. *Nation and Religion: Perspectives on Europe and Asia*. Princeton: Princeton University Press, 1999.

Dittmer, Lowell, and Samuel S. Kim. edited. *China's Quest for National Identity*. Ithaca: Cornell University Press, 1993.

Elbourne, Elizabeth. *Blood Ground: Colonialism, Missions, and the Contest for Christianity in the Caoe Colony and Britain, 1799-1853*. Montreal: McGill-Queen's Press, 2002.

Flynn, Dennis and Arturo Giráldez, Richard von Glahn. edited. *Global Connections and Monetary History, 1470-1800*. Aldershot: Ashgate Publishing Company, 2003.

Friedman, Milton and Rose D. Friedman. *Free to Choose: A Personal Statement*. San Diego: Harcourt Brace Jovanovich, 1990.

Goossaert, Vincent and Paul Katz. "New Perspectives on Quanzhen Taoism: The Formation of a Religious Identity," *Journal of Chinese Religions*, Vol. 29, 2001, pp. 91-94.

Iwerks, Daniel. "Ideology and Eurocentrism in Tarzan of the Apes" in *Investigating the Unliterary: Six Readings of Edgar Rice Burroughs' Tarzan of the Apes*. edited by Richard Utz. Regensburg: Martzinek, 1995, pp. 69-90.

Kipling, Joseph Rudyard. "The White Man's Burden." *McClure's Magazine*, 12 (Feb 1899).

Lagerwey, John. *China: A Religious State*. Hong Kong: Hong Kong University Press, 2010.

Löwith, Karl. *Max Weber and Karl Marx*. London: Routledge, 2003[1993].

Lukács, Georg. *History and Class Consciousness*. London: Merlin Press, 1971[1923].

Marsone, Pierre. "Accounts of the Foundation of the Quanzhen Movement: A Hagiographie Treatment of History," *Journal of Chinese Religions*, Vol. 29, 2001, pp. 95-110.

North, Douglas C. *Institutions, Institutional Change and Economic Performance*. Cambridge: Cambridge University Press, 1996[1990].

North, Douglas C. *Understanding the Process of Economic Change*. Princeton: Princeton University Press, 2005.

Pomeranz, Kenneth. *The Great Divergence: China, Europe, and the Making of the Modern World Economy*. Princeton: Princeton University Press, 2000.

Roy, Tirthankar and Giorgio Riello. edited. *Global Economic History*. London: Bloomsbury Academic, 2019.

Smart, Ninian. *Buddhism and Christianity: Rivals and Allies*. Honolulu: University of Hawaii Press, 1993.

Smart, Ninian. *Religion and the Western Mind.* London: Macmillan, 1986.

Smart, Ninian. *The World's Religions: Old Traditions and Modern Transformations.* Cambridge: Cambridge University Press, 1989.

Smart, Ninian. *Worldviews: Crosscultural Explorations of Human Beliefs.* Englewood Ciffs: Prentice-Hall, Inc., 1995.

Soper, J. Christopher. Joel S. Fetzer, *Religion and Nationalism in Global Perspective.* Cambridge: Cambridge University Press, 2018.

Sutton, Donald S. edited. "Special Issue on 'Standardization, Orthopraxy, and the Construction of Chinese Culture- A Critical Reappraisal of James L. Watson's Ideas," *Modern China*, 33, 1, January 2007.

Vroom, Hendrik M. *A Spectrum of Worldviews: An Introduction to Philosophy of Religion in a Pluralistic World*, translated by Morris and Alice Greidanus. Amsterdam: Rodopi, 2006.

Watson, James L. "Standardizing the Gods: The Promotion of T'ien Hou ("Empress of Heaven") along the South China Coast, 960-1960" in *Popular Culture in Late Imperial China.* edited by D. Johnson, A. J. Nathan, E. S. Rawski. Berkeley: University of California Press, 1985, pp. 292-324.

Watson, James L. and Evelyn S. Rawski. edited. *Death Ritual in Late Imperial and Modern China.* Berkeley: University of California Press, 1988.

Weber, Max. *From Max Weber*, edited by Gerth, Hans Heinrich and Charles Wright Mills. London: Routledge & Kegan Paul, 1947.

Weber, Max. *The Protestant Ethic and the Spirit of Capitalism.* London: Allen & Unwin, 1976[1904].

204　孔德維　　　　　　　　　　　　　　　　　　思想史

Retrospecting Yu Ying-shih's 'Weberian Questions' after 35 Years: A Religious Perspective

Hung Tak Wai

Abstract

This article begins with two popular questions that have been reviewed by many scholars, particularly in the field of modern Chinese history, over the past thirty-five years: 'Why did the West rise?' and 'How did religion influence the economy?' It examines the achievements and trends in related areas since the publication of The Religious Ethic and Mercantile Spirit in Early Modern China to reflect on the positioning and value of the 'Weberian question' and Yu Ying-shih's contributions in today's context. While acknowledging the continuing significance of the 'Weberian question' and Yu Ying-shih's research approach and achievements within the context of the trend of global history and the 'Great Divergence' discussion, the article then approaches the subject from the perspective of religious studies. It employs the 'Seven Dimensions of Religion' and 'Worldview Analysis', two important concepts put forth by Ninian Smart (1927-2001), a prominent figure in modern religious studies, in 1989 and 1983, respectively, to explore how religious studies can help clarify Yu Ying-shih's 'Weberian question'. The discussion extends beyond the core focus on Confucianism and the spirit of merchants in The Religious Ethic and Mercantile Spirit in Early Modern China, and further explores how different aspects of religion in modern China have driven changes in economic forms. The article then uses the case of 'New Daoism' to illustrate that China's complex religious worldview is a concept jointly composed by various believers, characterised by commonalities and internal tensions. As a result, it should not be reduced to a single set of ethics and values but should instead be approached in a more nuanced manner, considering the diverse groups advocating different worldviews, their societal composition, scope of activities, and influence.

Keywords: Yu Ying-shih, Weberian Question, Great Divergence, New Daoism, Religious Studies

橫看成嶺側成峰——《朱熹的歷史世界》理路芻議

張曉宇

亞利桑那州立大學歷史系博士畢業，現任香港中文大學歷史系副教授。主要研究領域包括中國中古思想史、禮制史及社會史。著有《奩中物：宋代在室女財產權之形態與意義》、*Empowered by Ancestors: Controversy over the Imperial Temple in Song China (960–1279)* 等專書，並在《中央研究院歷史語言研究所集刊》、《新史學》、《漢學研究》、*T'oung Pao*、*Philosophy East and West* 諸期刊發表學術文章數十篇等。

橫看成嶺側成峰——《朱熹的歷史世界》理路芻議

張曉宇

摘要

　　一代史學大家余英時先生逝世以後，其學術遺產仍有不少尚待整理。先生晚年著作《朱熹的歷史世界》，在出版伊始即風行海內外學術界，引起了許多討論。近十年來，此書關注度有所下降。然而書中勝義，仍有未發之處。本文通過梳理此書結構、方法以及部分史料運用，以求揭示余先生這部晚年著作理路的一些隱微處。此外，學界批評此書者，頗憾於此書過於側重政治部分，而不及道學相關之具體思想及地方社會文化。本文以爲，余先生所建構的「歷史世界」雖以政治爲主，實則於後二者亦間有提示。本文第三部分即拈出此書所提出的某一地方文化概念，略作引申，以證此書仍可啓迪社會文化史學者之「餘意」。就兩宋士人史而言，《朱熹的歷史世界》所提供的「橫切面式」（cross-sectional）研究視角，也尤其值得宋史學者們再加注意。

關鍵詞：余英時、《朱熹的歷史世界》、方法迴路、史料群、橫切面式解讀

　　余英時先生去年駕鶴以後，學術界痛失一鉅子。余先生作爲史學
泰斗，其史學研究範疇「由堯到毛」，無不涵蓋。先生晚年，潛心於
趙宋一朝之史，因爲《朱子文集》撰寫序文之便，述作《朱熹的歷史
世界：宋代士大夫政治文化的研究》。此書博大精深，在先生廣博的
國史範疇中，亦屬重中之重。關於《朱熹的歷史世界》之價值與地
位，自此書2003年首次出版以來，東、西洋學界各前輩師長，針對
此書已展開了熱烈討論。此書內容重心，由於涉及包括文化史、政治
集團、理學概念各方面範疇，引起了史學界與哲學界高度關注。自王
汎森、黃進興、劉述先、葛兆光、金春峰、陳來、楊儒賓、田浩
（Hoyt Tillman）、包弼德（Peter Bol）、蔡涵墨（Charles Hartman）、
何俊、祝平次諸先生以降，圍繞此書已有眾多評論，於該書出版數年
之內已積累起相當數量和分量的研究。[1]這種效應在文史學界實不多
見。余先生著作之重要性與影響力，可窺一斑。

　　與《朱熹的歷史世界》出版數年內所引起的巨大反響相比，近十

---

[1] 關於《朱熹的歷史世界》出版後中文世界的種種評論與研究，大部分可參
　葛兆光，〈置思想於政治史背景之中——再讀余英時先生的《朱熹的歷史
　世界》〉，收入田浩（Hoyt Tillman）編，《文化與歷史的追索—余英時教
　授八秩壽慶論文集》（臺北：聯經出版公司，2009），頁372的一條長注。
　包弼德先生英文長評在此書出版不足一年之內，即於北美宋元史名刊
　Journal of Song-Yuan Studies 刊出，見 Peter Bol, "On the Problem of
　Contextualizing Ideas: Reflections on Yu Yingshi's Approach to the Study of
　Song Daoxue," *Journal of Song-Yuan Studies,* 34(2004) , pp.59-79。蔡涵墨先
　生另有一英文長評，於同刊二年後刊出。Charles Hartman, "Zhu Xi and His
　World," *Journal of Song-Yuan Studies*, 36(2006), pp.107-131. 何俊先生書評
　見：〈推陳出新與守先待后——從朱熹研究論余英時的儒學觀〉，《學術月
　刊》，38卷7期（上海：2006年7月），頁61-68。祝平次先生長篇書評見
　氏著，〈評余英時先生的《朱熹的歷史世界：宋代士大夫政治文化的研
　究》〉，《成大中文學報》，19期，（臺南：2007年12月），頁249-298。

年來學術界對此書熱情有所退卻。尤可注意者，則爲華人宋史專門學界後來反應之淡然。此書出版伊始，宋史學界固已組織有專門研討會。然而其基本討論框架，仍冀超越朝代時段視野，而發掘余著更廣闊的研究視域。[2]與宋史界的淡然相映成趣，哲學界最近數年，仍時有針對余著「第一序」、「第二序」所謂內聖外王分際的評論發表在重要期刊上。[3]這種熱度與關心，自然也承繼自劉述先、楊儒賓諸先生與余先生的早期論辯。但我們仍然要問，余著方出版時宋史學界多有研討，爲甚麼後來的討論熱度無法維持？

　　在筆者看來，這一學術接受史的分歧大概和《朱熹的歷史世界》結構相關。本書本出於序言，寫作次序頗爲獨特：據余先生自述，他初撰成〈緒說〉「理學與政治文化」此一章節，然後寫成上、下二篇，最後完成〈緒說〉全體。[4]其主題重心，乃從下篇之考證理學家、

2　比如鄧小南先生2004年11月召開的研討會，包括鄧先生在內，田浩、閻步克、葛兆光、李華瑞、黃寬重、張國剛諸先生圍繞余著著書動機、政治文化、國是、理學學術等重點展開了討論。討論內容發表於《讀書》，題爲〈歷史學視野中的政治文化〉，《讀書》，第10期（北京：2005年10月），頁116-132。一個例外可能是劉成國先生閱讀《朱熹的歷史世界》之後對北宋士風作出的反思，是一篇純就宋史領域立論的精要短評。劉成國，〈「以道自任」與「自我正義化」──從《朱熹的歷史世界》說到北宋士風的另一側面〉，《中國圖書評論》，第3期（瀋陽：2004年3月），頁31-33。

3　略舉兩例，徐波，〈歷史世界是如何可能的──環繞余英時《朱熹的歷史世界》之思考〉，《清華大學學報》，3期（北京：2015年3月），頁174-185；丁爲祥，〈余英時「政治文化」的特色及其形成──再讀《朱熹的歷史世界──宋代士大夫政治文化的研究》〉，《哲學分析》，3卷3期（上海：2012年6月），頁176-196。

4　見余先生，〈自序一〉，《朱熹的歷史世界：宋代士大夫政治文化研究（上篇）》（臺北：允晨文化，2003），頁12-13；〈「抽離」、「回轉」與「內聖外王」──答劉述先先生〉，見載《朱熹的歷史世界》（北京：三聯書

官僚集團群體事實，轉至上篇泛論君相、北宋黨爭與「國是」關係，再一蹴而至十數萬字〈緒說〉之總述。這一由詳至略的重心鋪排，大概符合史學界先個案後通說之行文進路。但是，本書成書後的實際結構則是先有〈緒說〉，再到大體依循歷史時序的上、下二篇。而〈緒說〉篇幅極長，涉及內容又頗龐雜，對於習慣於以「史」（個案研究）帶「論」（通說）的史學研究者來說，《朱熹的歷史世界》這種奇特的行文結構頗為不易把握。加諸余先生獨有的敘事風格以及旁徵博引之史料，書中重心「政治文化」猶如草蛇灰線，隱顯起伏各章之間。史學分工日趨精細下，專業讀者和評者目眩五色，遂多取一瓢之飲，而以彌綸全書為畏途。

　　雖然如此，余先生此著既為其晚年精撰之作，出版二十年之後，仍可為宋史學界取用不竭之「無盡藏」。[5] 本文不揣淺陋，僅就幾點議

店，2011），附論一，頁862。〈緒說〉整體必在最後，這是余先生所明言的。至於上、下篇的寫作次序問題，祝平次以為余先生先寫下篇，再寫上篇。祝平次，〈評余英時先生的《朱熹的歷史世界：宋代士大夫政治文化的研究》〉，頁262。祝說大概本於余氏〈自序一〉中提到把原本序言稿（今〈緒說〉第五節）當作原材料，而以一新概念架構組織該批材料，「本書的下篇便是這樣產生的」（〈自序一〉，頁13）。但是，在同文稍後一節，余先生另有明言：「去年年底下篇脫稿後，我重讀上篇」云云。據此，則上篇實撰成於下篇之前。筆者以為，先生寫作次序，應該是撰成序言稿後，先寫就上篇各章初稿，再專心寫就下篇，繼而因應下篇內容改寫上篇各章，最後寫成〈緒說〉。此一根據下篇而改寫上篇的過程，不見於先生〈自序〉。我之所以有此構想，乃是因為下篇多為考證專論，而上篇多為北宋政治和文化現象觀察。究其勢所然，下篇定稿當在上篇之前。按照成書〈緒說〉第五節來看，余先生撰就序言稿本之時，已收集了兩宋道學和朱子一些相關材料，而上、下篇之作，大概如先生論及撰作序文時脫悟野馬之喻，「往來奔馳於兩宋政治史與文化史之間」耳（喻見〈自序二〉，頁17）。

5　余先生以「無盡藏」一語評價錢穆先生《國史大綱》，此處本其意而用

題，就此書結構、方法和史料運用部分加以分梳，並就此書「餘意未盡」處稍加發揮，希望能夠進一步揭示余著之意義。由於筆者學力所限，所論疏漏訛誤處，敬請方家指正。

一、《朱熹的歷史世界》基本理路

《朱熹的歷史世界》的論述主線，是針對宋代士人政治屬性或曰「行動風格」的強調。[6]此書出版後在中國哲學界的「談辯境域」中得到極大關注，關鍵正在於此書「抽離」於傳統「道統」敘事所強調的概念和義理分析——即余先生所謂的「內聖」傾向，並代之以重建秩序爲目標的政治文化概念。這一「抽離」過程歷史化（historicize）了研究主體的思想背景，使之與實際政治即余先生所謂「外王」層面發生關聯。這是「政治文化」題中應有之義。

無庸諱言，這種歷史化的傾向與傳統理學敘述多有不合，也引起了不少圍繞著「內聖外王」分合、先後、「抽離」之本意、理學與道學等概念而進行的爭論。這些概念前人既然早有辯析，此處不贅。但是，我們應該認識到，余先生從下篇寫起的理學家考證，本出於回應一種特定論述：該論述認爲，南宋理學之興盛，標誌著一種內向發展趨勢。[7]這一論述的典型範例，是宋史名家劉子健先生（1919-1993）《中國轉向內在》（*China Turning Inward*）一書。理學家「內聖」之學，在劉子健先生原本論述中，乃是促使中國整體「內向化」的其中

之。語出余英時，〈《國史大綱》發微——從內在結構到外在影響〉，《古今論衡》，第29期（臺北：2016年12月），頁16。

6　余英時，《朱熹的歷史世界（上篇）》，〈緒說〉，頁30。

7　余英時，《朱熹的歷史世界：宋代士大夫政治文化研究（下篇）》，第八章，頁26-27。

一面。從反省理學造成宋代思想界「內向」化開始，余先生詳細討論了以朱熹（1130–1200）為代表的南宋理學家政治參與，並將之置於皇權、官僚集團這一三角框架中進行對比，從而揭示「內向化」論述不足之處。[8]

　　從這一「去內向化」的過程反推，則為余先生在上篇中拈出的幾種北宋政治文化特徵。其中第一章論回向三代、第二、三章論士之地位與士大夫之政治參與、第六章論秩序重建，與下篇南宋理學家之「外王」表現恰可對應。而第四章論君相關係、第五章論「國是」問題、第七章論黨爭，則涉及到理學家政治參與的誕生背景。由北宋士大夫轉至朱子之時代，其關鍵人物為王安石（1021-1086），所以余著有王安石時代與後王安石的朱子時代之分。[9]這一上、下篇互為呼應的結構安排，我們可以稱之為余著的「內容迴路」（content circuit）。

　　「迴路」一詞，本指電學中電路迴旋往復之流動模型。仔細觀察余著的內容主體及結構安排，也有循環反覆的「迴路」現象。上文亦已提出，余著主結構由上、下二篇延伸至緒論。就閱讀體驗而言，如果先讀下篇，再次上篇，最後讀〈緒說〉，庶幾於全書主旨更見明晰。讀完〈緒說〉以後，或可再由各章節拾級而下，重讀全書一過，則讀者於〈緒說〉眾概念——尤如「政治文化」、「國是」、「道統」者，即有更透澈之瞭解。而各章於〈緒說〉概念或隱或顯之分梳，亦能在此一「內容迴路」中得以通貫。反之，如果入手即讀〈緒說〉，則恐迷失在概念與史料的迷宮中，糾結於各種概念定義，與及余著忽

8　史學界近來明確提出余著受劉子健影響者，參李超，《南宋寧宗朝前期政治研究》（上海：上海古籍出版社，2019），頁 14-15。

9　蔡涵墨先生亦留意到余著論道學發展，重心實在於王安石。Charles Hartman, "Zhu Xi and His World," *Journal of Song-Yuan Studies*, p.112.

視價值世界之立場。有些評論或僅憑〈緒說〉，批評余著於「道
學」、「道統」等概念理解有誤，乃至於單據目錄即以爲全書結構邏
輯不清。借用祝平次先生的話，如果沒有對自己知識生產的過程有足
夠反省，針對此書的批評則常有無的放矢之感。[10] 有些針對此書的現
有批評，大概對全書之「內容迴路」不甚瞭解，自然也無法對余先生
生產知識的過程有同情之反省。

　　除了「內容迴路」以外，在筆者看來，余著另有一隱藏線索，尤
於史學研究有所關連。此即余著之「方法迴路」（methodological
circuit）。我之所以有此設想，乃是源於余先生自己提出的一種說法。
在下編第九章開始部分，先生引用杜牧（803-852）〈注孫子序〉「丸
之走盤」之喻，劃定其考證「猶盤中走丸，丸之走盤，橫斜圓直，計
於臨時，不可盡知。其必可知者，是丸不能出於盤也」。「丸之走盤」
是余先生最鍾愛的比喻，在其著作自序中十分常見。[11] 在《朱熹的歷史
世界》中，史料即考證範圍之盤，而作者論述的變化即丸之軌跡。余
先生以下一段話講得更爲清楚：

> 與上篇第七章論黨爭不同，這四章專論的焦距集中在淳熙
> 八年（一一八一，王淮執政之始）與慶元元年（一一九
> 五，黨禁之始）之間。這段時期名義上雖然跨越了孝宗、
> 光宗和寧宗三朝，實際上不過十四、五年。這個時限是由

---

10 此語乃祝平次先生評論余英時、劉述先之論辯而發。祝平次，〈評余英時
　　先生的《朱熹的歷史世界：宋代士大夫政治文化的研究》〉，頁261。
11 見余英時，《史學與傳統》（臺北：時報出版公司，1985），頁6；余英
　　時，《士與中國文化》（上海：人民出版社，2003），頁5；余英時，《知識
　　人與中國文化價值》（臺北：時報出版公司，2008），頁220；余英時，
　　〈治史自反錄〉，《讀書》，第301期（北京：2004年4月），頁120。三聯
　　書店出版的余英時著作系列六種，總序亦見此喻。

　　史料決定的，因為理學家作為一個政治群體（史料中的
「道學」）的活動，以這一期間的記載最為豐富。[12]

「史料為盤」的原則，限定了第九至第十二章專門考證的時限。如果
我們放大視野，以全書為單位考察，那麼余先生這裡的說法，其實隱
含了複數的史料之「盤」：首先是南宋朱熹其同時代官僚集團所代表
的孝宗中、晚期及光宗、寧宗三朝，亦即先生上文自述的第九、十、
十一、十二共四章；然後是高宗至孝宗前、中期，亦即本書第五章下
論南宋「國是」以及第七、八章的論述時段；再者是北宋晚期變法時
代，尤其是熙寧、元豐時期，亦即第四章、第五章上論「北宋國是」
部分，第三章論「同治天下」亦有不少文字涉及；最後是宋仁宗親政
的北宋中期，緒說第三、四、五小節，第六章，基本圍繞這一時段進
行討論。至於一、二、三章，則為涉及兩宋前後的總括性論述。用表
格形式表達，即為：

主題	時段	關涉章節
解題：政治文化；道學；道統	兩宋	〈緒說〉第一、二節
概述：回向三代；士之地位；共治天下的意識	唐末、兩宋、元初	第一章、第二章、第三章
古文運動；辟佛；宋初秩序重建；北宋理學	宋仁宗親政時期	緒說第三、四、五小節，第六章

12　余英時，《朱熹的歷史世界（下篇）》，第九章，頁101。

主題	時段	關涉章節
君權與相權；北宋國是問題	北宋晚期變法時代	第四章、第五章〈「國是」考：北宋篇〉
南宋國是問題；孝宗偏離「恢復」國策的王淮執政形態；朱熹與陸九淵、呂祖謙對「得君行道」的看法	高宗至孝宗前、中期	第五章〈「國是」考：南宋篇〉、第七章、第八章
孝、光、寧三朝理學家與皇權；官僚集團之張力與互動；皇帝個人心理問題；「皇極」概念	孝宗中、晚期及宋光宗、宋寧宗三朝	第九章、第十章、第十一章、第十二章

　　熟悉宋史的讀者一看便知，除解題和概述外，余著其他幾大主題群的安排，恰好和現存最豐富的宋史材料群重疊，與余先生「史料為盤」的原則如出一轍。舉其大要，比如宋仁宗時段，有南宋大史學家李燾（1115–1184）所撰《續資治通鑑長編》（下簡稱《長編》）中引用的大量《國史志》和名臣家傳作為研究基礎。神宗的大變法時代除了《長編》所用的幾部官方《實錄》外，相關筆記記載尤其豐富。至於高、孝之間，既有《建炎以來繫年要錄》這類詳盡的編年史書，亦因雕版印刷繁盛出現了大量留存至今的私人文集。孝宗晚期及光、寧二朝編年史料雖然相對零碎，但是受益於文集數量的增長，實有不少可供研究之空間。至於取材自兩宋歷朝《會要》的《宋會要》，更特

詳於神宗、高宗二朝。由於史料相對豐富，上述幾個時段，一直以來都是宋史學界最關心的階段。余著的方法特色，在於針對這幾個關鍵階段乃至階段中的史料「節點」──比如王安石二次入相先後或者慶元黨禁，以士人與士大夫彼此的互動為主體，作出橫切面式（crosssectional）的解剖。通過這一解剖，余著將〈緒說〉中的種種宏大主題串連起來，力圖還原兩宋士大夫的政治實相。

如果我們從史料橫切面的角度觀察《朱熹的歷史世界》，亦會發現余著一開始的著眼點就是士人政治屬性。且容筆者再次強調，余著本為新編朱熹文集而作。在〈自序二〉中（實為作於〈自序一〉之前的原序），余先生已經提到他所理解的「朱熹的歷史世界」，乃是建基於他的《朱子語類》和《文集》閱讀經驗之上。這一世界應該包括哪些內容，乃視乎《語類》和《文集》內容而定。而余先生的史料群「第一序」，據其〈自序二〉，乃是《文集》中「時事出處」與「問答」兩部分的書信，以及十數卷的中央朝廷奏箚封事。如其所言，他要「兼顧《文集》中政治和學術的兩個主要方面」。[13] 余先生之所以有如此理解，乃是因為文集以及《語類》的史料屬性，多以政治和學術為主。隨著《朱熹的歷史世界》一書的敘述發展，其他加入的材料例如筆記、文集等，都在配合這一由朱熹文字出發的「第一序」史料群。[14] 隨著史料的鋪陳與穿插，余著的「方法迴路」視角也得以徐徐展開。進而言之，如果說「內容迴路」決定了《朱熹的歷史世界》基本結構安排，那麼「方法迴路」起到的則是串連結構的作用。以朱熹

---

13 以上總結，參〈自序二〉，頁16-17。
14 余先生對朱子文字的重視，亦影響了其對北宋歷史的一些判斷。分析見 Charles Hartman, "Zhu Xi and His World," *Journal of Song-Yuan Studies*, p.116.

文字爲代表的種種史料群，並非孤立於單獨橫切面之中，而是反覆出現於不同橫切面，將之串連起來。兩種迴路的組合，構成了余先生此書理路大綱。

二、「方法迴路」視野下的史料問題

從余著「方法迴路」出發，只有能夠提供足夠史料支撐其答案的問題，才是此書想要解決的眞問題。[15]我們固然可以批評余著忽略了士大夫尤其是理學士人群體的價值理念世界，但在進行這一批評之前，需要注意余著的視角本不以理學材料爲特殊。換言之，余先生不認爲理學材料有其放諸四海而皆準的超驗價值。他所關心者，是這些材料的述說主體——亦即士人和士大夫本身——在特定歷史語境中的意見。故此，余著在偶而引述涉及理念的材料時，基本上均會討論年代問題。比如〈緒說〉第三節論及道學起源，提出王安石對道學形成之影響。其核心材料是王安石《周禮義》、〈禮樂論〉、《詩經義》關於中、和、禮樂的幾段話。余氏將這幾段話與後人所錄程頤（1033-1107）《程氏粹言·論道篇》相關議論比較，推論道學初始曾受王學影響。這一推論邏輯的關鍵構件，在於〈論道篇〉此處史源出於程頤〈與呂大臨論中書〉，而此書據余氏考證出於元豐二年（1079）之後，則程頤有機會目睹王安石已出版《周禮義》「中所以本道之體」之說，所以有答呂大臨（1046-1092）書中「大本言其體」之論。[16]這

---

15 余先生因爲自己對研究重心的理解，排除了一些史料充分卻（他認爲）與主題無關的內容，比如古文運動中的歐陽修，以及宋仁宗時代一些相關記載詳實的政治家。Charles Hartman, "Zhu Xi and His World," *Journal of Song-Yuan Studies*, pp.113, 117-118.

16 余英時，《朱熹的歷史世界（上篇）》，〈緒說〉，頁97-98。

一推斷的重心實繫於幾份材料成書年分。至於程說、王二說理念上的細微差異，從余先生引用簡本之《程氏粹言》而不引更詳細之〈與呂大臨論中書〉，可見他並不十分關心。[17]如余先生所言，只要王、程「見解大端相近」，那麼程氏在個別理念上曾受王氏影響的主要論點自亦可備一說。

　　同樣的史料邏輯，更可見於余先生〈緒論〉第五節中對於張載（1020-1077）〈西銘〉的討論。一些批評余著者，認為余先生忽略了〈西銘〉體用兼備、統一「內聖外王」之學的一面。[18]從哲學研究角度出發，這類批評固然有其著眼處。但我們也需要留意，在余先生眼中，〈西銘〉雖為理學經典，卻並不代表其具有超越性的文獻地位。他關心的是兩宋理學家程頤、楊時（1053-1135）、林栗（？-1190）、朱熹針對〈西銘〉的回應，並由之整合出理學家「理一而分殊」蘊有重整人間秩序之意味。余先生的研究重心在於〈西銘〉的接受史，在於這一文獻在理學家或反理學家士人眼中的意義，此即其所謂「歷史

17《程氏粹言》原文見程顥、程頤（著），王孝魚（點校）：《二程集》（北京：中華書局，1981），《程氏粹言》卷1，頁1182。〈與呂大臨論中書〉見《二程集》，《河南程氏文集》卷9，頁605-606。值得注意的是，《程氏粹言》簡本中呂大臨問語中並無「大本」之說，只有在〈與呂大臨論中書〉中才提到呂大臨問話中原有「中者天下之大本、和者天下之達道」之稱引《中庸》，並以大本、達道為混一。程頤答以「大本言其體，達道言其用」分別大本之「中」與達道之「和」為體、用二層，嚴格來說，與王安石「中所以本道之體」以「中」本諸於「道之體」仍有細微概念之別。但是，王安石「中所以本道之體」下文云「其義達而為和」，「義達」涉及工夫層面，與程頤體、用二分之論倒是更貼近。從這一點來說，余先生王、程「見解大端相近」之說，仍可成立。

18 例見徐波：〈歷史世界是如何可能的——環繞余英時《朱熹的歷史世界》之思考〉，《清華大學學報》，2015年3期，頁184-185。

論證」。[19] 如果只聚焦於〈西銘〉本文或一二出於余書之例證，而以爲余先生刻意回避理學家心、性、命、理、「仁體」之眞信仰，恐怕忽略了余先生「歷史論證」之本意。[20]

　　當然，單就史料而論，余書「歷史論證」的材料運用亦時有可議之處。祝平次由分析第一章「後三代」相關史料入手，指出余書上篇的史料考據不如下篇細緻嚴謹，確爲允評。透過細析以《長編》爲主的北宋史料群，李華瑞先生即指出，余書上篇反覆申論之北宋「國是」問題，仍然有一些可議餘地，尤其是士大夫與皇帝「共定國是」的流行說法。[21] 即使下篇部分，由於過於信任某些史料的眞確性，導致某些具體推論頗可商確。其最著者，如由樵川樵叟《慶元黨禁》的黨禁名單推導出寧宗朝士大夫集團之兩極分化，即受道學材料所建構之史料影響，而高估了黨禁嚴屬程度。[22]

　　此外，余著下篇引用《道命錄》頗多，[23] 而此書實有李心傳（1166-1243）原本與元代程頤後人程榮秀（1263-1333）刪補本二種版本。據蔡涵墨先生研究，二本頗有不同。[24] 現今通行本乃知不足齋叢書

19　余英時，《朱熹的歷史世界（上篇）》，〈緒說〉，頁176。

20　事實上，余先生在〈緒說〉已有明言：「我完全承認，『仁體』、『天理』等都是理學家的眞信仰」。然而〈西銘〉義理，前人多有詳論，本不屬於余著研究範圍。余英時，《朱熹的歷史世界（上篇）》，〈緒說〉，頁177。

21　李華瑞，〈宋神宗與王安石共定「國是」考辯〉，《文史哲》，2008年1期，頁73-78。除了「共定國是」說以外，李先生文中亦就熙寧「國是」綱領頒布時間以及元豐以降「國是」體制化現象提出了一些意見，值得參看。

22　這點李超先生論述最詳，參氏著《南宋寧宗朝前期政治研究》，頁20-21以及此書第二、三章關於黨禁規模與程度的精密分析。

23　蔡涵墨首先留意到此點，見 Charles Hartman, "Zhu Xi and His World," *Journal of Song-Yuan Studies*, p.110.

24　Charles Hartman, "Bibliographic Notes on Sung Historical Works: The Original

本,乃以程榮秀刪補本而來。[25]《朱熹的歷史世界》採用的是通行本。例如余書第十一章論陳賈上奏「禁偽學」一事,余書引李心傳跋語以證陳賈之奏乃代表王淮(1126-1189)集團發言。跋云:

> 晦庵先生祠命之未下也,時相先擢太府寺丞陳賈爲監察御史。至是,輪當面對,遂上此奏。時鄭丙爲吏部尚書,亦上言:「近世有所謂道學者,欺世盜名,不宜信用。」遂有「道學」之目焉……當時太學諸生爲之語曰:「周公大聖猶遭謗,伊洛名賢亦被譏。堪嘆古今兩陳賈,如何專把聖賢非?」[26]

這一段李心傳「跋語」,在李氏原本《道命錄》中的表述方式,保留在今殘本《永樂大典》卷8164之中:[27]

> 祠命之未下也,時相先擢太府寺丞陳賈爲監察御史。至是,輪當面對,遂上此奏。時鄭丙爲吏部尚書,相與遂有「道學」之目焉。夫道學云者,謂以道爲學也。其曰周公

Record of the Way and Its Destiny (Tao-ming lu) by Li Hsin-ch'uan," Journal of Song-Yuan Studies, 30(2000), pp. 1-61. 蔡氏論《道命錄》此文本有上、下二篇,此爲上篇。全文已有中譯,參氏著,〈《道命錄》復原與李心傳的道學觀〉,收入作者文集《歷史的嚴妝:解讀道學陰影下的南宋史學》(北京:中華書局,2016),頁344-448。

25 程榮秀元本原貌,尚可由《續修四庫全書》所收清影元抄本得見。李心傳(撰),程榮秀(刪補),《道命錄》,《續修四庫全書》(上海:上海古籍出版社,1995年據北京大學圖書館藏清影元抄本影印,第517冊)。

26 余英時,《朱熹的歷史世界(下篇)》,第十一章,頁312。引文參《道命錄》,《續修四庫全書》本,〈陳賈論道學欺世盜名乞擯斥〉一奏附錄,頁3b-4a。

27 關於《永樂大典》收載李心傳原本《道命錄》的情況,參蔡涵墨,〈《道命錄》復原與李心傳的道學觀〉,《歷史的嚴妝:解讀道學陰影下的南宋史學》,頁354-360。

殁，聖人之道不行，孟軻死，聖人之學不傳者，謂道衰學
廢也。[28]

余先生據通行本《道命錄》李心傳「跋語」所引太學諸生一詩，申論
淳熙年間太學生推尊朱熹之「政治主體意識」。[29]姑且不論觀點是否成
立，由上述引文可見，這首太學生詩，並非李心傳原文，而是元代程
榮秀補入的資料。從史源學角度來說，由此詩推論淳熙十年後太學生
理學意識之抬頭，恐有未安。

　　同樣的情況亦出現在余先生討論韓侂胄（1152-1207）主使之官
僚集團與理學家角力部分。在第十一章末節，先生再引《道命錄》卷
7〈論習僞之徒唱爲攻僞之說乞禁止〉一奏批注「自慶元以來，何澹
（1146-1219）、京鏜（1138-1200）、劉德秀（1135-1207）、胡紘
（1137-1203）專主僞學之禁，爲侂胄斥逐異己者」，提出慶元「僞學」
之禁是官僚集團集體意志表現，而非韓侂胄個人喜好問題。先生以
爲，韓氏後來主張「建極用中」，鬆綁黨禁，已與官僚集團發生分
歧。[30]然而在先生緊接著自己引用一條《慶元黨禁》材料中，則已明
言：「侂胄亦厭前事，欲稍示更改，以消釋中外意。時亦有勸其開黨
禁，以杜他日報復之禍，侂胄以爲然」[31]。據蔡涵墨推論，這一段材料
其實源出李心傳原本《道命錄》，後爲程榮秀所刪去，今通行本《道
命錄》中才呈現爲余先生引用的樣子。《慶元黨禁》以及先生未及引
用的《續編兩朝綱目備要》，保留的才是李心傳本《道命錄》原貌。
只見於原本、不見於程榮秀刪補本中的「時亦有勸其開黨禁」一語，

28《永樂大典》（北京：中華書局，1986），第五冊，卷8164，頁20b。
29 余英時，《朱熹的歷史世界（下篇）》，第十一章，頁315-319。
30 余英時，《朱熹的歷史世界（下篇）》，第十一章，頁381。
31 余英時，《朱熹的歷史世界（下篇）》，第十一章，頁381。

正好證明了韓侂胄才是所謂「黨禁」的眞正推手。余先生大概受「何澹、京鏜、劉德秀、胡紘專主僞學之禁」「專主」二字影響，認定這批官僚集團中人才是黨禁的原動力。實則《道命錄》原文此處並無「專主」二字，而是寫作：「初，學禁之行也，京鏜、何澹、劉德秀、胡紘四人者，寶〔實〕橫身以任其責、爲韓侂胄斥逐異己者」。[32]李心傳該段原文批注邏輯甚爲清楚：何、京等「官僚集團」，在黨禁一事上乃爲韓侂胄任責，而非相反。後來韓氏自己想法有所改變，而其他「官僚集團」中人感知其意，勸開黨禁，乃有乞禁攻僞等奏疏的出現。這一原來明晰的邏輯關係，因程榮秀本《道命錄》妄加刪補，出現了何、京等人「專主學禁」卻又「爲侂胄斥逐異己」的前後不一之處。余先生無暇考證《道命錄》版本並相關材料史源問題，遂有此處之邏輯倒置。

　　以上兩處史料辨析，絕非有意苛求於前輩。即使沒有《道命錄》的幾處材料，余先生官僚集團的慧見仍有不可磨滅之價值。上文關於《道命錄》的史料分析，自亦難免攻其一端，不及全貌。筆者之所以明知故犯，乃是爲了拈出余先生史著對史料「一視同仁」的視野，以彰顯余著之「方法迴路」。在余先生橫切面式的解讀之下，《道命錄》也好，其他理學材料也好，[33]都服務於同一橫切面的核心主題。仕同

---

32 《道命錄》原本引自《續編兩朝綱目備要》（北京：中華書局，1995），頁124。

33 比如余著廣引的黎靖德本《朱子語類》，另有黃士毅本，更近《語類》原貌。關於程頤、程顥後世各種文字的問題也頗爲複雜。基本介紹和疏解，參 Hans van Ess "The Compilation of the Works of the Ch'eng Brothers and its significance for the Learning of the Right Way of the Southern Sung Period," *T'oung Pao,* 90(2004), pp.264-298; Cheung Hiu Yu, "Consolidation of the 'Cheng School': Yang Shi and Yin Tun in the Early Twelfth Century," *Asia Major*, 34:1(2021), pp.111-146.

一橫切面的「史料之盤」中，史料的說服力常被視爲同等。另一顯例
是，余先生在引用元修《宋史》時，多不辨別其史源。而討論各宋代
筆記、文集材料時，亦省略了諸多針對史料眞確性的考證。[34]在余先
生穿插各種史料、迴旋往復的論述中，即使有些史料處理未算穩妥，
只要該史料不是核心材料，不影響其基本論點，那麼他就不會花時間
細加考證。[35]簡言之，《朱熹的歷史世界》這部書，跨越了宋史史料有
效性層級中的種種複雜問題，而以論述爲優先。[36]精於考證的宋史專
家，固然不難在這樣一部大論述中找出細節問題。但要寫出《朱熹的
歷史世界》這樣主題宏偉的大著作，而不致迷失於細節之中，則亦難
矣。[37]在史學日益專門化的當下，作爲宋史學者，讓如何拿捏細節考

---

34 準確而慎重的相關批評，可參祝平次、蔡涵墨二評後半部分各具體例證。

35 涉及核心材料的話，余先生還是基本保持了他一貫謹慎細心的風格。比如
在討論南宋「國是」一節中，先生引李綱《建炎進退志・總敍》論「國
是」的一段話，此語本出於李綱〈議國是〉建炎元年一奏。值得注意的
是，余先生在引用《建炎進退志》以後，下文特別以小字標出這段話的原
始出處（《梁谿集》，卷58）。余英時，《朱熹的歷史世界（上篇）》，第五
章，頁365。

36 筆者此處提出「史料有效性層級」一詞，意指宋史研究一般認爲原始資料
反映史事眞確性的程度有別。比如北宋晚期變法，相關材料很多，利用元
修《宋史》中元人剪裁過的材料，不如利用《續資治通鑑長編》中所引用
的變法當時官、私材料，比如新、舊法黨重修過幾次的《實錄》、官僚私
人日記、家傳等等。當然，不同材料受書寫者和受眾影響，自有偏頗之
處。但在基本層級方面，《長編》所引各種材料自較《宋史》所引宋修
《國史》更貼近當時語境一些。有關宋代史料性質和層級的分析，不勝枚
數，近來較全面的研究，可參 Charles Hartman, *The Making of Song Dynasty
History: Sources and Narratives, 960-1279 CE* (NY: Cambridge University
Press, 2021).

37 這裡不妨再思余嘉錫先生撰寫《四庫提要辨證》時，評論紀曉嵐總纂《四
庫提要》之著名評語：「易地而處，紀氏必優於作《辨證》，而余之不能
爲《提要》決也」。余嘉錫：《四庫提要辨證》〈序錄〉（昆明：雲南人民
出版社，2004），頁48。

證與主題論述之間的分寸？這是《朱熹的歷史世界》仍能啓迪吾輩之
處。

三、「餘意未盡」的《朱熹的歷史世界》

　　以上從全書結構和史料運用兩方面大致討論了《朱熹的歷史世
界》的一些要點。只要細心閱讀，此書草蛇灰線的結構之下，我們仍
能把握住幾個重要橫切面的基本線索。從這方面來說，《朱熹的歷史
世界》具有西方學術寫作「主題優先」（main thesis oriented）的特
徵。由於此書篇幅甚富，加之余先生文筆才華橫溢，夾敘帶論，有些
地方不易理解。在眾多《朱熹的歷史世界》相關評論之中，最能把握
余著主題者，恐怕仍是田浩、蔡涵墨、包弼德三位先生的幾篇英文評
論。[38]數評於余書之方法與理路，尤其是其「政治文化」概念，反思
深刻。三評都相當正確地指出余著強調的是士大夫的政治屬性，而這
種強調背後蘊含的是一種中央政府本位的視野。[39]儘管三者對余著這
一視野評價不同，[40]但無疑都把握住了余著的核心意義。

---

38 田浩（撰），程鋼（譯）：〈評余英時的《朱熹的歷史世界》〉，《世界哲
　　學》，2004 年 4 期，頁 103-107；Peter Bol, "On the Problem of
　　Contextualizing Ideas: Reflections on Yu Yingshi's Approach to the Study of
　　Song Daoxue," *Journal of Song-Yuan Studies*, pp.59-79; Charles Hartman,
　　"Zhu Xi and His World," *Journal of Song-Yuan Studies*, pp.107-131. 中文書評
　　中，葛兆光與祝平次兩評尤其細緻，均就余書章節細節部分提出分析。
39 這讓我們想起韓明士（Robert Hymes）先生關於宋代士人朝廷本位（court-
　　oriented）與士本位（*shi*-oriented）的經典論述，"Sung Society and Social
　　Change," in *The Cambridge History of China, Vol. 5, Part Two: Sung China,
　　907-1279*, eds. John W. Chaffee and Denis Twitchett (Cambridge, UK:
　　Cambridge University Press, 2015), pp.621-60. 尤其是 631-632 頁。
40 田評讚同余著重視士大夫政治立場的基本立場，但指出了余著中混用「道

　　恰如許多北美史家的研究所指出，兩宋士人的身分認同由中央政府定義的官位（office holding）轉向個人素養與地方社會活動，這是科舉擴大化和各種社會因素揉合後的自然結果。[41]士大夫在士人化的過程之中走向地方，這在其他類型的史料中可以找到許多佐證，比如地方志或者文集中涉及地方行政的部分。然而也正如包弼德先生所指出：「余英時堅持，朝廷政治應該是現代史家描繪道學家如朱熹的一個部分，我認爲這是對的」(I think Yu Yingshi is quite right to insist that court politics should be part of the picture we draw of Daoxue figures like Zhu Xi)。[42]這一構成宋代士人的「部分」，在以奏疏、語類、問答爲核心材料的《朱熹的歷史世界》中，成爲了「政治文化」的主體。儘管余先生開宗明義，提出其所採取的「文化史」方法是把士人的觀念和思想和「實際生活聯繫起來作觀察」。[43]但這一「實際生活」的本質，仍囿於兩宋士人作爲儒家士大夫身分而活躍的政治領域，[44]亦即余著

學」和「理學」可能會導致今人理解道學家群體的實質形態有所誤差。包評則強調余著忽略了理學家的社會屬性，尤其是他們在社會事務上的積極參與。

41 相關經典論述，參郝若貝（Robert Hartwell）名作 "Demographic, Political and Social Transformation of China, 750–1550," *Harvard Journal of Asiatic Studies,* 42:2 (1982), pp.365-442. 以包弼德、韓明士、史樂民（Paul Smith）、柯胡（Hugh Clark）等學者論著爲代表，其他關於兩宋士人地方轉向之研究過去數十年間甚多，不勝枚舉。

42 Peter Bol, "On the Problem of Contextualizing Ideas: Reflections on Yu Yingshi's Approach to the Study of Song Daoxue," *Journal of Song-Yuan Studies*, p.79.

43 余英時，《朱熹的歷史世界（上篇）》，〈緒說〉，頁32。

44 包弼德充分注意到了這一點，針對余著的「文化史」進路就方法層面提出質疑。Peter Bol, "On the Problem of Contextualizing Ideas: Reflections on Yu Yingshi's Approach to the Study of Song Daoxue," pp.63-65.

「歷史世界」聚焦之所在。

　　政治領域以外，士人在其他領域中的種種活動，是否即不入「歷史世界」之法眼？筆者以爲未必然。在第六章〈宋初儒學的特徵之其傳洐〉之中，余先生提出宋代儒學復興大背景下的秩序重建，乃先由北宋前期儒者「推明治道」所發明。由於胡瑗（993-1059）、孫復（992-1057）、石介（1005-1045）三先生出現推舉「聖人之道」，配合五代至宋初雕版印刷蓬勃發展的客觀條件，儒學在民間得以復興，然後在宋仁宗親政以後通過大臣推舉、經筵講讀等方式進入中央視野，從而爲後來儒家秩序的整體挺立鋪陳基礎。[45]此章雖仍以士人儒學和政治思想爲旨歸，但是針對三先生的地理和文化背景，余先生提出了三人均「成學於泰山」這一共同特點，進而推論自五代以來已有的魯地「抱經」傳統。余先生謙稱，他在這方面的簡略推論只是爲以後探討儒學復興的社會起源提供一二線索。[46]然而這一魯地「抱經」集團的提出，實已步入社會文化史（socio-cultural history）的思維範疇。[47]余著受主題所限，不能深入探討魯地集團，固其必矣。但是這

---

45 北宋前期儒學復興過程，並參 Peter Bol, *This Culture of Ours: Intellectual Transitions in T'ang and Sung China* (Stanford: Stanford University Press, 1992)；漆俠，《宋學的發展和演變》（石家莊：河北人民出版社，2002）；劉復生，《北宋中期儒學復興運動》（臺北：文津出版社，1991）；麓保孝，《北宋に於ける儒學の展開》（東京：書籍文物流通會，1967）。針對北宋前期儒家思想進入中央視野的過程，尤其是從禮儀和皇帝之學兩方面加以論述者，參 Cheung Hiu Yu, "Ritual Officials and the Rise of Confucian Ritualism in the Eleventh Century," *T'oung Pao,* 108 (2022), pp.160-201; 張曉宇，〈理學與皇權──兩宋之際「聖學」觀念的演變〉，《中央研究院歷史語言研究所集刊》，第92本第4分，（臺北：2021年12月），頁649-700。

46 余英時，《朱熹的歷史世界（上篇）》，第六章，頁397-399。

47 Peter Bol, "On the Problem of Contextualizing Ideas: Reflections on Yu Yingshi's Approach to the Study of Song Daoxue," p.71.

一概念所啓迪的「餘意」，大可深思。[48]篇幅所限，下文單就三先生之
石介爲例，略加說明魯地集團另外一種社會特質。

　　在《朱熹的歷史世界》裡，余先生引用了晁補之（1053-1110）
〈張穆之觸麟集序〉以證五代時期魯儒「抱經伏農野」的傳統。石介
生於兗州奉符縣，長年開館講學於奉符徂徠山下，自然屬於這一傳
統。他的生平，詳見於歐陽修（1007-1072）〈徂徠石先生墓志銘〉。
此銘文字集中於石介學術道德，並及其死後爲人所誣一事。[49]歐陽氏
痛惜石介死後被受誣名，總結其生平志向時乃有「思與天下之士，皆
爲周孔之徒」之語，而銘文亦備極稱頌。[50]但我們需要注意，這一銘
文本是歐陽修爲慶曆新政有感而發，可謂特殊政治環境之下的產物。
此外，歐陽修沒有完全掌握石介的相關材料。在紀念石介的〈重讀徂
徠集〉一詩中，歐陽氏提到其想爲石氏辯冤，曾去信石家索求材料而
不得之事。[51]歐陽氏之銘對石介儒學思想的推崇，只是針對石介特定
政治面貌的書寫。

---

48 眾多評論余著的書評中，大概只有葛兆光先生留意到了余先生對魯地「抱
　經」傳統的重視。大概受文章體裁所限，葛先生也沒有就「餘意」加以發
　揮。葛兆光，〈置思想於政治史背景之中──再讀余英時先生的《朱熹的
　歷史世界》〉，頁395-396。

49 此事爲仁宗朝之一大史事。事略見陳植鍔，《石介事瀕著作編年》（北
　京：中華書局，2003），頁128-132。

50 石介（著），陳植鍔（點校），《徂徠石先生文集》（北京：中華書局，
　1984），附錄二，歐陽修〈徂徠石先生墓志銘並序〉，頁261。

51 詩云：「我欲犯眾怒，爲子記此冤。下紓冥冥忿，仰叫昭昭天。書於蒼翠
　石，立彼崔嵬巔。詢求子世家，恨子兒女頑。經歲不見報，有辭未能
　銓」。歐陽修，《歐陽文忠公集》，收入《四部叢刊初編》集部第148冊
　（上海：商務印書館，1936），卷3，〈重讀徂徠集〉，頁64。陳植鍔先生的
　早年研究已注意到這條材料。陳植鍔，周秀蓉：《石介事瀕著作編年》
　（北京：中華書局，2003），頁129-130。

　　然則這一書寫並不足以反映石介所代表的「傳統」全貌。石介家族自唐末六世祖起，由河北滄州遷往山東奉符縣梁甫鄉雲亭里商王村，本乃田家出身。在自述其家世的〈雲亭里石氏墓表〉中，石介提到五代兵亂之時，諸祖因「敏有材力，習戰尚勇，騎射格鬥，豪於鄉里」。[52] 這份墓表詳細描繪了石家諸祖與奉符當地盜匪戰鬥的過程。石介的長曾祖、七曾祖、大祖父、二祖父、四祖父、七祖父都死在戰鬥之中。其中描寫石介三曾祖「善戰，既敗，賊入門，升堂階，又斬賊副花頭。乃攀堂簷而出里餘，息於栗林西數十步，渴就溝水飲，眼皆血出滴水上。苦戰如此，然竟免」。[53] 幸好有這一篇墓表文字傳世，我們才能得知作為「抱經」之儒的石家，竟有這種重視武學的家風傳統。

　　就石介本人而言，這一武學家風的影響力亦不容低估。石介寫與老師孫復的〈上孫先生書〉，是思想史家十分重視的關鍵文獻，並視之為宋初儒者追求「聖人之道」的核心證據。鮮為人所注意者，乃是石介在這封私信中提及「聖人之道」時的激烈修辭。石介信中先將自己描述為一不善言語、「被服儒衣冠」之三尺書生。但是，當討論到「聖人之道」時，石介心境馬上產生了變化：「於斯道也，身自視若

---

52 石介，《徂徠石先生文集》，附錄一〈佚文〉，〈石氏墓表〉，頁251。此表乃石介慶曆二年三月五日撰成後，自立於石氏家族群墓之前（石介，《徂徠石先生文集》，卷19，〈拜掃堂記〉，頁235-36）。歐陽修恐未及見此，後世《徂徠集》各版本均失收。清人錢大昕曾見此表，大概原表清代尚存。表文並見曾棗莊、劉琳主編，《全宋文》（上海：上海辭書出版社；合肥：安徽教育出版社，2006，第83冊），卷634，頁17。編者言乃抄自清人所編《金石續編》，表末文字較陳植鍔整理本《徂徠石先生文集》多出書表者（士建中）、篆額者（顏輔）與刻表者（孫湛）等資訊。

53 石介，收入曾棗莊、劉琳主編，《全宋文》第83冊，卷634，〈石氏墓志〉，頁18。

八九尺長，方目廣額，體被犀甲，頭戴鐵鍪，前後馳十萬騎，瞻氣雄
烈，無所畏恐。故嘗自道吾年纔三十，吾心已不動。誰謂石介剛過於
孟軻勇，此誠敢自許也」。[54] 據此信語氣推敲，大概孫復之前來信，有
勸石介推行「聖人之道」時多取中和態度之語。從石介的反應來看，
他在感知「聖人之道」時，與其說是一位文質彬彬的儒生，毋寧說是
一位膽氣豪壯的武將。在切換爲「聖人之道」模式時，石介心理幻化
的具體趨向，恐怕不僅其所幻想的孟子至大至剛之氣，而兼有重視武
學的石氏先祖形象在內。

　　以上對石介武學氣質的說明，亦能在其他文獻中找到證據。康定
元年（1040），李元昊入寇，陝西邊境告急，石介向時任陝西經略使
的韓琦（1008-1075）推薦老師孫復。在薦書中，石介提到魯地士人
集團之獨特性，在於「皆有文武資材，仁義忠勇，計策謀略，可膺大
任……今邊寇內侮，牽朝廷露師轉粟之勞，煩吾君宵衣旱食之慮，復
等豈得申申燕居，飽食高枕乎」。[55] 在這一文獻中提到的孫復、梁構、
姜潛、[56] 張洞諸人，均爲魯地出身或求學魯地之士人。以孫復、石介
爲中心的這一魯地士人圈，向被視爲復興儒學「聖賢之道」骨幹力
量。同年七月石介撰成的〈泰山書院記〉，反映的正是這一圈子的核
心成員與他們的政治關係，尤其是作爲孫復「游從之貴者」的朝官如

---

54 石介，《徂徠石先生文集》，卷15，〈上孫先生書〉，頁182。
55 石介，《徂徠石先生文集》，卷16，〈上韓密學經略使書〉，頁187。此信
　　繫年本陳植鍔，《石介事蹟著作編年》，頁90-91。
56 姜潛基本生平參魏伯河，〈北宋名士姜潛生平考略〉，《泰山學院學報》，
　　第4期，（泰安：2016年7月），頁78-84。魏文考證姜氏生平當在1015至
　　1090之間，並疑元修《宋史》紀歲有誤。其說未有確證，今不取。魏文蒙
　　孟銘輝君提示，特此致謝。

范仲淹（989-1052）、李迪（971-1047）、士建中（998-？）等。[57]但是，如果我們深入探討圈中士人的身分構成與自我認同，就會明瞭魯地「聖賢之道」的內容，也有武事混雜其中。在次年（慶曆元年，1041）十月寫予范仲淹的書信中，石介再次推薦張洞、姜潛、梁構，徑以「山東豪傑」稱之。石介稱許三人「負文武材略，有英雄之氣，習於兵，勇於用，智識通敏，精力堅悍」。在他看來，三位魯地士人既可以「儒衣緩帶，隨元戎而周旋」，亦可「各當一隊，必能得士死心，先諸將立功」。[58]儒士和武士，在魯地士人身上統合為一。[59]這是魯地士人集團社會面貌的另一種實質。

　　以上一隅之見，只是就余先生「魯地士人」之說以作粗淺發揮。從縱、橫雙向歷史語境觀察，則縱向而言，魯地士人崇尚武風與宋初銜接五代的武人精神一脈相承。[60]橫向來說，康定、慶曆以後西北邊境兵事，在形塑當時士人精神方面有著深刻的影響。在大而化之的「儒學復興」框架之下，無論中央還是地方，士人思維和行為均十分複雜。充份而全面地掌握現有史料，把宋代士人從概念化的陷阱中拯救出來，我想這是余先生強調歷史語境的本來用意，也是《朱熹的歷

---

57 石介，《徂徠石先生文集》，卷19，〈上韓密學經略使書〉，頁222-24。

58 石介，《徂徠石先生文集》，卷17，〈上范經略書〉，頁199。

59 此書提到的另外兩名山東士人，衛州奉符縣尉李緼，宿州臨渙縣令曹起，雖為進士出身，在石介看來亦屬「知兵習戰」之輩。石介，《徂徠石先生文集》，卷17，〈上范經略書〉，頁199。

60 二十餘年前，已有一些學者留意到宋初武人精神的延續性，並挑戰「重文輕武」的說法。曾瑞龍先生早期著作於此有深刻的觀察。曾瑞龍，《經略幽燕（979-987）：宋遼戰爭軍事災難的戰略分析》（香港：香港中文大學出版社，2003），尤其是第一章。後來何冠環、柳立言諸先生就「重文輕武」之說亦多有批評，從將門、武風、評價武將標準多方面論證宋初「重文輕武」說之不審。相關著作甚多，此不贅引。

史世界》留給後來者的「餘意」。能否把握並發揮此書「餘意」，那也是後來者的責任了。

四、結論──《朱熹的歷史世界》與兩宋士人史

回到本文題義之始：就宋史學界現在最為關心的士人史而言，《朱熹的歷史世界》還能提供甚麼啓示？以往針對兩宋士人發展的大論述，包括北宋的中央趨向（centralization of elites）、兩宋之際的「地方轉向」（local turn）、南宋的士人網絡演變（network formation），都是從歷史發展的整體圖像出發，輔以個案分析。歸根究底，上述研究的基點是線性發展的歷時性視角（diachronic perspective），強調長時段歷史演變中的常態與變化。余先生這部著作最大的啓示在於，它在理路層面提供了一種共時性解讀（synchronic approach）的新方法，以史料集群爲基，針對士人個案或者某一特定群體，作橫切面式的細節研究。從共時性解讀這一視野出發，如果我們可以將兩宋二百多年的精英士人群體按照史料集群搜集起來，詳做解剖，均衡處理單一橫切面內部士人精英的政治表現（中央與地方）和社會參與（地方），是否能夠得出一幅更完整的歷史圖像？

俄國黃金時代詩人丘特切夫（1803-1873）的著名小詩〈波浪和思想〉曾將思想比喻爲波浪：「思想追隨著思想，波浪逐著波浪──這是同一元素形成的兩種現象」[61]。治思想史者，常爲難以把握歷史人物思想實質而苦惱。不僅思想，歷史人物本身，也時而處在反復翻騰

---

[61] 丘特切夫（Tyutchev）（著），查良錚（譯），《丘特切夫詩選》（北京：外國文學出版社，1985），頁109。

的律動之中。針對橫切面式歷史圖像的謹慎處理，尤其是針對圖像中人物行為和思想細節的推敲，有助於我們透視這一類律動。這些橫切面式歷史圖像逐漸積累、疊加起來，史家乃有機會重建人物面貌的動態變化。一部更立體的兩宋士人史，也許不僅是「內聖外王」、「理學道統」乃至「中央地方」這一類對立的概念框架所可彌綸。在「反復翻騰」的史料細節之中，史家仍在不斷摸索著士人世界的實相，以臻孟子「知人論世」之境。《朱熹的歷史世界》在這一摸索過程中，仍是不可或缺的一杆風標。

徵引書目

史料

石介著，陳植諤點校，《徂徠石先生文集》，北京：中華書局，1984。

程頤、程顥著，王孝魚點校，《二程集》，北京：中華書局，1981。

歐陽修，《歐陽文忠公集》，《四部叢刊初編》集部第148冊，上海：商務印書館，1936。

李心傳撰，（元）程榮秀刪補，《道命錄》，上海：上海古籍出版社，1995年據北京大學圖書館藏清影元抄本影印，《續修四庫全書》第517冊。

解縉、姚廣孝等監修，《永樂大典》，北京：中華書局，1986。

佚名編，《續編兩朝綱目備要》，北京：中華書局，1995。

曾棗莊、劉琳主編，《全宋文》，上海：上海辭書出版社；合肥：安徽教育出版社，2006。

著作

丁爲祥，〈余英時「政治文化」的特色及其形成──再讀《朱熹的歷史世界──宋代士大夫政治文化的研究》〉，《哲學分析》，2012年3期，頁176-196。

田浩（Hoyt Tillman）撰，程鋼譯，〈評余英時的《朱熹的歷史世界》〉，《世界哲學》，2004年4期，頁103-107。

丘特切夫（Fedor Ivanovich Tyutchev）著，查良錚譯，《丘特切夫詩選》，北京：外國文學出版社，1985。

何俊，〈推陳出新與守先待后──從朱熹研究論余英時的儒學觀〉，《學術月刊》，2006年7期，頁61-68。

李超，《南宋寧宗朝前期政治研究》，上海：上海古籍出版社，2019。

李華瑞，〈宋神宗與王安石共定「國是」考辯〉，《文史哲》，2008年1期，頁73-78。

余英時，《史學與傳統》，臺北：時報出版公司，1985。

余英時，《朱熹的歷史世界：宋代士大夫政治文化的研究》，臺北：允晨文化實業股份有限公司，2003。

余英時，《士與中國文化》，上海：人民出版社，2003。

余英時，《知識人與中國文化價值》，臺北：時報出版公司，2008。

余英時，〈《國史大綱》發微──從內在結構到外在影響〉，《古今論衡》，第

29期，臺北：2016，頁3-16。

余英時，《朱熹的歷史世界》，北京：三聯書店，2011。

余英時，〈治史自反錄〉，《讀書》，第301期，北京：2004。

余嘉錫，《四庫提要辯證》，昆明：雲南人民出版社，2004。

祝平次，〈評余英時先生的《朱熹的歷史世界：宋代士大夫政治文化的研究》〉，《成大中文學報》，19期，臺南：2007，頁249-298。

陳植鍔、周秀蓉，《石介事瀕著作編年》，北京：中華書局，2003。

張曉宇，〈理學與皇權——兩宋之際「聖學」觀念的演變〉，《中央研究院歷史語言研究所集刊》，第92本第4分，臺北：2021，頁649-700。

徐波，〈歷史世界是如何可能的——環繞余英時《朱熹的歷史世界》之思考〉，《清華大學學報》，3期，北京：2015，頁174-185。

曾瑞龍，《經略幽燕（979-987）：宋遼戰爭軍事災難的戰略分析》，香港：香港中文大學出版社，2003。

葛兆光，〈置思想於政治史背景之中——再讀余英時先生的《朱熹的歷史世界》〉，收入田浩（Hoyt Tillman）編，《文化與歷史的追索—余英時教授八秩壽慶論文集》，臺北：聯經出版公司，2009，頁371-411。

劉復生，《北宋中期儒學復興運動》，臺北：文津出版社，1991。

劉成國，〈「以道自任」與「自我正義化」——從《朱熹的歷史世界》說到北宋士風的另一側面〉，《中國圖書評論》，第3期，瀋陽：2004，頁31-33。

蔡涵墨（Charles Hartman），《歷史的嚴妝：解讀道學陰影下的南宋史學》，北京：中華書局，2016。

漆俠，《宋學的發展和演變》，石家莊：河北人民出版社，2002。

鄧小南、田浩、閻步克、葛兆光、李華瑞、黃寬重、張國剛，〈歷史學視野中的政治文化〉，《讀書》，第10期，北京：2005，頁116-132。

魏伯河，〈北宋名士姜潛生平考略〉，《泰山學院學報》，第4期，泰安：2016，頁78-84。

（日）麓保孝，《北宋に於ける儒學の展開》，東京：書籍文物流通會，1967。

Cheung, Hiu Yu. "Consolidation of the 'Cheng School': Yang Shi and Yin Tun in the Early Twelfth Century," *Asia Major*, 34:1(2021), pp.111-146.

Cheung, Hiu Yu. "Ritual Officials and the Rise of Confucian Ritualism in the Eleventh Century," *T'oung Pao*, 108 (2022), pp.160-201;

Ess, Hans van. "The Compilation of the Works of the Ch'eng Brothers and its Significance for the Learning of the Right Way of the Southern Sung Period," *T'oung Pao*, 90:(2004), pp.264-298.

Hartwell, Robert. "Demographic, Political and Social Transformation of China,

750-1550," *Harvard Journal of Asiatic Studies,* 42:2(1982), pp. 365-442.

Hartman, Charles. "Bibliographic Notes on Sung Historical Works: The Original Record of the Way and Its Destiny (Tao-ming lu) by Li Hsin-ch' uan," *Journal of Song-Yuan Studies*, 30 (2000), pp.1-61.

Hartman, Charles. "Zhu Xi and His World," *Journal of Song-Yuan Studies*, 36 (2006), pp.107-131.

Hartman, Charles. T*he Making of Song Dynasty History: Sources and Narratives, 960–1279 CE.* New York: Cambridge University Press, 2021.

Hymes, Robert. "Sung Society and Social Change," in *The Cambridge History of China*, Vol. 5, Part Two: Sung China, 907-1279, edited by John W. Chaffee and Denis Twitchett, 621-60. Cambridge: Cambridge University Press, 2015.

Bol, Peter. *This Culture of Ours: Intellectual Transitions in T'ang and Sung China.* Stanford: Stanford University Press, 1992.

Bol, Peter. "On the Problem of Contextualizing Ideas: Reflections on Yu Yingshi' s Approach to the Study of Song Daoxue," *Journal of Song-Yuan Studies,* 34(2004), pp.59-79.

Ridges in front and Peaks to the Side: New Reflections on the Methodology of the *Zhu Xi de lishishijie*

Cheung Hiu Yu

Abstract

After his death, the prominent Chinese-American historian Yu Ying-shih has left behind a rich legacy of historical studies that continues to shed new light on Chinese history. In his late years, Professor Yu has completed one of his representative works on Song intellectual history, entitled the *Zhu Xi de lishishijie*. The work has drawn great attention from many researchers since its first publication in 2003. Nonetheless, there are still something to say about this classic work. By analysing the writing sequence, structure, and sources used in the *Zhu Xi de lishishijie*, this article reveals some clues for the better understanding of this work. Moreover, responding to the criticism that Professor Yu has devoted most attention to the political aspects of Song intellectual history, the article also highlights Yu's conception of some ideas that fall in the realm of socio-cultural history. Thus, social and intellectual historians may find new insights in the *Zhu Xi de lishishijie* and especially its "cross-sectional" reading of Song history.

Key words: Yu Ying-shih, *Zhu Xi de lishishijie*, methodological circuit, cluster of sources, cross-sectional reading

王陽明的教化觀：從余英時先生「覺民行道」說談起

楊正顯

臺灣人，臺灣清華大學歷史學博士。曾任中研院歷史所博士後、文哲所院級博士後、海洋大學海洋中心專案助理研究員，現任中央研究院近代史研究所副研究學者。研究領域：陽明學、明清思想史、文獻學。代表作：《覺世之道：王陽明良知說的形成》(2015)、〈白沙學的定位與成立〉(2014)、〈「明亡之因」的追論與議定〉(2016)、〈後死有責：從《陽明先生文錄》到《王文成公全書》的師教衍變〉(2021)、〈清中葉陽明學的復返--「王劉會」的成立與活動〉(2022)、〈魏校思想之遞變：從與王陽明南京對話談起〉(2023)。

王陽明的教化觀：從余英時先生「覺民行道」說談起**

楊正顯*

摘要

　　本文透過余先生「覺民行道」說的影響與省視，藉由新史料補充其論點，再簡要地說明王陽明的教化觀。現今晚明思想與社會經濟史研究中，「覺民行道」說可謂已成定論，多數研究在此基礎上，往鄉約、社學等庶民教化開展，但從陽明弟子的行動中，鄉約的實踐仍屬少數。而從史料上重新省視此說的重要論據，都可見余先生孤明先發之處，更能發現陽明再三引用「伊尹」典故，亦可見其「致君行道」的心志始終不變。陽明的教化觀隨著其良知說的逐漸開顯而有階段性的變化，從龍場「天下無不可化之人」，到南贛時訴諸萬物一體、民吾同胞的理念，曲盡人情，冀望盜賊感化。而在良知說正式提出後，又進一步將教化機制歸諸人吾皆有的良知，並於人情物理中發用，即是三代熙熙皞皞社會成因。

關鍵詞：余英時、覺民行道、鄉約、教化、三代之治

** 此文曾經林勝彩兄指正，謹此致謝。曾宣讀於「余英時院士逝世周年紀念工作坊」研討會（臺北：中央研究院，2022 年 8 月 5 日），承呂妙芬老師指正，謹此致謝。。

* 中央研究院近代史研究所副研究學者。

一、前　言

在明代王陽明思想與陽明後學的研究裡，余英時先生（後面皆稱余先生）出版於2004年《宋明理學與政治文化》一書的重要性，無可質疑，具有廣泛影響力。此書主要論點是從余先生另一書《朱熹的歷史世界》（2003）延伸而來，其中第六章「明代理學與政治文化發微」比較宋、明兩代政治文化的異同，進而思考王陽明思想的特殊性，認為陽明因為「得君行道」的想法無法實現，故轉向「覺民行道」[1]的道路。[2]此書出版後，筆者先閱讀完《朱熹的歷史世界》，於2005年閱讀完畢。在余先生過世之後，因紀念會議之故，筆者重新再閱讀此書，除了藉此機會說明此論述發表後所產生的影響外，在經過近二十年後，透過新發現的陽明史料重新省視這個論述，對相關論述依據或有補充與修正之處，另一方面論述王陽明教化觀的前後變化以顯現其「行道」究竟偏重「得君」抑或「覺民」？

1　早在1994，余先生在〈現代儒學的回顧與展望──從明清思想基調的轉換看儒學的現代發展〉中說：「用傳統的語言說，明清有濟世之志的儒家已放棄『得君行道』的上行路線，轉而採取了「移風易俗」的下行路線。」原發表於《中國文化》，11（北京：1995年6月），頁1-25。後收入《現代儒學論》（香港：八方文化，1996）。筆者此處使用的是上海人民出版社1998版，頁31。又此觀點一出現在〈士商互動與儒學轉向〉中，原文是「晚明儒學轉向，由上行的『得君行道』改為下行的「化民成俗」。」見《現代儒學論》（上海：上海人民出版，1998），頁109。

2　余英時，〈明代理學與政治文化發微〉，《宋明理學與政治文化》（臺北：允晨文化，2004），頁249-332。此章有英文版 "Reorientation of Confucian Social Thought in the Age of Wang Yangming" 收入 Ying-shih Yü, Josephine Chiu-Duke and Michael S. Duke eds. *Chinese History and Culture: Sixth Century B.C.E. to Seventeenth Century, Volume 1* (New York: Columbia University Press, 2016), pp. 273-320.

二、「覺民行道」論述的影響與延伸

（一）論述的反饋

余先生論述從宋代王安石時的「得君行道」到王陽明的「覺民行道」的過程。「得君行道」譯成白話文，就是得到君王的賞識與認可，推行一連串的政策，使三代之治重現於今。「覺民行道」譯成白話文，則是以先覺自任以覺後覺，以個人的思想概念啓迪後覺，進而促使後覺亦覺，共同實踐恢復三代之治的政策。這裡面暗示排除君王的參與，而將行道主體放置在「民」之上。按照這個觀點，行道的過程其實有兩面，一是得君、一是覺民，但是此書出版後，筆者很少見到同時論述這兩面，多專注於覺民這一方面，進行論述。例如2006年，張藝曦出版其博士論文改寫的《社群、家族與王學的鄉里實踐：以明中晚期江西吉水、安福兩縣爲例》，[3]基本上就是延伸余先生的觀點，討論陽明門人及其後學王學在江西吉水與安福兩縣所做的「覺民行道」，焦點不僅有過往討論的講會，主要關注鄉約的施行與土地丈量的社會工作。另一方面李明輝針對余先生《朱熹的歷史世界》所引發的「內聖外王」概念時，也引余先生談論陸九淵的行歷來論證說：「宋代士大夫亦有『覺民行道』的一面」。[4]李明輝關於陸九淵覺民行道的看法，亦見於單虹澤的〈陸象山的「主民」思想及其對晚明「覺民行道」的開啓〉。單氏引用韓明士（Robert P. Hymes）對南宋撫州的研究，認爲南宋菁英階層的興趣不再是獲得君主的青睞，反而將精力

---

3 張藝曦，《社群、家族與王學的鄉里實踐：以明中晚期江西吉水、安福兩縣爲例》（臺北：國立臺灣大學出版委員會，2006），頁7。

4 李明輝，〈「內聖外王」問題重探〉，後收入在周大興編，《理解、詮釋與儒家傳統：展望篇》（臺北：中央研究院中國文哲研究所，2009），頁71。

轉向地方，引導農村的菁英階層參與政事。[5]李明輝強調明代與宋代的政治文化無大差異，皆有「得君行道」與「覺民行道」兩個面向（余先生也不否認）。

　　不過，往後學界在論述明中晚期政治社會與陽明學時，不但「覺民行道」說屢屢被引用，還延伸出所謂「民間儒學」或「儒學轉向」的看法，尤其關注余先生文中提及的代表性人物王艮。例如呂詩堯的碩士論文〈論明末儒學的民間轉向——以王艮爲詮釋視角〉，[6]完全接受余先生的思路而作。隔年，趙洋藝的碩士論文〈王陽明「覺民行道」的「外王」思想〉中，[7]完整引用余先生的說法與論據。與呂詩堯不同之處，不單論王艮，而多談了陽明講會與鄉約、社學的施行，以此做爲教化的例證，這種寫法亦見於呂文龍的碩論[8]。趙偉〈明代政治生態與士大夫政治文化的雙向路線〉一文，除了採用余先生生的論述外，比較強調陽明並沒有放棄「得君行道」的路線，並舉出王畿與焦竑爲例證。[9]其中王畿的部分，分別有吳兆豐〈中晚明士大夫教化宦官「運動」：以內書堂爲中心〉以「化宦」爲主題來申說明代士大夫致力於宦官教育，以教化皇帝親近之人，間接落實「格君」的理想，亦是

5　單虹澤，〈陸象山的「主民」思想及其對晚明「覺民行道」的開啓〉，《學術探索》，2020年3期，頁14。Robert. P. Hymes, *Statesmen and Gentlemen: The Elite of Fu-Chou, Chiang-hsi, in Northern and Southern China* (Cambridge & New York: Cambridge University Press, 1986).

6　呂詩堯，〈論明末儒學的民間轉向——以王艮爲詮釋視角〉，（北京：首都師範大學碩士論文（中國哲學），2011年4月）。

7　趙洋藝，〈王陽明「覺民行道」的「外王」思想〉，（北京：中共中央黨校碩士論文（中國哲學），2012年6月）。

8　呂文龍，〈萬物一體、覺民行道與鄉約制度——王陽明鄉治思想研究〉，（黑龍江：哈爾濱工程大學社會學碩士論文，2018年6月）。

9　趙偉，〈明代政治生態與士大夫政治文化的雙向路線〉，《東方論壇》，2014年4期，頁31-40。

另一種「得君行道」。[10]近年來，余先生從王陽明龍場頓悟後，轉向覺民行道，進而在弟子王艮手中完成實踐的論述，已為共識，故學界研究重點轉向陽明教化的實踐，如何大雪〈王陽明的覺民行道實踐—以總督兩廣期間為例〉提到陽明總督兩廣時，透過興學的手段，開啟邊疆民族化夷為夏，覺民向善的社會教化格局。[11]王格〈王學中的三種庶民教化形式〉亦突出南贛鄉約以及泰州學派王艮的庶民講學。[12]王曉娣〈儒學民間化——陽明后學「覺民行道」的社會倫理建構〉則是在沒有引用余先生論點的情況下，[13]自然而然地談陽明後學「覺民行道」實踐，內容集中於陽明後學的講會、鄉約與泰州學派之所為。唯一較為不同的是張衛紅〈草根學者的良知學實踐——以明嘉靖至萬歷年間的安福學者為例〉一文，[14]通篇沒有使用「覺民行道」四字，而使用「良知學實踐」，似乎刻意避開王學學者的框架，直探嘉靖萬曆年間安福學者「化鄉」的努力。特別的是不專論鄉約問題，而關注家族內講會、鄉內事務、土地丈量等事務，最後歸結於皆為陽明良知說與萬物一體說的展現。

---

10 吳兆豐，〈中晚明士大夫教化宦官「運動」：以內書堂為中心〉，《中國文化研究所學報》，66（香港：2018年1月），頁65-95。此外，彭國翔的〈王龍溪的《中鑒錄》及其思想史意義：有關明代儒學思想基調的轉換〉亦曾提及王畿《中鑒錄》著作亦是得君行道的努力，見《漢學研究》，19:2（臺北：2001年12月），頁59-81。

11 何大雪，〈王陽明的覺民行道實踐——以總督兩廣期間為例〉，《智富時代》，2019年1期，頁140。

12 王格，〈王學中的三種庶民教化形式〉，《中國研究》，2019年4期，頁195-206。第三個教化方式是黃宗羲的學校制度。

13 王曉娣，〈儒學民間化——陽明後學「覺民行道」的社會倫理建構〉，《東南大學學報（哲社版）》，2020年5期，頁27-33。

14 張衛紅，〈草根學者的良知學實踐——以明嘉靖至萬歷年間的安福學者為例〉，《文史哲》，2020年3期，頁90-96。

　　有人全盤接受，亦有人提出商榷。前所述李明輝之論，認爲宋代政治文化與明代無異，宋代亦有「覺民行道」之舉，而最近的論文則是認爲陽明並未放棄「得君行道」的想法。蔡至哲〈君子致權－陽明晚年政治思想新探〉[15]認爲「覺民行道」說是「中國近世思想史的研究典範」，但提出「君子致權」是陽明晚年的政治思維，認爲「相權」足以得君，並諄諄教誨其入閣弟子。楊國榮〈以事行道－基于泰州學派的考察〉則認爲王艮及其門人所行乃是「以事行道」，非「覺民行道」，且相關的概念亦見於宋代胡寅。[16]焦堃由博士論文改寫出版的《陽明心學與明代內閣政治》雖然認爲余先生此書第六章的內容實爲「開創性作品」，但認爲陽明大多數時期傳道方針是「覺士行道」，所覺之士主體仍是地方上中下階層士人，或者說是未仕之人。[17]不過，相較於認同與延續的研究，這些研究即使有異見之處，但仍有部分認同，可見此論述的巨大影響。

（二）實施鄉約是「覺民行道」？

　　由於要強調「覺民」的這一面向，因此過去陽明學傳道的方式如講會[18]與書籍[19]等，自然不能列入行道的方法，而必須以地方民眾最

---

15 蔡至哲，〈君子致權——陽明晚年政治思想新探〉，《國立政治大學歷史學報》，49（臺北：2018 年 5 月），頁 1-38。

16 楊國榮〈以事行道——基于泰州學派的考察〉，《文史哲》，2021 年 6 期，頁 5-13。

17 焦堃，《陽明心學與明代內閣政治》（北京：中華書局，2021），頁 1-2。

18 呂妙芬，《陽明學士人社群——歷史、思想與實踐》（臺北：中央研究院近代史研究所，2003）。

19 張藝曦，〈明中晚期古本《大學》與《傳習錄》的流傳及影響〉，《漢學研究》，24：1（臺北：2006 年 6 月），頁 235-268。

易接觸的鄉約爲主。《南贛鄉約》是陽明於平江西南贛地區盜匪後所
實施的政策，一般會與保甲十家牌法連看，鄉約較無強迫性，而十家
牌法則是用軍事力量強制而爲，主要功能是弭盜。可以這麼說，保甲
法是立即清除盜匪，而鄉約則是防範於未然。鄉約與覺民行道的關
係，或許可從陽明弟子的實施情況來確認。陽明弟子約莫有「四三千
人」之多，[20] 就以筆者收集到570名來看，其中有17個弟子所爲與鄉
約有關。八個人鄉約舉行地在江西，其餘分散各地，原因不難推測，
因爲陽明《南贛鄉約》即施行於江西。就以學界討論最多的江西地
區，如王貞善（字如性，號自齋）「居常課子問學，接引後進，及率
族鄰行鄉約。」[21] 鄉約成員是家族與鄰里。同是泰和人的曾忭（1498-
1568，字汝誠，號前川），其傳有云：「公嘗病風俗日偷，乃近述遠
稽，議爲鄉約數十條行之。」[22] 行鄉約之因是「風俗日偷」，也非照搬
《南贛鄉約》而行。另一個是安福縣的鄒守益（1491-1562，字謙之，
號東廓），其傳有云：

> 丙申歲（1536），松谿程公文德量移安福，先生喜曰：
> 「昔人謂移風易俗，莫善於學，其在此乎！」乃相與行鄉
> 約，并里役，省糧長，朔望聚諸生論學於明倫堂，已乃建

---

20 林應麒，〈恒陽葉貞士墓誌銘〉：「嗟乎！由濂洛來五百有餘歲而陽明先生
　出于絕學之後，直指良知示人，如披積翳揭白日懸之中天。一時聲應景從
　及門者四三千人，凡經指授罔不快心滿意，自謂有得，皆先生精誠神化所
　感發耳。」《介山稿略》（叢書集成續編・文學類第143冊）（臺北：新文
　豐，1989），卷十三，〈誌銘類〉，頁707c，仙居叢書本。
21 鄒守益，〈海陽令自齋王君墓志銘〉，收入在董平編校整理，《鄒守益集》
　（南京：鳳凰出版社，2007），卷二十一，〈志銘墓表類一〉，頁1005。
22 宋儀望，〈明故兵科都給事中前川曾公行狀〉，《華陽館文集》（四庫全書
　存目叢書・集部116）（臺南：莊嚴文化，1997），卷十一，〈行狀〉，頁
　417b，明萬曆三年（1575）刻本。

　　　復古書院，先生爲記。[23]

鄒守益居家後，剛好同門程文德（1497-1559，字舜敷，號松溪）來安福任官，[24]便與歐陽瑜（1494-1584，字汝重，號三溪）一同推行鄉約。[25]安福縣行鄉約的還有王鳴鳳（號梧岡），其傳有云：「初授江西安福縣丞，首除常規，舉鄉約，修文塔，興水利，立社倉，獻籌邊六策。」[26]關於土地丈量之事，的確是江西地區受人矚目的活動，如吉安府永豐縣的聶豹（1487-1563，字文蔚，號雙江），其傳云：

　　　歲壬辰（1532），邑令金君清舉行丈量，編補里甲，禁革

　　　坊廂，諸所措置，皆先生發之。既又請於大府屠公大山、

　　　少府季公本，推訪藍田之意，設立鄉約以厚風俗。[27]

一方面推行土地丈量，另一方面又請季本（1485-1563，字明德，號

---

23 宋儀望，〈明故中順大夫南京國子監祭酒前太常少卿兼翰林院侍讀學士追贈禮部侍郎諡文莊鄒東廓先生行狀〉，收入董平編校整理，《鄒守益集》，卷二十七，〈附錄〉，頁1369。

24 羅洪先，〈明故前吏部左侍郎兼翰林院學士掌詹事府事松溪程君合葬墓誌銘〉：「至安福，行鄉約，處里役，摧強節用，下士愛民，建復古書院；至今垂三十年，邑人之誦德一日也。」徐儒宗編校整理，《羅洪先集》（南京：鳳凰出版社，2007），卷二十二，〈墓志銘〉，頁905。

25 〈三溪公傳〉：「憫邑人困虛賦，力贊文莊公主丈田。會學士程公松溪文德起讁爲邑令，聞公名，雅重之，諮諏政事，裨益良多。節徭役，行鄉約，創復古書院爲集講地。……時公乞休之念切矣，壬戌遂致政歸。……居家朔望率子姪拜於祠，訓誡諄切。立鄉會四，誘引向學者如其子姓。」歐陽安世編，《歐陽安福府君六宗通譜》（紐約：哥倫比亞大學東亞圖書館，2010），〈理學志〉，頁15a-8a，清乾隆十五年（1750）纂修、1934年本。

26 黎恂修、劉榮黼纂，《大姚縣志》（中國地方志集成・雲南府縣志輯64）（南京：鳳凰出版社，2009），卷十一，〈人物〉，頁243-245，清道光二十五年（1845）刊刻、現據鈔本。

27 宋儀望，〈明榮祿大夫太子太保兵部尚書贈少保諡貞襄雙江聶公行狀〉，收入吳可爲編校整理，《聶豹集》（南京：鳳凰出版社，2007），〈附錄〉，頁647。

彭山）來推行鄉約，值得注意的是並非直接採用〈南贛鄉約〉，而是
推展宋代呂大臨兄弟的〈藍田呂氏鄉約〉而行。此外，同在江西安成
的王仰（1494-1533，字孔橋，江西吉安府安福縣）亦有「復鄉約」
之行，[28] 可見之前曾實施過。另一個江西廬陵人蕭弘魯（1474-1556，
字晉（進）明，號蒼石）則在海南儋州實行鄉約，其傳云：

> 儋在海隅，臘煖伏寒，人蓬首跣足，男女無別。（蕭弘
> 魯）力申撫按暨督學，立爲鄉約，成美愧頑，興醫革巫，
> 議婚厚喪，以變夷風。林司馬富、林文宗士元嘆曰：「此
> 識先務者！」通行十府激勵。[29]

在邊疆地區行鄉約的功能是用夏變夷，跟鄒守益所言「昔人謂移風易
俗，莫善於學，其在此乎！」一般。

離開江西，陽明弟子實施鄉約的就少見了，如早年弟子朱廷立
（1492-1566，字子禮，號兩崖）在浙江諸暨縣知縣任上「暨鉅且繁，
號難治，公一務以德子之，新黌社，勸農桑，申鄉約，設義倉、義
橋、義塚。均平里役，止海塘夫，歲省夫銀力各萬計，一時治行稱第
一。」[30] 在浙江龍游縣實施的還有欒惠（？-1539，字子仁，稱下洲先
生）。[31] 在福建南靖縣任知縣的胡希周（字文卿，號二川），其傳云：

---

28 鄒守益，〈王孔橋墓志銘〉：「仰字孔橋，安成汶源里人。……仰不自足
　也，復與王生剑提一囊，從陽明先師以學，日誦説孔、孟、周、程以自規
　勉，復鄉約。」董平編校整理，《鄒守益集》，卷二十三，頁1058。

29 鄒守益，〈明故金華府同知進階朝列大夫蒼石蕭君墓志銘〉，董平編校整
　理，《鄒守益集》（陽明後學文獻叢書），卷二十二，〈志銘墓表類二〉，頁
　1034。

30 陳宗夔，〈明嘉議大夫禮部右侍郎兩崖朱公行狀〉，收入朱廷立，《兩崖文
　集》，卷首，頁2b-3a，道光元年（1821）炯然亭重刊本。

31 鄭永禧纂修，《衢縣志》：「欒惠，字子仁，師王陽明。……時龍游水北地
　方梗化，郡守林公申監司，請往其地，布行鄉約。嚴州郡守陳公亦以厚幣

「南靖濱海多盜，小忿輒食斷腸草輕生自殺以誣良民，公乃興學校、緩征科、立鄉約、行保甲、植良善、存孤寡，以循良著。」[32]此外就以廣東爲多，著名的有薛侃（1486-1545，字尚謙，號中離）先行，後來季本再行之他處，其傳云：

> 復告鄉父老曰：「潮古稱鄒魯，而吾鄉號仁里，今鄉子弟間有習非，可無訓誡以挽之乎？」父老曰：「然。」議行鄉約，鳴於官，立齒德數人爲約長、約正，勸善懲惡，鄉閭化之。彭山季子謫邑，博採而行焉。各鄉建立約所，巡歷曉諭，邑人丕變。[33]

這個鄉約得到地方官員的認可實施，並且擴及其他鄉。此外，與陽明師友之間關係的楊珙（字景瑞）也「嘗立家訓、族規、鄉約以教宗族鄉黨」、[34]龐嵩（1507-1583，字振卿，號弼唐）「自爲弟子員也，有鄉約之行、社學之建、族譜之修，其志可知也。」[35]不過，這兩人的鄉約應是在家族內實施。

敦請，數行鄉約，於嚴陵隨處皆有成績。及後深居寡出，而四方學者雲集，無慮數百人。」（臺北：成文出版社，1983），卷二十二，〈人物志二〉，頁2266-2267，民國十八年（1929）輯、民國二十六年（1937）鉛印本。

32 胡源礽等編纂，《餘姚柏山胡氏宗譜》（紐約：哥倫比亞大學東亞圖書館，2010），卷首下，〈列傳〉，頁18a-b，1914年纂修惇裕堂木活字印本。

33 薛僑，〈中離公行狀〉，收入陳椰編校，《薛侃集》（上海：上海古籍出版社，2014），〈附錄三〉，頁421-432。

34 郭春震纂修，《潮州府志》（日本藏中國罕見地方志叢刊）（北京：書目文獻出版社，1991），卷七，〈人物志〉，頁271b，明嘉靖二十六年（1547）刻本。

35 霍與瑕，〈龐弼唐先生墓誌銘〉，《霍勉齋集》（桂林：廣西師範大學出版社，2014），卷二十二，〈碑銘〉，頁1653-1658，清光緒十二年（1886）石頭書院刻本。

在雲南還有顧應祥（1483-1565，字惟賢，號箬溪），其巡撫雲南
時，極意經略，傳說其「疏凡二千餘章，其大者如更定永昌府、騰越
州、鳳梧所諸衛署，築尋甸等府城垣，添設永昌等府縣師儒，頒王氏
鄉約，申明射禮，寬軍職襲替例。」[36] 比較值得注意的是頒「王氏鄉
約」，顯然承襲自陽明。最後談余先生認定的泰州學派王艮子王襞
（1511-1587，字宗順，號東崖）。王襞在蘇州時，郡守爲了移風易
俗，延攬其議鄉約，導致沿海之鄉顧化而善良者，彬彬成俗。[37] 最後
要提的是陽明弟子方紹魁（字三遲）在福建沙縣任上所爲，其傳云：

> 其率民以孝弟爲務，見率教者嘉之。若子有他犯者，或詭
> 辭以欺，亦不虞其詐也。聞語人者，吾豈不知，欲此輩存
> 此良心，知擴而充之耳。……尤留心學校養育人材，時四
> 郊之外，鮮業儒者，爲設社學，擇塾師，分地而督課之，
> 窮山通谷皆知誦讀也。至才子弟，即以殊禮禮之，沙之文
> 治駸駸日盛，自此始。[38]

這段引文首次提到「存此良心，知擴而充之」，顯見方紹魁的確有以
良知說來教化民眾之心，但這是在百姓不受教之時。而其設社學之
舉，亦是知縣當爲之事，但未見其施行鄉約。顯然，鄉約的實施應不

---

36 徐中行，〈明故資善大夫南京刑部尚書贈太子少保箬溪顧公行狀〉，《天目
  先生集》（續修四庫全書・集部 1349）（上海：上海古籍出版社，1995），
  卷十五，〈行狀〉，頁 747d-8a，明刻本。

37 王元鼎，〈東崖先生行狀〉：「姑蘇士習民風多澆薄，郡太守蔡春臺公欲挽
  回之，乃延先生久居，議鄉約，定其教諭。」王襞，《新鎸東崖王先生遺
  集》（四庫全書存目叢書・集部 146）（臺南：莊嚴，1997），卷下，頁
  706c-d，明萬曆刻明崇禎至清嘉慶間遞修本。

38 梁伯蔭修、羅克涵纂，《沙縣志》（臺北：成文出版社，1974），卷十一，
  〈循吏〉，頁 1004，1928 鉛印本。

是陽明弟子庶民教化的主要手段，570人中也只有十餘人實施，只佔百分之三左右，且江西地區還佔一大半，學者屢屢以行鄉約為「覺民行道」為例，或有商榷之處。

為何學界有如此認知呢？余先生論述中曾提及陽明在廬陵知縣任上作為：

> 開導人心即是喚醒人的良知，可見他是認真奉行悟後所得「覺民行道」的新路線……以後他在江西一直作到巡撫，並攬軍務，但他在為政方面仍然保持著廬陵知縣的作風。除到處立社學、建書院、行鄉約等「移風易俗」的舉措外，他也從未中斷講學之事。[39]

此外，筆者在其〈現代儒學的回顧與展望——從明清思想基調的轉換看儒學的現代發展〉文中也發現有關鄉約說法，余先生引晚明羅汝芳講學為例，並結論到：

> 正因為明儒運用鄉約制度為社會講學的媒介，而影響深遠，專制政府才大起警惕。張居正禁毀書院一部分即由此而起，因為王門弟子的鄉約講會往往以書院為據點。[40]

這裡面用「社會講學的媒介」論鄉約的性質，則是上述諸研究論文沒有提及之處，而只談「移風易俗」的功效。不過，就筆者所談弟子實施鄉約的部分，則是未見所謂「社會講學」的功能。例如程文德與鄒守益於安福縣行鄉約，卻另建復古書院講學，程文德於記中說到：

> 鄉大夫東廓鄒子暨諸士胥言曰：「吾聞『君子教思無窮，容保民無疆』，今侯雖去，立鄉約以貽吾民，容保誠不匱

---

39 余英時，〈明代理學與政治文化發微〉，《宋明理學與政治文化》，頁306。
40 余英時，〈現代儒學的回顧與展望——從明清思想基調的轉換看儒學的現代發展〉，《現代儒學論》（上海：上海人民出版，1998），頁14。

矣，而萃士無所，教道寧有終乎？」[41]
可見復古書院之建是爲了教士，鄉約是「保民」，講學功能在某些地
區只是附帶功能。當然，張居正毀書院，的確與其厭惡講學之風有
關，復古書院也因此被毀，直到張沒之後，鄒元標上疏才恢復。張藝
曦曾討論張居正毀書院之舉，分析所毀書院多是官方所設立的，私人
設置的則不在被毀之列。[42]

　　而鄉約的實施，究竟對於「移風易俗」的效用爲何？也是值得思
考的。朱鴻林考察廣東增城沙堤鄉約，反省當時實施的鄉約時間實際
上皆不長，短則三年，十年以上的則少見；且內容皆以宣講聖諭爲
主，陽明《南贛鄉約》沒有聖諭六訓的內容是很少見的特例。[43]張藝
曦提示到鄉約並非陽明學者「獨有」的鄉里實踐，因爲明中期率先實
行鄉約的是程朱學者，例如羅欽順雲亭鄉約與黃佐的泰泉鄉禮。[44]當
然，對陽明來說，當時行鄉約之舉有其時代性與迫切性，安民與教民
的用意跟往後實踐者的想法或有落差，余先生之意應是強調陽明擴大
覺民的手段，將其思想灌輸至更底層的社會。

---

41 程文德，〈復古書院記〉，見程朱昌、程育全編，《程文德集》（上海：上
海古籍出版社，2012），卷十，〈記〉，頁144。

42 張藝曦，〈明中期地方官員與王學學者的緊張——以白鷺洲書院興廢爲
例〉，《大陸雜誌》，104: 6（臺北：2002年6月），頁30-54。

43 朱鴻林，〈明代嘉靖年間的增城沙堤鄉約〉，《燕京學報》，新8（北京：
2000年5月），頁107-159。後收入《中國近世儒學實質的思辨與習學》
（北京：北京大學出版社，2005），頁259-310。

44 張藝曦，《社群、家族與王學的鄉里實踐：以明中晚期江西吉水、安福兩
縣爲例》，頁24。

三、論述的補充與省視

余先生此書出版後，影響巨大，一方面從上節的研究回顧可見其論述被後來研究者集中關注於鄉約的實施，令筆者好奇爲何會如此？另一方面在2004年後，有眾多陽明佚詩文的發現與著作的不同版本，都是余先生寫此文時未能得見之史料。筆者於此將重新檢視余先生的論述證據，或許有一些新史料可以補充說明，或有一些觀點還能進一步理解之處。筆者簡單地將余先生的論述概括承以下幾點，排除宋代「得君行道」的論述與明末至清代的相關論述，專注於陽明從「致君行道」轉變至「覺民行道」的過程。論證可分爲以下幾點：

（一）明太祖創立的政治文化生態，如「寰中士夫不爲君用」、「廷杖」、「孟子節文」等，不同於宋代的政治文化。

筆者對明初政治情況沒有異議，確如余先生所言，但這是否也適用於整個明代呢？李夢陽（1472-1529，字獻吉，號空同子）曾對其當時所處的政治社會有一深刻的感受，他說：

> 曩余在曹署，竊幸侍敬皇帝（孝宗，年號弘治，1488-
> 1505），是時國家承平百三十年餘矣！治體寬裕，生養繁
> 殖，斧斤窮於深谷，馬牛喤滿阡陌，即閭閻而賤視綺羅，
> 梁肉糜爛之可謂極治。然是時，海內無盜賊干戈之警，百
> 官委蛇於公朝，入則振珮，出則鳴珂，進退理亂弗嬰于
> 心。蓋暇則酒食會聚，討訂文史，朋講群詠，深鉤賾剖，
> 乃咸得大肆力於弘學，於乎亦極矣！[45]

---

45 李夢陽，〈熊士選詩序〉，《空同集》（臺北：臺灣商務印書館，1983，文

李氏所說到時間點是孝宗弘治一朝，正是陽明入仕前後，因此，此段
敘述正可以拿來理解陽明當時所處的時代氛圍。李氏的說法有三個面
向：一是國家承平已久，海內外無重大盜賊及戰事的發生，官員敷衍
於公事。再用韓愈〈送李愿歸盤谷序〉[46]的典故說明當時官員們不在
乎進退問題。二是經濟情況良好，所以名貴衣服並未被一般平民所珍
惜，物質生活也非常好；三是當時在朝爲官的士大夫們，閒暇之時則
聚在一起喝酒，討論文學與史學等。這三方面充分說明孝宗弘治時期
政治太平、經濟發展，以及文風鼎盛的時期，所以稍後的黃景昉
（1596-1662，字太穉，號東崖）才會說：

> 弘治爲明興極盛之時，賢才輩出，無論列舘閣部寺，概多
> 名流。即如詞賦北地信陽、書畫相城茂苑、閥閱三山靈
> 寶、章縫鎮海餘干，往往高騫橫邁，非先後及，信一代淳
> 風所鍾。李獻吉（夢陽）云：「每早朝，鍾鼓鳴，則烏鴉
> 以萬數集龍樓上，正德中不爾。」噫！眞恨不身生其際。[47]

從李夢陽與黃景昉的說法來看，弘治時期的確不同於明初之時，而這

淵閣四庫全書・集1262），卷五十二，頁475d-6a。

46 李愿說：「人之稱大丈夫者，我知之矣。利澤施於人，名聲昭於時，坐於
廟朝，進退百官，而佐天子出令。其在外，則樹旗旄，羅弓矢。武夫前
呵，從者塞途，供給之人，各執其物，夾道而疾馳。……大丈夫之遇知於
天子，用力於當世者之所爲也。吾非惡此而逃之，是有命焉，不可幸而致
也。窮居而野處，升高而望遠，坐茂樹以終日，濯清泉以自潔。採於山，
美可茹；釣於水，鮮可食。起居無時，惟適之安。與其有譽於前，孰若無
毀於其後；與其有樂於身，孰若無憂於其心。車服不維，刀鋸不加，理亂
不知，黜陟不聞。大丈夫不遇於時者之所爲也，我則行之。」屈守元、常
思春主編，《韓愈全集校注》（成都：四川大學出版社，1996），〈文・貞
元十七年〉，頁1477-1478。

47 黃景昉，《國史唯疑》（上海：上海古籍出版社，2002），卷四，〈成化弘
治〉，頁112。

也是陽明成長與初仕之時，然「正德中不爾」一語，也正是陽明「致君行道」受挫最重要的時機點。明明孝宗的行事作風與宋代君王相仿，可是一旦換成武宗，不能以堯舜自期時，政治環境彷彿又回到明初之時。政治清明與否繫於一人之身，這即是余先生為何要從宋明時期政治文化差異論述起，說明陽明所處的環境是無法與王安石、朱熹之時相比。李夢陽又跟陽明交往頗深，更能說明陽明當時的確面臨急劇轉變的政治情勢，也搖動其成化、弘治以來秉持的「致君行道」心志。在正德元年誅八虎事件後，劉瑾掌權後，朝局為之一變，而李夢陽與陽明同列於「姦黨」名單裡。李夢陽提到事件後的朝局：

> 自正德丁卯之變，縉紳罹慘毒之禍，於是士始皆以言為諱，重足累息，而前諸倡和者，亦各飄然萍梗散矣！[48]

「以言為諱，重足累息」一語道盡當時士大夫不敢議論朝局的恐懼之情，這也是余先生提出陽明白龍場後對「朝政大體緘默」的時代背景。

（二）陽明原本有「致君行道」與「共治天下」的想法，至龍場後有了重大的轉變，謂之「覺民行道」。

2.1龍場生問答「君子之仕也以行道。不以道而仕者，竊也。今吾不得為行道矣。」[49]實踐在任廬陵知縣任上的「為政不事威刑，惟以開導人心為本。」[50]

---

48 李夢陽，〈朝正倡和詩跋〉，《空同集》，卷五十九，頁543d-4a。

49 收入在吳光主編，《王陽明全集》（上海：上海古籍出版社，1992），卷二十四，〈外集六〉，頁912。

50 錢德洪，〈年譜一〉，收入在吳光主編，《王陽明全集》，卷三十三，頁1230。《年譜》嘉靖十八年亦記同樣的事：「師自正德庚午蒞廬陵，日進

余先生認為陽明自龍場後，就有「良知」的想法，貫穿以後的行事。其說法的證據如下：

> 先生嘗曰：「吾良知二字，自龍場已後，便已不出此意。只是點此二字不出。於學者言，費卻多少辭說。今幸見出此意。一語之下，洞見全體，真是痛快，不覺手舞足蹈。學者聞之，亦省卻多少尋討功夫。學問頭腦，至此已是說得十分下落。但恐學者不肯直下承當耳。」[51]

這段話不是陽明自己的文字，而是出自錢德洪為《陽明先生文錄》所寫的〈文錄敘說〉，常見於《王文成公全書》裡（不管是郭朝賓本或是謝廷傑本）。現今理解陽明良知教都是根據《年譜》所言在正德十六年，譜記云：

> 是年先生始言致良知。先生自南都以來，凡示學者，皆令存天理去人欲以為本。有問所謂，則令自求之，未嘗指天理為如何也？間語友人曰：「近欲發揮此，只覺有一言發不出，津津然如含諸口，莫能相度。」久乃曰：「近覺得此學更無有它，只是這些子，了此更無餘矣。」⋯⋯其後經宸濠、張許之難，始有致良知之說。[52]

「自南都以來，凡稟學者，皆令存天理去人欲以為本」，可知在良知說正式提出前，陽明或有隱含的想法，但那是在南京鴻臚寺卿以

父老子弟告諭之，使之息爭睦族，興孝悌，敦禮讓，民漸向化。興利剔蠹，賑疫禳災，皆有實惠。七越月而去，民追思之。」錢德洪，〈年譜附錄一〉，收入在吳光主編，《王陽明全集》，卷三十六，頁1334。

51 錢德洪，〈文錄敘說〉，收入在吳光主編，《王陽明全集》，卷四十一，〈序說、序跋〉，頁1575。

52 收入在吳光主編，《王陽明全集》，卷三十四，〈年譜二〉，頁1279。

後。[53]同樣爲錢德洪所記，皆引師言，兩相比較，豈不矛盾。此外，余先生引用〈文錄敘說〉一般並未收入於各種《陽明先生文錄》裡，僅見於嘉靖36年董聰本《陽明先生全錄》。不過，這個版本的〈陽明先生文錄敘說〉是初稿本，[54]內容是談如何整理及分類陽明文字，但未見余先生所引之文字，也就是說這是於嘉靖末年所增寫的。筆者曾撰寫〈後死有責：從《陽明先生文錄》到《王文成公全書》的師教衍變〉一文，[55]論證錢德洪爲了統一師教於「致良知」說，排除聶豹歸寂說與王畿的現成良知說。再細看余先生所引之前的文字（亦是增寫的），意在申說陽明的師教是良知說，靜坐工夫非究竟，[56]再度強調致

---

53 例如學者東正純與黃宗羲都曾提到陽明致良知說，始于正德16年，但正德七年後（南京）已有此意，未正式提出。見陳榮捷，《王陽明傳習錄詳註集評》（臺北：臺灣學生書局，1983），頁41、55。

54 由於黃綰序言説：「及與歐陽崇一（德）、錢洪甫（德洪）、黃正之（弘綱）率一二子侄，檢粹而編訂之，曰《陽明先生存稿》。」而《陽明先生全錄》底本來源即是歐陽德。王春復，〈贛梓陽明先生全錄引〉：「今上方三十年，春復受命來守是邦，南野歐陽公受（授）以全書。」見《陽明先生全錄》，頁1a，明嘉靖三十六年贛州董聰刊本。

55 楊正顯，〈後死有責：從《陽明先生文錄》到《王文成公全書》的師教衍變〉，《明代研究》，36（臺北：2021年6月），頁61-101。

56 錢德洪，〈文錄敘說〉：「德洪自辛巳冬始見先生於姚，再見於越，于先生教若恍恍可即，然未得入頭處。同門先輩有指以靜坐者。遂覓光相僧房，閉門凝神淨慮。倏見此心眞體，如出蔀屋而睹天日，始知平時一切作用，皆非天則自然。習心浮思，炯炯自照，毫髮不容住著。喜馳以告。先生曰：『吾昔居滁時，見學者徒爲口耳同異之辯，無益於得，且教之靜坐。一時學者亦若有悟；但久之漸有喜靜厭動流入枯槁之病。故邇來只指破致良知工夫。學者眞見得良知本體昭明洞徹，是是非非莫非天則，不論有事無事，精察克治，俱歸一路，方是格致實功，不落卻一邊。故較來無出致良知話頭，無病何也？良知原無間動靜也。』德洪既自喜學得所入，又承點破病痛，退自省究，漸覺得力。」收入在吳光主編，《王陽明全集》，卷四十一，〈序說、序跋〉，頁1575。

良知是陽明自龍場後一貫的思想。假如余先生只讀到《陽明先生文錄》，就有可能依循《年譜》所載，將陽明「良知說」隱含的時間稍微往後延，這對其廬陵縣知縣任上的作為，或有不同看法。

　　2.2武宗之朝，無得君行道之機。頓悟之後，對朝政大體緘默，沒有流露出「以身任天下」的意向。

　　余先生此論可謂孤明先發，所謂的「朝政大體緘默」，是說陽明對朝政有其想法，只是沒有公開的作為，也未形諸於文字，但仍有身任天下之意。例如陽明在龍場曾有詩云：「用世謾懷伊尹恥」，[57]「伊尹恥」的典故出自《書經・說命下》，原文說：

> 王曰：「嗚呼！說，四海之內，咸仰朕德，時乃風。股肱惟人，良臣惟聖。昔先正保衡，作我先王，乃曰：『予弗克俾厥后惟堯舜，其心愧恥，若撻于市。』一夫不獲，則曰『時予之辜』。佑我烈祖，格于皇天。爾尚明保予，罔俾阿衡專美有商。惟后非賢不乂，惟賢非后不食。其爾克紹乃辟于先王，永綏民。」[58]

商王武丁對大臣傅說談論股肱大臣應該是如何？引伊尹所言，沒有讓我的君王成為堯舜，我就羞愧到感覺似有人在市場鞭打我；如有一個百姓沒有得到善待，就是我的罪過。最後武丁希望傅說別讓伊尹專美於前，協助他治理人民。可見陽明即使在龍場時，仍懷用世之心，亦有「伊尹恥」的壯志，希望成為股肱大臣。在陽明離開龍場赴廬陵知縣任時有〈游瑞華二首〉詩，第二首云：

---

57 〈龍岡漫興五首〉，收入在吳光主編，《王陽明全集》，卷十九，〈外集一〉，頁703。

58 阮元校勘，《尚書正義》，卷十，〈說命下〉，收入阮元校刻，《十三經注疏》（京都：中文出版社，1971嘉慶二十年重刊宋本），頁372c-d。

萬死投荒不擬回，生還且復荷栽培。逢時已負三年學，治

劇兼非百里才。身可益民寧論屈，志存經國未全灰。正愁

不是中流砥，千尺狂瀾豈易摧！[59]

「志存經國未全灰」一語顯見陽明並未放棄經世濟民的心志，而且對
於武宗召回之舉，還謂之「荷栽培」，欣慰之情溢於言表，未有失望
之情。這麼明顯的經國心志，卻很少見於陽明文字之中，所以，余先
生認為這是陽明刻意「緘默」。近幾年來，學界對陽明佚詩文的收集
成果正是「對朝政大體緘默」說的明證。1995年上海古籍出版社的
《王陽明全集》已經收錄陽明給其父王華的兩封佚家書，其中一封信
中曾說到：

河南賊稍平，然隱伏者尚難測；山東勢亦少減，而劉七竟

未能獲；四川諸江西雖亦時有捷報，而起者亦復不少；至

於糧餉之不繼，馬疋之乏絕，邊軍之日疲，流氓之愈困，

殆有不可勝言者。而廟堂之上，固已晏然，有坐享太平之

樂，自是而後，將益輕禍患，愈肆盤游，妖孽並興，讒諂

日甚，有識者復何所望乎！[60]

「有識者」自然指的是跟陽明自己有同樣抱負的人，也顯示其對於廟
堂晏然不顧國事的不滿。不過，這還不是很直接的指斥。陽明於正德
七年給其父一封佚家書，信中對於朝政的觀察非常完整，文甚長，節
略云：

為楊公（一清）所留，養病致仕皆未能遂，殆亦命之所遭

也。人臣以身許國，見難而退，甚所不可，但於時位出處

---

59 收入在吳光主編，《王陽明全集》，卷二十，〈外集二〉，頁720。

60 〈上大人書一【正德七年】〉，收入在吳光主編，《王陽明全集》，卷三十

二，〈補錄〉，頁1209。

中較量輕重，則亦尚有可退之義，是以未能忘情。不然，
則亦竭忠盡道，極吾心力之可爲者，死之而已，又何依違
觀望於此以求必去之路哉！昨有一儒生素不相識，以書抵
男，責以「既不能直言切諫而又不能去，坐視亂亡，不知
執事今日之仕，爲貧乎？爲道乎？不早自俟，將舉平生而
盡棄，異日雖悔，亦何所及」等語。讀之，良自愧嘆。

此段話反映出陽明掙扎於「出仕以道」、不枉道事君的理念，如要按
此理念應該直言切諫才是，但顯然時勢讓他無法如此，這也是其痛苦
之處。接著又說：

近旬及山東盜賊奔突往來不常，河南新失大將，賊勢愈
張。邊軍久居內地，疲頓懈弛，皆無鬭志，且有怨言，邊
將亦無如之何。兼多疾疫，又乏糧餉，府庫外內空竭，朝
廷費出日新月盛。養子、番僧、伶人、優婦居禁中以千數
計，皆錦衣玉食。近又爲養子蓋造王府，番僧崇飾塔寺。
資費不給，則索之勳臣之家，索之戚里之家，索之中貴之
家。又帥養子之屬，遍搜各監內臣所蓄積。又索之皇太
后……宮苑內外鼓噪火砲之聲，晝夜不絕，惟大風雨或疾
病乃稍息一日二日，臣民視聽習熟，今亦不甚駭異。永齋
用事，勢漸難測。一門二伯兩都督都指揮指揮十數，千百
戶數十，甲第墳園店舍京城之外，連亙數里，城中卅餘
處，處處門面動以百計。谷馬諸家亦皆稱是，楔楠相望，
宮室土木之盛，古未有也。

指出盜賊興發、糧餉不足，府庫空虛，又要供養眾多冗員，還提及主
政宦官張永、谷大用、馬永成等人有錢的程度。陽明對於朝局內外情
勢都十分明瞭，可謂鉅細靡遺。最後說：

大臣趨承奔走，漸復如劉瑾時事，其深奸老滑甚於賊瑾，
而歸怨於上，市恩於下，尚未知其志之所存終將何
如？……遼庵（一清）近日亦苦求退，事勢亦有不得不
然。蓋張（永）已盛極，決無不敗之理，而遼之始進實由
張引，覆轍可鑒，能無寒心乎！……西涯（李東陽）諸老
向爲瑾賊立碑，槌磨未了，今又頌張德功，畧無愧恥，雖
遼老亦不免。禁中養子及小近習與大近習交構已成，禍變
之興，旦夕巨測，但得渡江而南，始復是自家首領耳！時
事到此，亦是氣數。……未知三四十年間，天下事又當何
如也？[61]

陽明提到劉瑾倒臺後，政治未清，沒多久朝政又恢復像劉瑾當政之時
一樣。再提及陽明的座師李東陽與劉瑾、長官楊一清與張永父結情
形，正是士大夫無恥的代表。陽明信末還特別強調沒多久天下將有
事，因應辦法是致仕回鄉。這封長信未能收進其文集中，原因不難想
見，對於朝政與相關人員直言不諱的程度，在其文集之中未曾有的。
因此，陽明非常清楚朝政問題的根源，但政治環境使然，只能在給父
親的信中表明一切，正是「緘默」的表現。

　　而懷抱「伊尹恥」的陽明，掙扎於出處問題，但仍關注朝廷的一
舉一動，希望做出貢獻。在正德九年任南京鴻臚寺卿時，陽明應好友
應天府丞白圻（1416-1517，字輔之，號敬齋）之請，[62] 爲府學作記，

---

61 〈上父親大人書・其一〉，收錄在卞永譽，《式古堂書畫彙考》，卷25，無
　頁數，民國10年（1921）江都王氏鑑古書社影印本，傅斯年圖書館藏。
62 陽明在〈敬齋白公墓誌銘〉云：「昔公先公康敏君，京師與家君爲比鄰，
　及余官留都，又與公居密邇，說、誼皆嘗及門，通家之好三世矣！」見錢
　明，〈《王陽明全集》未刊佚文彙編考釋〉，《中國典籍與文化論叢》，8
　（北京：2005年1月），頁225-226。

公開宣示「聖人之學即是心學」。他說：

> 士之學也，以學爲聖賢。聖賢之學，心學也。道德以爲之
> 地，忠信以爲之基，仁以爲宅，義以爲路，禮以爲門，廉
> 恥以爲垣牆。《六經》以爲户牖，《四子》以爲階梯。求
> 之於心而無假於雕飾也，其功不亦簡乎？措之於行而無所
> 不該也，其用不亦大乎？三代之學皆此矣！[63]

首先，陽明針對應天府學的士子們說明士子之學，即是學爲聖賢，而
聖賢之學即是「心學」。其次，陽明說明何謂「心學」？陽明以房子
（應天府學）來比喻「聖人之學」，而道德上的種種德性，如忠信、
仁義等等，都是這個房子的基礎與道路等。而聖賢們所留下來的《六
經》及《四書》，則是進入這個房子的門户階梯，而進入的關鍵在於
「心」上。「聖人之學」的工夫是去除人僞（私欲），然後應用於日常
生活之中，無不可以含括，即是「三代之學」。這篇〈學記〉可視爲
陽明對於何謂「學」，所做的道德宣言，將「三代之學」化約爲「道
德之學」、「心學」。因此，重現「三代之學」必須實踐「心學」。然
此〈學記〉不單單是自我宣稱，而是呼應正德九年殿試考題的提問。
當時以《大學》與《大學衍義》提問書中之「學」爲何？而想要「庶
幾乎古帝王之學，以增光我祖宗之治。」[64]究竟「古帝王之學」爲何

---

63 王守仁，〈應天府重修儒學記〉，《王陽明全集》，卷二十三，〈外集五〉，
頁900。

64 中央研究院歷史語言研究所校刊，《明實錄‧武宗實錄》：「朕惟《大學》
一書，有體有用，聖學之淵源，治道之根柢也。宋儒眞德秀嘗推衍其義，
以獻于朝。……夫學體也，治用也，由體達用，則先學而後治可也。顧以
治先于學，于義何居？其爲治之序，蓋前聖之規模，後賢之議論，皆在
焉！比而論之，無弗同者，而帝王之所以爲學則有不同，堯舜禹湯文武純
乎無以議爲也，高宗成王其庶幾乎！下此雖漢唐賢君亦或不能無少悖戾，

呢？不但應考的士子提出答案，[65] 陽明〈學記〉即是呼應皇帝所謂的
「古帝王之學（三代之學）」，就是「心學」，要「增光祖宗之治」，就
必須實踐「心學」。將陽明的論述放在當時的學術環境來看，就能突
顯〈學記〉的重要性。別的不說，當時與陽明論學的余祐（1465-
1528，字子積，號訒齋）也曾就此考題回應說到：

> 天下國家之治莫盛於古昔帝王，而帝王之治必本於聖賢之
> 學。……宋既南渡，文公朱先生出其間，以聖賢之學近接
> 周程之傳，遠紹堯、舜、禹、湯、文、武、孔、孟之
> 統。[66]

余祐認為古帝王之治必本於朱子之學，所以他將朱子論治道的說法匯
為《經世大訓》一書。可以說陽明雖自龍場後，對朝政大體緘默，但
仍持續地思考國家該如何回到三代之治？

又下則其謬愈甚，不過從事於技藝文詞之間耳！無惑乎其治之不古若也。
凡此皆後世之鑒，可能歷舉而言之乎？抑《衍義》所載不及宋事，不知宋
之諸君，為治為學，其亦有進於是者乎？朕萬幾之暇，留意此書，　欲庶
幾乎古帝王之學，以增光我祖宗之治，勵志雖勤，續用未著，家國仁讓之
風、用人理財之效，視古猶歉，豈所以為治者，未得其本乎？」（臺北：
中央研究院歷史語言研究所，1966），卷一百十，頁2254-5。

65 黃景昉云：「甲戌廷試（1514），以《大學衍義》為問，馬理對曰：『《大
學》乃堯舜以來相傳之道，真德秀所衍，直漢唐事，非本旨。有止於齊
家，不知治國平天下工夫皆本慎，獨德秀造詣未精，不足慕。』以是失當
事意，僅置二甲。按馬語大非無見。」《國史唯疑》，卷五，〈正德〉，頁
133。

66 余祐，〈經世大訓序〉，見陳驥等修、張瓊英等纂，《鄱陽縣志》（臺北：
成文出版社，1989），〈藝文志〉，卷三十一，頁2118；又此文作於「正德
甲戌夏四月」，正是殿試考題出現後不久。

（三）「覺民行道」說的論據

3.1「僕誠賴天之靈，偶有見於良知之學，以為必由此而後天下可得而治，是以每念斯民之陷溺，則為之戚然痛心，忘其身之不肖，而思以此救之，亦不自知其量者。天下之人，見其若是，遂相與非笑而詆斥，以為是病狂喪心之人耳。……今誠得豪傑同志之士，共明良知之學於天下，使天下之人皆知自致其良知，一洗讒妒勝忿之習，以躋於大同，則僕之狂病，固將脫然以愈，而終免於喪心之患矣，豈不快哉！」〈答聶文蔚〉

余先生認為此段文字是陽明龍場悟後最大的決定，是直接用「良知」兩字來達到治天下的目標。筆者也贊同這個說法，不過要怎麼做？余先生沒有申說。事實上，此信開頭有一大段文字談如何以良知說治天下。

> 世之君子惟務致其良知，則自能公是非，同好惡，視人猶己，視國猶家，而以天地萬物為一體，求天下無治，不可得矣。古之人所以能見善不啻若己出，見惡不啻若己入，視民之饑溺猶己之饑溺，而一夫不獲，若己推而納諸溝中者，非故為是而以蘄天下之信己也，務致其良知，求自慊而已矣。[67]

君子致良知後能以萬物為一體，天下以此得治，再談古代的例子，只要一個人沒有得到善處，如同自己將人民推進溝裏。這段話陽明其實是以伊尹自許的，原來典故之意是說孟子論伯夷在紂王暴政下的作為是躲在海濱，以待天下之清。孟子再引伊尹的話來論證為人臣者應該

---

67 〈答聶文蔚〉，《傳習錄》，收入在吳光主編，《王陽明全集》，〈語錄二〉，卷二，頁811-813。

的作爲：

> 伊尹曰：「何事非君？何使非民？」治亦進，亂亦進。
> 曰：「天之生斯民也，使先知覺後知，使先覺覺後覺。
> 予，天民之先覺者也；予將以此道覺此民也。」思天下之
> 民匹夫匹婦有不與被堯舜之澤者，若己推而內之溝中，其
> 自任以天下之重也。[68]

伊尹認爲天下治亂不同，但所作所爲都爲君民，身爲先覺者將以道覺後知後覺者。孟子再提及《尚書・說命》「伊尹恥」的典故，說其「自任天下之重」。正德中期，陽明認爲政治環境不好，有隱退之心，掙扎出仕與否？但提出致良知後，他如今不管環境如何，都必須直道而行，否則不就跟伯夷一般。隨後余先生又引陽明言：

> 3.2 伊尹曰：「天之生斯民也，使先知覺後知，使先覺覺後
> 覺。予天民之先覺也，非予覺之而誰也？」是故大知覺於
> 小知，小知覺於無知；大覺覺於小覺，小覺覺於無覺。夫
> 已大知大覺矣，而後以覺於天下，不亦善乎？[69]

此處伊尹的典故再一次的出現，尤其都出現在陽明晚年時期，是其晚年定論。可見陽明自龍場後直到晚年的文字，一再提及「伊尹恥」的典故，充分顯現其嚮往作爲股肱大臣的心志。陽明弟子程文德在爲其師《陽明先生文錄》重刻作跋時說：

> 聖學久湮，良知不泯，支離蔽撤，易簡功成，是先生之意
> 也，而世以爲疑於禪。明德親民，無外無內，皇皇乎與人

---

68 阮元校勘，《孟子正義》，卷十上，〈萬章章句下〉，收入阮元校刻，《十三經注疏》（京都：中文出版社，1971），頁5956b，嘉慶二十年重刊宋本。

69 〈答儲柴墟【壬申】〉，收入在吳光主編，《王陽明全集》，〈外集三〉，卷二十一，頁811-813。

爲善，忘毀譽，齊得喪者，是先生之意也，而或以爲詭於
俗。世未平治，時予之辜，惟此學之故，將以上沃聖明，
而登之熙皞焉，是先生之意也，而天弗假之以年。[70]

談良知與明德親民皆爲陽明思想，最後則說「世未平治，時予之
辜」，則是與陽明所引《尚書・說命》的典故一樣。所以程文德說其
師良知是要「上沃聖明，而登之熙皞」，意即輔佐皇帝以回復三代之
治，可惜陽明早逝，未及施行。

　　從以上對余先生論據的省視與補充裡，一方面顯示余先生對陽明
現實狀況與心情的理解，實有超乎語言文字之外，從近年來佚詩文的
成果更能突顯其貢獻；另一方面，余先生曾說過「致君行道」是陽明
不能逃脫的倫理，筆者透過「伊尹恥」典故再三出現，證實陽明自始
至終懷抱伊尹典範的理想。

四、陽明的教化：人情物理中的良知

　　余先生雖提出陽明「覺民行道」這一面向，但並未詳細說明陽明
的教化觀，筆者嘗試在此節補充說明，或許有助於理解陽明是怎麼思
索「行道」的。

（一）無不可化之人

　　陽明的教化觀與其在龍場時的生活體驗分不開的，此時寫過一篇
名文〈象祠記〉，大意是說舜之弟象如此之壞，爲何苗人還要祭祀
他？文中說到：

---

70 程文德，〈陽明文錄跋〉，見程朱昌、程育全編，《程文德集》，卷13，
　　〈跋〉，頁182-183。

《書》不云乎？「克諧以孝，烝烝乂，又不格姦」，瞽瞍亦
允若，則已化而為慈父。象猶不弟，不可以為諧。進治於
善，則不至於惡；不抵於姦，則必入於善。信乎，象蓋已
化於舜矣！……象之既化於舜，故能任賢使能而安於其
位，澤加於其民，既死，而人懷之也。[71]

此處引《尚書・堯典》：「父頑、母嚚、象傲，克諧以孝，烝烝乂不
格姦。」意思是說受到舜誠孝感化，家人都往善的方向走，不但如
此，象還有恩惠於民，故民祠之。文末還下了一句結語：「吾於是益
有以信人性之善，天下無不可化之人也。」而舜怎麼感化象的？《傳
習錄》記云：

舜只是自進於義，以義薰蒸，不去正他姦惡。凡文過掩
慝，此是惡人常態，若要指摘他是非，反去激他惡性。舜
初時致得象要殺己，亦是要象好的心太急，此就是舜之過
處。經過來，乃知功夫只在自己，不去責人，所以致得克
諧，此是舜動心忍性，增益不能處。古人言語，俱是自家
經歷過來，所以說得親切；遺之後世，曲當人情。若非自
家經過，如何得他許多苦心處？[72]

起初舜用一個「好」的標準是要求象，求好心切，導致反效果，最終
感化成功的原因是不去責象，才取得效果。

舜能化得象的傲，其機括只是不見象的不是。若舜只要正
他的姦惡，就見得象的不是矣。象是傲人，必不肯相下，

---

71 〈象祠記【戊辰】〉，收入在吳光主編，《王陽明全集》，〈外集五〉，卷二
    十三，頁893-894。
72 〈傳習錄下〉，收入在吳光主編，《王陽明全集》，〈語錄三〉，卷三，頁
    113。

　　　如何感化得他？[73]

這個所謂「曲當人情」的人情，是就舜自身的處境感受而言。這個要求自己而不責人的態度，也顯示在其出治廬陵縣之時。在此地，陽明貼出非常有名的告諭，顯示其當時的教化觀。其中針對縣民健訟、盜賊與火巷爭端等等問題，陽明說到：

> 吾非無嚴刑峻罰以懲爾民之誕，顧吾爲政之日淺，爾民未
> 吾信，未有德澤及爾，而先概治以法，是雖爲政之常，然
> 吾心尚有所未忍也。姑申教爾。申教爾而不復吾聽，則吾
> 亦不能復貸爾矣。[74]

強調自己並非「不教而殺」之官，亦有不忍之心，但還是讓人感受到嚴刑峻法的存在。此時的陽明的教化觀還是視民爲民，無萬物一體，民吾同胞之意。而陽明自南都之後，「凡示學者，皆令存天理去人欲以爲本」，也就是專注於自身天理人欲的修養功夫，直至正德十一年九月，任御史巡撫南贛，出剿群盜後，才有新的教化觀。

　　在平定漳寇後，欲征樂昌、龍川等地諸賊，陽明發布告諭示之，一開頭即說：「遽爾興師剪滅，是亦近於不教而殺，異日吾終有憾於心。」接著說到：

> 夫人情之所共恥者，莫過於身被爲盜賊之名；人心之所共
> 憤者，莫甚於身遭劫掠之苦。今使有人罵爾等爲盜，爾必
> 怫然而怒。爾等豈可心惡其名而身蹈其實？……人同此
> 心，爾寧獨不知；乃必欲爲此，其間想亦有不得已者，或

---

73 〈傳習錄下〉，收入在吳光主編，《王陽明全集》，〈語錄三〉，卷三，頁101。
74 〈告諭廬陵父老子弟〉，收入在吳光主編，《王陽明全集》，〈續編三〉，卷二十八，頁1028。

是爲官府所迫，或是爲大戶所侵，一時錯起念頭，誤入其中，後遂不敢出。此等苦情，亦甚可憫。然亦皆由爾等悔悟不切。爾等當初去後賊時，乃是生人尋死路，尚且要去便去；今欲改行從善，乃是死人求生路，乃反不敢，何也？若爾等肯如當初去從賊時，挤死出來，求要改行從善，我官府豈有必要殺汝之理？……我每爲爾等思念及此，輒至於終夜不能安寢，亦無非欲爲爾等尋一生路。惟是爾等冥頑不化，然後不得已而興兵，此則非我殺之，乃天殺之也。今謂我全無殺爾之心，亦是誑爾；若謂我必欲殺爾，又非吾之本心。

從人情說到人心，再說「人同此心」，隨後再爲這些盜賊試想其爲盜諸多不得已原因。再用激將法說服盜賊，以往敢於做賊，如今卻不敢做好人？末後再談陽明的處置態度，坦白說到其有殺賊之心，但如果賊有一從善之念，又何必殺之，如果賊等「冥頑不化」，那時即是「代天而誅」。接著陽明以家庭爲喻，論述其不願殺之因：

爾等今雖從惡，其始同是朝廷赤子；譬如一父母同生十子，八人爲善，二人背逆，要害八人；父母之心須除去二人，然後八人得以安生；均之爲子，父母之心何故必欲偏殺二子，不得已也；吾於爾等，亦正如此。若此二子者一旦悔惡遷善，號泣投誠，爲父母者亦必哀憫而收之。何者？不忍殺其子者，乃父母之本心也；今得遂其本心，何喜何幸如之；吾於爾等，亦正如此。

將盜賊喻爲二背逆子，只要「悔惡遷善」，作爲父母官角色的陽明又何必殺呢？「吾於爾等，亦正如此。」隨之談做盜賊之苦，與朝廷之後會如何應對，讓盜賊衡量利害。告諭之末，陽明說到：

> 吾豈好殺爾等哉？爾等苦必欲害吾良民，使吾民寒無衣，
> 饑無食，居無廬，耕無牛，父母死亡，妻子離散，……就
> 使爾等今爲我謀，亦必須盡殺爾等而後可。……爾等好自
> 爲謀，吾言已無不盡，吾心已無不盡。如此而爾等不聽，
> 非我負爾，乃爾負我，我則可以無憾矣。嗚呼！民吾同
> 胞，爾等皆吾赤子，吾終不能撫恤爾等而至於殺爾，痛哉
> 痛哉！[75]

跟盜賊談爲何要殺他們之因，皆因其迫害其他的良民，還請盜賊站在陽明的立場，易地而處，能有不殺之策嗎？最後以「民吾同胞，爾等皆吾赤子」結語，充分說明其「教化觀」至此已是萬物一體，民吾同胞、如保赤子之教。而相較於廬陵時的告諭，差異非常明顯。簡單地說，在廬陵時，官民區分開來，以傳統格式要求屬民，如沒有依照格式而行，陽明就要如何如何。但在南贛，一方面探求盜賊興發之因，於告諭時易地而處論爲盜之情、之因與後果；另一方面再激其從善之心，最後以家庭爲喻，父母不忍之心做結。沒有教條，沒有一再地責怪與恐嚇，只有滿滿的體諒，感受到處處爲盜賊設想之心，「人心皆同」是已。[76]

---

75 〈告諭浰頭巢賊【正德十二年五月】〉，收入在吳光主編，《王陽明全集》，〈別錄八〉，卷十六，頁561-563。

76 焦循〈良知論〉中說到：「余讀《文成全集》至檄浰頭，諭頑民，札安宣慰，及所以與屬官謀告士卒者，無浮辭，無激言，眞能以己之良心，感動人之良心。」焦循，《雕菰集》，卷八，收入劉建臻點校，《焦循詩文集》（揚州：廣陵書社，2009），頁154。清初名臣陳宏謀「從政遺規」也選錄此文。陳氏說：「近世告文，不論理而論勢，止圖詞句之可聽，不顧情事之可行。不曰『言出法隨』，則曰『決不寬恕』。滿紙張皇，全無眞意。官以掛示便爲了事，而民亦遂視爲貼壁之空文矣。陽明先生告諭，動之以天良，剖之以情理，而後曉之以利害，看得士民如家人子弟，推心置腹，

　　當然，殺降浰頭賊池仲容之事[77]，是往後陽明被攻擊之處，與上述所言是否不合呢？〈告諭浰頭巢賊〉文發於七月，誘殺池仲容應該在四、五個月左右後之事，盜賊的確有充分的時間接不接受告諭，陽明並非告諭之後即行殺伐。而《年譜》對此事的記載有云：

> 審其（池仲容）貪殘終不可化，而士民咸詬於道曰：「此養寇貽害。」先生（陽明）復決殲魁之念矣。……先生自惜終不能化，日已過未刻，不食，大腦暈，嘔吐。[78]

由於陽明在告諭中明言：「惟是爾等冥頑不化，然後不得已而興兵，此則非我殺之，乃天殺之也。」並未違反其諾言。比較嘉靖本《年譜》所載，底線文字部分是後來增寫，可知《年譜》（全書本）的記載欲以池氏「貪殘終不可化」合理化殺降事。且嘉靖本《年譜》於此事敘述末後有一句話說：「紿仲容事難顯言，故上捷之辭稍異。」[79]更

期勉備至，民各有心，宜其所至感動也。」陳宏謀，《五種遺規》（臺北：德志出版社，1961），〈從政遺規卷上・王文成公告諭〉，頁12a。梁章鉅亦認同陳氏之言。他說：「仁言不如仁心仁聞，夫人而知之。然當官而不事條教號令，其勢亦有所不行，凡告諭之文，必先設身處地而出之纏綿愷惻，然後足以動人。今人於此等文字，不論理而論勢，非曰『言出法隨』，即曰『決不寬恕』，滿紙張皇，全無真意。官以挂示為了事，而民亦遂視為貼壁之空文矣。余最愛王陽明先生當官告諭之文，直如教誡家人子弟，其諭浰頭巢賊一篇，尤為警至。」梁章鉅，《退庵隨筆》（臺北：新興書局，1978），卷六，〈政事〉，頁138。

77 陽明在〈剋期進剿牌【正德十三年正月】〉中說：「除將賊首池仲容設計擒獲外。其餘在巢賊黨，若不趁機速剿，不無禍變愈大，地方何由安息。」收入在吳光主編，《王陽明全集》，〈別錄八〉，卷十六，頁564。〈浰頭捷音疏【十三年四月二十日】〉中也說：「大賊首池仲容等，本院（陽明）已行計誘擒獲。」收入在吳光主編，《王陽明全集》，〈別錄三〉，卷十一，頁358。可見的確是誘降之舉。

78 吳光主編，《王陽明全集》，卷三十三，〈年譜一〉，頁1250。

79 錢德洪編、羅洪先考訂，《陽明先生年譜》，中卷，頁582。

證明誘殺之事爲眞。對陽明而言，雖沒有「不教而殺」，然相較於
〈象祠記〉所言「天下無不可化之人」，仍有矛盾之處。人眞的可以
被教化嗎？一個人自身尚且不易改過遷善，又要如何感化惡習滿身之
人呢？告諭剿頭賊文中，雖已用萬物一體的想法，人同此心，理解被
教化之人的處境，但未必就能有效果，即使再多設身處地的考量，也
無法完全理解對方的想法與難處。

　　如何感化「冥頑不化」之人？這個問題須等到陽明提出良知說
後，才能解決。教化之道，須以啓迪其自身良知做主，是是非非，善
善惡惡，讓自身的良知天則作爲遷善改過的標準，如此才能成功，否
則一味「責善」，無法根本解決爲惡問題。以舜象問題爲例，舜即使
再怎麼曲盡人情，象如果自身沒有一絲絲遷善之心，終究無法步上改
過的道路。而象之所以能遷善，在於與舜一樣具有「良知」。再以池
仲容爲例，其作惡多時與伴降的態度，固然引來殺機，但如能令其以
自身良知做主，必有遷善之心，亦不會殺禍及身。嘉靖四年，陽明已
提出良知說，在給弟子劉肇袞（字內重，稱石峰先生）信中說到：

> 子見南子，子路且有不悦。夫子到此如何更與子路說得是
> 非？只好矢之而已。何也？若要說見南子是，得多少氣力
> 來說？且若依著子路認個不是，則子路終身不識聖人之
> 心，此學終將不明矣。此等苦心處，惟顏子便能識得，故
> 曰「於吾言無所不悦」。[80]

所謂「是是非非標準」是外在相沿以來的說法，並不是依照自己良知
判斷出來而行的是是非非。陽明認爲如果因爲子路不悦，孔子就照子
路的是非而不去見南子，那麼孔子就不是孔子了。孔子的是非是其良

---

80 〈答劉內重【乙酉】〉，收入在吳光主編，《王陽明全集》，〈文錄二〉，卷
　　五，頁197。

知所做出的判斷，不是格式教條的是非。陽明曾說：

> 夫學貴得之心。求之於心而非也，雖其言之出於孔子，不
> 敢以爲是也，而況其未及孔子者乎！求之於心而是也，雖
> 其言之出於庸常，不敢以爲非也，而況其出於孔子乎！[81]

以池仲容事爲例，陽明如因旁人說其「貪殘不可化」而殺之，究實而言，陽明並未致良知而行，《年譜》添寫這段，導致前後教化觀邏輯不一，弄巧成拙。

陽明提出致良知說後，對於教化的概念與做法也有新說法。過去陽明在南京時，曾針對弟子陸澄（1485-1563，字元（原）靜，號清伯）問陸九淵「在人情事變上做工夫」之說，陽明回答說：

> 除了人情事變，則無事矣。喜怒哀樂非人情乎？自視聽言
> 動，以至富貴貧賤、患難死生，皆事變也。事變亦只在人
> 情裡。其要只在致中和；致中和只在謹獨。[82]

當時陽明將工夫關鍵點放在「謹獨」上，良知說提出後，便將「謹獨」二字改爲「致良知」[83]。嘉靖五年，陽明在鄒守益來餘姚將赴廣德州任時，教他要持「如保赤子」態度對州民，亦於和詩中云：「久奈世儒橫臆說，競搜物理外人情。良知底用安排得？此物由來自渾成。」[84]要鄒守益讓良知於人情物理中發用，而這首陽明的和詩，鄒氏

---

81 〈答羅整庵少宰書〉，《傳習錄中》，收入在吳光主編，《王陽明全集》，〈語錄二〉，卷二，頁76。

82 〈傳習錄上〉，收入在吳光主編，《王陽明全集》，〈語錄一〉，卷一，頁15。

83 〈與黃勉之【甲申】·二〉「聖人亦只是至誠無息而已，其工夫只是時習。時習之要，只是謹獨。謹獨即是致良知。」收入在吳光主編，《王陽明全集》，〈文錄二〉，卷五，頁194。

84 〈次謙之韻〉，收入在吳光主編，《王陽明全集》，〈外集二〉，卷二十，頁

也時常對人提起與引用。鄒氏就任後，陽明回信中說：

> 承示《諭俗禮要》，大抵一宗《文公家禮》而簡約之，切
> 近人情，甚善甚善！非吾謙之誠有意於化民成俗，未肯汲
> 汲爲此也！……蓋天下古今之人，其情一而已矣。先王制
> 禮，皆因人情而爲之節文，是以行之萬世而皆准。其或反
> 之吾心而有所未安者，非其傳記之訛闕，則必古今風氣習
> 俗之異宜者矣。……後世心學不講，人失其情，難乎與之
> 言禮！然良知之在人心，則萬古如一日。苟順吾心之良知
> 以致之，則所謂「不知足而爲屨，我知其不爲蕢矣」。[85]

雖然對於鄒氏刊刻《諭俗禮要》表示讚許，但實際上卻要鄒氏明白，
禮因人情而起，當人情風俗變動時，做法必須跟著改變。改變的原因
必須順著良知的作用而改，就如同天下人的腳大多長得差不多，鞋子
也差不多，不會看成是簸箕。意味著不要死守一個格式去教化人，而
必須於人情事變中由良知做主，依此而行，才是正確的。嘉靖六年，
陽明在給弟子魏良弼（1492-1575，字師說，號水洲）信中說：

> 今時同志中，雖皆知得良知無所不在，一涉酬應，便又將
> 人情物理與良知看作兩事，此誠不可以不察也。[86]

雖說陽明提出良知說，但顯然弟子並未立即明白什麼是致良知於人情
物理中？陽明期許甚深的鄒守益不但受其教化觀影響，也以師教來教
人，在給廬陵知縣宋登（字子瀛，定興人）信中說明其過去在廣德州
之所爲與心得：

785。

85 〈寄鄒謙之二【丙戌】〉，收入在吳光主編，《王陽明全集》，〈文錄三〉，
　　卷六，頁202。

86 〈答魏師說【丁亥】〉，收入在吳光主編，《王陽明全集》，〈文錄三〉，卷
　　六，頁217。

先師誨之曰：「如保赤子，心誠求之。」退而思曰：「赤子
之無知，至難養也，而女子之不學猶能之，民之能言其
情，視赤子易矣。而士大夫之學或不能焉，誠不誠之殊
耳。」故夙夜自檢，兢兢不敢放過。酌民同好同惡而施
之，擇其俊髦從事於正學。三載陟主客，庶士庶民眷然不
能釋，乃信三代直道，真無古今。[87]

鄒守益當然知道陽明引《尚書》語之意，他當初想說女子未學猶能養
育小孩，相較於小孩之難養，百姓則容易多了，假如士大夫不能做
到，原因只是沒有誠心去做而已。這施政的關鍵點在於「不慮而知，
良知也；不學而能，良能也。」對於不熟悉與未曾做過的事，只要於
事上致良知，「雖不中，不遠矣」，這即是三代之治的成因。

（二）熙熙皞皞的道德社會

　　陽明提出良知作為教化的機制，對於「三代之治」的情況有更清
楚的描繪。如前所述，陽明在回應武宗殿試考題的〈學記〉中，只說
三代之學是心學，一切行事的基礎都是道德。但是那時還沒有說明怎
麼實踐？也沒有描繪三代時的朝野生活狀況？如今，一切都明朗了！
首先在「拔本塞源論」中論述萬物一體觀，以及說明自古至今由於功
利之習導致無法回到三代之治。雖說在告諭頭賊文中，陽明已有萬物
一體與一家血親之說，但未能解決面對冥頑不化之人又該如何？而此
論就和盤托出，他說：

　　夫聖人之心，以天地萬物為一體，其視天下之人，無外內

---

87 〈簡廬陵宋尹登〉，收入董平編校整理，《鄒守益集》，卷十一，〈書簡
　　二〉，頁552。

遠近，凡有血氣，皆其昆弟赤子之親，莫不欲安全而教養
之，以遂其萬物一體之念。天下之人心，其始亦非有異於
聖人也，特其間於有我之私，隔於物慾之蔽，大者以小，
通者以塞，人各有心，至有視其父子兄弟如仇仇者。聖人
有憂之，是以推其天地萬物一體之仁以教天下，使之皆有
以克其私，去其蔽，以復其心體之同然。……迨夫舉德而
任，則使之終身居其職而不易，用之者惟同心一德，以共
安天下之民。……當是之時，天下之人熙熙皥皥，皆相視
如一家之親。……蓋其心學純明，而有以全其萬物一體之
仁，故其精神流貫，志氣通達，而無有乎人己之分，物我
之間。

要以萬物一體之仁來教天下，促使其自身良知作主以克私去欲，回復
到心體之同。而三代時的官員被任命不是因為能力而是德性，上下一
心一德，以安百姓。且三代時的百姓不但彼此間關係如家人般，跟皇
帝長上亦是如此，皆有怡然自得的樣子，能如此之因在於「心學純
明」。很明顯地是闡述〈學記〉中「三代之學皆心學」的論述。陽明
給聶豹的信中有云：

堯、舜、三王之聖，言而民莫不信者，致其良知而言之
也；行而民莫不說者，致其良知而行之也。是以其民熙熙
皥皥，殺之不怨，利之不庸，施及蠻貊，而凡有血氣者莫
不尊親，為其良知之同也。嗚呼！聖人之治天下，何其簡
且易哉！[88]

---

88 〈答聶文蔚〉，《傳習錄》，收入在吳光主編，《王陽明全集》，〈語錄二〉，
　　卷二，頁811-813。

不僅大臣是因德而任，連堯舜三皇亦是致良知後而言、而行，在此治理之下，人民是悠然自得的。此處，陽明援引孟子語，認爲百姓日漸遷善的原因與有血氣的人尊親一般，皆因同具良知之故。[89]

由於所有人都必須依良知而行，因此過往判斷皇帝、大臣，乃至平民的標準也就不同。陽明在給弟子方獻夫信中說：

> 今日所急，惟在培養君德，端其志向。於此有立，「政不足間，人不足謫」，是謂「一正君而國定。」然此非有忠君報國之誠，其心斷斷休休者，亦只好議論粉飾於其外而已矣。[90]

要輔佐嘉靖帝只要具備誠心就夠了，而不是發議論說這個不行、那個不好，這就是孟子的原意。[91]並以《尙書》「斷斷休休」勉勵方氏要以致良知之心來輔佐嘉靖帝。[92]陽明給另一弟子黃綰（1480-1554，字宗賢，號石龍）信中也說：

> 古之所謂大臣者，更不稱他有甚知謀才略，只是一個斷斷無他技，休休如有容而已。……諸君每相見時，幸默以此意相規切之，須是克去己私，眞能以天地萬物爲一體，實

---

89 孟子：「王者之民，皞皞如也。殺之而不怨，利之而不庸；民日遷善而不知爲之者。」阮元校勘，《孟子正義》，卷十三上，〈盡心章句上〉，收入阮元校刻，《十三經注疏》，頁6011c。

90 〈答方叔賢【丁亥】〉，收入在吳光主編，《王陽明全集》，卷二十一，〈外集三〉，頁828。

91 孟子曰：「人不足與適也，政不足閒也。惟大人爲能格君心之非。君仁莫不仁；君義莫不義；君正莫不正。一正君而國定矣。」阮元校勘，《孟子正義》，卷七下，〈離婁章句上〉，收入阮元校刻，《十三經注疏》，頁5916a-b。

92 語出《尙書》：「如有一介臣，斷斷猗，無他伎，其心休休焉，其如有容。」阮元校勘，《尙書正義》，卷二十，〈秦誓〉，收入阮元校刻，《十三經注疏》，頁545a。

康濟得天下，挽回三代之治，方是不負如此聖明之君。[93]
放在陽明三代之治的藍圖裡，所謂的大臣不是具有多大的才能，而是
有一顆依良知侍主的誠心。所以，要挽回三代之治，大臣首先必須從
自身致良知做起，才能「引君行道」。相較陽明入仕之初於《山東鄉
試錄》裡對「大臣」的定義，即可看出其「臣道」內容的轉變。

> 凡所以格其君之非心者，莫非堯、舜之道，不阿意順旨，
> 以承君之欲也；必繩愆糾繆，以引君於道也。夫以道事君
> 如此，使其為之君者，於吾仁義之言說，而弗繹焉，則是
> 志有不行矣！其可拙身以信道乎？於吾堯、舜之道，從而
> 弗改焉，則是諫有不聽矣！其可枉道以徇人乎？殆必奉身
> 而退，以立其節，雖萬鐘有弗屑也，固將見機而作，以全
> 其守，雖終日有弗能也。[94]

當時的陽明仍然持著一個「堯舜之君」的格式來「引君於道」，如果
君上不聽，則不願「枉道」，君上有欲，也不願「阿意順旨」，志有
不行，則奉身而退以立其節。唯有古今以來的「正君」格式，沒有體
貼君上之心，唯知自己要行道立節，不知已自陷慾望深淵。弟子魏良
器（字師顏，號藥湖）在祭師文中說：

> 嗚呼，先生遽止於斯邪！振千年之絕學，發吾人之良知，

---

93 〈與黃宗賢【丁亥】〉，收入在吳光主編，《王陽明全集》，卷六，〈文錄
　三〉，頁220。

94 「四書：所謂大臣者以道事君不可則止」，《山東鄉試錄》，收入在吳光主
　編，《王陽明全集》，卷二十二，〈外集四〉，頁841-842。季子然問：「仲
　由、冉求可謂大臣與？」子曰：「吾以子為異之問，曾由與求之問。所謂
　大臣者：以道事君，不可則止。今由與求也，可謂具臣矣。」曰：「然則
　從之者與？」子曰：「弒父與君，亦不從也。」阮元校勘，《論語正義》，
　卷十一，〈先進〉，收入阮元校刻，《十三經注疏》，頁5428a。

> 靡用志以安排，曷思索而議擬，自知柔而知剛，自知顯而
> 知微。挽人心於根本，洗末學之支離。真韓子所謂「功不
> 在禹下」，障百川而東之。使天假先生以年，大明此道，
> 斯世殆將皞皞而熙熙。[95]

魏良器明白說出其師的心志即是用良知學來治天下，復三代熙熙皞皞的世界；而其師之功如同孟子一般，距楊墨，傳承與發揚孔子之道。

五、結　論

由於學界對於余先生論述的重視，自然引用來解釋晚明乃至清初陽明弟子與後學的「教化」行動，講會、鄉約與社學等研究，亦蔚爲大觀。筆者不揣譾陋，試著重建陽明教化觀，說明良知說是在人情事變中逐步提煉出來，從反省外在使用格式教條責善出發，到不責善與曲盡人情；接著又提出萬物一體與人皆有心之說，試圖用家庭之親的連結來說明爲何能感化的機制。但面對池仲容這般冥頑不化之人，陽明提出良知說，以良知人皆有之，是是非非，善善惡惡，人皆自知，感化的機制在我自身而不能單單依靠他人的理解與輔助。因此，陽明認爲三代之治的原因，是上自皇帝、大臣，下至平民，人人自致良知，依良知而行，去功利之私，達成萬物一體的熙皞社會。從陽明弟子程文德與魏良器兩人都不約而同地提到其師的理想是以良知學治世，回到三代之治，可證明陽明始終以伊尹師道自任，不但覺士，也覺民，當然在當時不可能說要「覺君」，故以「覺民行道」稱之，十分締當。

95〈門人祭文〉，收入在吳光主編，《王陽明全集》，〈世德紀〉，卷三十八，
　頁202。

徵引書目

中央研究院歷史語言研究所校刊,《明實錄》,臺北:中央研究院歷史語言研究所,1966。

卞永譽,《式古堂書畫彙考》,民國10年(1921)江都王氏鑑古書社影印本。

王格,〈王學中的三種庶民教化形式〉,《中國研究》,24(南京:2019年11月),頁195-206。

王曉娣,〈儒學民間化——陽明後學「覺民行道」的社會倫理建構〉,《東南大學學報(哲社版)》,2020年5期,頁27-33。

王襞,《新鐫東兒王先生遺集》,收入《四庫全書存目叢書》,集部146冊,臺南:莊嚴,1997。

呂詩堯,〈論明末儒學的民間轉向——以王艮爲詮釋視角〉,北京:首都師範大學碩士論文(中國哲學),2011年4月。

朱廷立,《兩厓文集》,道光元年(1821)炯然亭重刊本。

朱鴻林,《中國近世儒學實質的思辨與習學》,北京:北京大學出版社,2005。

何大雪,〈王陽明的覺民行道實踐——以總督兩廣期間爲例〉,《智富時代》,2019年1期,頁140。

余英時,,《宋明理學與政治文化》,臺北:允晨文化,2004。

余英時,〈現代儒學的回顧與展望——從明清思想基調的轉換看儒學的現代發展〉,《中國文化》,11(香港:1995年6月),頁1-25。

余英時,《現代儒學論》,上海:上海人民出版,1998。

余英時,《現代儒學論》,香港:八方文化,1996。

吳可爲編校整理,《轟豹集》,南京:鳳凰出版社,2007。

吳兆豐,〈中晚明士大夫教化宦官「運動」:以内書堂爲中心〉,《中國文化研究所學報》,66(香港:2018年1月),頁65-95。

吳光主編,《王陽明全集》,上海:上海古籍出版社,1992。

呂文龍,〈萬物一體、覺民行道與鄉約制度——王陽明鄉治思想研究〉,黑龍江:哈爾濱工程大學社會學碩士論文,2018年6月。

呂妙芬,《陽明學士人社群－歷史、思想與實踐》,臺北:中央研究院近代史研究所,2003。

宋儀望,《華陽館文集》,收入《四庫全書存目叢書》,集部116冊,臺南:莊嚴文化,1997。

李明輝,〈「内聖外王」問題重探〉,收入在周大興編,《理解、詮釋與儒家傳統:展望篇》(臺北:中央研究院中國文哲研究所,2009),頁49-88。

李夢陽，《空同集》收入《文淵閣四庫全書》，集部1262冊，臺北：臺灣商務印書館，1983。

阮元校刻，《十三經注疏》，京都：中文出版社，1971。

屈守元、常思春主編，《韓愈全集校注》，成都：四川大學出版社，1996。

林應麒，《介山稿略》，收入《叢書集成續編》，文學類第143冊，臺北：新文豐，1989。

胡源祤等編纂，《餘姚柏山胡氏宗譜》，紐約：哥倫比亞大學東亞圖書館，2010。

徐中行，《天目先生集》，收入《續修四庫全書》，集部1349冊，上海：上海古籍出版社，1995。

徐儒宗編校整理，《羅洪先集》，南京：鳳凰出版社，2007。

張衛紅，〈草根學者的良知學實踐—以明嘉靖至萬曆年間的安福學者爲例〉，《文史哲》，2020年3期，頁90-96。

張藝曦，〈明中晚期古本《大學》與《傳習錄》的流傳及影響〉，《漢學研究》，24:1（臺北：2006年6月），頁235-268。

張藝曦，〈明中期地方官員與王學學者的緊張—以白鷺洲書院興廢爲例〉，《大陸雜誌》，104:6（臺北：2002年6月），頁30-54。

張藝曦，《社群、家族與王學的鄉里實踐：以明中晚期江西吉水、安福兩縣爲例》，臺北：國立臺灣大學出版委員會，2006。

梁伯蔭修、羅克涵纂，《沙縣志》，臺北：成文出版社，1974。

梁章鉅，《退庵隨筆》，臺北：新興書局，1978。

郭春震纂修，《潮州府志》，收入《日本藏中國罕見地方志叢刊》，北京：書目文獻出版社，1991。

陳宏謀，《五種遺規》，臺北：德志出版社，1961。

陳椰編校，《薛侃集》，上海：上海古籍出版社，2014。

陳榮捷，《王陽明傳習錄詳註集評》，臺北：臺灣學生書局，1983。

陳驥等修、張瓊英等纂，《鄱陽縣志》，臺北：成文出版社，1989。

單虹澤，〈陸象山的「主民」思想及其對晚明「覺民行道」的開啓〉，《學術探索》，2020年3期，頁12-18。

彭國翔，〈王龍溪的《中鑒錄》及其思想史意義：有關明代儒學思想基調的轉換〉，《漢學研究》，19:2（臺北：2001年12月），頁59-81。

焦堃，《陽明心學與明代內閣政治》，北京：中華書局，2021。

程朱昌、程育全編，《程文德集》，上海：上海古籍出版社，2012。

黃景昉，《國史唯疑》，上海：上海古籍出版社，2002。

楊正顯，〈後死有責：從《陽明先生文錄》到《王文成公全書》的師教衍變〉，《明代研究》，36（臺北：2021年6月），頁61-101。

楊國榮〈以事行道——基于泰州學派的考察〉,《文史哲》,2021年6期,頁
　　5-13。

董平編校整理,《鄒守益集》,南京:鳳凰出版社,2007。

趙洋藝,〈王陽明「覺民行道」的「外王」思想〉,北京:中共中央黨校碩士
　　論文(中國哲學),2012年6月。

趙偉,〈明代政治生態與士大夫政治文化的雙向路線〉,《東方論壇》,2014
　　年4期,頁31-40。

劉建臻點校,《焦循詩文集》,揚州:廣陵書社,2009。

歐陽安世編,《歐陽安福府君六宗通譜》,紐約:哥倫比亞大學東亞圖書館,
　　2010。

蔡至哲,〈君子致權——陽明晚年政治思想新探〉,《國立政治大學歷史學
　　報》,49(臺北:2018年5月),頁1-38。

鄭永禧纂修,《衢縣志》,臺北:成文出版社,1983。

黎恂修、劉榮黼纂,《大姚縣志》,收入《中國地方志集成 · 雲南府縣志
　　輯》,64冊,南京:鳳凰出版社,2009。

錢明,〈《王陽明全集》未刊佚文彙編考釋〉,《中國典籍與文化論叢》,8(北
　　京:2005年1月),頁221-245。

霍與瑕,《霍勉齋集》,桂林:廣西師範大學出版社,2014。

Hymes, Robert. P., *Statesmen and Gentlemen: The Elite of Fu-Chou*, Chiang-hsi,
　　in Northern and Southern China (Cambridge & New York: Cambridge
　　University Press, 1986).

Ying-shih Yü, Josephine Chiu-Duke and Michael S. Duke eds. *Chinese History
　　and Culture: Sixth Century B.C.E. to Seventeenth Century,* Volume 1 (New
　　York: Columbia University Press, 2016)

Wang Yangming's Perspective on Moral Cultivation: Starting from Yu Ying-shih's Discourse on "Awakening the People and Practicing the Way"

Yang Cheng-hsien*

This article discusses the influence and significance of Yu Ying-shih's interpretation of "Awakening the People and Practicing the Way" and supplements his arguments with new historical materials. It then briefly explains Wang Yangming's perspective on education and moral cultivation. In current research on late Ming thought and socio-economic history, the concept of "Awakening the People and Practicing the Way" can be considered well-established. Based on this foundation, many studies have focused on grassroots education, such as village compacts and community learning. However, the practical implementation of village compacts remains limited, as evident from the actions of Wang Yangming's disciples. By reexamining the historical sources, we can appreciate the pioneering nature of Yu Ying-shih's ideas and observe Wang Yangming's consistent use of the "Yi Yin" allusion, demonstrating his unwavering commitment to "Dedicating oneself to ruler to pursuit of the Way." Wang Yangming's views on education undergo gradual changes in conjunction with the development of his theory of innate knowing. Initially, he believed in the potential for universal moral transformation, as seen in the saying, "There is no one in the world who cannot be transformed." Later, during his time in Nan'gan, Wang embraced the idea of the unity of all things

---

* Independent Research Fellow in Institute of Modern History, Academia Sinica.

and the concept of treating people as one's own kin, aiming to reform even bandits through human emotions. After formally presenting his theory of innate knowledge, he further attributed the mechanisms of education to the innate knowledge possessed by all individuals and employed them in the realm of human relationships and physical objects, thus explaining the societal causes of harmony and prosperity in the Three Dynasties.

Keywords: Yu Ying-shih, Awakening the People and Practicing the Way, village compacts, moral cultivation, Governance of the Three Dynasties

「革命的果實轉化成了對他們自己的毀滅」——試論余英時對中國近現代激進化的思索

翁稷安

暨南國際大學歷史系副教授，國立臺灣大學歷史學系博士。研究興趣包括中國近現代思想文化史、數位典藏和數位人文學、戰後臺灣文化史及大眾史學等相關領域。

「革命的果實轉化成了對他們自己的毀滅」——試論余英時對中國近現代激進化的思索

翁稷安

摘要

　　綜觀余英時一生對於中國近現代思想史的研究，始終圍繞在對於中國自晚清以來不斷激進化的關注，1990年發表於《歷史月刊》的〈中國近代史上的激進與保守〉，可以爲代表。該文之外，對中國20世紀思想激進化某種帶有批判意味的觀點，也不時出現在他的學術或非學術著作之中，可視爲余氏一生論史的關鍵見解之一。本文試著回顧余英時一生著作，還原余氏對於中國近現代「激進化」現象的分析，除了還原其主張，並指出在堅實的學術論述背後，反映著他一生對於革命的反省，以及對民主的想像和盼望，體現著思想上的一致性。

關鍵字：余英時、激進化、主義時代、五四運動、知識分子

一、前　言

「革命的果實轉化成了對他們自己的毀滅」一語，出自余英時
〈20世紀中國的激進化〉一文，原文於1993年以英文發表。在這篇討
論20世紀中國為何「史無前例」全面走向激進化的文章裡，他將原
因歸結於「中國在世界的邊緣化」和「知識份子在中國社會的邊緣
化」雙重邊緣化的力量，彼此交相作用的結果。前者指的是晚清以
來，一連串的西力入侵。後者則較為複雜，「士」階級在16世紀起地
位就逐漸下降，在近代和西方接觸的連續挫敗中，激起一波波制度的
變革，傳統的「士」階層被迫轉變為現代的「知識分子」，新式知識
分子在國家權力的運作中處於邊緣，結果只能轉向擁抱西方價值，在
雜揉了「以天下為己任」的舊觀念下，積極投身革命。[1]兩者皆直接或
間接加速了激進化的風潮，化為不斷向下的惡性循環，造成了「中國
革命的歷史悲劇」：

> 中國革命的歷史悲劇在於，那些由中國激進的知識分子引
> 進和播種的革命思想，無一例外地被那些反知識分子的人
> 收穫了，他們更知道怎樣去操縱革命、去掌握權力。而對
> 於知識分子，革命的果實轉化成了對他們自己的毀滅。[2]

對於中國近現代激進化傾向的研究，貫穿了余英時對中國近現代思想
文化的關注，反覆以不同的議題和個人為例，探求激進化的起源與影
響。特別聚焦於知識分子，作為激進化的催化或推動者，他們反而遭
遇了最劇烈的負面影響，不斷被推向邊緣，喪失原本的影響力，卻又

1　余英時，〈20世紀中國的激進化〉，收於余英時著，程嫩生、羅群等譯，
　　《人文與理性的中國》（臺北：聯經出版公司，2008），頁537-563。
2　余英時，〈20世紀中國的激進化〉，頁563。

只能以更加激進化的倡議，試圖重回革命的浪頭上。

綜觀余英時一生著作，對中國近現代「激進化」的思索，可說是余英時治史論學最重要的議題。這樣的關注，不只是由更細緻的視角出發，回應著諸如「衝擊反應說」或「救亡壓倒啓蒙」等中國近現代史的既有陳說。更重要的，藉由對激進化的探源和批判，余英時試圖指出西方現代化和中國傳統之間，絕非截然對立，在表象的差異之外，兩者內裡有著更深層的交集和承繼。余英時試圖重探歷史結構，勾勒當時知識分子的心靈世界，藉以傳達無論公私領域，西方現代化和中國傳統從未存有本質上無法化解、共存的隔閡；那是在革命需求或宣傳下，刻意被突顯和扭曲的假象。

這當然是嚴謹的學術論斷，然而出生於1930年的余英時，在看待中國近現代歷史的起伏時，不免多少會由親歷者的角度，流露出史家主觀的情感。在〈20世紀中國的激進化〉文末，余英時便以自己的成長背景爲例，說明激進化是影響當時知識界的重要趨勢，但並非所有的知識分子都可以一概而論，不同層級的知識分子受激進化衝擊的方式和程度，各不相同。「在作結論時，請允許我加入一點個人的感情」，余英時回憶他生長於安徽，和胡適（1891-1962）和陳獨秀（1879-1942）這兩位五四運動重要思想領袖同鄉，中日戰爭時更在陳獨秀出生地附近的小村子渡過。但他只聽過陳獨秀一次，而且還刻意歪曲的指責，說陳獨秀主張「萬惡教爲首，百善淫爲先」。另外，即使五四新文學領袖已激烈批判舊文化，曾在桐城住過一年的余英時，在當地仍被鼓勵學習桐城古文。一直要到1946年余英時開始在南京、上海、北京和瀋陽等大城市生活，才逐漸接觸激進化的力量。不過即便在戰後兩三年的時間裡，就他個人的觀察，馬克思或反傳統主義對普通城市知識分子的日常生活，似乎依舊有限。因此他對激進化

浪潮在中國的傳播範圍，仍有所存疑。[3] 以親身經歷爲例的觀察，間接
折射出余英時長期對中國近現代史上激進化的關注，展開長期的論
辯，背後所潛藏著的動機和問題意識所在。

在2006年榮獲克魯格獎時演講中，余英時回顧自己的學術生
涯，是從1940年代開始對中國歷史和文化的研究產生興趣，當時學
界瀰漫著實證主義和反傳統思潮兩股力量，對中國文化傳統採取全面
的否定，後果即是「中國文化傳統各個方面的研究，從哲學、法律、
宗教到文學和藝術，常常等同於譴責和控告。」對於少年余英時來
說，這樣的時代風氣，使他個人的認同陷入了「迷失」。[4] 這段告白呼
應著前述成長過程中和五四運動的距離，他並未受到五四直接的衝
擊，在十六歲之前根本不知有五四，直到戰後由「鄉下人」變爲「城
裡人」爲止。此前此後，雖然皆身處中國，卻陷入兩個截然不同的文
化或精神世界。

少年余英時當時正準備彌補戰爭帶來的空白，努力爭取攻讀大學
的機會，前後也接觸了一些梁啓超（1873-1929）、胡適、魯迅（1887-
1936）等人的作品，三人中梁啓超給他的影響最深，特別是梁一方面
批判舊傳統，一方面又激勵讀者熱愛中國文化，形成一種「微妙」的
「矛盾的統一」，從梁兩股看似背反的熱情中，使余英時領悟到「求
知」的重要，無論是批判或激勵，都要以眞正理解中國學術思想史爲
前提。純然「爲知識而知識」的「求知」精神，在胡適處得到另一個
面向的強化，經由胡適，余英時體悟到必須同時了解西方傳統和現代
世界，才能眞正理解中國傳統的定位。這種純粹知識的追求，並相信

3　余英時，〈20世紀中國的激進化〉，頁562-563。

4　余英時，〈在2006年克魯格獎頒獎儀式上的演講〉，收於余英時著，程嫩
　　生、羅群等譯，《人文與理性的中國》，頁645。

藉由知識作爲改變現狀的起點，成爲了余氏一生的堅持。更重要的，
經由中西全面的知識探索，謀得兩者之間「矛盾的統一」，[5]替少年余
英時曾經的「迷失」提供解決和調和之道，藉由當時的閱讀和學習經
驗，讓他「思想上傾向於溫和的西化派，對極端的激進思潮則難以接
受」，[6]這樣的立場可視作他日後學術的起點。這樣「求知」的觀點，
延續至新亞書院求學期間，余英時在思想上或和錢穆雖非完全契合，
但深深折服於錢穆（1895-1990）的舊學根柢，特別是錢穆在中國史
學上深厚的功力，開始積累自己在國學的基礎，「無論我的觀點是什
麼，我都必須像錢先生那樣，最後用學問上的眞實成就來建立我自己
的觀點」，[7]這無疑是「求知」取徑的再確認。

　　少年余英時所經歷和感受到的認同，以及從梁啓超和胡適、錢穆
等人身上習得，從知識面向出發，深入中西學術，以「求知」的取
徑，去回應中西文化異同的時代提問，或可視爲他學術人生的某種銘
刻記憶，他一生的學術，都是對這個起點不間斷的回歸與回應。對余
英時來說，中西之間，「這不僅是學術問題，並且是現實問題」。[8]他堅
信中西之間的文化差異並未如想像的巨大，「中西文化之間在基本價

5　余英時，〈我所承受的「五四」遺產〉，余英時著，《中國文化與現代變
　　遷》（臺北：三民書局，1995），頁89-93。王汎森亦曾敏銳地指出余英時
　　在1940年代於共產主義和自由主義之間的掙扎，以及在經過五六年的摸
　　索後，於胡適思想中，找到抵禦馬列主義狂潮的「憑藉」。此觀點以及進
　　一步延伸余英時所持自由主義傳統，對本文有著根本的啓發。見王汎森，
　　〈自由主義的傳統基礎──余英時先生的若干治學理路〉，《漢學研究通
　　訊》，第40卷第4期，頁1-4。
6　陳致訪談，《我走過的路：余英時訪談錄》（臺北：聯經出版公司，
　　2012），頁10。
7　陳致訪談，《我走過的路：余英時訪談錄》，頁12、46。
8　陳致訪談，《我走過的路：余英時訪談錄》，頁12。

值上似乎存在著大量重疊的共識」，如何於中國的過去之中尋找這樣「共識」的存在，是他身爲史家治史的關鍵使命。在余氏看來，中國思想中的「道」所具有的人道價值，即使能和西方現代思想接軌的普世認同，「我比以往任何時候都更堅信，一旦中國文化回到『道』的主流，中西相對的一系列問題也將隨之而終結。」[9]

　　「史學跟史學家是分不開的，而史學、史家同時又與時代有密切的關係，並且應該強調這種關係。」這是在〈史學、史家與時代〉這篇談論史學方法的經典文章裡，余英時所下的結語，同篇文章中，他也特別提及像王國維、錢穆、陳寅恪等近代中國史家，「他們選擇的題目，跟他們的對時代的樂觀、悲觀、希望、失望，以至跟他們在歷史上所看到的光明面和黑暗面，都有極密切的關係。」[10]余英時的史學亦應以同樣的方法加以理解和考察，特別是他對於中國近現化思想的諸多斷語，皆是藉由對逝去歷史的探查，在不違反近代專業史學研究的要求下，或明或隱的反覆回歸他所親歷的歷史，或對眼下中國時局的所見所聞而發，折射出「史家」對於自身身處「時代」的關懷，開展出他豐厚的「史學」成果。

　　本文試圖由余英時對中國近現代思想史的研究出發，指出從「求知」取徑出發的余英時，在深入中國傳統，並同時和西方現代化思想對照後，推導出中西理應共存的觀點，具體反映在實證研究上，就是他對於中國現代思想中激進化浪潮的勾勒和批判。通過不同的視角切入，余英時將激進化思潮層層析理，深刻指出這個將整個知識分子和有志之士捲入的巨大漩渦，是某種被刻意簡化甚至曲解所造成的假

9　余英時，〈在2006年克魯格獎頒獎儀式上的演講〉，頁648。
10　余英時，〈史學、史家與時代〉，余英時著，《歷史與思想》（臺北：聯經出版公司，1976），頁269。

象，只是爲了呼應著政治上「革命」的訴求。他一方面冷靜的勾勒出
身處其中的知識分子，自己打造或強化的激進化困境；另一方面他也
對於他們的選擇，給予了溫情和敬意的同情。以冷靜和同情交織的情
感，還原著五四以來，中國近現代知識社群的群體或個人的複雜，並
認爲唯有以「求知」出發，呈現歷史的複雜樣態，才是清除革命的激
進宣傳和論斷，重現歷史實然，並以此爲基礎，開拓出中國思想文化
的下一步。

二、主義時代的激進化氛圍

　　對中國近代史激進化思潮的批判，是余英時對中國近現代史論述
的根本基調，這些批判形形色色，最終所欲表達的，在於激進化思潮
所指涉的：視傳統中國和西方現代思想，不能共存共榮，甚至視傳統
中國文化爲西方現代化阻礙的論斷，只要每一次現代化遭遇挫折，就
更加深了現代化推動者對中國傳統的憎惡，長此以往，結果就是「以
爲文化傳統可以一掃而光，然後在一張白紙上建造一個全新的中
國」。[11] 出於這樣空中樓閣式的幻想，中國知識人一心只想從西方求眞
理，爲了快速趕上，不斷從西方搬進最激進的思想，反而帶來更巨大
而深層的文化危機，一旦現狀無法獲得改變，只是再度強化了他們對
傳統的憎恨和鄙視，[12] 形成一條由「文化認同」轉向「文化否定」的
歷史軸線。[13]

---

11 余英時，〈自序〉，余英時著，《歷史人物與文化危機》（臺北：東大圖書
　　公司，1995），頁21。
12 余英時，〈中國文化危機及其思想史的背景〉，《歷史人物與文化危機》，
　　頁191-193。
13 余英時，〈越過文化認同的危機〉，《歷史人物與文化危機》，頁212-213。

　　這樣的觀察呼應著生長於1930年的余英時，他所身處的「主義時代」氛圍。他所反對的將革命視爲絕對價值，進而不斷走向激進的路線，正是主義時代的特點。二十世紀中國政治最鮮明的特點，就是思想上的「主義」和權力運作的結合，王汎森即以「主義時代」的概念，詮釋了1925年五卅慘案之後，中國近現代思想界的變化，由前期「轉型時代」的多元，逐漸趨向由政治意識型態所宰制的一元局面，信仰「主義」對思想界帶來的衝擊，「是中國近代歷史上一場驚天動地的轉變」。[14]這樣的轉變標示著「原先那種充滿危機與混亂，同時也萬馬爭鳴的探索、創新、多元的局面，逐漸歸於一元，被一套套新的政治意識型態所籠罩、宰制，標幟著『轉型時代』的結束」。[15]外來的共產主義，和國民黨高舉的「三民主義」，皆是主義時代最顯明的代表。如同孫中山視主義爲「一種思想、一種信仰與一種力量」的三段論，和政治相結合的意識型態，從來就不只是抽象的哲學討論，而是希望將思想化爲信仰的過程，產生影響現實的力量。吳稚暉便主張對於孫中山身後所留下的著作和遺囑，應該「好像新舊約一般，明白遵守」，天天閱讀，養成人們對主義的信仰。[16]日後成爲中華民國，1924年孫中山對黃埔軍教訓詞中的「主義是從」一句，更是具體說明了主義時代的精髓所在，純由知識的角度去理解主義是不夠的，必須要全心全意、日夜不停的去信仰、實踐主義，將能推動革命進程的

14　王汎森，〈序〉，《中國近代思想史的轉型時代》（臺北：聯經出版公司，2007），頁 iii。王汎森，〈「主義時代」的來臨——中國近代思想史的一個關鍵發展〉《東亞觀念史集刊》，第4期（2013年6月），頁10。「轉型時代」的說法見張灝，〈中國近代思想史轉型時代)，收於氏著，《時代的探索》（臺北：聯經出版公司，2004），頁37-60。

15　王汎森，〈序〉，《中國近現代思想史的轉型時代》，頁 iii。

16　吳稚暉，〈本刊創刊號之弁言〉，《中央半月刊》，第1期（1927），頁1-2。

主義，視作衡量所有事物的標準，以此標準打破違背主義的阻礙，完成主義所許諾的天堂。

王汎森曾將主義時代畫分爲四階段論，：第一階段可名之爲主義的形成，即從日本引入的吸納期。第二階段爲1900年至新文化運動前，「主義」取得了論說上的優勢。第三階段則爲「主義化」的前期，從新文化運動至五四前後，「主義」的地位被漸次提高，人們開始於公眾和個人生活提倡「主義」的指導；但此期「主義」是開放的，未侷限於特定的主義。1920年之後則進入了第四階段，只能有一個主義、一個黨，「以黨治國」、「以黨治軍」成爲「主義化」的核心。[17]余英時成長於主義時代已臻完熟的時代，並且經歷中日戰時的動盪，與戰後共產主義大獲全勝的時刻，他所勾勒的中國近現代思想激進化的演變，也正是主義時代逐漸擴張，達於最高點的軸線。

〈中國近代史上的激進與保守〉一文，可以說是余英時對這議題，最爲完整的分析，概括了他對這議題的根本看法。該文最早是1988年香港中文大學25週年紀念講座的內容，後來略加修正爲文字稿。在文章一開始即強調，當年以中國古代史爲學術專業的他，文章對中國近現代思想史的觀察，部分是由個人親歷而發，「至少是我作爲一個年輕人所見的中國思想界的變化」。他希望從比較寬泛的角度，來界定激進和保守，視兩者爲一種思想上的態度和傾向，以對「現狀」所作出的選擇，區隔兩者。保守的一方，主張維持現狀；激進的一方，則主張打破現狀。然而，在鴉片戰爭以來的近代中國，現狀是不斷變動的，所以保守和激進的相對位置也隨之不斷變動。在余英時的分期下，五四運動以前，主張徹底改變現狀的激進主義，基本

---

17 王汎森，〈「主義時代」的來臨──中國近代思想史的一個關鍵發展〉。

上仍屬政治為主,尚未觸及文化層面,從變法派的康有為到日後的革命派,都是在政治制度作出保守、激進位移,即使是革命的領袖孫中山,對於文化傳統仍持正面肯定的態度。但當辛亥革命之後,共和的建立並未帶來預期的美好,人們將批判的焦點,漸次轉移到文化傳統。從另一角度來看,余認為保守派最大的問題,在於始終無法擁有值得守護的「現狀」當作立基點。「變」(包含變革、變動、革命)是貫穿中國近百年的基本價值,「在現實上找不到一個體制、系統,可以使大家安定下來。」結果導致了保守與激進之間,無法開展出一個可供對話的共同座標或框架,這是迥異於西方的歷史發展。[18]

　　五四運動之後,不只將重點置於文化,並且更激烈的,「要以西方現代化來代替中國舊的文化」,「進步」無限上綱成為「最高價值」,不容任何質疑,一旦有所保留,就會立刻被貼上各種負面的標籤,不同於西方,在近代中國保守派根本無法取得發言權,有一「現狀」開展論述,對激進派作出有效的制衡,對猛踩到底的激進化油門,發揮煞車的效果。又或者,更明確地說,「中國沒有真正的保守主義者,只有要求不同程度變革的人而已。」在這樣的邏輯下,中國傳統就自然而然,被視為了西方現代化觀念「民主」、「科學」發展的阻礙。「中國近代一部思想史就是一個激進化的過程」,只能一直朝激進的極端全速前進,最終就促成了文化大革命的悲劇。[19]至抗戰進入了激進化的第三階段,此時思想界的討論,已經直接以認定中國傳統會阻礙現代化為前提,篤信象徵西方科學的馬克思決定論,再加上中共的宣傳,共產主義成為了思想的主流,比起五四之後,又朝更

---

18 余英時,〈中國近代史上的激進與保守〉,《猶記風吹水上鱗——錢穆與現代中國學術》(臺北:三民書局,2021),頁195-206。
19 余英時,〈中國近代史上的激進與保守〉,頁206-210。

加激進的一端跨出一大步。即使到了戰後，毛澤東掌權，依舊未停下
激進化的步調，追求建立穩定的「現狀」，甚至更加劇烈。原因當然
由於毛澤東個人的政治算計，但同時也體現了時代的心理背景。余英
時總結道：

> 百年以來，中國的舊秩序已崩潰，而一個能爲多數人所接
> 受的新秩序遲遲無法出現，因此思想的激進化也沒有止
> 境。這樣就陷入了一個惡性循環：一方面惡化的現狀滋生
> 激進的思想；另一方面，思想的激化又加深了現狀的動
> 盪。[20]

這篇文章並未止於歷史的考察，文章的後半，余英時藉由歷史觀
察所得出的結論，審視了中國眼下的處境。他並不認爲文革的結束，
象徵著中國激進化思想的徹底結束，只不過是暫時退回到五四時期的
階段，重新開始。在這災後重建的過程中，余引用著胡適於1960年
英語演詞〈中國傳統與未來〉的觀察，認爲中國具有人文和理性的傳
統，民主和科學等現代化觀念，必需在此「中國基址」（Chinese
bedrock）上才能促使中國重獲新生。臺灣的現代化就是最好的例
子，臺灣保有著自然、漸進演化而成傳統社會，並朝向開放型社會演
變，容許多元的聲音，皆使得「思想不致於形成激進化的單向發
展」。唯有對傳統有深入而「同情的瞭解」，並以西方科學「爲知識
而知識」的態度，加以解析，不急於主觀的批判或譏笑，而去尋找傳
統和現代之間共通的接榫，才能發揮文化理應有的「推陳出新」、
「溫故知新」的功能。也唯有在保守和激進之間找到平衡，以傳統爲

---

20 余英時，〈中國近代史上的激進與保守〉，頁213-220。

基礎，走向現代，才是百年激進化歷程的眞正終結。[21]

　　在這篇文章裡面，可以見得余英時對於中國近現思想激進化思考的數項特點：首先，自然是對激進化所持的負面批判，視激進化的傾向，爲中國近現代紛擾動亂的成因之一。必須強調，做出這樣強烈的批判，余英時依舊秉持著專業史家的嚴謹，進行史學的分析，並非含沙射影的影射史學，而是試圖挖掘中國近現代思想的深層構造。他也明白理解中國既有的限制，在列強入侵的現實下，要建立暫時性的穩定秩序，讓新舊思想充分溝通，謀求平衡是十分困難的事實。但他也經由研究表明，後天環境造成的侷限，並不能等同於先天上的不可能。他以1930年代民主與獨裁的爭論爲例，在當時激進和保守的雙方是能在「共同的現實根據」上，亦即某種暫時性穩定的秩序，進行對當下和未來的討論。此外，在三階段當中，即使激進化不斷地將思想推向極端，但學界持續有著學養深厚的學人，呼籲著傳統和現代接軌的可能。余在文章中，也引用西方當前諸多研究成果，說明著傳統和現代的對立，甚或視傳統爲現代的阻礙，無論從學理或實然，都只是出於政治上的宣傳，是在對中西學問未經鑽研和理解下，受政治強力影響或動員，出於主觀的印象式論斷。總結起來，還是必須再回歸到「求知」的基本功，在相對穩定的框架或秩序上，「爲知識而知識」，剖析中西的異同，開放多元的討論。

　　另一方面，演講開頭所言：「我的專業並不是近代的或現代的思想」，自然是自謙之詞，無論通俗文章或學術專著，余英時皆早已直接或間接的，對中國近現代思想做出的大小論斷。這段謙詞更重要的，是後半部對個人經驗的強調，以切身的關注爲動機，「希望這是

---

21 余英時，〈中國近代史上的激進與保守〉，頁221-235。

一個與現代生活有關連的，但卻是一種獨立的歷史的研究、思想史的研究」，[22] 遙相呼應他在〈史學、史家與時代〉一文的論述。文中對激進化革命思想的質問，也早已出現在余英時的著作中，蘊釀多年，早在1953年的《民主革命論》就見得類似的論述。這本書從構思到撰寫耗費余英時兩年的時間，以在《自由陣線》連載的舊文爲基礎，再補入大量新的內容進行修改，「眞正牽繫著我的精神」。[23] 在序言中，23歲的青年余英時已略帶激昂的口吻破題：「近百年來我們一直沉浮在革命的浪潮之中：革命洪流的泛濫沖毀了舊中國的隄岸，也淹沒了新中國的禾苗；革命曾給予我們以希望，也加予我們以苦難；革命曾摧垮了腐敗的舊統治者，卻又帶來了凶暴的新統治者。」並斷言：「中國革命的一連串的失敗也可以說是我們偏激的革命精神的必然結果」。[24]

　　如書名指出的余英時視民主和革命爲緊密結合的兩種概念，唯有能導向民主的革命，才是眞正的革命。在這樣的預設下，中國近現代所高喊的「革命」，本質上反而是「反革命」的，人們在不自覺中顛倒了革命和反革命的「標準」：「人們把革命的力量看作是反革命的力量，而把反革命的力量尊爲革命的力量。」這種骨子裡反革命的革命論述，是建立在錯誤的認定標準上，分別是以「新」與「舊」、「激進」與「溫和」、「主動」與「被動」爲尺度，並以情感而非理性來區別「革命」與「反革命」。結果就是將共產或法西斯的極權主義，當作革命的潮流，民主則成爲反革命的逆流了。[25] 通觀全書，青

---

22 余英時，〈中國近代史上的激進與保守〉，頁196。
23 余英時，《民主革命論》（臺北：九思出版社，1979），頁196-197。
24 余英時，《民主革命論》，頁1-2。
25 余英時，《民主革命論》，頁25-29。

年余英時已經爲了日後「古代史學者」余英時對中國近現代的論斷提
供了基本的原型，如余所自承的，在此書完成之後，對革命這一概念
已經有著「統之有宗，會之有元」的一貫瞭解，[26]所不同的，或許僅
在於已是專家面容的余英時，大概無法再喊出「我從懷疑革命，憎惡
革命，而開始了我對革命的研究」。[27]

　　如果余英時人生不同階段，對中國近現代激進化的共同關注，核
心的問題意識都出自於個人親身的經歷和觀察，那麼他所厲聲批判或
論辯的，激進地視革命爲唯一真理，容不下一絲質疑，非黑即白的絕
對化路線，無疑就是主義時代的文化氛圍與價值觀點。如同余對二十
世紀中國語言粗略分析得到的結論：「中國知識分子在採取了『激
進』的價值取向之後，對於『傳統』則進一步施以凌厲無前的道德譴
責。」激進／保守成爲了類似善／惡、光明／黑暗的對立，潛藏著道
德的高下論斷，結果就是「語言的徹底政治化」，完全沒有任何「道
德上中立的語言文字可用」，一旦連用以闡釋、論述和辯論的工具
「語言文字」皆政治化，而且是在激進革命的尺度下，定下了道德上
的高尚和低劣，那麼「嚴肅的學術文化討論」都幾乎成爲不可能的
事。[28]這樣的觀察不僅道盡了主義時代運作的邏輯，也顯示「求知」
的這條持平的思想進路，在近現代中國的艱難。那樣激進的空氣，從
安徽鄉下來到大城市的余英時所感受到的窒息，造成了他以及整個世
代知識青年的「迷惘」，他從對五四遺產的補課中，選擇了胡適一路
的「求知」道路，作爲整合危機的方式，確立了以傳統接軌西方，兩
者共存共榮的思考方向：「中國必須重建一套新的價值系統，這一重

26　余英時，《民主革命論》，頁197。
27　余英時，《民主革命論》，頁1。
28　余英時，〈中國近代史上的激進與保守〉，頁229。

建工作必須在中國傳統的人文基礎上盡量吸收消融外來的新成分。」[29]
成為他治學的重要核心與使命，並以「求知」為武器，對抗主義時代
的各種殘留與影響。

三、以「求知」對抗激進

在 80 年代前後指出中國近現代思想激進化的余英時，廣義而
言，無論他所從事的古代史或近現代史研究，都是要對抗這百年來的
激進化路徑，去除五四之後激進化的歷史詮釋，再次「重新估定一切
價值」。這也呼應了前述余英時對時局的認定，文革結束後的思想世
界，是回到了五四時期的初始狀態，從「主義時代」重啓（reset）至
「轉型時代」。這點在近現代思想史上的討論，尤為明顯，復歸青年
余英時從梁啓超和胡適處，所感受到的「求知」取徑，意即必須由純
學術的角度出發，跳脫政治上革命宣傳所賦與的標籤，重新深入地審
視中西雙方的思想文化。但對於「求知」的強調，也隱含著對激進化
下各種對傳統見解的反駁和批判。直言中國近現化思想的許多論斷，
多半是在對傳統和現代都一知半解，或非常表象的理解下作出的誤
判。知識分子最後會朝向革命激進化的論述傾斜，與其說是出於理性
的判斷，更多的來自於感性的選擇，其中發揮影響除了個人秉性的差
異外，更多來自於集體的大我意識或文化傳統。許多看似最為激烈的
攻擊傳統，擁抱西方的主張，背後的動機、邏輯和方法卻又最契合中
國傳統，故言：「反傳統論者雖以全力摧毀傳統，但他們所持的武器

---

29 余英時，〈文化建設私議──人文學術的研究是當務之急〉，《人文與民
　　主》（臺北：時報出版公司，2010），頁 36。

主要還是傳統性的」。[30]

　　譬如談及中國近代對於共產主義的接受，余英時反對由歷史決定論出發，視中國走向共產主義，爲必然發生的階段。這是沒有任何客觀論據支持的宣示，倘若要深究共產主義在中國的風行，更多的反而是中國既有文化傳統所發揮的作用。在共產主義或社會主義於19世紀不斷傳入中國的過程中，「由於中國文化的價值取向偏於大群體」，使得中國近代知識份子更容易被社會主義的理想中所吸引。尤有甚者，余英時更語帶嚴厲地指出，中國近代思想界「一般而言，是相當不成熟的、相當淺薄的」，許多知識分子是在「不經深思熟慮的狀態下」，被共產主義所「俘虜」、「征服」，成爲他們「一種宗教式的信仰」，作爲心靈空虛的填充物，「自然便進一步成爲他們行動（革命）的指南針。」[31]這中間最爲反諷的現象，在中國倡議革命信仰的黨派，都身陷於傳統的「名教」邏輯，只不過改成迷信「革命之名」，形容他人「保守」和「反革命」成爲最惡毒的指控，形成余所形容的二十世紀中國知識分子的「革命情結」。[32]

　　魯迅是另一個例子，余英時指出愛好魏晉文章，深受魏晉思想影響的魯迅，他對於魏晉的了解和傾慕，乃至反禮教的態度，皆深受章太炎的影響，更在人格和待人處事上和嵇康多所相近，〈魏晉風度及文章與藥及酒之關係〉裡這段形容魏晉時代「表面上毀壞理教者實則倒是承認禮教，太相信禮教。」亦頗有幾分魯迅夫子自道的意味。[33]即

---

30 余英時，〈自序〉，余英時著，《歷史與思想》，頁5。

31 余英時，〈論文化超越〉，余英時著，《中國文化與現代變遷》（臺北：三民書局，1995），頁6。

32 余英時，〈「創新」與「保守」〉，《中國文化與現代變遷》，頁107。

33 余英時，〈五四運動與中國傳統〉，余英時，《史學與傳統》（臺北：時報

如共產黨領袖毛澤東，在余英時看來，他雖然承繼著五四反傳統的論述，和傳統看似絕裂，但他「並沒有真的跳出傳統的樊離」。余區隔了思想的「內容」和「方式」兩個層面，就內容論，毛澤東當然口口聲聲反傳統；倘若從方式論，毛反而把「封建」推到前所未有的極致，余形容毛的「新中國」，根本就是封建「無限泛濫的重災區」，以譬喻形容，毛「所運用的建築材料全是新穎的，而他所想建的地上天國則依然是陳舊的。」[34]在這樣的論述裡，余英時從思想資源的角度出發，點出在新文化運動中大聲疾呼反傳統者，在對西學了解有限的情況下，還是只能以傳統作爲論述的支撐：

> 當時在思想界有影響力的人物，在他們反傳統、反禮教之
> 際首先便有意或無意地回到傳統中非正統或反正統的源頭
> 上去尋找根據。因爲這些正是他們比較最熟悉的東西，至
> 於外來的新思想，由於他們接觸不久，瞭解不深，只有附
> 會於傳統中的某些已有的觀念上，才能發生真實的意
> 義。[35]

換句話說，要在沒有傳統框架之下去反傳統，本質上根本是不可行的，激進的反傳統論者，永遠無法跳脫傳統的手掌心，同理主義時代對主義的理解、宣傳和信仰，無論內容或方式，亦同樣是中國傳統或深或淺的投射。

　　「求知」的概念，對激進化最直接的批評，就是指出在激進化思潮下，人們未在深思熟慮下，就做出粗淺而表面的論斷，一旦對中西

出版公司，1982），頁 98-102。
34 余英時，〈從中國史的觀點看毛澤東的歷史位置〉，《史學與傳統》，頁294。
35 余英時，〈五四運動與中國傳統〉，頁 102-103。

學理認知不足，沒有穩固的基礎，就失去了和革命論述對抗甚或討論的空間，失去穩固的根基，隨激進化思維所擺弄。五四倡導的新文化和新思潮，自然意義深遠，「但是新思想的建設沒有捷徑可循，只有長時期沉潛研究才能取得真實的成績」。在余看來，五四對於科學、民主的倡議，始終沒有脫離口號的階段，對於兩者背後所涉及的宗教、哲學或歷史層面，「我們的知識幾乎是等於零」。[36]五四對傳統的批判和改造，在去歷史脈絡的文化層面了解下，甚至造成了曲解，將「民主」和「專制」凝結成一個新的名詞。[37]以「知識」和「自由」為思想核心的余英時，「我對於中國舊傳統也產生不了激越的『打倒』情緒」，他所關心的「還是怎樣去認識傳統的真面目。」[38]

　　余英時深知一旦放棄了看似緩慢實為根本的「求知」之路，追求速效的運用西方來救亡，那麼就會陷入康有為〈上皇帝書〉所言：「守舊不可，必當變法；緩變不可，必當速變；小變不可，必當全變。」的心態，「革命便成了唯一的『救亡』之道」。然而，一旦走上政治的革命，而非文化的求知，這樣的「政治決定論」或「革命決定論」，也許一時看來有效，但長期的副作用則難以預估：

> 革命是以政治暴力改變現狀，其效果是直接的，真可以說是「立竿見影」。……但這種變動只是表面的、形式的；一個社會和其中的無數個人是不是在政治結構改變之後便能在一剎那間完全脫胎換骨，恐怕今天誰也不敢作肯定的答覆。由於革命本身所帶來的精神亢奮和革命暴力的繼續使用，政治力量在革命政權成立的最初時期依然給人一種

36　余英時，〈論文化超越〉，頁15。
37　余英時，〈民主與文化重建〉，《中國文化與現代變遷》，頁71。
38　余英時，〈我所承受的「五四」遺產〉，頁93。

> 「一抓就靈」的實感。這是因爲有些人震於革命的「威」
> 而心折，有些人則怖於革命的「勢」而屈身。「政治決定
> 一切」的觀念便由此而深入人心，但其實只不過是一時的
> 幻覺。[39]

　　這段話的言外之意，當然是針對於中共政權而發的批評，中共勝
利的原因，以及在勝利之後一時的榮景，但根本上經濟、文化、社會
等不同層面的問題，從未因政治而根本解決，反而因爲政治的介入，
陷入每況愈下的惡性循環。「思想的激進化導致革命的神聖化」，兩
者密不可分的關聯，造成了1949年後中國傳統民間社會被徹底消
滅，在失去傳統社會的基礎上，無法孕育現代意義的「公民社會」
（civil society）。余英時以臺灣和香港爲例，認爲兩地能成功現代化，
在於皆保有著未遭革命破壞的傳統社會，「中國傳統的文化價值在這
兩個地方反而成爲現代化的精神資源」。[40] 最終，五四將焦點置於文
化，確實觸及了問題的核心，然而因激進化作用，一昧求快，冒然得
出的解答則是需要導正的對象，在方向上五四值得肯定，但超越五四
則是下一步的目標，文化建設必須「立足於學術思想的深厚基礎之
上」，是「需要堅韌的精神和長期而艱苦的努力才能獲得的」。[41] 純粹
「求知」是方法，亦是唯一趨近答案的方式。

　　另一方面，這段視「政治決定一切」爲幻覺的推論，亦是對「主
義時代」的徹底反省和檢討，是由嚴謹的史家角度，所提出的冷靜觀
察。爲何主義出發的革命訴求能引導著時代，因爲它明確而簡單，並
且「一抓就靈」，但他也一針見血的以「一時的幻覺」，對這樣速效

---

39 余英時，〈論文化超越〉，頁 17-18。
40 余英時，〈中國文化危機及其思想史的背景〉，頁 194-195。
41 余英時，〈試論中國文化的重建問題〉，《史學與傳統》，頁 171。

的假象提出批判。另一處論及胡適和「大革命論」者的差異時，指出一生遵循「大膽的假設，小心的求證」的胡適，面對只看重「大膽的假設」革命論者，始終無法有效的回應，甚或開展對話，其中關鍵在於革命論者：「其用意根本便不在尋求一種合乎客觀事實的歷史論斷，而是要建立一個合乎他們的『革命綱領』價值論斷。」[42] 這樣對於「革命綱領」的追求，道盡了整個「主義時代」思想運作的精髓所在。如果余英時中國近現代思想研究最根本的動機是和革命主導的激進化思潮對抗，析解並反駁出於「革命情結」的歷史誤判，逆轉主義時代「一抓就靈」的價值觀念，那麼處理「一個社會和其中的無數個人是不是在政治結構改變之後便能在一剎那間完全脫胎換骨」是實務研究時，他念茲在茲，希望能具體回答的歷史現象。

四、以還原歷史的「複雜」對抗邀進化

「激進化」的根源，可以追溯至百年以來，中國知識人最喜歡引用的二分論法，這樣非黑即白的畫分，等於將知識界的每個成員的立場、個別學問的研究路數，乃至不同學門所欲發揮效果，用極端粗暴的手法，給予絕對的標籤。如前述，一旦世界成為「非此即彼」的二分樣貌，那麼包含學術思想在內任何領域的分歧，都不會擁有藉由討論，進而各退一步，異中求同，達成共識的可能。二分法式的絕對化立場，也成為中國近現代激進化的前提，更明確地說，是主義時代價值系統下的產物，亦是追求一切在革命秩序前的黑白分明。價值的二

---

42 余英時，〈中國近代思想史上的胡適——《胡適之先生年譜長編初稿》序〉，《重尋胡適歷程——胡適生平與思想再認識》（臺北：聯經出版公司，2004），頁234。

元對立，同時也是敵我立場的宣示，更是高下的判斷，一旦高下確立，便促使著人們以言談或行動去追求更極端的表達，朝向二分法中間另一極端不斷傾斜，同時將事物的理解簡化，從根本便違反了科學的「求知」原則。所以，在治史的實務上，余英時特別指出這種源自於五四的二分法論述，和現實的偏離，只是某種姿態的宣示，而非當時人們內在或外在實際的樣貌。

　　在私領域方面，在論及顧頡剛內心世界時，余英時特別提及作爲經歷「五四」反傳統洗禮，並曾在《新潮》痛陳傳統舊家庭之弊的顧頡剛（1893-1980），仍然執著於是否可以「得子」傳宗接代的舊時觀念，甚至考慮納妾，並四處找人算命看相，指出類似的問題意識，希望藉由這段感情呈現出傳統「禮教」對顧頡剛一生的束縛，甚至成爲審查「顯意識」一言一行的「超我」（superego），只能在「潛意識」的夢境裡得到抒發和慰藉。[43] 余英時並無意批判或嘲笑顧在公和私領域的分離，而是以此爲出發，指出以五四「二分法」看待中國近現代思想世界的窄化和侷限。他引傅斯年時人在「思想」、「信仰」上「新」、「西洋化」，但在「安身立命之處」仍舊服膺於「傳統」，余英時進一步引申：

> 一百多年來中國學人筆下所津津樂道的「新」與「舊」、「進步」與「落伍」、「傳統」與「現代」、「西方」與「中國」、「革命」與「反動」等等二分法都是經不起分析的。在實際生活中的「人」本來就是「一堆矛盾」（"a boundle of contradictions"）愈在變動的時代，愈是如此。[44]

---

43 余英時，《未盡的才情：從《日記》看顧頡剛的內心世界》（臺北：聯經出版公司，2017），頁106-146。
44 余英時，《未盡的才情：從《日記》看顧頡剛的內心世界》，頁33。

還原處於變動時代下，中國近現代知識份子「一堆矛盾」的樣態，藉此反駁後人的研究成果和時人的自我宣稱，不只是史學領域的純學術論辯而已，更隱隱顯現了他對現實中國現實的看法，以及他個人的政治態度和立場。

　　還原人的複雜性，不只是用作個人一生傳記的微觀研究而已。同時也可以推及至中國近現代知識分子的宏觀理解。在時代激烈變動的情況下，如同顧頡剛，知識分子個人的態度、觀念甚至理想，都不斷在改變，「每一個五四知識分子都似乎是獨特」，不斷在各種立場和主張之中移轉。在這樣的前提下，回首五四這樣的年代：「根本上它是一個文化矛盾的年代，而矛盾則注定是多重面相的（multidimensional），也是多重方向的（multidirectional）。我無論如何也沒有辦法把它看做是一個單純而又融貫的運動，導向某一預定的結局，好像受到一種歷史的鐵則的支配一樣。」[45]

　　最後這段自白，明顯的針對主義時代常見的革命論述而發，更進一步的說，還原多重面向、多重方向的歷史面貌，作爲對單一法則、單一結局史觀的反駁，也正是對於近現代激進化革命，以及革命或主義崇拜所造成的，對於政治、社會、文化……等不同面向扭曲的對抗。尤其，在討論現代化在中國的發展時，余英時就清楚的意識到，眞的問題還不在革命本身造成的破壞，而是對革命的崇拜和迷信：「對於現代化而言，革命崇拜是比革命本身還能對付的死敵。」革命崇拜可以說貫穿了1920年代的政治，北伐前後的國民黨便運用諸如黨化教育的舉措，日後毛澤東更是鼓動革命崇拜的能手，「不斷革命論」可說是他最具代表性的主張，將對傳統的否定和破壞推到了極

---

45 余英時，〈文藝復興乎？啓蒙運動乎？〉，《人文與理性的中國》，頁506。

致。[46]

在對孫文（1866-1925）的討論裡，從由這位身處主義時代的並企圖做出調和的革命者身上，余英時見得中國近現代「現代」和「傳統」之間的藕斷絲連、難以分割的看法。余試圖描繪出孫文一生學說和中國歷史傳統的聯繫。全文的關鍵，在強調孫文從二十歲起重新學習中國的經典和歷史，並終生保有高度的熱誠和興趣，這也形塑了孫文不同於同時代人的見解：「使他沒有陷入中國革命知識分子，特別是後來戰勝了他的那一代人一樣，陷入激進的反傳統陷阱。」[47]表象看似雜揉西方各家的孫文學說，最關鍵的底層仍是由「中國傳統」所構成，這樣的「傳統」在余看來，一方面是由經史之中習得的中國菁英文化，另一方面則是從早年海外或秘密會社生活經驗獲得的中國大眾文化，是由兩者的「交叉點」去理解傳統，進而勾勒出他自己對中國問題的解方。[48]余所捕捉的孫文，是站在邀進對立面，努力調和現代化和傳統文化，回顧孫文革命思想長期發展的過程，「他從未被只有拋棄傳統才能實現現代化這樣的觀念愚弄過」，而是「痛苦地努力調和現代化與他認爲是中國文化本質的東西」，甚至將「革命」等同於「恢復」。這樣的思維和態度，可以一路上溯至19世紀早期今文經學和經世運動的傳統。[49]

余英時更個別針對三民主義的內容進行分析，他引用蕭公權所言：「孫的政治哲學是傳統的中國理論與現代的西方觀念相混合的創

---

46 余英時，〈20世紀中國現代化與革命崇拜之爭〉，《人文與理性的中國》，頁388。
47 余英時，〈孫逸仙學說與中國傳統文化〉，《人文與理性的中國》，頁388。
48 余英時，〈孫逸仙學說與中國傳統文化〉，頁391-392。
49 余英時，〈孫逸仙學說與中國傳統文化〉，頁392-404。

造。三民主義的每一條都是將源自西方的現代內涵建立在中國的基礎上。」當余在民族主義、民權主義、民生主義中尋找「中國基礎」時，反覆申論的，是孫以「恢復」替代「革命」的主張，既是現代化的西方表層，亦有著屬於中國傳統肌理。在民族主義的討論中，點出孫的民族主義，是西方以赫爾德（Johann Gottfried von Herder, 1744-1803）為代表的浪漫主義傳統，和十九世紀馮桂芬（1809-1874）和張之洞（1837-1909）代表的經世運動的結合。對於中國傳統「文化」的推崇，認為和西方相比，具平起平坐甚至進一步超越的態度，顯示著他和五四知識分子在核心立場上的不同。孫雖肯定五四青年擁抱西方現代化的熱情，但並未被激進的反傳統運動所影響，認為「恢復」國粹和「學習」西方，是必須並行的方向。民權主義的部分，則受到康有為今文經學的影響，特別是對〈禮運〉的重視，將上古的堯、舜時代和西方今日的民主劃上等號，呼應著康有為「天下為公」的理念。余認為對中國傳統的「有限認識」是在追隨晚清相關論辯之中逐漸形成，即使是孫所獨創的五權體制，也或多或少受到如章炳麟等學者的影響。民生主義也顯現出相似的特質，光是取用「民生」為名，就足以見得來自同治中興時經世運動的潛移默化。民生主義的表述更是圍繞著儒家「不患寡而患不均」的「均」的觀念開展，孫對「國家資本主義」的擁護，既是對西方資本主義運作的反省，但同時亦是中國傳統的延伸。在三民主義之外，即使看似挑戰《尚書》「知易行難」傳統的「知難行易」學說，不僅和程朱系統的理學傳統隱隱呼應，回歸知行關係這樣傳統儒學命題的討論，本身就是對傳統最大的尊重。[50]

---

50 余英時，〈孫逸仙學說與中國傳統文化〉，頁404-414。

　　余英時反覆申說孫文的主張和學說，本質皆爲中國的文化傳統，雜揉著十九世紀今文經學和經世運動，「革命」即是「恢復」，這樣看似矛盾的觀點，對眞誠擁抱西方現代文明和中國傳統文化的孫文而言，從未曾構成問題，「孫不想完全脫離中國傳統，這是他的特徵，他也不想不加修改地拷貝西方模式」。[51]在余英時的分析下，「共和」的建立正是將中國傳統和西方現代化的「各個層次的張力中所創造的一個綜合」，孫文在中間扮演著關鍵的角色，「只有他能夠將他的個人張力轉化爲創造的源泉」。也因此全文多少結束在略顯感嘆的氛圍中，孫的去逝讓他以「恢復」中國傳統，作爲迎向現代化「革命」理念，無法得到實現。然而，孫文的理想雖然出師未捷，但正因爲他的的思想雜揉著了晚清以來今文經學和經世運動的各種討論，故孫絕非一孤例，而是「19世紀晚期到20世紀早期中國精英們的一個典型觀點」。[52]

　　對孫文以「恢復」替代「革命」字裡行間所持的正面態度，呼應著余英時對中國近現代政治和文化局勢的整體判斷，對於二元對立激進化觀點的批判，不僅是歷史的論斷，也幾乎能立即轉換爲對於眼下時局間接的評論。在這篇討論孫文學說的短文最後，余引用了晚年胡適的見解：「這次重生看上去像是西化，但去其表面，你將看到其底子實質上是中國的，雖經風化和腐蝕，卻能看得更清晰──一個在接觸了科學和民主的新世界文明後，重新興起的人文和理性的中國。」[53]點出了從孫文到胡適，和中國近現代激進思想對立的另一股思想力

---

51 余英時，〈孫逸仙學說與中國傳統文化〉，頁411。
52 余英時，〈民主觀念和現代中國精英文化的式微〉，《人文與理性的中國》，頁467。
53 余英時，〈孫逸仙學說與中國傳統文化〉，頁415。

量。孫文和胡適，一爲政治一爲文化的革命領袖，然而他們都明顯意
識到傳統在現代化刺激或滋潤下的「恢復」，才是革命成功的理想樣
態。這樣溫和的折衷態度，也是余英時自己對於中國政治、文化的判
斷，是他所選擇承繼的思維傳統。這樣的思維傳統貫穿著余英時一
生，也成爲他研究中國近現代思想文化史，急欲呈現的問題意識。不
管是針對特定個人或觀念的討論，在點出西方現代化和中國傳統文化
兩股力量之間，將張力轉化爲創造的泉源。

在討論民主和人權這兩個西方現代政治最重要的核心時，余再度
展現了中西融合的折衷觀點。在〈民主、人權與儒家文化〉一文，余
英時分析了 1949 年以來，華人世界對於這兩個概念接受的歷程。
1949 至 1976 年，當中國大陸知識分子受制於專制下，臺灣和香港等
地相關的討論，劃分成兩個不同流派，一是以反儒學爲出發的中國自
由傳統，從五四運動以來，到臺灣以《自由中國》雜誌爲中心的知識
分子社群爲主軸，胡適扮演重要的角色，「獨一無二地具有既是《自
由中國》又是反傳統的雙重身分。」另一則是持文化保守主義的新儒
家，目睹儒家文化於中國受到的損害後，理解到將民主和人權整合至
儒家文化框架的必要。至 1980 年代，中國因改革開放，掀起所謂的
「文化熱」，民主和人權成爲討論的重點所在。在當時思想界的討論
中，鼓吹民主者，往往視儒學爲自由民主的絆腳石；此外，作爲對官
方意識型態的抗拒，學界也開始出現對儒家人文主義傳統的重視。換
句話說，民主和儒學在 1949 年之後，一直是某種對立的兩造，甚至
在外國學者如杭廷頓（Samuel P. Huntington, 1927-2008）著名的「文
明衝突論」，便做出儒家社會是無法接納民主的論斷。[54]

---

54 余英時，〈民主、人權與儒家文化〉，《人文與理性的中國》，頁 417-422。

　　無論中西，這樣將現代西方和中國傳統徹底對立的觀點，自然無法為余英時所反對，從十九世紀晚清改革者王韜和康有為出發，往上追溯至明儒黃宗羲、王陽明，再至先秦《論語》、《孟子》等典籍，試圖說明民主人權和儒家文化的無法相容，要不是出自於對儒家傳統未曾深入了解產生的淺薄印象。要不則導因於1949至1976年之間，「儒家文化無論在精英層面還是在大眾層面都受到了摧毀或者歪曲」，遭到刻意誤解的結果。中西之間的差異存在，但視為無法調和，哪怕像是常被人所提及的，「中國式的集體主義」和「西方式的個人主義」之間的差異，在余看來都有過份誇大之嫌，並舉出了明代儒家向個體化的過渡作為反證。[55]余英時民主和人權的西方觀念，區分為「專門學理意義的概念」和「普世性術語」兩個不同的層次，兩者之間，余特別看重後者，是一般人於日常生活之中常識性的理解甚或是感受。在學術世界講究定義分明，不容一絲模糊和灰色地帶的討論之中，西方許多的概念，無法在中國傳統找到完全一模一樣的對應，「但沒有證據表明，在這些文化中就不存在這些西方概念所表達的普遍精神」。[56]也許因為各自歷史發展不同，沒有完全百分之百相同的概念，但不表示沒有可以在人性共通的基礎上，進行普世價值的對話或追尋。

　　至少，簡單二分的斷言西方和非西方的「殊途」，忽視人性「同歸」的可能，不管立場出自西方或中國傳統，類似的論斷不僅昧於歷史實然，也無益於當下中國現狀。在余英時看來，面對宗教、科學與政治體制等三個近代文明衝突最為激烈的場域裡，儒學對於西方都持

---

55 余英時，〈民主、人權與儒家文化〉，頁425-434。
56 余英時，〈民主、人權與儒家文化〉，頁419。

正面而肯定的回應，19世紀晚期至20世紀中葉的知識分子，大體皆「一直積極地尋求將他們所見的西方文化菁華與自身文明結合，而又不致盡失自身文明的主體性」。[57] 同樣地，反對激進化趨新的余英時，但同樣也不贊成作為反作用力而存在的「中國中心論」的保守立場，直言：「以中國目前的現狀而言，我還懷疑僅靠儒家文化就能締造出另一種社會－政治系統，而且在這一系統中，『民主』與『人權』在語言層面上是完全不存在的。」[58] 藉由對羅爾斯（John Rawls, 1921-2002）《正義論》的詮釋，認為儒家傳統作為高度綜合性的思想資源，能和西方民主內裡所蘊含的公正概念相呼應。余並不否認儒家傳統和西方自由主義傳統是「截然不同、不可比較的思想系統，他們是各自獨有的歷史經驗的產物。」但他仍相信：

> 一方面，剔除他們偶然存在而現已過時的特徵，在變化了的並不斷變化著的條件下進行必要的調整；另一方面，儒家思想的核心觀念和原則可以表現出與西方許多合理的綜合性學說相和諧，包括自由主義本身。[59]

這段略顯理想化的獨白，既是專業學術的判斷，同時也可視為余英時作為學者一生治史的問題意識，從這個角度更進一步的深論，余英時的史學始終都是面向過去的當代建言。

西方諸多現代化的觀念在中國的停滯不前，並非出於西方和儒家傳統的不相容，余英時認為更根本的問題在於，中國知識分子在五四之後的衰退。五四新文化運動成為了中國知識菁英最後的高潮，體現

---

57 余英時，〈歷史視野中的儒家與中西相遇〉，《人文與理性的中國》，頁437-459。
58 余英時，〈民主、人權與儒家文化〉，頁435。
59 余英時，〈民主觀念和現代中國精英文化的式微〉，頁476。

了中西人文學術在華發展的高峰，但之後因爲一連串的危機、革命和戰爭，尤其「革命」扮演著關鍵的角色，巨大的能量宛如一個離心力，將知識分子給拋到了社會和政治的邊緣，不復有晚清民初的影響力，更無法承擔民主倡議者和捍衛者的角色。余更不畏冒著被斥爲「精英論擁護者」的風險，點出將「知識精英虛化群眾」和將「民主退化爲煽動」這兩股彼此呼應，由「革命」所衍生的趨勢，才是造成民主等西方現代化觀念，在中國無法生根發展的關鍵。[60]

　　五四新文化運動經由「革命」所扭曲造成的反轉，亦成爲余英時史學研究的核心議題之一。在對五四究竟是「文藝復興」或「啓蒙運動」的討論中，他就指出這兩個時人用來參照或比附的西方歷史事件，在使用上雖具有學理的意義，但也涉及了政治上的動機，是對五四新文化運動詮釋權的爭奪，也是不同背景力量對五四運動下一步的規劃（projects）或主觀期盼。在他的析理下，「文藝復興」代表著文化與思想的規劃，胡適是最主要的主張者，代表著「穩健的自由派」路線，堅守這條以學術自主性爲根本目的路線，不只胡適及其盟友，也包含如他論敵梅光迪在內的中國知識分子社群。「啓蒙運動」則是一種僞裝的政治規劃，爲馬克思主義者所主張，突顯的是五四「學生運動」的政治面，將革命視爲最終目的，用愛國主義與民族解放，替代前者對知識與藝術的追求。[61]當後者的訴求獲得勝利，成爲鼓動時代的風向時，在一走向凡事絕對化的革命世界裡，前者就必然面對邊緣化的命運。從個人到群體，從具體的文本分析到整體的時代趨勢，我們看到史家余英時秉持著他對時代的關懷，努力勾勒還原歷史的複

---

60 余英時，〈民主觀念和現代中國精英文化的式微〉，頁479-482。
61 余英時，〈文藝復興乎？啓蒙運動乎？〉，《人文與理性的中國》，頁483-507。

雜化，重新填補那遭受主義所雕刻、窄化，只剩由革命所判斷的是非對錯。

五、結　語

從五四運動的作用力和反作用力，余英時獲得了不同於日後激進化潮流的「求知」路向，這樣的求知取徑，也讓他走向了一條更接近胡適的道路，以從傳統出發，接軌西方，締造「人文與理性的中國」。然而，作為反覆思索中國近現代思想史的研究者，他也明確的意識到胡適路線在中國近現代變動時局下的侷限。「求知」的科學之路，要求「對於尚未研究清楚的問題不能隨便提出解決方案」，更不應該在解決方案尚未釐清前冒然行動，然而，生活不可能靜止不動供學者慢慢研究，再加上20世紀中國近現代的風起雲湧，也斷無可能讓「求知」者慢慢求索，這中間包含著科學思想內裡的矛盾和救亡圖存的急迫感共構的雙重難題，成為胡適及其同道者的困境。[62]

余英時最終並未也無法提出明確的解答，一方面可以合理的推想，冒然提供簡單的答案，則又回到了主義時代的老路，即使「以中國傳統接軌西方現代」的建言，也比較接近胡適那篇著名的〈我們走那條路〉，可等同視之為「只是對於遙遠目的地的一種描繪」，或只是類似一種「主觀的願望」。[63]另一方面，身為史家，提供對過去的觀

62　余英時，〈中國近代思想史上的胡適——《胡適之先生年譜長編初稿》序〉，頁235-239。

63　余英時，〈中國近代思想史上的胡適——《胡適之先生年譜長編初稿》序〉，頁230-231。當然，余英時對於「以中國傳統接軌西方現代」一說，除了指出大方向外，另也有更精細而明確的實踐建議，可以參見日後收入《現代儒學論》中的數篇文章，余英時，《現代儒學論》（上海：上海人民

察才是職責所在，也才是「求知」路線應有的堅持。唯有「學貫中西」之後，才能找到兩者之間合理的平衡。余英時不是激進的反傳統論者，亦非一昧守舊的國粹論者，作爲「溫和的西方派」，他不信守教條，而是希望如何經治「求知」找到合理的可能：「事實上，由於近百餘年來各種西方的價值與觀念一直不斷地在侵蝕著中國，中國文化早已不能保持它的本來面目了。現在的問題只是我們怎樣能通過自覺的努力以導使文化變遷朝著最合理的方面發展而已。」[64]這是一生以「求知」爲綱本的史家才能有的觀察與建言。

　　余英時曾引用過胡適下面這段話，作爲討論中國近現代思想史上胡適地位的結語：

　　　　今天人類的現狀是我們先人的智慧和愚昧所造成的。但是
　　　　後人怎樣來評判我們，那就要看我們盡了自己的本分之
　　　　後，人類將會變成什麼樣子了。

余英時認爲胡適「毫無疑問地已盡了他的本分」，[65]當我們回顧余英時

出版社，1998）。尤其是，〈儒家思想與日常人生〉這篇短文（頁241-
249），相較同書看似論題恢宏的題目，這篇文章很容易被忽略，但我認爲
他觸及從某種由日常生活層面出發，讓中國傳統和西方現代社會共處的想
法，以靈活而彈性的手法，重新詮釋中國傳統的修齊治平，與西方公私領
域的分界。這樣的論點，也呼應著本文所提及「普世價值」的確切指涉，
或可暫時名之爲「現代社會下的人倫日用」。這涉及余英時作爲「思想者」
的特質，並非針對余英時作爲「史家」面容的本文所討論，只能留待日
後結論。思想者余英時心中結合中西的理想樣態，或可參見王汎森，〈建
立「海外文化王國」——余英時先生1960年的一個構想〉，《中國文哲研
究通訊》第31卷第4期，頁61-66。其中特別點出余英時致其師楊聯陞信
上所言「近思所作仍是俗學」一語，頗值得深思與玩味。
64 余英時，〈試論中國文化的重建問題〉，《史學與傳統》，頁175。
65 余英時，〈中國近代思想史上的胡適——《胡適之先生年譜長編初稿》
序〉，頁239-240。

一生史學，我想沒有人會懷疑他是否未盡史家乃至知識分子的本分。
然而，倘若我們用中國近現代思想文化的變化，以及他們生前至身後
的現實樣貌的變化，這兩位以「求知」為出發的學人，或許只能留下
令人惘悵的感嘆。青年余英時曾寫道：

> 文化可以說是人類恃以與禽獸相區別的唯一依據。文化革
> 命，就此種意義言，則是人類對於其創造文明的根本精神
> 之一種反省、批判、揚棄與超越的過程。……每一次文化
> 革命的展開必帶來一次文明的再造與更新；而每一次文化
> 運動的失敗也同樣產生一次文明的危機。今天，在極權制
> 度之下，思想自由已被剝奪盡矣。人類智慧遭遇了空前未
> 有的桎梏，如果鑑往可以知來，則一個新的文化革命是會
> 應運而產生的。我們應該怎樣在真理的新的啟示下去重新
> 改造文明並把文明向前推進一步呢？[66]

最後的提問，可以視為余英時一生試圖努力並嘗試回答的問題，自由
主義者不會提供「正確」的解答，但會指引著方向，或至少讓人們能
注意到真正的關鍵問題所在。六十多年經過，當余英時也走入歷史，
「今天，在極權制度之下，思想自由已被剝奪盡矣。」一語仍在風中
飄蕩，如何回答青年余英時的提問，「那就要看我們究竟決定怎樣盡
我們的本分了」。

---

66 余英時，《民主革命論》，頁102。

徵引書目

余英時著作

〈「創新」與「保守」〉,《中國文化與現代變遷》,臺北:三民書局,1995。

〈20世紀中國的激進化〉,程嫩生等譯,《人文與理性的中國》,臺北:聯經
　　出版公司,2008。

〈20世紀中國現代化與革命崇拜之爭〉,《人文與理性的中國》。

〈中國文化危機及其思想史的背景〉,《歷史人物與文化危機》,臺北,東大出
　　版社,1995。

〈中國近代史上的激進與保守〉,《猶記風吹水上鱗──錢穆與現代中國學
　　術》,臺北:三民書局,2021。

〈中國近代思想史上的胡適──《胡適之先生年譜長編初稿》序〉,《重尋胡
　　適歷程──胡適生平與思想再認識》,臺北:聯經出版公司,2004。

〈五四運動與中國傳統〉,《史學與傳統》,臺北:時報出版公司,1982。

〈文化建設私議──人文學術的研究是當務之急〉,《人文與民主》,臺北:時
　　報出版公司,2010。

〈文藝復興乎?啓蒙運動乎?〉,《人文與理性的中國》。

〈史學、史家與時代〉,《歷史與思想》,臺北:聯經出版公司,1976。

〈民主、人權與儒家文化〉,《人文與理性的中國》。

〈民主與文化重建〉,《中國文化與現代變遷》,臺北:三民書局,1995。

〈民主觀念和現代中國精英文化的式微〉,程嫩生等譯,《人文與理性的中
　　國》。

〈在2006年克魯格獎頒獎儀式上的演講〉,《人文與理性的中國》。

〈自序〉,《歷史與思想》。

〈自序──中國現代的文化危機與民族認同〉,《歷史人物與文化危機》,臺
　　北:東大圖書公司,1995。

〈我所承受的「五四」遺產〉,《中國文化與現代變遷》,臺北:三民書局,
　　1995。

〈孫逸仙學說與中國傳統文化〉,《人文與理性的中國》。

〈從中國史的觀點看毛澤東的歷史位置〉,《史學與傳統》,1982。

〈越過文化認同的危機〉,《歷史人物與文化危機》。

〈試論中國文化的重建問題〉,《史學與傳統》。

〈論文化超越〉,《中國文化與現代變遷》。

〈歷史視野中的儒家與中西相遇〉,《人文與理性的中國》。

〈儒家思想與日常人生〉,《現代儒學論》,上海:上海人民出版社,1998。

《未盡的才情：從《日記》看顧頡剛的內心世界》，臺北：聯經出版公司，2017。

《民主革命論》，臺北：九思出版社，1979。

後人訪談、研究

（一）訪談

陳致訪談，《我走過的路：余英時訪談錄》，臺北：聯經出版公司，2012。

（二）論文

王汎森，〈「主義」與「學問」──一九二〇年代中國思想界的分裂〉，劉翠溶主編，《四分溪論學集：慶祝李遠哲先生七十壽辰》，冊上，臺北：允晨文化實業股份有限公司，2006。

王汎森，〈「主義時代」的來臨──中國近代思史的一個關鍵發展〉，《東亞觀念史集刊》，第4期，2013。

王汎森，〈自由主義的傳統基礎──余英時先生的若干治學理路〉，《漢學研究通訊》，第40卷第4期，2021。

王汎森，〈序〉，王汎森主編，《中國近代思想史的轉型時代》，臺北：聯經出版公司，2007。

王汎森，〈建立「海外文化王國」──余英時先生1960年的一個構想〉，《中國文哲研究通訊》，第31卷第4期，2021。

吳稚暉，〈本刊創刊號之弁言〉，《中央半月刊》，第1期，1927。

張灝，〈中國近代思想史轉型時代)，《時代的探索》，臺北：聯經出版公司，2004。

"The Fruit of Revolution Eventually Left Them the Seed of Destruction": A discussion on Yu Ying-shih's profound thoughts on the radicalization of Modern China

Chi-An Weng

Abstract

Throughout Yu Ying-shih's studies on Modern China intellectual history, he concentrated on the drastic progress and constant changes since late Qing dynasty. His concern clearly revealed in "The Conservatism and Radicalism of Early Modern China", published by History Monthly in 1990. In addition, his critical thinking on the radicalization of China intellectual history in the 20th century could be found frequently in his academic and non-academic works. It would be regarded as one of his decisive viewpoints. This article attempts to review his works and restore his analysis on the radicalization phenomenon. Besides his argument, it also reflects his introspection on the revolution, also his imagination and expectation for democracy, which demonstrates the consistency of his ideology.

Keywords: Yu Ying-shih, radicalization, the age of "ism", May Fourth Movement, Intellectual

【一般論文】

明代中晚期《中庸》鬼神章之詮解──
以蔡清、袁黃與葛寅亮為主的討論

林峻煒

國立臺灣大學政治學博士,現任中央研究院近代史研究所博士
後研究學者、中原大學通識教育中心兼任助理教授,研究興趣
爲中國政治思想、明清儒學史,特別聚焦於明清之際儒學天人
關係的相關課題。相關研究成果可見於《政治科學論叢》、《思
與言:人文與社會科學期刊》等期刊。

明代中晚期《中庸》鬼神章之詮解——以蔡清、袁黃與葛寅亮為主的討論

林峻煒

摘要

本文以明代中晚期《中庸》鬼神章之詮解文本為考察對象，嘗試指出當時存在有一種不同於宋儒—尤其是朱熹—之觀點的鬼神論述。明代中晚期不少關於《中庸》鬼神章之詮解文本以反省《四書章句集注》為特色，他們批判宋儒的「人死氣散」之說，主張人死後「神」仍可留存，認為鬼神為實有，並司天地間之福善禍淫。本文主張，透過對於蔡清、袁黃與葛寅亮對於《中庸》鬼神章之詮解文本的分析，這幾位思想家重新思考儒學經典中鬼神的問題，其中涉及有鬼神之特徵、鬼神與人之關係、人死後是否消散無餘等，並共同地呈現出明代中晚期關於《中庸》鬼神章之詮解的特色。此一背景提供了我們重新理解明清之際「儒學宗教化」現象，以及儒學與天主教進行對話的可能途徑。

關鍵字：《中庸》鬼神章、鬼神、神、儒學經典、儒學宗教化

一、前　言

　　在《四書章句集注》關於《中庸》鬼神章的詮解中，朱熹（1130-1200）援引程頤（1033-1107）之「鬼神者，天地之功用，而造化之跡」與張載（1020-1077）所言「鬼神者，二氣之良能也」，並補充說：「以二氣言，則鬼者陰之靈也，神者陽之靈也；以一氣言，則至而伸者爲神，反而歸者爲鬼，其實一物而已。」朱熹將鬼神定調爲造化天地之「氣」的靈妙作用。[1] 依據朱熹之說，天地造化生生不窮，人物之所以生成，是天地之氣的作用使然，當個體消亡時，其「氣」即消散，基於這點，朱熹批判佛教的「輪迴」與道教的「飛昇」之說，[2] 這也使得朱熹對於生死問題的理解，持「人死氣散」的立場。在他看來，即便天地間有許多神怪之事，但卻非氣化之正理，儒家聖賢皆安於死，無有死後不散而爲靈怪者也。[3]

　　雖然程頤、張載與朱熹等人試圖以造化之理闡述鬼神，並批判佛、道二教，但在某些明代學者看來，此一策略卻與《中庸》鬼神章之經文有所出入。例如，楊慎（1488-1559）說：「宋儒著鬼神二字，支離太甚」，舉凡以「二氣」、「造化」、「伸爲神，歸爲鬼」等說法，皆使《中庸》一書被引於「高深虛無」，有違「平常之理」。楊慎認爲問題的癥結在於宋儒援《易》入《中庸》，《易》所言之鬼神

1　朱熹（撰），《四書章句集注》（臺北：臺灣商務印書館，1983年《景印文淵閣四庫全書影印國立故宮博物院藏本，第197冊），中庸，頁205上。

2　朱熹（撰），《中庸或問》（臺北：臺灣商務印書館，1983年《景印文淵閣四庫全書》影印國立故宮博物院藏本，第205冊），卷下，頁985下-986上。

3　黎靖德（編），《朱子語類》（臺北：臺灣商務印書館，1983年《景印文淵閣四庫全書》影印國立故宮博物院藏本，第700冊），卷3，頁47下。

是對於天地造化的描述，《中庸》之鬼神則明指「祭祀鬼神」，二者
有別。[4]焦竑（1540-1620）也同意楊慎之說，明言「只據理敷衍，《章
句》之說不必從」，表達對朱熹等人鬼神論述不贊同的態度。[5]明清之
際的陸世儀（1611-1672）更爲明白地說，「造化之迹」、「二氣之良
能」等說法皆指陰陽造化而言，然鬼神與陰陽造化不同，《中庸》鬼
神章所言之鬼神是指「祭祀之鬼神」。[6]上述明儒都指出宋儒以氣之陰
陽造化論鬼神，不契於作爲祭祀對象之鬼神。

　　由宋儒詮解《中庸》鬼神章而帶出「造化鬼神」與「祭祀鬼神」
的分歧，涉及鬼神是否爲實有，以及鬼神之於人們的意義爲何。黃佐
（1490-1566）認爲宋儒之說無法涵蓋儒家經典中某些言及鬼神的段
落，如《詩》言「三后在天」、「文王在上」，已表明聖人死後「沒爲
神明，上與天合」，且文王死後，其神靈能「陟降」，其功用「若人
所爲，猶能役物」，顯示聖人死後「魂氣在天而爲神」，而宋儒以天
地造化言鬼神，如日月星辰、雷霆風雨等，皆爲有形聲者，實非《中
庸》鬼神章所言之鬼神。[7]羅汝芳（1515-1588）認爲，儒家經典中有
許多關於鬼神的記載，如《中庸》之「郊社之禮，所以事上帝也」、
《詩》之「文王陟降，在帝左右」、《尚書》之「茲殷多先哲王在天」

4　楊慎（撰），《升庵集》（臺北：臺灣商務印書館，1983年《景印文淵閣四
　　庫全書》影印國立故宮博物院藏本，第1270冊），卷45，頁335上-下。
5　焦竑（撰），《焦氏澹園集》（北京：北京出版社，2000年《四庫禁燬書叢
　　刊》影印明萬曆三十四年刻本，集部第61冊），卷47，頁517下-518上。
6　陸世儀（撰），《思辨錄輯要》（臺北：臺灣商務印書館，1983年《景印文
　　淵閣四庫全書》影印國立故宮博物院藏本，第724冊），卷25，頁227
　　下-228下。
7　黃佐（撰），《庸言》（臺南：莊嚴文化事業公司，1995年《四庫全書存目
　　叢書》影印北京圖書館藏明嘉靖三十一年刻本，子部第9冊），卷11，頁
　　677上-下。

等，皆表明人死後其「靈」仍存，倘若人死後「形既毀壞，靈亦消滅」，則祭天享地、奉天祀神等將淪爲虛文，且於世教有害，人們將肆無忌憚，故他說：「夫子於鬼神深嘆其德之盛，豈有相遠之理，且洋洋在吾上、在吾左右，體物而不遺也，又誰得而遠之？」[8]黃佐與羅汝芳對於宋儒之鬼神論述的批判，不僅點出宋儒以「造化鬼神」規範「祭祀鬼神」不能盡合於儒家經典之記載的問題，也弱化了作爲祭祀對象之鬼神的實有性，以及鬼神在人們之日常生活中所具有的重要角色。

　　從如上明儒對於宋儒之鬼神論述的批判來看，明儒認爲，宋儒之說雖意在以天地造化生生之理來解釋鬼神，但卻解消了作爲祭祀對象的眞實性，此不僅與儒家經典中許多關於鬼神的說法不同，更使人們不畏敬鬼神。筆者欲追問的是：宋儒之鬼神論述究竟在哪些地方與《中庸》鬼神章有所出入？明代學者如何反省宋儒之鬼神論述，並重詮《中庸》鬼神章？明儒詮釋的思想背景爲何？基於這樣的發想，本文試圖探討明代中晚期，士人對於《中庸》鬼神章的解釋，其中不少具有反省宋儒鬼神論的傾向，本文將觀察學者們如何處理「造化鬼神」與「祭祀鬼神」之間的分歧。

　　本文以蔡清（1453-1508）、袁黃（1533-1606）與葛寅亮（1570-1646）爲主要的分析對象，如此選擇是有文獻根據的。筆者以「反省宋儒之鬼神論述」爲線索，廣泛地從《文淵閣四庫全書》、《續修四庫全書》、《四庫全書存目叢書》、《四庫禁燬書叢刊》、《四庫未收書輯刊》等叢書，以及日本國立公文書館所收藏之諸多《四書》詮解文

8　羅汝芳（撰），《近溪羅先生一貫編》（臺南：莊嚴文化事業公司，1995年《四庫全書存目叢書》影印中國科學院圖書館藏明長松館刻本，子部第86冊），頁184上-185上。

本，發現此三人的詮解不僅帶有來自不同思想背景的痕跡，且被後來的注本所抄錄，我們也能透過他們的詮解而看到他們如何援引多元的思想資源以回應「造化鬼神」與「祭祀鬼神」之分歧的問題。

　　蔡清的《四書蒙引》在1529年時爲明代官方所認可、詔爲刊布，亦是讀書士子應付科舉考試的重要參考書籍，[9]弟子陳琛（1477-1545）及其後學林希元（1481-1565）亦推廣蔡清之說，是明代朱子學的重要代表。[10]雖然蔡清爲朱子學者，但其《四書蒙引》卻也代表十五世紀中後期反省程朱學的聲音。[11]就鬼神問題而言，蔡清在《中庸》鬼神章之詮解中清楚指陳宋儒之說與《中庸》鬼神章經文之間的距離，讓我們看到明代程朱學內部對於宋儒之鬼神論述有所反省的一個案例。

　　近年學者們從思想史的角度研究晚明的思想氛圍，注意到儒學內部—陽明學—對於鬼神、生死問題的有許多討論，這個現象反映了儒、釋、道三教之間彼此交涉的狀況，儒學也在這樣的氛圍中，使自身更具有宗教性質，並呈現出回歸先秦儒學的傾向。[12]正如佐野公治

9　張廷玉，《明史》（北京：中華書局，1974），列傳第170，頁7234。

10　關於明代福建朱子學的研究，可參考：高令印、陳其芳，《福建朱子學》（福州：福建人民出版社，1986）；王一樵，〈從「吾學有閩」到「吾學在閩」：十五至十八世紀福建朱子學思想系譜的形成及實踐〉（臺北：國立臺灣師範大學歷史學系碩士論文，2006）；劉勇，〈中晚明理學學說的互動與地域性傳統的系譜化進程—以「閩學」爲中心〉，《新史學》，卷21期2（臺北：2010年6月），頁1-60。

11　朱冶研究蔡清對於朱熹與官定《四書大全》的修正，他指出蔡清對於「理氣」、「知行」問題之看法，呈現蔡清思想所反映之自十五世紀中後期，反省、修訂程朱經典以對應土木之變的思想趨勢。見朱冶，《元明朱子學的遞嬗：《四書五經性理大全》研究》（北京：人民出版社，2019），頁262-288。

12　關於這方面的研究，可參考呂妙芬，〈明清之際儒學生死觀的新發展〉，

指出，隆慶、萬曆以降，隨著陽明學興起，國家在思想統制上較爲緩和，佛、道之思想觀念因而滲入到《四書》文本的詮解中，[13]此一背景對於我們理解蔡清之後、晚明的鬼神論述相當重要。蔡獻臣（1562-1641）說，正德、嘉靖年間新學蜂起，不少對於《四書》之詮解「背傳註而非往古，詭異之壇，日新月盛」，[14]其中，袁黃的《四書刪正》更是「將朱註妄行刪削，甚至并其註而僭越改之，中間異說跛辭又多有與紫陽牴牾者」，故蔡獻臣曾命燬其板。[15]事實上，在《四書刪正》流行於書肆前，袁黃已撰著有《中庸疏意》一書，透過「傍朱而解意」的形式，創意地呈現對於鬼神的理解，呈現出與朱熹之觀點有所不同的思想面貌。[16]就《中庸疏意》中對於《中庸》鬼神章之詮解來看，袁黃的觀點截然地不同於朱熹，且該書亦在晚明時被抄錄於某些詮解《四書》的書籍中，故以其《中庸疏意》與《四書刪正》爲觀察對象，應有助於我們掌握明代中晚期詮解《中庸》鬼神章之某種樣

收入呂妙芬（主編），《近世中國的儒學與書籍——家庭、宗教、物質的網絡》（臺北：中央研究院，2013），頁103-130；吳震，《明末清初勸善運動思想研究》（上海：上海人民出版社，2016），第二、三章；劉琳娜，《道德與解脫：中晚明士人對儒家生死問題的辯論與詮釋》（成都：巴蜀書社，2020）。

13 佐野公治（著），張文朝等（譯），《四書學史的研究》（臺北：萬卷樓，2014），頁316-321。

14 蔡獻臣（撰），《清白堂稿》（北京：北京出版社，1997年《四庫未收書輯刊》影印明崇禎刻本，第6輯第22冊），卷4，〈《四書破愚錄》序〉，頁88上。

15 蔡獻臣（撰），《清白堂稿》，卷3，〈燒毀四書書經刪正等書箚各提學〉，頁58上。

16 陳懿典（1554-1638）曾說自己「少時見袁坤儀《中庸疏意》，疏傍朱而解意，多抒自所得，心甚喜之」。見陳懿典（撰），《陳學士先生初集》（北京：北京出版社，2000年《四庫禁燬書叢刊》影印明萬曆四十八年曹憲來刻本，集部第78冊），卷2，〈《中庸發覆編》序〉，頁664上-下。

態。[17]

　　至於葛寅亮，他與佛教僧人、居士密切往來，[18]此一背景使他在
《四書湖南講》中詮解《中庸》鬼神章時，不僅帶有佛教思想的痕
跡，也不同於宋儒之鬼神論述。葛寅亮自言因不滿諸家解義，故「博
求之內典，返質之本文，伏讀沉思，經時積歲，每若恍然有見」，並
明言自己受到王陽明（1472-1529）與管志道（1536-1608）兩人之啟
發甚多。[19]此外，參與葛寅亮之講學的人士頗多，杭州、仁和、錢塘
等地之人士更佔有不小的比例，此可略見其影響力。[20]再者，我們將

---

17 關於《中庸疏意》，今無從見得，或已亡佚，所幸的是，在晚明學者抄錄
　　諸家《四書》詮解的文本中，仍能看袁黃在該書中詮解《中庸》鬼神章的
　　片段內容，雖未必完整，但足以讓我們看到其詮解之特色。方揚（？-
　　1582）曾為袁黃此書作序，可以推斷此書至少在1582年以前著成（詳下
　　文）。關於晚明學者抄錄《中庸疏意》中詮解《中庸》鬼神章之片段內
　　容，可參考鄭維嶽（撰），《溫陵鄭孩如觀靜窩四書知新日錄》（明萬曆二
　　十二年刊本，日本國立公文書館藏），卷2，頁64a-68a；陳禹謨（撰），
　　《經言枝指》（臺南：莊嚴文化事業公司，1997年《四庫全書存目叢書》
　　影印中國科學院藏明萬曆刻本，經部第158冊），卷4，頁609上-610上。
　　鄭維嶽在抄錄袁黃此書時，並未明言取材於何書，然陳禹謨在抄錄同樣的
　　段落時，則有標示出自《中庸疏意》，故可知鄭維嶽所抄錄之文本的來源。
18 葛寅亮曾與馮夢禎（1548-1605）、虞淳熙（1553-1621）與虞淳貞兄弟、
　　雲棲袾宏（1535-1615）、黃汝亨（1558-1626）等人結有「放生社」，與佛
　　教高僧、居士有所往來。見釋大壑（撰），《南屏淨慈寺志》（臺南：莊嚴
　　文化事業公司，1996年《四庫全書存目叢書》影印華東師範大學圖書館藏
　　清康熙增修本，史部第243冊），卷6，頁321下。
19 葛寅亮（撰），《四書湖南講》（上海：上海古籍出版社，1995年《續修四
　　庫全書》影印中國科學院圖書館藏明崇禎刻本，經部第163冊），〈學庸話
　　序〉，頁3上。
20《四書湖南講》是關於葛寅亮在湖南書院之講學活動的對話紀錄，由他的
　　學生們紀錄長達近三十年的對話內容，師生所論及的問題相當地多，參與
　　者亦不少，從該書所錄的人名來看，錄講者有15人，訂正者有38人，聽
　　講者則多達300人左右，參與者多半來自於杭州、仁和、錢塘等地。關於

會看到，葛寅亮對於《中庸》鬼神章之詮解，不僅批判宋儒之觀點、與陽明學融通，更蘊含鮮明的佛教色彩。此外，葛寅亮對於鬼神的理解亦是他據以回應天主教的思想基礎，顯示儒、佛、耶不同宗教間的互動。葛寅亮不僅反省宋儒之鬼神論述，同時也賦予儒學更多宗教的內涵。

　　本文在取材上，除了以蔡清、袁黃與葛寅亮對於《中庸》鬼神章之詮解爲分析對象，也包括他們其他的文本，或與他們相關的思想家對於《中庸》鬼神章所做的詮解或論述。下文在討論蔡清的個案時，會涉及其後學的看法；探討袁黃的案例時，筆者將會引用袁黃詮解《中庸》鬼神章以外的文本；在分析葛寅亮時，也會略爲涉及他人如何紹述其說。

二、蔡清詮解《中庸》鬼神章

　　蔡清在《四書蒙引》關於《中庸》鬼神章之詮解，主要從三方面來反省宋儒的鬼神觀：其一，蔡清認爲可見可聞之自然現象並非鬼神，而是無形聲之可見可聞的氣之靈；其二，蔡清質疑朱熹對於祭祀感格的某些看法，凸顯朱熹之說的難解之處；其三，蔡清透過評論「道士出神」與徵引屈原之說來說明鬼神問題，對於外教的態度較包容，不如朱熹嚴格。

　　對於宋儒以「氣」之屈伸往來論鬼神，蔡清首先檢討程頤之說。蔡清認爲，程頤之所以說「鬼神，天地之功用，而造化之迹」，是爲免人們「求鬼神於窅冥之鄕」，故以自然變化說鬼神。不過，蔡清認

　　參與者之名錄，可見葛寅亮（撰），《四書湖南講》，頁 5 下 -9 上。

爲「迹」字「略涉於見聞」，倘若鬼神有可見聞之「迹」，則與《中庸》鬼神章所言「視之而弗見，聽之而弗聞」不同，因《中庸》鬼神章之本旨是「鬼神無可見聞，而却能體物不遺也」。[21]

程頤「造化之迹」描述鬼神的說法，確實可能令人感到困惑，不僅蔡清認爲「迹」字「略涉於見聞」，朱熹的學生早已有此疑問：風雨霜露、四時代謝等既爲可見可聞之現象，此是否與《中庸》鬼神章之經文所言「視之而弗見」、「聽之而弗聞」有所出入？對此，朱熹回答說：「說道無又有，說道有又無，物之生成，非鬼神而何？然又去那裏見得鬼神？」[22]朱熹的回答似未明言鬼神是否爲可見可聞之「瀾」，而鬼神亦似在「有」、「無」之間。此外，朱熹也曾說：「鬼神者，造化之迹。造化之妙，不可得而見，而見於其氣之往來屈伸者，是以見之。微鬼神，則造化無迹矣。」朱熹說鬼神即造化之「迹」，若無鬼神，則「造化」之「迹」即無可見。[23]雖然如此，朱熹也承認，程頤以「造化之迹」說鬼神，不如張載以「二氣之良能」說鬼神要來得分明，他認爲程頤之說雖好，但卻「渾淪」，惟其所言鬼神爲「天地之功用」，「功用」可同於張載所說「良能」。[24]

對於程頤之說所可能衍生的疑問，蔡清徵引《中庸章句大全》中針對朱熹援引程頤之「鬼神，天地之功用，而造化之迹也」的一個「小註」爲據，說明鬼神非「迹」。「小註」中載有朱熹所言「功用只

---

21 蔡清（撰），《四書蒙引》（明教鯤校訂本，日本國立公文書館藏），中庸卷3，頁58b-59a。

22 黎靖德（編），《朱子語類》（臺北：臺灣商務印書館，1983年《景印文淵閣四庫全書》影印國立故宮博物院藏本，第701冊），卷63，頁267下。

23 黎靖德（編），《朱子語類》，卷63，頁267下。

24 黎靖德（編），《朱子語類》，卷63，頁268上。

是論發見者，如寒來暑往、日往月來、春生夏長皆是」、「風雨霜露、日月晝夜，此鬼神之迹也」。蔡清藉此強調，朱熹的說法是要借用自然現象示人「默會鬼神之所在」，而非將自然現象視爲鬼神，自然現象乃是「鬼神之傳舍」，舉凡日月、風雲等，皆爲鬼神所「體」之「物」，如此理解方合乎《中庸》鬼神章所言鬼神「體物不遺」之義。[25] 再者，蔡清說「鬼神非陰陽」，而是「陰陽之能屈伸、一往而一來者」，此意在指明鬼神是呈現天地造化的靈妙作用。在他的理解中，張載以「良能」指「氣」之「往來屈伸，自然能如此處」，[26] 朱熹以「陰之靈」、「陽之靈」形容鬼神，[27] 皆表明可被以「靈」來描述的作用。基於如此對張載與朱熹的理解，蔡清在闡明《中庸》鬼神章之經文「視之而弗見，聽之而弗聞，體物而不可遺」時，就明言諸如天地覆載、日月照臨、四時代序、風雲雨露變化等，皆爲可見可聞的「鬼神之迹」，而鬼神則是「氣機之往來，默運於其中者，誰得而見之，誰得而聞之」。[28] 簡言之，蔡清是根據張載、朱熹之說，認爲鬼神不是陰陽造化可爲人們所見聞的現象，而是促成現象背後之「靈」。

　　蔡清之所以辨析鬼神非可見可聞之「迹」，凸顯鬼神爲「氣之靈」，乃意在闡述鬼神「視之而弗見，聽之而弗聞，體物而不可遺」。雖然鬼神無可見聞，卻因「體物不遺」而與天地萬物時時刻刻有所聯繫。筆者認爲，蔡清此說也蘊含鬼神與人之間有著緊密關係的意味，如他認爲《中庸》鬼神章之經文引《詩》曰「神之格思，不可

25　蔡清（撰），《四書蒙引》（明教鯤校訂本，日本國立公文書館藏），中庸卷3，頁60b-61a。
26　蔡清（撰），《四書蒙引》，中庸卷3，頁59a。
27　蔡清（撰），《四書蒙引》，中庸卷3，頁60a。
28　蔡清（撰），《四書蒙引》，中庸卷3，頁64b。

度思，矧可涉思」所言之鬼神，即是「天地之功用」、「二氣之良能」
所指的鬼神。他引用呂大臨（1044-1091）之說爲據，「鬼神者，二氣
之往來耳，物感雖微，無不通於二氣，故人有是心，雖自爲隱微，心
未嘗不動，動則固已感於氣矣，鬼神安有不見乎其心之動？又必見於
聲色舉動之間，乘間以知之，則至著者也」，並認爲此正是《中庸》
前知章所言鬼神「前知」之義。[29]

　　由上可見，蔡清依據《中庸》鬼神章之經文「視之而弗見，聽之
而弗聞，體物而不可遺」修正人們誤以爲鬼神爲可見聞之自然現象的
理解，此一修正不僅依據經文爲判準，也出於恐怕人們因程頤之說而
誤以爲鬼神即爲自然現象的考量。蔡清透過張載、朱熹的說法清楚地
闡述鬼神爲「氣之靈」的特徵，凸顯鬼神「體物而不可遺」的性質，
鬼神不僅非可見可聞的自然現象，也與天地萬物時刻地聯繫著，從他
引用呂大臨的話來詮解鬼神與人心的關係來看，強調鬼神爲「氣之
靈」，大抵也欲表明人們應當畏敬鬼神。

　　《中庸》鬼神章之「使天下之人齋明盛服以承祭祀，洋洋乎如在
其上、如在其左右」是涉及於祭祀問題的經文，若比較蔡清與朱熹的
詮解，兩人對於祭祀者何以「齋明盛服」與鬼神洋洋乎的關聯，有相
當不同的看法，而對此問題的不同看法，帶出了兩人對於祭祀問題的
不同理解。朱熹基於人死氣散的原則，認爲鬼神是有待子孫感格而
來，而蔡清卻認爲，鬼神本即充滿在宇宙之間，子孫於祭祀時「齋明
盛服」，反倒是作爲對於鬼神存在之事實的驗證。我們先看朱熹在
《四書章句集注》中的解釋：

　　　　洋洋，流動充滿之意。能使人畏敬奉承，而發見昭著如

29　蔡清（撰），《四書蒙引》，中庸卷3，頁62a-b。

此，乃其體物而不可遺之驗也。孔子曰：「其氣發揚于
上，爲昭明、焄蒿、悽愴，此百物之精也，神之著也」，
正謂此爾。[30]

朱熹認爲，於祭祀當下，鬼神流動充滿於祭祀的空間中，產生能使人
畏敬奉承的氛圍，而朱熹又徵引孔子所言，人於死時，其氣發揚于
上，「昭明」、「焄蒿」、「焄蒿」等，以之形容此一使人畏敬奉承的
氛圍。

　　關於朱熹對於《中庸》鬼神章此節之詮解，他的學生曾問到：
「『洋洋如在其上，如在其左右』，似亦是感格意思，是自然如此？」
對此，朱熹答曰：「固是。然亦須自家有以感之，始得。」[31]朱熹認爲
鬼神之所以「洋洋乎」，是因子孫感格祖宗之神所使然。這則對話雖
然相當簡短，卻清楚呈現朱熹如何看待祭祀感格的問題。朱熹在論述
祭祀感格時，曾主張人死後其氣雖散，然其子孫於祭祀當下感格祖宗
已散之氣，能使其氣復聚，惟於祭祀完畢後，復聚之氣將散。[32]此一
感格機制的原理是，子孫身上稟受有祖先之氣，朱熹說「他氣雖散，
他根却在這裏；盡其誠敬，則亦能呼召得他氣聚在此」，表明基於同
一氣類而能相感。[33]雖然子孫能夠感格祖宗已散之氣，但朱熹區分了
兩種情況，其一是當祖宗已散之氣尚未散盡，則能夠感格之，朱熹說
這正是何以祭祀有感格之理的條件，其二是當面對那些「世次久遠，
氣之有無不可知」的狀況，朱熹則強調，子孫畢竟與祖宗之間「一氣

---

30 朱熹（撰），《四書章句集注》，中庸，頁205上。
31 黎靖德（編），《朱子語類》，卷63，頁266下。
32 黎靖德（編），《朱子語類》（臺北：臺灣商務印書館，1983年《景印文淵
　　閣四庫全書》影印國立故宮博物院藏本，第700冊），卷3，頁57上。
33 黎靖德（編），《朱子語類》，卷3，頁54下。

相傳」，「若能極其誠敬，則亦有感通之理」。[34]

　　關於子孫感格祖宗已散之氣這點，朱熹的學生又問到，老師在詮解《中庸》鬼神章時，徵引孔子之言「其氣發揚于上」云云，然孔子所言「其氣」乃指「既死之氣」，那麼，祭祀所感格的是否即為「既死之氣」？朱熹的回答是：祭祀時所感格的氣乃是「新生之氣」，因「既死之氣」會消散，不會復來伸。子孫身上因為有著與祖宗相同的氣，祭祀時能以自身之氣感格，故朱熹說「祭祀時只是這氣，便自然又伸」，「祖考精神」即是「自家精神」。[35]

　　綜上所論，朱熹的祭祀理論或有互相矛盾之處，他既曾說子孫透過祭祀能感格祖宗已散之氣並使之復聚，又曾表明已散之氣不可復聚，而是藉由祭祀當下子孫身上「新生之氣」以感格祖宗，關於後者，劉咸炘（1897-1932）就批評此說無異於「祭者乃自祭其神而非祭祖先矣」，認為朱熹此說將導致祭祀的對象其實是祭祀者自己，於理不通。[36]

　　在此暫且不論子孫以自身之氣感格祖宗所涉及的複雜問題，[37]至

---

34 黎靖德（編），《朱子語類》，卷3，頁46下。
35 黎靖德（編），《朱子語類》，卷63，頁266下。
36 劉咸炘，《推十書》（上海：上海科學技術出版社，2009），甲輯，內書三下，〈神釋〉，頁740。
37 田浩指出，朱熹主張子孫與祖先之間存在有「特殊之氣」，以確保血緣祭祀關係之基礎，而此一觀點與朱熹從哲學的角度論述鬼神為「氣」之屈伸往來有別。見田浩，〈朱熹的祈禱文與道統觀〉，《朱熹的思維世界》（臺北：允晨文化實業股份有限公司，2008），頁362-368。對於朱熹此說，吳展良則試圖從「氣化」的角度說明，他認為朱熹以「品類淵源」之遠近作為人與鬼神能否感格的關鍵，故子孫之誠得以感格先祖之魂氣，「其方式雖難知，然其理則可有、當有」。見吳展良，〈朱子之鬼神論述義〉，《漢學研究》，卷31期4（臺北：2013年12月），頁133-136。

少可以確定的是，無論是子孫感格祖宗已散之氣使之會聚，或是子孫以自身之氣感格祖宗，祭祀感格正是鬼神之所以「洋洋乎」的前提。事實上，朱熹關於祭祀問題的看法相當複雜，令人不易理解，例如，他曾說諸侯祭祀「國之無主後者」，在道理上既應祀之，則「便有此氣」，不可以爲「有子孫底方有感格之理」，即便是無子孫，「其氣亦未嘗亡也」。[38] 朱熹也曾論到，對於祭祀妻子與外親，雖然彼此之間並非有如祖宗與子孫那般的血緣關係，但「亦是一氣」，因彼此皆是「從一源中流出，初無間隔」，正如祭祀天地、山川、鬼神等，亦是本於此理。[39] 這些情況都不似「人死氣散」之說。然而，他在詮解《中庸》鬼神章時，卻又明確地以人死氣散的觀點爲主，以此說明鬼神何以能「洋洋乎」，乃本於祖孫感格祖宗已散之氣而有，顯示他以人死氣散的觀點作爲詮解此章的基礎。

　　在蔡清看來，朱熹主張祭祀感格能使已散之氣復聚，是難以理解的觀點。同樣針對《中庸》鬼神章之「使天下之人齋明盛服，以承祭祀，洋洋乎如在其上，如在其左右」，蔡清說：

> 不是齋明盛服以承祭祀了，然後有箇洋洋如在其上、如在其左右者也，只就祭祀時所見如此，見得鬼神之無所不體耳。若謂必待齋明盛服以承祭祀，然後有箇洋洋乎如在其上、如在其左右，則亦未爲體物而不可遺矣。下言「神之格思，不可度思，矧可涉思」，正爲此耳，但不可專指祭祀時言耳。[40]

38　黎靖德（編），《朱子語類》，卷3，頁55下-56上。

39　黎靖德（編），《朱子語類》，卷3，頁58下-59上。

40　蔡清（撰），《四書蒙引》（明教鯤校訂本，日本國立公文書館藏），中庸卷3，頁66a。

對比朱熹與蔡清的詮解，朱熹之所以認爲鬼神「洋洋乎」，是因子孫
感格祖宗之氣而使之復聚，有以致之；蔡清則認爲，鬼神「洋洋乎」
指的是其本即存在於天地間，如此方可「體物而不可遺」。蔡清連帶
地論到，下節經文所謂「神之格思，不可度思，矧可涉思」，意在表
明鬼神本即存在於宇宙之間，非專指祭祀時的狀態。蔡清強調：「鬼
神之妙，充滿周匝於宇宙之間，有觸斯應，故一祭祀之間，而遂洋洋
如在也。」[41] 鬼神本即「洋洋乎」，不必待到感格而後有。

倘若鬼神之所以「洋洋乎」，不必待到祭祀當下感格而後有，那
麼進一步的問題是：蔡清如何看待祭祀感格的問題？在詮解《中庸》
鬼神章中，蔡清有如下的設問擬答：

> 問：「祖宗沒已久，後世子孫雖竭神以祭，豈有能來格之
> 理？」曰：「祖宗雖已沒，而有汝身在，則祖宗之神固自
> 有在也，祭外神而致享，亦是此理，蓋總是一箇神氣也，
> 此一本之理，其分相當，則其心相屬，其心相孚，則其神
> 相格。」[42]

蔡清認爲，即使祖宗逝去已久，子孫之所以仍能感格祖宗，甚至感格
外神，是因子孫與祖宗、外神彼此間共享「一箇神氣」。在前文中，
筆者曾提及，朱熹認爲即使祖宗沒已久，「氣之有無不可知」，但因
子孫與祖先在「氣」類上相同，故仍有感通之理。我們可以發現，蔡
清此處的設問，倘若「祖宗沒已久」，子孫是否仍能感格祖之神，此
一設問與朱熹所論及的狀況一樣，但朱熹僅說子孫仍可感通祖宗，而
在蔡清看來，基於子孫與祖宗在「氣」類上相同的前提，子孫只要秉

---

41 蔡清（撰），《四書蒙引》，中庸卷3，頁66a。
42 蔡清（撰），《四書蒙引》，中庸卷3，頁62a。

持誠心，即可感格祖宗之神。乍看之下，蔡清此說與朱熹的觀點並無不同，然而，若參考蔡清在另一處關於祭祀感格的想法，則會發現他對於朱熹所言子孫可藉祭祀以感格祖宗已散之氣並使之復聚的觀點有所質疑。蔡清在詮解《論語》祭如在章時，設問曰：「人致其孝誠以祀其祖先，果有祖先來享之事乎？」他的擬答是：

> 難言也，先儒論之似詳矣，然愚以爲多是主於子孫一念不容已之心而有是也。如天地、山川、社稷之類，生氣萬古不化，隨祭而享，其理固眞，若夫人死則魂已歸天，魄已歸地，隨化而盡矣，一有結凝未散之魂，則以爲妖爲厲，而非其常矣，惟其所傳之氣在於子子孫孫之身者，雖隔千年而猶一貫，此則理之無足疑矣。但其父子已散之氣終無復聚之理，所謂往者過、來者續，乃所以爲天地之化也，若其已散之氣又隨祭享而聚，則是其既死之氣猶有潛寓於宇宙之間，而宇宙間去去來來，只是這些氣了，而佛氏之說，儒者不當全斥其爲誕矣。大抵人之所以爲人者，以其心之異於禽獸也，人於祖先能無時時致其思乎？思之則必有以致其如在之誠，而宗廟之立、祭享之儀，自有不容已者矣。[43]

在蔡清看來，關於祭祀感格，先儒所言似詳，但子孫之所以能感格祖先，關鍵在於「一念不容已之心」，且感格的原理並非如朱熹所言，使祖宗已散之氣復聚。蔡清相信，天地、山川、社稷等神祇皆爲「生氣萬古不化」者，能隨人們祭祀而來享，他也贊同若人死其氣未散，則爲妖、厲，非其常也。然而，對於子孫藉由祭祀而可感格祖宗已散

---

43 蔡清（撰），《四書蒙引》，論語卷5，頁52b-53a。

之氣並使之復聚這點，蔡清有所質疑，倘若如此，則祖宗「既死之氣」即仍「潛寓於宇宙之間」，宇宙間萬物之生生化化亦由「既死之氣」所構成，儒者也就不應全然地拒斥佛教輪迴之說。

　　顯然地，蔡清注意到朱熹雖欲闢佛，但關於祭祀感格的主張卻與佛教類似。朱熹雖曾說過「已散者不復聚」，認為倘如佛教那般地以為「人死為鬼，鬼復為人，如此則天地間常只是許多人來來去去，更不由造化生生，必無是理」，[44] 然在蔡清看來，朱熹主張子孫可使祖宗已散之氣復聚，與他所謂「已散者不復聚」的說法不合。在此對照前文提及，蔡清相信，即使祖宗沒已久，子孫以誠心仍可感格其神，那麼，他對於朱熹主張子孫藉由祭祀能使祖宗已散之氣復聚的質疑，令我們有理由推想，他可能相信祖宗死後，其「神」一直存在，這或許是為何他主張祭祀感格本於「一念不容已之心」，因「其心相孚，則其神相格」。關於祭祀感格，蔡清又說：

> 然亦豈能必其果來享與否哉？古人謂「廟則人鬼享」，又曰「先王享帝立廟，所以聚其散」，如此之類，不可勝舉，蓋其意自有所屬，而究竟到底，則愚之說亦其所緣起之義，而或未至大戾也。[45]

蔡清相信古人立而感格鬼神，必有其道理，而自己所主張以「一念不容以之心」感格祖宗之神，是依古人之說而為之。蔡清補充說到，自己之所以持此說，是因「日來被諸君詰難窘迫，姑發其愚，以俟斥正」，他認為，若究竟到底，則「祖宗之氣果是盡了，其不死者只是仁人孝子之所為」，此即先儒所說「有其誠則有其神，無其誠則無其

44　黎靖德（編），《朱子語類》，卷3，頁46上。
45　蔡清（撰），《四書蒙引》，論語卷5，頁53a。

神」。[46] 蔡清所說「不死者」，應即指祖宗之「神」，此可解釋即使祖宗之氣盡了，其「神」仍可來享，故古人有立廟之舉。

　　嚴格地說，蔡清雖以「心」解釋祭祀感格，但這主要是從祭祀者是否誠心的角度立論，未必能有效地回應人死氣散說所涉及是否仍有某種精神性的東西存在於天地間的難題。不過，既然蔡清相信古人立廟享鬼神是有道理的，「其意自有所屬」，且他在《中庸》鬼神章中也說「祖宗雖已沒，而有汝身在，則祖宗之神固自有在也」，那麼，蔡清很可能認爲祖宗之神於死後仍存於天地間，以確保祭祀感格的有效性。[47]

---

46 蔡清（撰），《四書蒙引》，論語卷5，頁53b。
47 另一或可推測蔡清也許相信祖宗之神不隨氣盡而無的例證，是他對於《易‧繫辭下》中「精氣爲物，游魂爲變」的理解。蔡清說：「游魂者，游是漸漸散去、無所不之也，魂既游，則魄亦降矣。」蔡清認爲，「游魂」之「游」，指的是「漸漸散去」而「無所不之」。蔡清之說應是本於《禮記‧檀弓下》中延陵季子於其子死後所言：「骨肉復歸於土，命也，若魂氣則無不之、無不之。」此言凸顯人死後其「魂氣」仍存於天地間。蔡清之說與朱熹的看法並不相同。呂祖儉（?-1198）曾與朱熹討論過這段話，他質疑倘若人死後其「魂氣」乃「無所不之」，則「魂氣」尚存於天地間？以及，「游魂」是否爲「即便消散又似未盡」之「魂氣」？對此，朱熹引述程頤所言「魂氣歸於天，消散之意」，強調「魂氣」離開形魄後，必將消散。與朱熹有別，元儒吳澄（1249-1333）認爲，人死後「魂氣」將「游散」，並「混於天氣之中，無所不之也」，正因「魂氣」「無所不之」，故延陵季子與其子之「魂氣」能夠相感，他相信延陵季子回到吳國後，其長子之「魂氣」亦隨在而不疏遠。吳澄的說法顯示，延陵季子之言表明《禮記‧檀弓下》很可能提供了與朱熹關於「游魂」之理解有所不同的詮釋資源，而蔡清論述「游魂」的方式，則與吳澄接近，從而使我們更能理解他所說的「有汝身在，則祖宗之神固自有在也」之可能意涵。關於呂祖儉與朱熹的對話，見朱熹（撰），《晦庵集》（臺北：臺灣商務印書館，1983年《景印文淵閣四庫全書》影印國立故宮博物院藏本，第1144冊），卷47，〈答呂子約〉，頁391上。關於吳澄闡發延陵季子之言，見吳

　　清初的陸隴其（1630-1692）曾檢討蔡清之說，認爲倘若如蔡清
那般地以「有其誠則有其神，無其誠則無其神」來解釋祭祀活動，此
將意味著「神之有無，係於人之誠否，而天下之所謂鬼神者，皆妄
也」，他試圖釐清朱熹的觀點，強調朱熹所言子孫能藉祭祀感格祖宗
之氣而使之復聚，指的是「祭祀之來享者，是氣之未盡散者，非散而
復聚也」。[48]雖然陸隴其不認爲鬼神有無取決於「心」之誠否，但他釐
清朱熹之說的努力，其實也是以「已散者不復聚」作爲前提。關於這
點，陸隴其抄錄了蔡清之說，「若謂已散之氣隨祭享而聚，則是其既
死之氣猶有潛寓於宇宙之間，而宇宙間去去來來，只是這些氣了，而
佛氏之說，儒者不當全斥其爲誕矣」，顯示他贊同蔡清對於朱熹的質
疑，認爲子孫能藉祭祀感格祖宗已散之氣的說法是有問題的。[49]

　　人死氣散說是朱熹據以批駁佛、道的立場，然而，作爲朱子學
者，蔡清對外教的態度卻較爲包容。比較朱熹與蔡清對於「道士出
神」一事的不同評論，有助於我們觀察這點。基於人死氣散的原則，
朱熹論到，人們雖可能偶然因素而死，其「氣」猶聚而未散，但這樣

澄（撰），《禮記纂言》（臺北：臺灣商務印書館，1983年《景印文淵閣四
庫全書》影印國立故宮博物院藏本，第121冊），卷14中，頁377下。

48 陸隴其（撰），《四書講義困勉錄》（臺北：臺灣商務印書館，1983年《景
印文淵閣四庫全書》影印國立故宮博物院藏本，第209冊），卷6，頁218
上。

49 陸隴其（撰），《四書講義困勉錄》，卷6，頁218上-下。如蔡清、陸隴其
對於朱熹本於人死氣散的認知而致使難以解釋祭祀感格的質疑，現代學者
也有所指陳，如陳政揚指出，朱熹的人死氣散說其實難以解釋祭祀問題，
因爲並不存在復來之「氣」，故很可能導致祭拜虛空無物，有鑑於此，朱
熹遂跳脫「氣」之屈伸往來的框架，轉以「祖宗氣只存在子孫身上，祭祀
時只是這氣」來解釋祭祀活動。見陳政揚，〈《正蒙釋》中的氣有生滅之
爭——從朱熹、高攀龍、徐必達與王夫之詮釋論起〉，《揭諦》，期30（嘉
義：2016年1月），頁76-77，註腳6。

的狀態僅能維持短暫的時間而終將散去，即便是經修煉而追求長生的道士，其「神」可離「形」而存，然其「神」亦終將隨「形」散而滅。朱熹說：

> 人之所以病而終盡，則其氣散矣，或遭刑、或忽然而死者，氣猶聚而未散，然亦終於一散。釋道所以自私其身者，便死時亦只是留其身不得，終是不甘心，死銜冤憤者亦然，故其氣皆不散。浦城山中有一道人，常在山中燒丹，後因一日出神，乃囑其人云七日不返時可燒我。未滿七日，其人焚之，後其道人歸，叫罵取身，亦能於壁間寫字，但是墨較淡，不久又無。[50]

雖然道士於形軀消散後仍能「於壁間寫字」，然其墨色較淡且「不久又無」，這是因為其「神」終將消散。對於同一事例，蔡清的評論略有不同，他說：

> 人身亦只是鬼神之傳舍耳，故淵明有釋神之說。昔有道士成丹，一日出神，分付其人，曰七日不還，則燒我身。其人不及七日而燒之，道士神返而索其身不得，甚怒罵之，可見神自是神、身自是身。信乎！人身是鬼神之會也。[51]

正如天地間之自然變化為無形聲可見可聞之鬼神所體現，同樣地，人之形軀亦是如此，鬼神並非形軀之生滅，而是形軀之內的「神」，故蔡清以「鬼神之傳舍」描述人身。對此，蔡清提及陶淵明（365-427）〈神釋〉詩，該詩以「神」之口吻言「大均無私利，萬物自森著。人為三才中，豈不以我故？與君雖異物，生而相依附。結托善惡同，安

---

50 黎靖德（編），《朱子語類》，卷3，頁52上。

51 蔡清（撰），《四書蒙引》，中庸卷3，頁61b-62a。

得不相語」，可見陶淵明認爲「形」與「神」雖相依附，卻終爲二
物，蔡清應該認同陶淵明之見。[52]因此，蔡清說道士之形軀雖不復
存，其「神」卻能叫罵，顯示「神」與「身」爲二物，且《禮記・
禮運》也說人者爲「鬼神之會」。

　　在評論道士出神之事上，蔡清所側重的並非是「神」將隨形軀消
散而亡，而是指出道士之「神」所以能外於形軀而存，乃是因人稟五
行之秀氣而生使然。即便蔡清並未明言道士之「神」最後是否也將消
散，但較之朱熹，他對於修仙之事抱持相對包容的態度。一個可能的
佐證是，蔡清在詮解《中庸》鬼神章時，提及《楚辭・遠游》中
「道可受兮而不可傳，其小無內兮，其大無垠，一氣孔神兮，於中夜
存，虛以待之兮，無爲之先，庶類以成兮，此德之門」之說，他說屈
原（343-278 B.C.）此言「與《中庸》之道只隔一間」，又說即便屈原
未北學於周公、孔子，其言卻能有相符者，可見「於造化之理氣有自
得焉」。[53]蔡清在詮解《中庸》鬼神章時徵引屈原之說的舉動，頗令人
感到有些不解。朱熹曾說屈原此言乃「神仙之要訣」，[54]並強調《楚
辭・遠游》之核心乃在「制鍊形魄，排空御氣，浮遊八極，後天而
終」，[55]眞德秀（1178-1235）擔憂人們會誤以爲朱熹有意學仙，故提醒

---

52 一般對於陶淵明〈神釋〉詩的解釋，多半強調該詩中所言「縱浪大化中，
　　不喜亦不懼。應盡便須盡，無復獨多慮」，以表達「委運任化」的生命態
　　度，並反對追求名聲（影）與長生（形）。見陳寅恪，〈陶淵明之思想與
　　清談之關係〉，《金明館叢稿初編》（北京：三聯書店，2001），頁223-
　　229。
53 蔡清（撰），《四書蒙引》，中庸卷3，頁62b。
54 朱熹（撰），《楚辭集注》（臺北：臺灣商務印書館，1983年《景印文淵閣
　　四庫全書》影印國立故宮博物院藏本，第1062冊），頁350下。
55 朱熹（撰），《楚辭集注》，頁349上。

朱熹僅是「深取之以爲養生之至言」而已。[56]對比蔡清對於道士出神的評論，他顯然較肯定屈原之說，似乎欲表達人既然稟五行之秀氣而生，則修道成仙是可能的；即便修道成仙並非儒者的關懷所在，卻也不必嚴格批判之。

　　以上概述蔡清詮解《中庸》鬼神章之主要內容，特別說明他對於朱熹某些觀點的反省。從蔡清之學被推廣的狀況來看，關於鬼神無形聲不可聞見，鬼神爲實有、充滿宇宙之間，不必待祭祀者感格後方才會聚等觀點，皆可見於後學的文本中。[57]隨著蔡清《四書蒙引》成爲科舉士子的必讀書籍，他對於《中庸》鬼神章之詮解亦爲人們所熟知。顧夢麟（1585-1653）說晚明學者對於鬼神如何能洋洋乎的問題，皆從林希元之說，此不僅反映蔡清一派《中庸》鬼神章之詮解有很大的影響力，鬼神實有、充滿於宇宙間的觀點，更是晚明諸家在詮

---

56 眞德秀（撰），《西山讀書記》（臺北：臺灣商務印書館，1983年《景印文淵閣四庫全書》影印國立故宮博物院藏本，第706冊），卷36，頁308上。

57 例如，蔡清的學生陳琛在詮解《中庸》鬼神章時，說鬼神爲「氣之機而能屈伸往來者」、「陰陽之靈」，又說「蓋陰陽，氣也，鬼神則氣之靈而能默運是氣者也」、「夫萬物皆有終始，凡始終皆鬼神之爲，運化機於無瀾，幹玄功於冥冥」，均承繼蔡清的觀點，凸顯鬼神爲「氣之靈」。對於祭祀感格，陳琛也說「鬼神之靈」能使人齋明盛服，並於祭祀當下感受到鬼神「洋洋乎流動充滿，如在吾之上焉，如在吾之左右焉」，驗證鬼神「有觸斯應而體物不遺」。見陳琛（撰），《四書淺說》（北京：北京出版社，1997年《四庫未收書輯刊》影印明萬曆三十七年李三才刻本，第1輯第7冊），中庸，頁69上。除了陳琛，後學林希元亦承蔡清之說，強調鬼神爲陰陽之「靈」，對於程頤以「天地之功用」、「造化之瀾」言鬼神，他也延續蔡清的觀點，認爲鬼神是「氣機之屈伸往來」而非造化之「瀾」，程頤之說非鬼神之正解。林希元也說，「體物不遺」是指「鬼神之盛」，「視之而弗見」、「聽之而不聞」，表明「鬼神之爲鬼神也」，而透過祭祀活動，人們可以驗證鬼神無所不在。見林希元（撰），《重刊次崖林先生四書存疑》（明刊本，日本國立公文書館藏），卷2，頁34b-36b。

解《中庸》鬼神章時的基調。[58]下文我們將會看到，蔡清認為鬼神存在宇宙間，不必等待祭祀者感格後方洋洋乎，此一觀點被許多晚明士人所接受，晚明《中庸》鬼神章之詮解也有更多元的發展。

三、袁黃詮解《中庸》鬼神章

過去關於袁黃的研究，主要側重其立命之學，及其思想與晚明勸善運動之間的關係。[59]雖然近年來有學者注意到袁黃所著《四書刪正》在宋明理學脈絡中的意義，[60]但對於袁黃如反省宋儒之鬼神論述，則尚未涉及。本節以袁黃《中庸疏意》中關於《中庸》鬼神章之詮解為主、《四書刪正》為輔，觀察他如何創意地詮解宋儒之說，說明其鬼神觀與宋儒的差異。

袁黃在《中庸疏意》中詮解「鬼神之為德，其盛矣乎」時，頗具創意地檢討了宋儒的觀點：

> 程說最是。天地無為，而鬼神司其吉凶，故曰功用；造化無象，而鬼神顯然有物，故曰迹。張子謂二氣之良能，亦就感通之自然者而言，朱子因之，遂純以陰陽之氣說。鬼

---

58 顧夢麟（撰），《四書說約》（北京：北京出版社，1996年《四庫未收書輯刊》影印明崇禎十三年織簾居刻本，第5輯第3冊），卷上，頁76上。

59 關於這方面的重要研究，可參考：酒井忠夫著，劉岳兵等譯，《中國善書研究（增補版）》（南京：江蘇人民出版社，2010），第四、五章；包筠雅（Cynthia Brokaw）著，杜正貞等譯，《功過格—明清社會的道德秩序》（杭州：浙江人民出版社，1999），第二、三章。

60 林志鵬曾探討袁黃的《四書刪正》，論及該書中所蘊含之陽明學的色彩。見林志鵬，〈袁黃《四書刪正》及其對朱熹的批駁〉，《鵝湖月刊》，期483（臺北：2015年9月），頁35-47；林志鵬，〈袁黃《四書刪正》的思想特色及思想史意蘊〉，《新亞學報》，卷33（香港：2016年8月），頁357-375。

神陰之靈，靈字即良能也。語不靈而夢靈，夢無心也；人
生不靈而死靈，死無爲也。人既死，則反而歸焉，靈不
散，則至而伸焉，非二亦非虛也。[61]

在這段文字中，袁黃先是檢討了程頤、張載與朱熹之說，進而論及人之生死問題。袁黃認爲，在這三位宋儒中，程頤之說最爲正確，張載的說法則著重於發揮二氣之「良能」，而朱子雖繼承張載之說，但卻聚焦於以「氣」論鬼神。若細究袁黃的說法，可以看到他對於程頤之說有所改造，對張載的說法也有他個人的理解。

首先，袁黃雖說「程說最是」，但他並未如程頤那般地以「造化鬼神」來詮解《中庸》鬼神章之經文，而是將鬼神界定爲能司吉凶者，且鬼神爲實有。在他看來，天地無爲，造化萬物須仰賴鬼神司其吉凶，故鬼神爲天地之「功用」；造化雖無象可見，但鬼神卻能體物不遺而「顯然有物」，故曰「迹」。袁黃創意地詮解程頤之說，以凸顯鬼神的角色。袁黃在後來的《四書刪正》中，更明確地發揮鬼神能司吉凶的觀點，並明言宋儒之說反倒令人不知鬼神爲何物，他說：

鬼神總只是一個，既曰天地之功用，又曰二氣之良能，說
得玄虛，令人不知是何物。……王恕以福善禍淫當之，有
理。[62]

袁黃認爲，王恕（1416-1508）以「福善禍淫」言鬼神爲有理，以此

---

61 鄭維嶽（撰），《溫陵鄭孩如觀靜窩四書知新日錄》，卷2，頁65a-b。此一
　段落並未出現在陳禹謨之《經言枝指》中，鄭維嶽亦未明言袁黃此說出於
　何處，但比對二者抄錄袁黃此書的狀況，推測此一段落應來自於《中庸疏
　意》。

62 袁黃（撰），《四書刪正》（袁衙藏版，日本國立公文書館藏），中庸，頁
　6b。

對比宋儒之說。袁黃所指王恕之說，乃指其「鬼神之爲德，蓋言應祀之鬼神，爲德如生長萬物、福善禍淫，其盛無以加矣」的說法，王恕認爲《中庸》鬼神章所言之鬼神爲「應祀之鬼神」，且有「生長萬物」、「福善禍淫」之能。[63]顯然地，袁黃所言之鬼神乃屬「祭祀鬼神」，且有司吉凶禍福之能，而非宋儒所言之「造化鬼神」。

其次，袁黃認爲張載以「二氣之良能」說鬼神，是就「感通之自然者」而言，朱熹雖承繼張載的看法，卻純以「陰陽之氣」說鬼神。可見他並不同意朱熹以「氣」來描述鬼神的說法。依據朱熹的觀點，「氣」之「至而伸者爲神」、「反而歸者爲鬼」，鬼神即「氣」的運動、變化，是天地造化的自然過程，然而，袁黃卻凸顯鬼神爲「氣之靈」（即「二氣之良能」）的特徵，此「靈」不僅是使得「氣」之運動、變化得以可能的因素，更是理解人之生死問題的關鍵。袁黃所說「語不靈而夢靈，夢無心也；人生不靈而死靈，死無爲也」，[64]此說近似五代時道士譚峭（生卒不詳）在《化書》中所言：

> 形不靈而氣靈，語不靈而聲靈，覺不靈而夢靈，生不靈而死靈。水至清而結冰不清，神至明而結形不明。水泮返清，形散反明。能知眞死者，可以游太上之京。[65]

---

63 王恕（撰），《石渠意見》（臺南：莊嚴文化事業公司，1997年《四庫全書存目叢書》影印吉林省圖書館藏明正德刻本，經部第147冊），卷1，頁99上。

64 「語」或應作「寤」，「寤」與「夢」爲相對之概念，汪漸磐（1619進士）在《四書宗印》中詮解《中庸》鬼神章時，有「寤不靈而夢靈，夢無心也，人生不靈而死靈，死無爲也」之言。見汪漸磐（撰），《四書宗印》（明天啓年間刊本，中央研究院傅斯年圖書館藏），中庸，頁24a-b。

65 譚峭（撰），《化書》，收入張繼禹（主編），《中華道藏》第26冊（北京：華夏出版社，2004），卷1，頁101。

譚峭此言以「形」、「神」二者之不同性質爲前提，「神至明而結形不明」，表明「神」因附於「形」而無從維持清明之狀態，然人死後形軀消散，其「神」即可復返於清明。就此看來，袁黃在詮解宋儒關於鬼神的說法時，有意地帶入道教關於「形」、「神」關係的理解，從而使本作爲描述「氣」之運動、變化的文字（「反而歸爲鬼」、「至而伸者爲神」），蘊含有「形散反明」之意，而他對於「靈」的描述，也接近譚峭所言之「神」。這顯示袁黃認爲「靈」不僅是「二氣之良能」，亦是人之所以具有不隨形軀消散而亡的根源。

　　袁黃的另一段文字顯示其所謂「靈」指的即是「靈明」：

> 須知吾人一點靈明，六合而內，六合而外，本無不周，本無不照，其不能然者，爲形所碍耳。人之夢，一息而游萬里，一夕而經百年，所謂魂之游也。鬼神爲游魂之變，唯其無形，故能形天下之形，惟其無聲，故能聲天下之聲。[66]

此處關於「靈明」的說明，反映袁黃之思想中陽明學的痕跡。袁黃曾從學於王畿（1498-1583），對於「靈明」的概念應當不陌生。在陽明學中，「靈明」是貫通生死的關鍵，王畿曾說：「一點靈明與太虛同體，萬劫常存，本未嘗有生，未嘗有死也」，此「靈明」與太虛同體而不滅。[67]羅汝芳（1515-1588）也有同樣的說法，他說「形有生死，而魂只去來，所以此個良知靈明可貫通晝夜，變易而無方，神妙而無體也」，凸顯「形」與「魂」在性質上的差異，並批評後人認爲「人死不復有知」，乃因「認此良知面目不眞，便謂形既毀壞，靈亦消

66　鄭維嶽（撰），《溫陵鄭孩如觀靜窩四書知新日錄》，卷2，頁66b-67a。
67　王畿（著），吳震（編校整理），《王畿集》（南京：鳳凰出版社，2007），頁160。

滅」。[68] 從上引文字中，袁黃承繼陽明學對於「靈明」的理解，將
《易‧繫辭下》中「精氣爲物，游魂爲變」之「游魂」詮解爲「靈
明」，「靈明」即鬼神之所以爲鬼神，故他在《四書刪正》中說：「天
地間只有此靈竅，在造化謂之鬼神，在人謂之心」。[69]

在袁黃看來，鬼神無處不在、充滿在宇宙之間，在他詮解《中
庸》鬼神章之「使天下人齋明盛服，以承祭祀。洋洋乎，如在其上，
如在其左右」時，他強調「鬼神之體物，不遺于祭祀，洋洋如在之
時，而儼然實有，故云驗」，此表明他相信此段經文並非意指，先有
祭祀者之齋明盛服，方使鬼神因受祭祀者之感格而洋洋乎，相反地，
鬼神常在天地間，祭祀當下之齋明盛服，反而是鬼神不遺於物的驗
證。[70]

袁黃也說到鬼神與人之間相互感應。袁黃在詮解《中庸》鬼神章
之經文「微之顯，誠之不可揜如此夫」時，說「微之顯」表明鬼神與
人在虛寂中之感通、窈冥中之變化的關係，他認爲此即何以「有其誠
則有其神」，[71] 若一己能精誠，則可與鬼神感應：

> 鬼神，天地之功用，而非自己精誠，則神功不顯；鬼神，
> 造化之迹，而非自己精誠，則神應不彰。一往一來，一感

---

68 羅汝芳（撰），《近溪羅先生一貫編》，頁184下。

69 袁黃（撰），《四書刪正》（袁衡藏版，日本國立公文書館藏），中庸，頁
6b。事實上，這個說法早爲袁黃之前的陽明學者所言，錢德洪（1496-
1574）就說「天地間只有此靈竅，在造化統體而言謂之鬼神，在人身而言
謂之良知。」見錢明編校整理，《徐愛　錢德洪　董澐集》（南京：鳳凰出
版社，2007），頁119。

70 袁黃說：「鬼神之體物，不遺於祭祀，洋洋如在之時，而儼然定有，故云
驗。」見鄭維嶽（撰），《溫陵鄭孩如觀靜窩四書知新日錄》，卷2，頁
65b。

71 鄭維嶽（撰），《溫陵鄭孩如觀靜窩四書知新日錄》，卷2，頁66b。

一應，皆自眞心而出。[72]

袁黃認爲，鬼神司吉凶之能，即體現於鬼神在人們之日常生活中所啓示的一些徵兆上。他說「四體之動，一由于神」，如「晨得美食，宵有佳夢，神告之也；凶禍將至，其事未發，先惕又不寧，神啓之也」，此些徵兆皆是神之所爲，他相信這正是何以鬼神之德所以盛的原因，[73]即使鬼神之作用相當地隱微，但卻不可磨滅，故他說：「萬形皆幻，實理難磨，故誠之不可揜。」[74]對應於此一理解，袁黃在論及「改過」時，也強調鬼神的作用。他說「吉凶之兆，萌乎心而動乎四體」；「天地在上，鬼神難欺，吾雖過在隱微，而天地鬼神實鑒臨之，重則降之百殃，輕則損其現福」。然而，只要一息尚存，「彌天之惡猶可悔改」。[75]

以上分析概括了袁黃在《中庸疏意》與《四書刪正》中詮解《中庸》鬼神章的內容，袁黃認爲鬼神爲實有、有司吉凶之能，並強調鬼神在人們之日常生活中的角色與作用。袁黃帶入道教的觀點以發揮「靈」之意涵，強調「靈」不隨形軀消散而亡，以此說明鬼神爲實有。關於後者，我們若再參考他在別處對於「形」、「神」問題的論述，可以更清楚地看到他強調人之神能不隨形軀而消散之觀點的重要意義。袁黃在〈形神論〉中說：

　　《記》稱鯀爲熊、望帝爲杜鵑，輪迴之說不自釋氏始也。

---

72 鄭維嶽（撰），《溫陵鄭孩如觀靜窩四書知新日錄》，卷2，頁66b。

73 鄭維嶽（撰），《溫陵鄭孩如觀靜窩四書知新日錄》，卷2，頁105a-b。

74 袁黃（撰），《四書刪正》（袁衡藏版，日本國立公文書館藏），中庸，頁6a。

75 袁黃（撰），《祈嗣眞詮》（臺南：莊嚴文化事業公司，1995年《四庫全書存目叢書》影印山西省祁縣圖書館藏明萬曆繡水沈氏刻寶堂祕笈本，子部第90冊），〈改過第一〉，頁520上-下。

說者乃謂人之有神如刀之有利，未有刀去而利存，豈有形
滅而神出？噫！是狗形而不知神者也。天下無刀外之利，
而有形外之神，倩女思極而離，仙之陽神靜極而出，神何
嘗滯形乎？神不滯于形，則必不以形之生死為起滅矣。夫
耳目口體也，其所以視聽言動，神為之也。蟬無口而鳴，
是口外有言矣，龍無耳而聰，是耳外有聽矣。生平足跡不
及之地，而一旦夢遊，山水垣屋宛然在目，寤而徵之，不
爽毫髮，是體外有動矣。所可滅者，耳目口體之形也，所
必不可滅者，視聽言動之神也。神麗形為人，神去形為
鬼，間有化為異物者，則神受淬而變也，其有升雲御氣而
登九天者，神得其養而靈也。[76]

在袁黃看來，鯀化為黃熊、望帝化為杜鵑等事例，顯示早在佛教西來
前，人們即已相信輪迴。就「形」、「神」關係而言，倩女離魂、修
仙出神等事例，皆表明人有不隨形軀消散與否而起滅的「神」。人之
生命由「神」依附於「形」而有；人死後，其「神」離「形」而去而
化為鬼。若有化而為異物者，則是因「神受淬而變」，然倘善養其
「神」，則可「升雲御氣而登九天」。無論如何，此些關於死後之不同
情狀，皆以人之「神」不滅為前提。

　　在此理解下，袁黃進一步地批駁宋儒之鬼神論述。袁黃說：「世
人不信死生之說，遂以往來屈伸為鬼神」，此即指宋儒以「氣」之屈
伸往來論鬼神之說。袁黃認為，若如宋儒那般地理解鬼神，則儒家經
典中所言周公設三壇以告先王之舉（《尚書‧周書‧金縢》），或商
人相信先王、先祖能「作福作災」之說（《尚書‧商書‧盤庚

---

76 袁黃（撰），《袁了凡先生兩行齋集》，卷1，〈形神論〉，頁9b-10b。

上》），皆爲虛妄之事。[77]此外，袁黃強調，人死爲鬼是必然，對於宋儒依據子產之說而主張人死爲鬼乃「別爲一理」的說法，他並不贊同。袁黃以扶箕活動爲例，箕仙「隨人所詢，一舉念即運箕作字以報，不待口祝」，由此可知鬼神爲實存者。他又說箕仙隨扶箕者「一呼而來、一麾而去」，此必非「用物弘」、「取精多」之鬼，而爲「閭里死者之鬼矣」，故「人死必有鬼」。[78]再者，袁黃說：「仁義禮智之性亙古不滅，則人之神亙古不散，莊生所謂火傳也」，他認爲人具有亙古不滅之「性」，故人之「神」亦不隨形軀消逝而散，此即莊子所謂「薪盡火傳」。他說理學家主張物物各有一太極，倘「一物死而神遽滅」，豈非意味著太極也是可朽壞的？[79]

從袁黃〈形神論〉對照他以「靈明」詮解《中庸》鬼神章之鬼神，可見兩者相呼應的觀點，皆表達了不同於宋儒之以「氣」論鬼神的看法。他以「仙之陽神靜極而出」之例說明「神」不隨形軀消散而亡時，就隱約地透露出他對於道教修養工夫相當關注的事實。[80]雖然袁黃思想中同時有三教的元素，但就他思考形神問題看來，道教的傾向似稍顯著。[81]當然，若要說佛教對於生死的理解也可能提供他反省

---

77 袁黃（撰），《袁了凡先生兩行齋集》，卷1，〈形神論〉，頁10b。

78 袁黃（撰），《袁了凡先生兩行齋集》，卷1，〈形神論〉，頁11a。

79 袁黃（撰），《袁了凡先生兩行齋集》，卷1，〈形神論〉，頁10b-11a。

80 袁黃曾提到他與于恕庵（此應非本名）多次「累晝夜趺坐不起」，而于恕庵似頗熱衷於道教修養工夫，如他曾與道教人士談論「習靜之訣」，並校訂《參同契》、《悟眞篇》等書。袁黃爲于恕庵之習靜園作序時，論到老子《道德經》五千言皆在闡明「谷神不死」的概念，而這個概念的精髓在於透過「習靜」而「神凝氣定，乾坤坎離皆在我身中，而可以留形住世矣」。見袁黃（撰），《袁了凡先生兩行齋集》，卷5，〈習靜園居序〉，頁27a-28b。

81 如他相信透過道教「習靜」之方能臻至「純陽」之身，此即佛教所謂「金

宋儒的資源，亦是可以想見的。[82]

　　方揚（?-1582）在為《中庸疏意》作序時，徵引子貢所言「夫子之文章，可得而聞也；夫子之言性與天道，不可得而聞也」（《論語・公冶長》），強調「禮」有可聞與不可聞者，而雖然袁黃此書可能令人感到「眩而失其真」，但既然《中庸》有言「君子戒慎乎其所不睹，恐懼乎其所不聞」，那麼，《中庸》中所蘊含那些「不睹不聞」、「非聲非色」之道理，即為「禮」之本，人們應當由此明白袁

剛」之義，道教內丹對於生命的理解，應是他據以會通佛教的資糧。見袁黃（撰），《袁了凡先生兩行齋集》，卷9，〈與張見吾書〉，頁4a-5a。酒井忠夫指出，作為袁黃之家學的道教信仰貫穿其一生，即便他後來與佛教僧人有所來往，也發展出了反對命數前定的「立命」觀念，但他始終沒有脫離道教信仰。酒井忠夫（著），劉岳兵等（譯），《中國善書研究（增補版）》，頁325-326。

82 如在《袁生懺法》中，袁黃說：「自憶此身受生以來，及過去世所行惡業，生重慚愧，禮佛懺悔，行道誦經，坐禪觀行，發願專精，為令正行，三昧身心，清淨無障礙也。」佛教之因果輪迴的生死觀，應是袁黃所熟悉的。附帶一提的是，袁黃對於華嚴學似頗精通，他曾著《華嚴經要》，旨在闡述修行發意之初便證佛乘之要義，而他也說，其他的著作如《訓兒俗說》初篇、《袁生懺法》、《學約》等書，「亦以華嚴大義暢我鄙懷」。袁黃所指《訓兒俗說》初章，應即該書中〈立志第一〉之篇，其中述及年少時「初受學龍溪先生之教，始知端倪，後參求七載，僅有所省」，然在著《訓兒俗說》時，則已可道破靈明心體之要。在〈立志第一〉中，他說心體虛靈不昧、不生不減，又說「道理本是現成，豈煩做作，豈煩脩造，但能無心，便是究竟」，看起來雖在闡述陽明學，華嚴學或使他對於陽明學有更深入的理解。袁黃在《袁生懺法》中所言，以及他闡明靈明心體的文字，見袁黃（撰），《了凡雜著・訓兒俗說》（北京：書目文獻出版社，1988年《北京圖書館古籍珍本叢刊》影印明萬曆三十三年建陽余氏刻本，子部第80冊），〈立志第一〉，頁571、517。袁黃自言諸多著作皆以華嚴大義闡其鄙懷，可見袁黃（撰），《袁了凡先生兩行齋集》，卷10，〈答曹魯川書〉，頁26a-27a。

黃撰作此書之深意。[83]筆者認爲，若從袁黃對於《中庸》鬼神章之詮
解來看，方揚的感受應是準確的，袁黃說：

> 《易》云「精氣爲物，游魂爲變」，此訓最親切，即游魂
> 一字，已盡鬼神之義，先王因此制爲祭祀之禮，其理最
> 深。[84]

雖然袁黃並未直接地闡述「游魂」之義，但從他以「靈」、「神」等
概念詮解鬼神之義、反駁宋儒之鬼神論述，及其陽明學背景來看，他
應當不會如宋儒那般地認爲「游魂」之「游」所指的是「消散」，而
是基於人之「神」不隨形軀消散而亡、人死必爲鬼的理解，相信祭祀
之對象爲實有之鬼神。就此看來，袁黃反省宋儒之鬼神論述，以不同
於宋儒的理解發明鬼神之義，體現出《中庸》鬼神章在三教交涉的氛
圍中，如何地被重新詮解。

四、葛寅亮詮解《中庸》鬼神章

　　本節主要討論葛寅亮在《四書湖南講》中關於《中庸》鬼神章之
詮解，說明其鬼神論述蘊含較鮮明的佛教色彩，以及他的說法對後學
有相當的影響。葛寅亮的詮解主要有三個面向：其一，他認爲鬼神是
「靈」而非「氣」，主宰天地造化與糾察人世間之種種；其二，他認
爲人有不隨形軀消散而亡的「靈」，天地鬼神由人死後所成；其三，
他的鬼神論述使得儒學具備與天主教對話的能量。

---

83 方揚（撰），《方初庵先生集》（臺南：莊嚴文化事業公司，1997年《四庫
　全書存目叢書》影印山東省圖書館藏明萬曆四十年方時化刻本，集部第
　156冊），卷7，〈《中庸疏意》序〉，頁537上-下。
84 鄭維嶽（撰），《溫陵鄭孩如觀靜窩四書知新日錄》，卷2，頁66a。

　　首先，葛寅亮在詮解《中庸》鬼神章經文「鬼神之爲德」與「視之而弗見，聽之而弗聞，體物而不可遺」時，界定了鬼神的特徵：

> 鬼神是造化之靈，爲人天之司命者。爲德，是其情狀。其盛矣乎，贊其廣大充滿之極也。視之無形而弗見，聽之無聲而弗聞，然能終始乎物、隨在覺察，是爲體物而不可遺漏。[85]

就這段扼要的文字來看，葛寅亮對於鬼神的理解，包含兩個要點：其一，鬼神爲「造化之靈」，主宰天地造化；其二，鬼神是「人天之司命者」，時時刻刻地覺察天地萬物，體物而不遺。以下即分別說明這兩點。

　　關於鬼神爲「造化之靈」這點，葛寅亮透過對於「靈」字的發揮，明確地表達鬼神非「氣」的性質：

> 靈者神而非氣也，宇宙間神生氣、氣生形，如日月星辰、風雨露雷、山川喬岳、水土木石，是天地的形，其暑往寒來、氤氲闔闢是氣，形、氣俱必消滅，惟有神宰之，故能生生不已。[86]

「靈者神而非氣也」，標示出「靈」或「神」作爲天地萬物之主宰的地位，在他看來，萬物之變化乃屬「形」與「氣」的範疇，然「形」與「氣」皆爲「神」所主宰，故天地萬物能因此生生不已。就此而言，葛寅亮對於「靈」或「神」的理解，明顯地與宋儒不同，在宋儒之鬼神論述中，「靈」指的是「氣」之所以屈伸往來的靈妙作用，然對葛寅亮而言，意指鬼神主宰天地造化與萬物之運行。

---

85 葛寅亮（撰），《四書湖南講》，〈中庸話〉，頁25下。
86 葛寅亮（撰），《四書湖南講》，中庸，頁92上。

　　其次，關於鬼神爲「人天之司命者」之說，葛寅亮認爲《中庸》鬼神章所言之鬼神，即是《詩・大雅・文王之什・大明》中所言之「上帝」；「上帝臨汝」一語，表達了鬼神有「主張造化」、「糾察人寰」之能。[87] 葛寅亮此說不僅表達鬼神之於人們的意義，其微妙之處在他認爲「上帝」屬於「鬼神」的範疇。葛寅亮說《詩》所言「文王陟降，在帝左右」或《禮記・月令》所言太皥爲春帝、炎帝爲夏帝、少皥爲秋帝、顓頊爲冬帝等，皆表明古代帝王死後成爲天神，他說：「究竟天地鬼神，實不外人以爲之。」[88] 此外，葛寅亮援引《易》「精氣爲物，游魂爲變」，指出人由「精氣」與「神」所構成，「神」即「靈」，在人生時「神」爲「性靈」，人死後「神」爲「魂靈」，「游魂爲變」意指「神」離「精氣」而遊蕩開去。他說倘若宋儒能知有「神」，則自然不會懷疑鬼神存在的事實，且儒家經典多有提及「上帝」之處，豈得以經典之說爲怪異？[89] 葛寅亮相信「游魂」不隨形軀消散而亡，不僅說明鬼神爲實有，也說明鬼神是由人於死後所變成。葛寅亮又說：

> 《詩》云「文王陟降，在帝左右」，這上帝是那證脩已到的聖人，人若致中和以位育，則摶挽六合、呼吸萬靈，皆其性中包括，所以那證脩已到的聖人，他靈覺就遍滿了世界，則舉世民物無不在其降鑒之中。後章鬼神正指上帝，不見不聞而體物不遺，則天命謂性乃滿盤托出矣。[90]

葛寅亮認爲，聖人證修完滿，其「靈覺」即可遍滿世界，故舉世民物

87　葛寅亮（撰），《四書湖南講》，中庸，頁91上。
88　葛寅亮（撰），《四書湖南講》，中庸，頁91上。
89　葛寅亮（撰），《四書湖南講》，中庸，頁92上-下。
90　葛寅亮（撰），《四書湖南講》，中庸，頁75下。

皆在其降鑒之中，此謂之「上帝」。這段文字明確地表達「上帝」是由聖人證修而成，由此可知葛寅亮所言之「上帝」或非儒家祭祀禮儀中之「昊天上帝」。

　　令人不免困惑的是，葛寅亮所言之「上帝」，究竟實指哪些聖人？他未有進一步的說明，我們不得而知，然此一對於「上帝」的理解，應與佛教思想中「靈覺之性」的概念有關。在佛教義理中，「靈覺之性」是對於「智慧覺照」之「佛心」的描述，其特徵為無始無終、未有生滅，雖「體唯其一，無形狀，非青黃赤白、男女等相，在天非天，在人非人」，卻能「現天現人，能男能女」，[91]惟眾生不識此性，「迷情妄起」而「諸業受報」，此乃生滅之見使然。[92]就此看來，葛寅亮以「靈覺之性」描述聖人死後成為「上帝」，且「靈覺遍滿世界」的狀態，使儒家聖人帶有濃厚的佛教色彩。[93]

　　葛寅亮雖說《中庸》鬼神章所言之鬼神，意指六經中之「上帝」，由聖人死後而成，但他也強調，在各種祭祀活動中，作為祭祀對象之鬼神為實存，不僅聖人證修已到而成為「上帝」，舉凡山川、

91　釋普濟（著），蘇淵雷（點校），《五燈會元》（北京：中華書局，1984），卷4，頁225。

92　釋延壽（撰），《宗鏡錄》（明萬曆三十至三十一年刊本，日本國立公文書館藏），卷14，頁13b-14a。在佛教的義理中，「識神」解釋了生死輪迴的問題，如一偈云：「學道之人不識真，祇為從來認識神，無始劫來生死本，癡人喚作本來人。」見釋普濟（著）、蘇淵雷（點校），《五燈會元》，卷4，頁208。

93　必須說明的是，葛寅亮在《四書湖南講》中詮解《孟子》時，曾對舉「靈覺之性」與「識情之性」以闡明仁、義、理、智、聖與耳、目、口、鼻之於聲色的區別，此關乎葛寅亮如何看待佛教與儒學在性命問題上之觀點異同，涉及儒、佛交涉的問題，值得探討，然此問題已超越本文旨趣所涉及的範圍，非本文所能及，僅能留待日後再以另文處理。見葛寅亮（撰），《四書湖南講》，頁460上-462上。

社稷、古先聖賢、忠臣義士、祖考等，既皆有相對應的祀典，則不可視之爲無謂，此乃因人死後「形氣」雖散，其「神魂」卻仍帶有生前的「識情」，亦有食飲之欲，故應當祀之。[94]

在葛寅亮看來，鬼神存在之事實無可懷疑。他的學生曾問，《中庸》鬼神章之經文「使天下之人齋明盛服，洋洋乎如在其上、如在其左右」，是否意味著人若不齋明，則鬼神便不存在？如果齋明是鬼神之所以洋洋乎的前提，則是否應說「物體鬼神」，而非「鬼神體物」？對於此一疑問，葛寅亮說《中庸》鬼神章之經文是針對人們不信鬼神的狀況而發，若人們能於祭祀時齋明，則可覺察鬼神存在，而那些以爲鬼神不存在之人，只是因爲未曾齋明而已。[95] 不過，學生追問，經文說鬼神「如在」，此亦究竟是自心觀想的結果，還是眞的有鬼神來臨？葛寅亮回答到，經文引《詩》所言「神之格思，不可度思，矧可射思」，明示古人於祭祀時「如見其容」、「如見其聲」，他舉孔子學琴於師襄之例，說明孔子雖距文王有數百年之久，但一聞其音，則如見文王之面貌，同樣地，祭祀時鬼神「如在」，亦是如此。[96] 葛寅亮強調，於祭祀當下，心若能潔淨無雜念、無昏念，「一己之神」即可與「天地之神」相合，雖然經文以「洋洋乎如在其上、如在其左右」來形容此際之狀態，但「其語意則謂鬼神已實臨之矣」。[97]

雖然葛寅亮說，於祭祀當下，鬼神實臨於人，但既然孔子以「如在」說鬼神，則必有其深意：

幽明道隔，人終信不及，故復引《詩》爲據，此固是證上

---

94 葛寅亮（撰），《四書湖南講》，中庸，頁91下。
95 葛寅亮（撰），《四書湖南講》，中庸，頁92上。
96 葛寅亮（撰），《四書湖南講》，中庸，頁92下。
97 葛寅亮（撰），《四書湖南講》，中庸，頁91上-下。

文洋洋如在，亦大有悚惕人意見。這鬼神豈特祭祀始有、
始當敬畏？觸處皆是，猜度不定的。你道今此方來，不知
前此已來；你道今此不來，不知此時忽來，如何可容褻
慢？今人特未嘗念及鬼神，試一想著，眼前儼然有物，眞
諺所謂舉頭三尺有神明，若知此，則尸居屋漏之中，有如
攢鋒交鏑之下，不知起了多少怖畏、消了多少邪思！六經
所以多言鬼神，夫子於此亦明洩之，後儒盡情抹過，將這
一段驚魂動魄處，既成冰銷瓦解，彼閒居之小人、媚世鄉
愿，更何忌憚？豈是《中庸》惕人愼獨之意？[98]

葛寅亮認爲，「如在」不僅是爲說明鬼神不可度思、不可射思，也表
達鬼神無處不在、「觸處皆是」。在他看來，鬼神無法爲人所猜度，
其何時臨於人實未可知，這正是何以俗諺云「舉頭三尺有神明」，倘
若人們能如此地理解鬼神，則於日常生活中即會時時地對鬼神有所警
惕、敬畏。葛寅亮詮解「如在」，不僅肯定了鬼神實有，亦指明鬼神
爲人們所不可測度的特點，而當他說「後儒」忽視六經與孔子對於鬼
神這般的理解時，他顯然是在批評宋儒將鬼神視爲無有，從而使人們
無所敬畏。

從上文來看，葛寅亮對於《中庸》鬼神章之詮解，清楚地展現出
與宋儒之鬼神論述不同的面貌，他以「靈」詮解鬼神，明言鬼神爲
「造化之靈」與「司人天之命」者，主張人死後其「神」（或「靈」）
不滅，與宋儒之說有清楚的差異。正如葛寅亮自言受王陽明與管志道
的影響頗多，我們在《四書湖南講》中詮解《論語・先進》季路問
事鬼神章的文本段落中，可以看到葛寅亮援引王陽明之「此心惺惺常

---

98 葛寅亮（撰），《四書湖南講》，中庸，頁91下。

明，天理無一息間斷，才是能知晝。這便是天德，便是通乎晝夜之
道，更有甚麼生死」的說法，表明心體貫生死的理解，他也說自己對
於《中庸》鬼神章之詮解可作爲掌握季路事鬼神章的參考，此應是指
他在《中庸》鬼神章對於人之「神」的發揮。[99]

　　此外，從葛寅亮也徵引管志道的某些說法，如管志道批判宋儒爲
闢佛、道二教，改以「氣」之屈伸往來論鬼神，將儒學原有關於鬼神
的說法一概廢棄，實有違儒家經典之說；[100]管志道也強調天地間之萬
物，包括民生之窮通夭壽、物類之消長枯榮等，皆有鬼神司之，且
「享則必格，禱則必應」。[101]管志道的這些觀點亦皆可見於葛寅亮的文
本中。葛寅亮徵引管志道之說的舉動，反映的是來自佛教的影響。從
佛教的角度看，儒學經典中本即蘊含有人死後「神」不滅的觀念，[102]
生死、鬼神等問題也是儒、佛交涉的重要議題。[103]雖然宋儒試圖從

99　葛寅亮（撰），《四書湖南講》，論語，卷3，頁237上。王陽明的說法，
　　可見陳榮捷著，《王陽明傳習錄詳註集評》（臺北：學生書局，1983），頁
　　149。
100管志道（撰），《中庸測義》（明萬曆刊本，日本尊經閣文庫藏），頁29a-
　　b。
101管志道（撰），《中庸測義》，頁30b-31a。
102如南梁僧人釋僧祐（445-518）就說「若疑人死神滅，無有三世，是自誣
　　其性靈，而蔑棄其祖禰也」，在他看來，《易・繫辭下》之「精氣爲物，
　　游魂爲變」、《詩・大雅・文王之什・下武》之「三后在天，王配于
　　京」、《禮記・表記》之「夏道尊命，事鬼敬神而遠之」、《尚書・周書・
　　金縢》記載周公禱於周代先王等事例，皆表明「亡而有靈」的事實。見釋
　　僧祐（著），劉立夫、魏建中、胡勇（譯注），《弘明集》（北京：中華書
　　局，2013），〈《弘明集》後序〉，頁998。
103宋代僧人釋契嵩（1007-1072）認爲儒學中關於鬼神的說法，如《詩》之
　　「神之格思，不可度思，矧可射思」或《尚書・周書・召誥》之「茲殷多
　　先哲王在天」等，不僅爲使人致敬於鬼神，亦意謂「人之精明不滅，不可
　　不治之也」，此與佛教教導「人人爲德爲善，資神以清升」可以相通。見

「氣」的角度凸顯儒學不同於外教之處，但明初佛教居士沈士榮批駁
宋儒所主張「人死即滅」、不信「輪迴再生之理」，實有悖聖人之
教，他徵引《易・繫辭下》之「精氣爲物，游魂爲變」，闡明「精」
即「靈知」、「氣」即「形氣」，而「精」與「氣」離爲死，「游魂」
乃指「靈知」離開形軀，故「死而不滅」而有鬼神。[104]沈士榮反詰宋
儒以「氣」釋鬼神，則「饗鬼神即是饗氣」，豈眞能敬鬼神？[105]明代
中期祝允明（1460-1526）撰作《祝子罪知錄》時，徵引沈士榮之說
批駁宋儒以「氣」論鬼神的觀點，[106]而該書亦在晚明時被重新刊刻，
反映晚明援引佛教之說反省宋儒之鬼神論述的思想氛圍。[107]就此看
來，葛寅亮批判宋儒以「氣」論鬼神，不僅有陽明學的痕跡，且清楚
地帶有佛教色彩。

　　值得注意的是，在《四書湖南講》中，葛寅亮曾提到過天主教，
從他回應天主教的方式來看，他似乎是以援佛入儒的詮解策略，使得

釋契嵩（撰），《鐔津文集》（元至大二年刊本，日本國立公文書館藏），
卷9，〈上仁宗皇帝萬言書〉，頁8a-b。

104 沈士榮（撰），《續原教論》（明萬曆四十七年方如騏校刊本，哈佛大學圖
書館藏），卷上，〈原教論〉，頁3a-4a。

105 沈士榮（撰），《續原教論》，卷下，〈三教論〉，頁25a-b。

106 祝允明（撰），《祝子罪知錄》（臺南：莊嚴文化事業公司，1995年《四庫
全書存目叢書》影印中國科學院圖書館藏明萬曆刻本，子部第83冊），卷
6，頁695下-696上。

107 陳幼學（1541-1624）於抗疏袁黃之《四書刪正》後，又見《罪知錄》一
書中有「謫謬宋儒」之言，故作《罪罪知》一書駁之。筆者由此推測，祝
允明之《祝子罪知錄》曾在晚明時流通。另外，本文所引沈士榮之《續原
教論》的文本，爲明萬曆年間校刊本，亦可爲沈士榮批判宋儒之觀點於晚
明流傳的佐證之一。關於陳幼學作《罪罪知》一書駁《祝子罪知錄》之
事，見張夏（撰），《雒閩源流錄》（臺南：莊嚴文化事業公司，1996年
《四庫全書存目叢書》影印中國科學院圖書館藏清康熙二十一年黃昌衢彝
敘堂刻本，史部第123冊），卷11，頁179上。

儒學能夠與天主教對話。葛寅亮自言曾聽聞過利瑪竇（Matteo Ricci, 1552-1610）談論過天主教之教宗制度，教宗之位僅能授與「有德者」這點令他印象深刻。在他看來，教宗制度在關於傳位的規定上，合於儒家「傳賢」之精神，故他在詮解《孟子》〈萬章上〉所言及禹因德衰、不傳賢而傳子的段落時，即援引教宗制度作為參照，凸顯「有德者」繼承國主之位乃良法。[108]葛寅亮雖欣賞教宗制度，卻在倫理的問題上，對天主教持批判的態度。當他被問到「天是上帝，則今世奉天主之說，似當信從矣」時，他說：

> 尊事上帝，原屢見于六經，何待彼來闡發，且上帝最重忠
> 孝及好生，彼謂祖宗不必祀、禽獸應殺食，敢于誣罔，是
> 豈能知天道者！[109]

在他看來，「尊事上帝」本為儒學之立場，不必待天主教闡發，而在倫理問題上，儒學亦因重視「忠孝」與「生生」之價值，故與天主教主張不祭祀祖宗、殺食禽獸的觀點有所不同。就儒學與天主教之對比來看，葛寅亮主張「尊事上帝」早已見於六經，以及「祭祀祖宗」有其合理性，此皆相應於他對於宋儒之鬼神論述的反省。倘若儒學對於鬼神的理解，非視其為「氣」之屈伸往來，天地造化背後亦皆有實存之主宰者，乃至於人死後亦有不隨形軀消散而亡的「靈」或「神」，那麼，又有什麼理由需要信從天主教之說呢？

　　除了葛寅亮自身對於天主教有所回應外，葛寅亮的說法也曾被身為山西桑拱陽（1599-1644）所引用，作為批駁天主教的依據。桑拱陽曾為山西人李生光（1598-?）所著之《儒教辯正錄》一書作序，該

---

108 葛寅亮（撰），《四書湖南講》，孟子，卷2，頁408下。
109 葛寅亮（撰），《四書湖南講》，中庸，頁76上。

書旨在駁斥西學，指陳儒學本位之立場。今雖無從得見此書，但從桑拱陽之序文可略知其內容。桑拱陽說，《儒教辯正錄》一書「洋灑數千言，歷敘帝王聖賢復性敬天之學，忠孝倫常之大，反覆開陳，使知西學之不可入中國，事天之不可別穿鑿」，並引葛寅亮所言「尊事上帝，原屢見于六經，何待彼來闡發，且上帝最重忠孝及好生，彼謂祖宗不必祀、禽獸應殺食，敢于誣罔，是豈能知天道者」，強調其說爲「千古定論」。桑拱陽亦言，所謂「事天」，早爲《中庸》所揭示，舉凡日月星辰、山嶽河海之於人而言，皆可總括爲「終日乾乾、對越上天之一念」，凸顯儒學本即有事天之學，倘若認爲另有「主天者」（即天主教之「天主」），則「荒謬悖理之極」。[110]

　　據桑拱陽的傳記資料，他年輕時「見《近思錄》，遂以聖賢爲分內事」，也隨其父學習功過格，日後亦繪「太極圖」於窗，大書「敬」字於堂，顯示其儒者的認同，並略帶有晚明勸善思想的色彩。[111] 或許是此一背景使然，桑拱陽在他的《四書則》中大量援引葛

---

110 桑拱陽於〈題儒教辯正序〉中說：「《中庸》易簡，其言天言鬼神，如日月星辰、山嶽河海之昭明，而究極功力，總括於終日乾乾、對越上天之一念，故曰天，心性是天，形骸是天，日用倫常是天，吉凶禍福、夭壽窮通是天，夫上帝既以沖漠爲萬靈主，而以爲更有主天者，則荒謬悖理之極也，其於《中庸》易簡之理相去遠矣。」見李煥揚續修、張于鑄纂，《光緒直隸絳州志》（南京：鳳凰出版社，2005年《中國地方志集成》據光緒五年刻本，山西府縣志輯第59冊），卷17，頁323下。晚明時，天主教在山西的發展曾引起儒家學者的回應與批評，辛全的門人李生光即是其中一例，關於此一狀況，可參考黃一農，〈明清天主教在山西絳州的發展及其反彈〉，《中央研究院近代史研究所集刊》，期26（臺北：1996年12月），頁1-39。

111 范鎬鼎（撰），《五經堂文集》（臺南：莊嚴文化事業公司，1997年《四庫全書存目叢書》影印中國社會科學院文學考古研究所藏清康熙五經堂刻本，集部第242冊），〈桑松風先生傳〉，頁137上。

寅亮在《四書湖南講》中關於鬼神問題的論述，以發明《中庸》鬼神章之要義，諸如葛寅亮所言鬼神爲「靈」，並有「主張造化」、「糾察人寰」之能；[112] 人死後「神」不散，僅是「游蕩開去」；[113] 鬼神爲實有，無處不在，以此對比宋儒以「氣」之屈伸往來論鬼神，將使人無所忌憚。[114] 由此可見，作爲儒者的桑拱陽能夠接受葛寅亮援佛入儒之策略，或許正是他相信《中庸》所揭示的事天之學蘊含有批判天主教的能力。

　　筆者認爲，桑拱陽之思想背景適度地說明了他無論是在回應天主教，或是在看待鬼神的問題上，何以援引葛寅亮之說的原因。而桑拱陽援引葛寅亮之說的舉動，也顯示葛寅亮在詮解《中庸》鬼神章的論述中，藉由援佛入儒的策略，一方面反省宋儒之鬼神論述與儒家經典的距離，另一方面則凸顯鬼神在人們日常生活中的重要角色，這意味著儒學能夠取資佛教以回返經典，並使自身具備與其他宗教對話的能量。[115]

五、結　論

　　蔡清、袁黃與葛寅亮對於《中庸》鬼神章之詮解，都呈現出反省

---

112 桑拱陽（撰），《四書則》（臺南：莊嚴文化事業公司，1997年《四庫全書存目叢書》影印北京大學圖書館藏明崇禎松風書院刻本，經部第166冊），中庸，頁324上。

113 桑拱陽（撰），《四書則》，中庸，頁324上。

114 桑拱陽（撰），《四書則》，中庸，頁325上。

115 吳孟謙指出葛寅亮在《四書湖南講》中大量援引管志道之說，而兩人之思想特點皆在於「引入佛教以深化儒學的心性論，但同時又嚴於禮教」。見吳孟謙，《融貫與批判——管東溟的思想及其時代》（臺北：允晨文化實業股份有限公司，2017），頁443-444。

宋儒之鬼神論述的傾向，在他們看來，鬼神雖無形聲、卻爲實有，不待子孫感格而後方洋洋如在，此不僅回應因宋儒之詮解而產生「造化鬼神」與「祭祀鬼神」分歧的問題，也點出鬼神周匝於天地間、觸處皆應的特徵。袁黃與葛寅亮更明確地強化了鬼神在人們日常生活中所發揮鑒察人心、鑒臨於人的角色。

此外，蔡清、袁黃與葛寅亮於詮解《中庸》鬼神章時，皆著意於回應「形」與「神」之關係的問題，分別地呈現出程朱學內部之自我反省，以及在三教交涉的氛圍下，受道教、佛教啓發的看法。蔡清反省朱熹關於祭祀感格的說法，認爲已散之氣不可復聚，相信只要子孫存在，祖宗之神亦即存在，祭祀感格的關鍵在於一己之誠心。雖然蔡清未必有效地回應人死氣散之說所引發的難題，卻表明宋儒之說未必令人信服。此外，蔡清對於道士出神的評論也凸顯他認爲「形」（形軀）、「神」不同的看法，及其引用屈原的方式，均表現出對於外教較爲開放的態度。袁黃創意地詮解宋儒之說，凸顯鬼神的角色與作用，且以「靈」、「神」等概念詮解鬼神，強調人有不隨形軀消散而亡的元素，使其鬼神論述與宋儒截然有別。從文本來看，袁黃的詮釋雖較多地反映陽明學與道教的色彩，但佛教應當對他也有一些影響。葛寅亮強調鬼神有主宰造化、司人天之命的特徵，也相信人之神能不隨形軀消散而亡，在思想傾向上，不僅呼應佛教相信儒家本即有「神」不滅的看法，以及批判宋儒以「氣」論鬼神的觀點，他並以「靈覺之性」來描繪聖人死後成爲「上帝」而降鑒於民物，使儒家經典中的「上帝」充滿濃厚的佛教色彩。此外，我們從葛寅亮之鬼神論述被桑拱陽援引，以及兩人對於天主教的批評看來，也可見藉佛教以厚實儒學，使之具有與其他宗教對話的能力。

近年來，一些學者注意到明清之際出現有「儒學宗教化」的現

象，指出「敬天」、「畏天」、「事天」等意識是理解明清之際儒學的一個面向。[116]雖然學者們在理解「儒學宗教化」現象及解釋途徑上不盡相同，或認爲蘊含有反理學的立場，或認爲受天主教之刺激所致，然卻不約而同地點出，明清之際儒學在與其他宗教對話的過程中，一種呈現自身之方式。其中，就儒學與天主教互動的面向而言，我們可以看到，利瑪竇在《天主實義》之〈辯釋鬼神及人魂異論，而解天下萬物不可謂之一體〉中，利用不少的篇幅討論宋儒之鬼神論述與儒家經典之間的分歧，呈現儒家聖人不僅並未如宋儒那般地認爲人死氣散，且相信鬼神爲實有、靈魂不滅，進而以此引領中國士人理解天主教信仰。[117]雖然，利瑪竇的目的在於藉由儒家經典作爲傳達天主教教義的媒介，然而，就其所運用的表達策略來看，似乎也可呼應了明代中晚期部分學者們認爲鬼神爲實有、「靈」或「魂」不隨形軀消散而亡等觀念之思想氛圍。即便我們仍可看到，關於鬼神的角色，利瑪竇堅持鬼神「惟以天主之命司造化之事，無柄世之專權」，[118]因而與袁黃、葛寅亮認爲「鬼神司吉凶禍福」的觀點有所不同，但此些現象大抵顯示，在明代中晚期三教交涉之思想氛圍中，思想家們詮解《中庸》鬼神章所呈現關於鬼神問題的思考方式，也許提供了天主教傳教士閱讀儒家經典的一個途徑。

---

116 相關研究可參見：王汎森，〈明末清初儒學的宗教化—以許三禮的告天之學爲例〉，《新史學》，卷9期2（臺北：1998年6月），頁89-123；劉耘華，《依天立義：清代前中期江南文人應對天主教文化研究》（上海：上海古籍出版社，2014）；呂妙芬，《成聖與家庭人倫：宗教對話脈絡下的明清之際儒學》（臺北：聯經出版公司，2017）。

117 利瑪竇（著），梅謙立（Theirry Meynard）（注），譚杰（校勘），《天主實義今注》（北京：商務印書館，2014），頁119-126。

118 利瑪竇（著），梅謙立（注），譚杰（校勘），《天主實義今注》，頁131。

　　不同於從儒學與天主教之互動來探討「儒學宗教化」現象的進
路，梅謙立（Thierry Meynard）注意到，在天主教傳入中國之前，即
已有不同於宋儒對於鬼神問題的理解，如張居正（1525-1582）在
《四書直解》中，就表達對於天人感應、鬼神等觀念不同於宋儒的理
解，且蘊含著濃厚的宗教性，這意味著當時中國內部為天主教傳入提
供適宜之基礎的思想背景。[119]蕭清和比較宋儒與明清之際某些儒者與
天主教傳教士對於儒家文本的詮解，以「一天各表」之概念描繪儒家
經典所蘊含的含混性、多元性與開放性，他認為，正是儒家文本的這
些特性，使得儒學與天主教間得以進行對話。[120]從本文的角度來看，
在明代中晚期三教交涉之思想氛圍中，思想家們透過反省宋儒之鬼神
論述，援引不同的思想資源重詮《中庸》鬼神章，不僅顯示思想家們
對於鬼神問題的關注，儒家經典亦是三教人士表達鬼神觀念的重要文
本，我們因此可以進一步地思考，在天主教傳入中國之前，中國思想
自身的變化是否對於我們理解「儒學宗教化」，提供較為廣闊的思想
背景。

　　我們可以看到，在明代中晚期，無論是來自於儒學內部內或在三

119梅謙立指出天主教傳教士閱讀過張居正的《四書直解》，並深受該書中關
　　於「敬天」、「天人感應」、「鬼神」等觀念的影響。梅謙立認為，除了朱
　　熹的《四書章句集注》提供傳教士理解當時官方所認可的儒學思想外，張
　　居正的《四書直解》反映了「敬天」思想被恢復的跡象，從而「為天主教
　　的傳入提供了適宜的基礎」。見梅謙立，《從邂逅到相識：孔子與亞里斯
　　多德相遇在明清》（北京：北京大學出版社，2019），頁269-302。梅謙立
　　的觀察相當有趣，但他的研究關懷主要在於探討天主教傳教士如何閱讀中
　　國思想文本，故未進一步地追索，在程朱學作為官學的情況下，這些觀念
　　如何被恢復與論述的思想脈絡。
120蕭清和，〈「一天各表」：儒家宗教性與儒耶對話〉，《北京行政學院學
　　報》，期5（北京：2020），頁118-128。

教交涉的氛圍中，不同的思想家藉由詮解《中庸》鬼神章反省宋儒之鬼神論述，不僅從各自的視角回應「造化鬼神」與「祭祀鬼神」之分歧的問題，也嫻熟地運用不同的思想觀念來建構各自的鬼神論述，呈現多元地詮解儒學文本的樣貌，顯示三教人士共同地參與儒家經典的詮解活動，透過不同的思想資源賦予經典新的意涵，從而拓展了經典的生命力。

徵引書目

傳統文獻

（南梁）釋僧祐著，劉立夫、魏建中、胡勇譯注，《弘明集》，北京：中華書局，2013。

（五代）譚峭，《化書》，收入《中華道藏》第26冊，北京：華夏出版社，2004。

（五代）釋延壽，《宗鏡錄》日本國立公文書館藏明萬曆三十至三十一年（1602-1603）刊本。

（宋）朱熹，《中庸或問》，收入《景印文淵閣四庫全書》第205冊，臺北：臺灣商務印書館，1983，據國立故宮博物院藏本影印。

（宋）朱熹，《四書章句集注》，收入《景印文淵閣四庫全書》第197冊，臺北：臺灣商務印書館，1983，據國立故宮博物院藏本影印。

（宋）朱熹，《楚辭集注》，收入《景印文淵閣四庫全書》第1062冊，臺北：臺灣商務印書館，1983，據國立故宮博物院藏本影印。

（宋）朱熹，《晦庵集》，收入《景印文淵閣四庫全書》第1144冊，臺北：臺灣商務印書館，1983，據國立故宮博物院藏本影印。

（宋）真德秀，《西山讀書記》，收入《景印文淵閣四庫全書》第706冊，臺北：臺灣商務印書館，1983，據國立故宮博物院藏本影印。

（宋）黎靖德編，《朱子語類》，收入《景印文淵閣四庫全書》第700-701冊，臺北：臺灣商務印書館，1983，據國立故宮博物院藏本影印。

（宋）釋普濟著、蘇淵雷點校，《五燈會元》，北京：中華書局，1984。

（宋）釋契嵩，《鐔津文集》，國立公文書館藏元至大二年（1309）刊本。

（元）吳澄，《禮記纂言》，收入《景印文淵閣四庫全書》第121冊，臺北：臺灣商務印書館，1983，據國立故宮博物院藏本影印。

（明）方揚，《方初庵先生集》，收入《四庫全書存目叢書》集部別集類第156冊，臺南：莊嚴文化事業公司，1997，據明萬曆四十年（1612）方時化刻本影印。

（明）王恕，《石渠意見》，收入《四庫全書存目叢書》經部第147冊，臺南：莊嚴文化事業公司，1997，據吉林省圖書館藏明正德刻本影印。

（明）王畿，《王畿集》，南京：鳳凰出版社，2007。

（明）沈士榮撰，《續原教論》，哈佛大學圖書館藏明萬曆四十七年（1619）方如騏校刊本。

（明）利瑪竇著，梅謙立（Theirry Meynard）注，譚杰校勘，《天主實義今

注》，北京：商務印書館，2014。

（明）辛全，《四書說》，收入《四庫未收書輯刊》第6輯第3冊，北京：北京出版社，1997，據清匯印本影印。

（明）林希元，《重刊次崖林先生四書存疑》，日本國立公文書館藏明刊本。

（明）祝允明，《祝子罪知錄》，收入《四庫全書存目叢書》子部第83冊，臺南：莊嚴文化事業公司，1995，據中國科學院圖書館藏明萬曆刻本影印。

（明）袁黃，《四書刪正》，日本國立公文書館藏袁衙藏板。

（明）袁黃，《袁了凡先生兩行齋集》，日本國立公文書館藏明天啓四年（1624）序澍芳堂刊本。

（明）袁黃，《了凡雜著訓兒俗說》，收入《北京圖書館古籍珍本叢刊》子部第80冊，北京：書目文獻出版社，1988，據明萬曆三十三年（1605）建陽余氏刻本影印。

（明）袁黃，《祈嗣眞詮》，收入《四庫全書存目叢書》子部第90冊，臺南：莊嚴文化事業公司，1995，據山西省祁縣圖書館藏明萬曆繡水沈氏刻寶堂祕笈本影印。

（明）桑拱陽，《四書則》，收入《四庫全書存目叢書》經部第166冊，臺南：莊嚴文化事業公司，1997，據明崇禎松風書院刻本影印。

（明）陳琛，《四書淺說》，收入《四庫未收書輯刊》第1輯第7冊，北京：北京出版社，1997，明萬曆三十七年（1609）李三才刻本影印。

（明）陳禹謨，《經言枝指》，收入《四庫全書存目叢書》經部第158冊，臺南：莊嚴文化事業公司，1997，據中國科學院藏明萬曆刻本影印。

（明）焦竑，《焦氏澹園集》，收入《四庫禁燬書叢刊》集部第61冊，北京：北京出版社，2000，明萬曆三十四年（1606）刻本。

（明）管志道，《中庸訂釋》，日本尊經閣文庫藏明萬曆三十四年（1606）序刊本。

（明）管志道，《中庸測義》，日本尊經閣文庫藏明萬曆刊本。

（明）楊慎，《升庵集》，收入《景印文淵閣四庫全書》第1270冊，臺北：臺灣商務印書館，1983，國立故宮博物院藏本。

（明）葛寅亮，《四書湖南講》，收入《續修四庫全書》經部第163冊，上海：上海古籍出版社，1995，據中國科學院圖書館藏明崇禎刻本影印。

（明）蔡清，《四書蒙引》，日本國立公文書館藏明教鵾校訂本。

（明）蔡清，《易經蒙引》，日本國立公文書館藏明教鵾校訂本。

（明）鄭維嶽，《溫陵鄭孩如觀靜窩四書知新日錄》，日本國立公文書館藏明萬曆二十二年（1594）刊本。

（明）羅汝芳，《近溪羅先生一貫編》，收入《四庫全書存目叢書》子部第86

冊，臺南：莊嚴文化事業公司，1995，據中國科學院圖書館藏明長松館刻本影印。

釋大壑，《南屏淨慈寺志》，收入《四庫全書存目從書》史部第243冊，臺南：莊嚴文化事業公司，1996，明萬曆四十四年（1616）吳敬等刻清康熙增修本。

顧夢麟，《四書說約》，收入《四庫未收書輯刊》第5輯第3冊，北京：北京出版社，1996，據明崇禎十三年（1640）織簾居刻本影印。

李煥揚續修、張于鑄纂，《光緒直隸絳州志》，收入《中國地方志集成》山西府縣志輯第59冊，南京：鳳凰出版社，2005，據光緒五年（1879）刻本影印。

范鎬鼎，《五經堂文集》，收入《四庫全書存目叢書》集部第242冊，臺南：莊嚴文化事業公司，1997，據中國社會科學院文學考古研究所藏清康熙五經堂刻本影印。

范鎬鼎編，《廣理學備考》，哈佛燕京圖書館藏清康熙二十五年（1686）五經堂刊本。

魏嵩修、裘璉等纂，《康熙錢塘縣志》，收入《中國地方志集成》浙江府縣志輯第4冊，上海：上海書店出版社，1993，據清光緒五十七年（1718）刻本影印。

張廷玉，《明史》，北京：中華書局，1974。

張夏，《雒閩源流錄》，收入《四庫全書存目叢書》史部第123冊，臺南：莊嚴文化事業公司，1996，據中國科學院圖書館藏清康熙二十一年（1682）黃昌衢彝敘堂刻本影印。

劉咸炘，《推十書》，甲輯，內書三下，上海：上海科學技術出版社，2009。

近人論著

王汎森，〈明末清初儒學的宗教化——以許三禮的告天之學爲例〉，《新史學》，9:2（臺北，1998），頁89-123；王一樵，《從「吾學有閩」到「吾學在閩」：十五至十八世紀福建朱子學思想系譜的形成及實踐》，臺北：國立臺灣師範大學歷史學系碩士論文，2006。

包筠雅（Cynthia Brokaw）著，杜正貞等譯，《功過格—明清社會的道德秩序》，杭州：浙江人民出版社，1999。

田浩，《朱熹的思維世界》，臺北：允晨文化實業股份有限公司，2008。

朱冶，《元明朱子學的遞嬗：《四書五經性理大全》研究》，北京：人民出版社，2019。

佐野公治著，張文朝等譯，《四書學史的研究》，臺北：萬卷樓圖書股份有限

公司，2014。

蕭清和，〈「一天各表」：儒家宗教性與儒耶對話〉，《北京大學行政學報》，5（北京，2020），頁118-128。

吳孟謙，《融貫與批判——管東溟的思想及其時代》，臺北：允晨文化實業股份有限公司，2017。

吳展良，〈朱子之鬼神論述義〉，《漢學研究》，31：4（臺北，2013），頁133-136。

吳震，《明末清初勸善運動思想研究》，上海：上海人民出版社，2016。

呂妙芬，〈明清之際儒學生死觀的新發展〉，呂妙芬主編，《近世中國的儒學與書籍—家庭、宗教、物質的網絡》，臺北：中央研究院，2013，頁103-130。

呂妙芬，《成聖與家庭人倫：宗教對話脈絡下的明清之際儒學》，臺北：聯經出版公司，2017。

林志鵬，〈袁黃《四書刪正》及其對朱熹的批駁〉，《鵝湖月刊》，41：3（臺北：2015），頁35-47

林志鵬，〈袁黃《四書刪正》的思想特色及思想史意蘊〉，《新亞學報》，33（香港：2016），頁357-375。

高令印、陳其芳，《福建朱子學》，福州：福建人民出版社，1986。

酒井忠夫著，劉岳兵等譯，《中國善書研究（增補版)》，南京：江蘇人民出版社，2010。

陳寅恪，《金明館叢稿初編》，北京：三聯書店，2001，頁223-229。

梅謙立，《從邂逅到相識：孔子與亞里斯多德相遇在明清》，北京：北京大學出版社，2019。

陳政揚，〈《正蒙釋》中的氣有生滅之爭——從朱熹、高攀龍、徐必達與王夫之詮釋論起〉，《揭諦》，30（嘉義，2016），頁69-103。

黃一農，〈明清天主教在山西絳州的發展及其反彈〉，《中央研究院近代史研究所集刊》，26（臺北，1996），頁1-39。

劉耘華，《依天立義：清代前中期江南文人應對天主教文化研究》，上海：上海古籍出版社，2014。

劉琳娜，《道德與解脱：中晚明士人對儒家生死問題的辯論與詮釋》，成都：巴蜀書社，2020。

劉勇，〈中晚明理學學說的互動與地域性傳統的系譜化進程—以「閩學」爲中心〉，《新史學》，21：2（臺北，2010），頁1-60。

The Intepretations of the chapter called 'Ghost and Deity' in *Zhongyong* and its' characteristics in mid-Ming and late-Ming dynasty: On the cases of Tsai'ching, Yuan-huang and Ge Yin-liang.

Chun-wei Lin

Abstract:

This paper aims to explicate the mid-Ming and late-Ming scholars Tsai-ching (蔡清), Yuan-huang (袁黃), and Ge Yin-liang's (葛寅亮) texts of interpretation of the chapter called 'Ghost and Deity' in Zhongyong (中庸鬼神章) to show another ghost and deity point of view that is different from the Song Neo-Confucianism (especially Zhu-Xi's) perspectives. Not only did their texts of interpretation of 'Ghost and Deity' in Zhongyong show the different reinterpretation from Exegesis of the Collections of Texts from the Four Books (四書章句集注), but their texts also dealt with several ghost and deity issues in Zhongyong and the classics of Confucianism. These include the characteristics of ghost and deity, the relationships between ghost and deity and mankind, and the presence and absence of ghost after mankind's death. Tsai-ching(蔡清), Yuan-huang(袁黃), and Ge Yin-liang's(葛寅亮) texts not only criticized Song Confucian's philosophy, that is the absence of the ghost after mankind's death, but their texts also expounded that the mankind's ghost can rule fortune and misfortune between the heaven and the earth. From their texts, readers can rethink the phenomenon of religionalization of Confucianism in the

Ming-Qing transition as well as discover the dialogue between Confucianism and Catholicism.

Keywords: The chapter called 'ghost and diety' in Zhongyong, ghost and diety, spirit, Confucian classics, The Religious Transformation of Confucianism

重訪人文之道：劉咸炘的中西文化論說（1922-1932）

余一泓

拉籌伯大學哲學博士，現職浙江大學馬一浮書院助理研究員。研究興趣是近代中國的學術思想和學人，側重儒學與舊學，現正圍繞馬一浮思想、清季民初趨新儒學之主題寫作專書。於《經學文獻研究集刊》、《中國文化研究所學報》和《臺大文史哲學報》等處有已刊、待刊習作數種。聯絡郵箱是 mb54281@connect.um.edu.mo。

重訪人文之道：劉咸炘的中西文化論說（1922-1932）

余一泓

摘要

　　民初的舊派學人劉咸炘雖偏居成都，但由深厚之舊學素養與開闊之理論思慮的消化、表述新知，成爲民初新文化潮流中的獨特別調。在1922-1932年間，他在精心結構的著述當中展現值得玩味的普遍主義旨趣，同時做出對話學科化的西學而探究人事公理的努力。首先，此文分析劉氏《推十書》之左-右和內-外分類，探明探究公理的脈絡在其著述中的發展次序，考察其西學知識之根據。此後，此文檢討〈外書〉所述世界文化事實之根據，以及劉氏西學觀中貶抑進化、實利、個人之論背後的保守儒者立場。復次，此文比較與劉咸炘之中西文化論說有關的其他學人之論，呈現其中西文化論說在清季民初趨新儒學中的位置。最後，此文試探劉氏文化論說及其後理論思考的意義。

關鍵詞：劉咸炘、近代理學、二十世紀初的西學東漸、民初新文化、東西文化論戰

---

* 　此篇修訂成文，得益《思想史》兩位外審指點不少，謹致謝忱。

一、引論：邊緣人看新文化

近代學人四川雙流劉咸炘（1896-1932）學兼性理、文史，[1]由「塾師」而教授，學術活躍期（1916-1932）適在「新文化運動」（1915）與「新生活運動」（1934）之間。[2]雖在新潮湧動之際，劉氏予人以偏居守約的隱者印象，但從其歷年編定的著述來看，他的學思發展確有回應大環境中的新舊文化碰撞。對此「邊緣-中心」的文化交涉現象，論者多有注意。[3]考慮到梁漱溟（1893-1988）、唐君毅（1909-

---

1 關注中國文化和近代思想史的讀者，如未涉獵劉咸炘的著作，那麼多數對劉氏應僅有如下印象：終生沒有出川的文化保守派，史學方面重視章學誠（1738-1801）、見解獨到、壽命不長但是文化思想既系統亦有條理。這些印象可能的來源是錢穆、梁漱溟和蒙文通的介紹（尤其是錢穆的《師友雜憶》），也確實不錯。如果完全沒聽過此人，那麼不妨由上述三點來記住他。爲了幫助讀者理解此人，還可以增補的一句概述是：順承宋明理學傳統，堅持人事、氣化和做人的道理本質上是一體的；面對西潮保守舊化，但采納章學誠辨析思想源流的史法，樂於分類整合中西知識；從儒道有鬼之說但重視修身，修身實踐先於性理、史學和神鬼的知識。

2 較簡明的介紹可參劉復生，〈劉咸炘與學侶交往補述〉，《蜀學》（成都：巴蜀書社，2011），輯6，頁48-49。值得注意的是，劉咸炘的性理之學得益於其祖父劉沅（1767-1855）所辟家傳，而張舜徽（1911-1992）就認爲劉沅是「塾師之雄」，參張氏《清人文集別錄》（武漢：華中師範大學出版社，2004），頁307。

3 例見歐陽禎人，〈劉咸炘對新文化運動的態度〉，《蜀學》第6輯，頁40-47；龐雯予，〈劉鑒泉對進化論以及西方文化的反思〉，收入胡治洪（編），《現代思想衡慮下的啓蒙理念》（武漢：武漢大學出版社，2011），頁298-328；張凱，〈經史、義理學的重建：劉咸炘與中國學術的近代轉化〉，《哲學研究》，期9（北京：2020年9月），頁69-78。歐文和後兩文分別嘗試從事、理的角度勾勒劉咸炘和新文化運動中新學的關聯。竊以爲劉氏對新學不僅僅是態度上隔岸觀火、學理上堅守中國本位，而是有更主動的溝通、理解意向。

1978）對於劉氏評論東西文化之〈動與植〉的特殊重視，[4]以及劉氏
《推十書》大量出現的各種「新書」，本文嘗試深入檢討其人的中西
文化論說，補充學界對清末民初新舊學術嬗替的知識。

　　劉咸炘汎覽新書的時間在1920年之後，但可能是得力於他已有
的深厚儒道義理學積纍和思想文化史研究經驗，一兩年的時間裏他就
有了直面西方文化的堅固態度，不被異域之偏所動：「橫觀異域，正
與偏戰，戰則克歟」。[5]新書的內容包括各種譯本，也包括中文母語者
創作的新學導引類文獻。從出版時間上看，很多是「民國新書」而不
是「晚清新書」。[6]而在1922年後，劉咸炘融攝新知的背景又跟清季新
學乃至1920年前的新派有所異同。劉氏讀的「舊書」與清人一致，

4　參李淵庭、閻秉華（編），《梁漱溟年譜》（北京：商務印書館，2018），
　　頁87；唐君毅，《東西文化與當今世界》，《唐君毅全集》新編編輯委員會
　　（編），《唐君毅全集》（北京：九州出版社，2016），卷15，頁3-4。這反
　　映劉氏探索人文之道的努力跟近代的類似嘗試在旨趣上可以相應，形成一
　　種從儒家立場觀察世界「諸子」之學的視野。
5　參劉咸炘，《淺書續錄·新書舉要》，劉伯毅等整理，《推十書增補全本己
　　輯》（上海：上海科學技術文獻出版社，2009），頁166；此後引用《推十
　　書增補全本》，省去作者、整理者姓名，簡稱：《X書·X章》/〈X篇〉，
　　《推十書X輯》)《兩紀》，《推十書甲輯》，頁1050。「新書舉要」在1923
　　年草成，稱言汎覽新書不過年餘。然1922年就成《兩紀》之稿，所以不
　　妨把劉氏開始讀新書的時間再往前推一年。他的義理學和歷史學修養當然
　　也是一體的，其中關聯論者甚多，這並非本文的重點，最近的研究參余一
　　泓，〈論劉咸炘之理事說及其困境〉，張宏生（主編），《人文中國學報》
　　（上海：上海古籍出版社，2021），輯33，頁179-213。《推十書》各篇目
　　的自注時間一律使用舊曆紀年，爲行文方便，以下盡量以公曆紀年表述。
6　《淺書續錄·新書舉要》，《推十書己輯》，頁166-169。下文分析所及的新
　　書，多數確實是1920年及之後出版的新書。這些新書恰好多涉及歐戰之
　　後人們對西方文明內生問題之反省，參看後文論述可知。此事承蒙外審提
　　醒，謹致謝忱。

但他看到的新書所包含的知識已是相對學科化、條理化的。[7]不僅如此，西方之新舊分野此刻也施壓於中國之新舊嬗替。劉咸炘所閱新書背後的西方文化典型，在當時中國讀書人的眼中，是不斷分裂的，[8]《推十書》中所涉之新式詞匯[9]以及西方文化弊病，需在此背景下理解。另一方面，劉氏和希望在世界文化中表述中國文化、以中國文化處理世界文化問題的梁漱溟頗有相似之處。[10]因其舊學積累較梁氏深厚許多，所以劉咸炘的中西文化論說，也更見以舊觀新之張力。

梁漱溟的《東西文化及其哲學》是劉咸炘〈動與植〉、〈人道〉和〈橫觀綜論〉等文章據以展開立論的新書標靶。梁氏所過目之劉著承後者信重的學生徐國光（1902-1941）送呈，在師徒通信中，劉氏以爲梁漱溟初契心體，而於古事所知尚少，待多讀舊書以補益之。[11]

7　關於此問題，新有創獲之討論參章清，《會通中西：近代中國知識轉型的基調及其變奏》（北京：社會科學文獻出版社，2019），尤其是引論和第三章的內容。

8　羅志田，〈道出於三：西方在中國的再次分裂及其影響〉，《南京大學學報（哲學・人文科學・社會科學）》，卷55期6（南京：2018年11月），頁77-94。

9　一個明顯的例子就是，文化思想文化觀念爲普遍存在者，然而近人所用文化這一名詞卻是新詞（錢穆，《民族與文化》，《錢賓四先生全集》編輯委員會（編），《錢賓四先生全集》（臺北：聯經出版公司，1998），冊37，頁5-6）。劉氏順俗謂之，自然地使用新名詞寫作。在接觸其著作有限的情況下，很容易發生誤會，例如馬一浮就說：「先生之書雖未盡見，偶見一二種，亦深歎其博洽。但好以義理之言比傅西洋哲學，似未免賢智之過」。參馬一浮：《爾雅臺答問・答程澤溥》，吳光等（編），《馬一浮全集》（杭州：浙江古籍出版社，2013），冊1，頁405。

10　參見羅志田在2016-17年期間發表的諸多有關論文，尤其是〈曲線救文化：梁漱溟代中國「舊化」出頭辨析〉，《思想史7專號：英華字典與思想史研究》，（臺北：聯經出版公司，2017），頁33-62。

11　〈與徐季廣書〉，《推十書戊輯》，頁608-609。

梁氏受教於新式學堂，又篤嗜佛學，乃有三階段之論調停東西文化。[12]至「塾師」劉咸炘則不然：他認為中正、普適的人文之道，不是演進發展而得，是因返樸守約自見。世界文化史在此眼光省察之下，不呈現為縱向的演進階段，而為橫向的各種偏至風俗。且這些偏至的類別，作為一種人文世界的普遍原理性知識，可以用基於中國故有學問的語言加以整理、表述。[13]

　　由是，經由實齋學考核源流的史法，劉咸炘形成了基於歷史殊相考察通相、原理的「推十合一」之學。在中西思想根基存在巨大差異的情況下，劉氏的史學，卻總是能以奇特的方式論衡西學優長、取以為我之助力。[14]誠然，在融匯新知、趨向致用清季學風中，觀察風俗

---

12 在新化氣圍中成長起來，梁氏對於中國文化在西化面前的弱勢地位十分敏銳，乃至會有「把東方舊文化放入人類文明下一個、下下個發展階段」以支撐舊文化合法性的嘗試，劉氏則顯然無此考慮。反之，「塾師」劉咸炘從小受到深厚的理學傳統滋養（從下文討論可見《禮記》對他的意義）。人性應是善的，人由此應怎麼做人，人文正道該是什麼，對他來說恐怕是自明的。感興趣的讀者不妨參照注16所引《無邪堂答問》文本上下文，瞭解一位「理學立場」者面對西學之堅定意態（也可以說是自信）。

13 例見《內書·人道》，《推十書甲輯》，頁653。反之，青年梁漱溟就意識到中國文化無力在西方面前自我表達。這當然是因為他身處輿論烈度　大的北京，但也跟他當時舊學知識有限不無關係，參羅志田，〈文化表述的意義與解釋系統的轉換──梁漱溟對東方失語的認識〉，《四川大學學報（哲學社會科學版）》，總第214期（成都：2018年1月），頁89-102。

14 根據劉氏對實齋學的理解，各家所言的道理（子言）需要用史學駕馭，史學由此又是理解普遍人道的方法。西人的類似學問缺點在於看人道太狹，只知物質、動物層面上的進化原理，未解廣大之天運。承蒙外審提醒，即使劉氏持有這樣的理念，《文史通義識語》還是仔細分析了James Harvey Robinson（1863-1936）以進化論為原理研究事實的史法。這種主動會通西學的意態，下文屢屢可見。參《文史通義識語》，《推十書甲輯》，頁1057，1120-1121。

的史學之重要性蓋過了儒教經學。[15]但在不同的語境中，史學致用之歸趨會大不相同。同樣是觀察風俗，前清儒者如朱一新（1846-1894），就將信天帝、主性惡、崇個體的西方政教文化要素歸類爲楊墨告子等中土異端之流亞，[16]如此則史升經亦不降。經過劉氏「推十合一」的分析歸納，各有優劣的世界風俗被分類進相對於人文中道的不同偏至當中。這種史學意在由變易之事相見一定之大綱，不止於一般的考證徵實，而相當符合朱一新理想的觀國觀風式西學研究法。[17]下文首先檢視劉氏自定的綱旨性著述，考察「推十合一」的具體運用。

二、推十合一：辨正東西文化

綱旨性著述，根據劉咸炘1924-25年間所擬《推十書類錄》而言：「甲綱旨。乙知言，子學也。丙論世，史學也。丁校讎。戊文學。均依學綱次第」。[18]其中綱旨之書，有綜合子史理事之意，故編次統合，尤見學人心思。後經發展擴充，在劉氏去世之前已有如下規模：

---

15 羅志田，〈清季民初經學的邊緣化與史學的走向中心〉，《權勢轉移》（武漢：湖北人民出版社，1999），頁302-341。

16 例見朱一新，《無邪堂答問》，《朱一新全集》編輯委員會編，《朱一新全集》（上海：上海人民出版社，2017），頁108。

17 同前書，頁251。

18 《推十書類錄》，《推十書丁輯》，頁351。此錄雖然是1925年寫定，但已經把尚未寫作的內容考慮了進去。

書題， 寫作時間	旨趣	是否關涉西方文化
中書， 1921-1928 年初	「左書曰知言，右書曰論世，如車兩輪，中書則其綱旨也。」[19]該書是「推十合一」法運用的綱旨範例。	完成時間下限太早，未反映劉氏此後學思進境。引用新書少，但1923年所作〈一事論〉是特例。
左書， 1920-1932	解說儒道文獻，由先秦而宋明，側重闡釋後者以發揮群己和諧之人道。	專注舊書文本，很少涉及新學。但特別在〈評白虎通義〉、〈泰州學旨述〉文末提到國家主義、工團主義。[20]
右書， 1920-1932	主要考核秦漢以降的史事、制度、風氣，兼有通論、斷代，也穿插有道德評價。	鮮及西方史事，不過1931年定稿之〈人文橫觀略述〉明言得力於新書。

19〈中書學文目錄〉，《推十書甲輯》，頁3。
20《中書》，《推十書甲輯》，頁162，220。

書題， 寫作時間	旨趣	是否關涉西方文化
內書， 1918-1932	談人道義理的內學之書，但多有衡論世事對治時弊之言。所以跟《左書》不同，《內書》形態上近似《中書》而篇幅更長，可以互補。[21]	大量引述新書、評論西方文化，且包含有1922-23年反思新潮的《三寶書》，可見乃是此前問題意識發展所至。
外書， 1925-1930	直面新潮時弊，溯源中西文化根脈以剖析社會病理。	全篇引新書談西事，且主體成於1925-28年間，可視爲文化保守派之抗辯。
兩紀， 1922	「吾撰兩紀，蜘蛛法也。三書二書，蜜蜂法也。置此一冊與諸生共搜材料，螞蟻法也。」[22]可見《兩紀》是綱旨著述中的大綱。	爲1915年以來原理性思考之總結，但受新書影響已經很大。如向前、向後之重要區分。[23]

---

21 例如，根據自注，《內書·役智》就是《中書·一事論》的補充，參《推十書甲輯》，頁17。

22 《學史散篇·目錄》，《推十書甲輯》，頁1221。

23 《蟻儲》，《推十書壬癸合輯》，頁821。劉氏自言，上述三種方法術語來自培根，然其來源未詳。從劉氏的述說來看，螞蟻、蜘蛛和蜜蜂對應最下、其中和最上三種方法，分別是：經驗材料搜集、理性推斷和使用理性組織消化材料，參黃凌霜（文山）（編），《西洋知識發展綱要》（上海：華通書局，1932年），頁380-381。

書題， 寫作時間	旨趣	是否關涉西方文化
文史通義識語，1925	藉由講解《文史通義》文本，解說自家史學方法。	專論史學，談性理殊少，除結尾批評前述《新史學》以外，也未及新書。
先河錄，1927-1929	摘錄宋明儒者論學語，勾勒自家方法源流。	論史法兼及理事不二的原理問題，未及新書。
學史散篇，1926-1928	專論學術源流，介於左右書之間，[24]可盡二書、《先河錄》未發之旨。	由唐宋而明清，有折中儒道，朱陸之意，未及新書。

表一：《推十書甲輯》內容簡表，據《推十書增補全本》（上
　　　海：上海科學技術文獻出版社，2009）前三冊制定。[24]

　　上述系統的大綱是〈兩紀〉，但〈兩紀〉過於簡略，推十合一的
歸納過程、執兩用中的推理過程，需見於具體的文章，也就是完成於
1923和24年的〈一事論〉和〈認經論〉。引論指出劉氏的學術積累讓
他很快就有了看待新書西學的定見，根據這兩篇論文，可知其定見包
括：「推十」是觀察人事風勢的史學，「合一」需要學者發現史事後
面的人文中道，亦即性善之理。「執兩」意味著人事中的特質與偏弊
往往呈現出兩端之象，需要全面看待，而「用中」則指的是學者應不

---

24 受到了梁漱溟《東西文化及其哲學》的影響，同時，劉氏還專門注明儒之
　流弊向前，佛老流弊向後，意味深長，參《兩紀》，《推十書甲輯》，頁
　1051。

爲流風所動，堅持不離性善之旨的中道。以上知、行，要求學者用身心同時感受實事和虛風，更以自治身心爲求知之根本。[25]以下略述在此定見確立之際所出現的西人思想。

〈一事論〉倡理事不二、感於一心，人當學實事求善理而爲人。西人忽略心之感應力，詳於事物之末，其學說較中學系統、專門但易流於偏至。[26]相應的，〈一事論〉行文同樣偏重突出西人知識、倫理思想在發展中出現偏差、自我反思、實現改進的特質。論述樞軸，在於當時兩位聞人杜威（John Dewey, 1859-1952）和倭鏗（Rudolf Christoph Eucken, 1846-1926）的實虛之分：

> 學者，人之生活法也。故杜威謂日常生活爲廣義之教育[27]……杜威主知行合一，[28]而偏重知識、輕忽情意，彼本經驗派之裔也……杜威之言教育，重實生活、合一知行，誠是也。而所謂行者，乃僅知物治物，彼亦知天下人不能盡爲科學家矣。然則區區之物質常識，[29]遂已盡人所當知哉？若吾國漢學家之所究，則氾濫無用，更不如科學常識……至於近日德人倭鏗乃倡唯行主義，反物質生活而重精神生活，輕智而重情意……禮之作用，德人倭鏗及其弟子所倡人格教育派之說，最足明之。大略謂教師當以自己

---

25 參前揭〈論劉咸炘之理事說及其困境〉，頁185-199。

26 《中書・一事論》，《推十書甲輯》，頁16。另一方面，西人以其系統所歸納的善理例如真善美，恰當無比，應爲中人所采。非但如此，涉及實際事物層面上的分類，中人恐怕都應學習西人經驗，參同書頁17、21。

27 杜威（John Dewey）（講述），常道直（編譯），《平民主義與教育》（北京：商務印書館，1922），頁1。

28 此當指杜威對思想與動作的理解，參《平民主義與教育》頁171-172。

29 此處批評所指內容，參《平民主義與教育》頁272-273。

人格之力注入兒童本性，以完其人格[30]……杜威雖言發達
個人，而以適應環境爲主，是社會本位之說也。倭鏗一派
雖偏重個人，而其學說乃主精神合和，此個人本位，非個
人主義也……果使杜威明於人道，則所謂適應環境，[31]當
爲率循宇宙大道，是不特與倭鏗無異，抑不背於聖人。乃
其所謂適應者不過知識耳，然則與物之生存何殊？滅內心
之是非而隨大眾之毀譽，此則西人外德逐物之通弊也。亞
理士多德謂社會先個人而存在，其說謬誤顯然。人爲社會
而生，將成爲機械，而今之學者尚多稱之。其調和者則曰
我和社會是雙生。此語亦可笑。比利時人梅脫林克曰：無
力盲人的獻身，比較起來勇敢達觀人的自我主義，反有大
大的慈悲。你爲著他人存在之先，須先爲著你自己而存
在。你要給人之先，自己不可沒有所得之處。[32]此語甚
當。非惟不可無擇而以己隨人，抑不可舍其田而耘人之田

---

30 以上有關倭鏗的唯行主義和人格教育之內容，分見錢智修（譯述），《德
　國大哲學家郁根傳（續）四、郁根之認識論》，《教育雜志》，卷7期6（上
　海：1915年6月），頁15-16；《德國大哲學家郁根傳 一、哲學與人生問
　題》，《教育雜志》，卷7期2（上海：1915年2月），頁2-3。第二條論人格
　教育，劉氏當另有所本，待考。

31 此指杜威說教育適應環境必然流於人類物化而無道德，和前書所言順應宇
　宙大理之倭鏗形成對比，參注27引杜威所講《平民主義與教育》，頁19-
　24。

32 亞氏之語當是化用該書所引「國家先於個人，人爲政治的動物」，參中島
　半次郎（原著），鄭次川（譯述），《教育思潮大觀》（北京：商務印書
　館，1922初版，1933四版），頁138。梅氏之語引自廚川白村（原著），嚴
　迪先（譯），《近代文學十講》（上海：學術研究會總會，1922），下，頁
　152。這兩種新書，也是劉氏此前所汎讀者，見《淺書續錄·新書壬要》，
　《推十書己輯》，頁166。

也。[33]

上述引文述學所采取的視角乃是教育學，[34]所寄托的內容卻是劉氏有關知識和倫理問題的看法：感官經驗所及的物質事物之外的知識，人尚可用心感知。明乎此理，則我之身心先於社群倫類毋庸置疑，自治身心亦爲率循倫理、適應外境之下手處。本來重視物質的西學總體上與此背馳，但非常巧合的是，在中國不斷更新、分化的西學讓劉氏發現了倭鏗、梅脫林克（Maurice Maeterlinck, 1862-1949）這樣的友軍。〈一事論〉還指出，杜威至於倭鏗的「進展」，乃是西人之虛（純理）、實（經驗）輾轉互勝在當代的表現。[35]同樣從孔孟之教批判「外德逐物」的西人，劉氏比起前述之清代理學家朱一新來說開放、包容了很多。[36]這和新知湧入，劉氏有心閱讀也有關係。蓋心同理同，深入接觸新知總能讓眞誠思考的儒者有他鄉遇故知之感。[37]從外部環境上看，君主已從新一代學者思考、寫作的毛細血管中撤退，故章學誠之官師合一、朱一新之尊君明等差一類前代習慣，爲劉咸炘所不必有。「個人本位」由此凸顯。[38]另一方面，《推十書》對於清代漢

---

33 《中書‧一事論》，《推十書甲輯》，頁14，15，16，17，22，26，27-28。

34 也有論者從教育學理論的角度觀察此文本，參李曉美，〈個人本位的社會主義——劉咸炘對個人本位與社會本位之爭的創造性闡釋〉，《教育學報》，卷18期4（北京：2022年4月），頁187-196。

35 《中書‧一事論》，《推十書甲輯》，頁15。

36 在朱一新眼中，「外德逐物」的西方文化跟佛老一樣源於告子，但是積弊尤深、難以改化，參《無邪堂答問》，《朱一新全集》，頁204-205。

37 從魏源（1794-1857）、王韜（1828-1897）、郭嵩燾（1818-1891）、文廷式（1856-1904）等人的案例中，都能發現類似體驗，此當另文討論。

38 劉咸炘更　調各人之心參與實現教化的作用，他認爲人們心同理同，平等地踐行道德。如此視域中的眾人，與章學誠筆下受聖人治理的不知其所以然的眾人是不同的。出於對師道、或者說參贊教化權力的直下承當，劉咸炘對章氏的保守甚不以爲然，參前揭〈論劉咸炘之理事說及其困境〉，頁

學者汎濫無用的批判，仍然在舊學語境的延伸當中。[39]

　　儒者關照西方文化的出發點，仍然是本國文化。本國人汎濫瑣碎的問題，也值得比外國人更多的筆墨來討論。《中書》、《左書》、《文史通義識語》等大量表彰王學，[40]是對僵滯外求、支離破碎的朱學、漢學之反撥。然27年所成〈近世理學論〉在敘說完相關學術問題之後，又提示學者：「西洋哲學，亦反前之機械主義而為生命主義，陽明之說有與相似者，故士復津津道之。平心而論，陽明所見，自深於晦庵。其精刻之處，近三百年多忽略之，不可不發明。然其弊固亦甚著。若以利於狂動而附會焉，則亦非所以發明王氏也」。兩年後，劉氏在〈泰州學旨述〉中引用黃宗羲對激進王學的批評後也筆鋒一轉，將矛頭指向了柏格森（Henri Bergson，1859-1941）。他認為中西兩方主張直見人生 - 宇宙之本體的學說，皆不免誘發激進失矩的群體活動。[41]這種保守的思想姿態背後，乃是劉氏對於人類本性、人文

185-187。「本位」算是新名詞，然暗合「位育」成訓，潘光旦此後對此有許多申發，令馬一浮見之，必不責之以比附新學矣。

39 與之差可平行的考據學批評，參錢穆，《近三百年學術史・自序》，《錢賓四先生全集》，冊16，頁16-18。何以說劉氏的考證學批評是在舊學語境之內？可以參看他在一篇論文中大量引用的清代前人之考證學批評，《學史散篇・近世理學論》，《推十書甲輯》，頁1278-1279。經外審人提醒，劉氏當時關注的科玄論戰中之聞人如張君勱（1887-1969）者，也有重要的考證學批評（也許跟熊十力、牟宗三類似？）。比較研究非筆者學力可及，當俟之來日。

40 參前揭〈論劉咸炘之理事說及其困境〉，頁183-184。

41《學史散篇・近世理學論》，《推十書甲輯》，頁1279；《左書三・姚江學旨述》，《推十書甲輯》，頁200-201。對於柏格森及受其思想所鼓勵的工團主義（syndicalism）的評論，劉氏當看自譯書，所以難免顯得片面、突兀。他可能參考的是田制佐重（著），無悶（譯），《社會思想概論》（上海：太平洋書店，1928），頁171-187。

正道的體認、理解——此種理解不時能在他汎覽的譯書中找到支援。[42]這也從側面反映出，隨著對中西文化的深入瞭解，以及外部趨新風潮的日益激化，劉咸炘寫作〈一事論〉前後所成的另一路學思，在不斷發展之中。

在1922-23年寫作的《三寶書》當中，另外的西方援軍——基爾特主義者——屢屢現身：「基爾特之可取者，在其知足之道，即中國民性之專長⋯⋯世界固當趨於一軌，而西人之經濟學，則根本先謬。中國聖謨哲訓實與迥殊，乃彼所當取法，且其理固有永久普遍之價值者也」。[43]他為何如此偏愛基爾特主義？可能不光是知足這一點，也跟後者論說中所體現出的重農、 土等文化特性有關。[44]從《三寶書》下文可見，在評述完西人之經濟學理論以後，經由梁漱溟、李大釗對中西文化特性的總結，劉氏轉入了更具原理性的議題「反復」，這也是五年後在《內書》中單獨成篇的論文。[45]該文引述基爾特主義者對於

---

42 那麼，為何劉氏可以在道德、心性和社會議題方面，從歐美士林中找到裏助保守思想的同道（其中比較著名的，就是前文提到的倭鏗）？這是一個十分有趣的問題，推測當與生命哲學思潮有關。本文暫時無力深入這一問題，背景可參 Peter J. Woodford, *The Moral Meaning of Nature: Nietzsche's Darwinian Religion and Its Critics* (Chicago and London: The University of Chicago Press, 2018).

43 《內書·三寶書》，《推十書甲輯》，頁839-840。另參看前文大量引用的西人著作。

44 劉氏此時另有〈土偶人頌〉、〈菊頌〉之作，鮮明地體現出了他的類似宗旨，參《推十書甲輯》，頁872-873。這兩篇賦的立場是黃老家，而非僅僅是儒家。如果比較程頤（1033-1107）「風起於人心恐怖，非土偶人所能為」的言論（〈附《東見錄》後〉，《二程全集》（武漢：崇文書局，2021），頁44），讀者或許可以感知到劉氏之有神論與儒者的微妙差別。當然，這是另一個話題了。

45 《內書·三寶書》，《推十書甲輯》，頁850-851；《內書·反復》，《推十書甲輯》，頁714。

西人好動性格之反省，[46] 反證中國人的生活之道不能簡單地效仿西人，或說，不能因爲西人現在發展更快，就認爲西人之道就是應該遵循的普遍人道。《兩紀》、〈一事論〉對中西文化的原理性差異，偏於靜態、學理之歸類，《三寶書》對西方社會問題的關注與此不同，引出了劉氏在1924-29年間側重說理經世的動態性文化批評。而在1928年以後，劉咸炘還又一次「推十合一」，調動中西文化資源上探眞善原理爲何，乃有〈理要〉、〈善綱〉、〈心物〉諸篇之作。下文先據《內書・人道》做提綱挈領之討論，再分析《外書》中的相關內容，考求劉氏中西文化評論中的保守論旨。

三、視素抱朴：探究人生正道

《內書・人道》初稿成於1923年，復經1927，1929年兩次重修而定。該文開頭以「近人之說發端」，先後包括《墨子・公孟篇》、胡適（1891-1962）《中國哲學史大綱》、梁漱溟《東西文化及其哲學》、梁　超（1873-1929）《先秦政治思想概論》、柏格森論哲學三大問題語、托爾斯泰（1828-1910）《懺悔錄》、《東西文化及其哲學》（再引）。[47] 該文認爲，人道之善好，不應局限於具體的使用效應。在上述引書當中，開頭的《墨子》是爲回應胡書而列出的古人之言，其

---

46 泰羅（G.R.S. Tylor）（著），沈澤民（譯述），《基爾特的國家》（上海：商務印書館，1922），頁133-134。

47《內書・人道》，《推十書甲輯》，頁633-637。二梁一胡書有不止一個版本，難以確定劉氏所用何本（其實本文所引相當部分譯著也是類似）。托語引自 Charles Sarolea（著）；張邦銘、鄭陽和（譯），《托爾斯泰傳》（上海：泰東圖書局，1921），頁74-84。劉文所引之柏格森語表述比較含糊，未知確定來源。

它則全是近人之説。而且梁　超是用新眼光看舊文化的近人，胡適梁
漱溟又是比他還要新式的舊學研究者。〈人道〉引述他們和外國人的
論説，確實存在辯論的意圖，但也不無另一種考慮——外國人看問題
甚至是看中國文化，就是更有條理，適合用來發端。[48]

　　不斷分化的「西方」，也催生了中方接受者的不斷分化，二梁一
胡本身的分歧也是很大的。梁漱溟不僅反對胡適的實用主義，而且更
會批評那些爲了維護中國文化門面、把歐美名家引爲東方黨援的人，
比如説梁　超。[49]他的這一批評，看起來跟〈一事論〉並不和諧，但
《東西文化及其哲學》恰好又是〈人道〉和劉咸炘的其它文字著力對
話的著作。該文第二次引用梁書所言人生重心不能偏出人生之外，實
際上是對此論的肯定，[50]存有回應西人、統攝全局的意圖。那麼人生

---

48 觀《中書・一事論》和《内書・善綱》内容可知。而且就在去世前一年，
　　劉氏還專門參考了桑原騭藏富有條理的作品，（楊筠如（譯），〈由歷史上
　　觀察的中國南北文化〉，《國立武漢大學文哲季刊》，卷1期2，武漢：
　　1931年6月），用於修訂〈人文橫觀略述〉，參《推十書甲輯》，頁372。

49 梁漱溟，《東西文化及其哲學》，《梁漱溟全集》編輯委員會（編），《梁漱
　　溟全集》（濟南：山東人民出版社，1989），卷1，頁342-343。此處所言
　　西方分化，指以歐洲爲中心的西方思想界所多數宗奉之政治道德標準，以
　　及支撐其後的學説，在清末民初同樣處於急變、分化狀態。由此，中國思
　　想界也在不斷學習、師法西方之標準、學説的同時快速分化。除了前揭羅
　　志田之〈道出於三：西方在中國的再次分裂及其影響〉一文，還可以結合
　　一個具體例證來具體把握此現象，參周月峰，〈「列寧時刻」：蘇俄第一次
　　對華宣言的傳入與五四後思想界的轉變〉，《清華大學學報（哲學社會科
　　學版）》，卷32期5（北京：2017年9月），頁113-128。此承外審提醒補
　　充，謹此致謝。

50 劉氏認爲梁以此批評托爾斯泰的人生意義論「較混」，有待補充，但不是
　　説他錯了。梁書引文之後，劉咸炘引述泡爾生對厭世主義的批評，本泡爾
　　生（Friedrich Paulsen）（著），蔡元培（編譯），《倫理學原理》（上海：
　　商務印書館，1924），頁82），與梁論相應。

內部的意義如何求得？劉氏認爲近人都未給出足夠完備的答案。〈人道〉跟同時初稿、定稿的〈群治〉兩文，末尾回應前述〈一事論〉所提出之個人與社群問題，也是對梁書論點的補充：

> 蓋於天地父母爲孝子，於子孫爲賢親，於本身即完人。事天地父母即全其生，成己成他，同時一事，本不可以目的手段分。自延其生，即以延天地父母之生。吾爲天地父母邪？天地父母爲吾邪？皆不可言也。今西人之言哲學宗教者，亦知以與宇宙協和爲宗而爲大我之説。説本不謬，而名之曰大我，終有佔有之意。此正西人之病也……西人今始知擴充大我之高，雖有見於大，而不識人倫之重，故泛而無可執持，較墨翟之〈天志〉稍勝而已，夫豈識先聖至奇至常之義哉……《記》曰：樂至則無怨，禮至則不爭。無怨者皆暢遂矣，不爭者皆安定矣。暢遂者，百物之化也。安定者，群物之別也。由人心愛敬之端，充符於宇宙分合之情，而孝弟爲之植焉。所謂分合動靜發斂之義，推而充之，可以窮萬變，豈獨群理爲然哉？特於群理爲尤著耳。[51]

上引論述根本《禮記》所傳儒家子學一脈，包括宋賢之理一分殊、明賢之以安身窮理，故劉氏在〈人道〉末尾提示學者參閲〈泰州學旨述〉。結合前引劉咸炘與徐季廣之通信來看，對舊書舊教，尤其是對儒道前賢所見人倫之理瞭解不夠，限制了《東西文化及其哲學》對西人問題的回應、對中西人道的進一步探索。反過來說，《東西文化及其哲學》同樣不足以爲中國文化發聲，也不足以把時下偏至的中西時

---

51 《內書‧人道‧群治》，《推十書甲輯》，頁 643-644，652。

風引回人道正途。同樣從《東西文化及其哲學化》出發，劉咸炘在
1925年草成〈橫觀綜論〉歷數時風偏弊所至之「滔滔邪說」，指明其
西方文化根源，又說：「是非無定，專主智利，墨子精神至是發露無
餘」，「梁氏又謂中國學問大半是術非學，唯有方法者乃謂之學，此
亦未必非中國之長也」，「宇宙間事有不必弄清楚者，如物質之功多
用少者是；有不易弄清楚者，如形而上是；有不可弄清楚者，如人生
是」。[52]1924年《中書》另有1924年寫成之〈撰德論〉一篇，所引西
書、文章旨趣，也和〈人道〉、〈橫觀綜論〉相仿佛。[53]蓋〈人道〉以
《墨子》文爲標靶，又屢次止於不可言、不可問處，都是希望時人能
在「弄清楚」的地方往後退一步，知足自適於人倫之安樂。進而推
論，所謂不可弄清楚者，蓋指難以憑藉知性推究窮致，而是需要一種
模糊的取象式理解，上引《內書》文本之末，附有一則形象而又模糊
的圖式：

流　　　　　淫

發動行合—和—和—孝—仁—（小字：慈）—愛—好

宇宙

靜斂止分—序—順—弟—義—（小字：讓）—敬—惡

離　　　　　毅[54]

「人道」之理如果這樣含糊，那麼學者有理由要求更多的事實性解
釋，這也契合劉氏寫作的發展路澈。〈人道〉、〈撰德論〉和〈一事
論〉皆側重理論分析，〈橫觀綜論〉多論世風，故入《外書》。1925
年成稿、1928年修訂的〈進與退〉、〈動與植〉較〈綜論〉細密，且

52《內書・橫觀綜論》，《推十書甲輯》，頁1021-1026。

53《內書・撰德論》，《推十書甲輯》，頁909-912。

54《內書・人道・群治》，《推十書甲輯》，頁652。

更有對照中西人事、揭示普遍人道之意。

　　〈進與退〉和〈動與植〉反對把中西文化列入不同時間序列的論說，因爲這樣不免就默認中國文化及其優長要麼適用於過去，要麼適用於未來。由此來看，《東西文化及其哲學》對於中國文化之認肯，所使用的論說是不恰當的。中國的優長，并不一定要等到人類文化發展的下一個階段纔能展現，而是當下就能補救偏離人道之中的西化。進言之，西人和受西人文化流弊所及的國人，需反求諸中國文化之樸素、寧靜。《內書》的很多篇目對於中西文化長短「止辨論其是非」，尚未「專證其事狀」。[55] 後者就是上述兩篇文章的工作。兩者內容排比論次者較多，[56] 加上這兩篇文章表述并不艱深，　不必詳人所詳、贅述內容矣。以下引文，僅從述西事以證中國文化優長的角度舉其大義：

> 杜威倡倫理三期進化説，謂第三期乃自覺的，[57] 此實不周之論也。文明二字，本止指事物知識而言，若道德，則所謂蒙昧人、野蠻人反有高於文明人之處。俄人克魯泡特金《互助論》征考蒙昧人、野蠻人道德甚詳。低文化級之夫婦、主僕間情足而少相壓迫。[58] 李爾證之，人類之鬥爭，乃學諸動物。[59] 原始人類非雜婚，湯姆斯詳之。湯姆斯且

---

55 《外書・動與植》，《推十書甲輯》，頁968。

56 例如周鼎，《劉咸炘學術思想研究》（成都：巴蜀書社，2008），頁359-400。陳中，《儒道會通：劉咸炘哲學思想研究》（貴陽：孔學堂書局，2017），頁353-381。

57 此論含糊，未詳出處，可能是從《新教育》雜志上的文章看來。

58 參克魯泡特金（Pyotr Alexeyevich Kropotkin）（著），周佛海（譯），《互助論》（上海：商務印書館，1921），頁15-22。

59 此論當屬化用，譯著原意應該是：人類鬥爭的習慣是從猿猴動物時期就有

言，在知覺審美，椎魯民族當受排斥，在睿智與倫理則不
當。[60]（小字：詳《原人》）昔之鄙視野蠻人爲無道德者，
今已自覺其非矣蓋彼之不如文明人者，大抵智力的缺乏
耳。道德之素質，本在情意，不基於智……必謂今爲是，
則彼昔之鄙儒，何嘗不師今？今之遊士、悍卒，何嘗不適
應環境？……西人尚智，而又偏於求眞。進化論興，知人
之本近獸，乃力詆一切文爲虛僞，而務暴露其本相之醜
惡，是無異於退化。既不明德質之本善，則又以道德爲進
化而成，是亦不自覺之矛盾也。[61]

這段來自〈進與退〉的引文言德性天生，見於情志，無所謂進化，後
天所發展之智力、獲得之知識，纔可以説是進化。文中引述美俄各方
意見以爲黨援，曲終奏雅，方知是爲針砭物競天擇、弱肉強食之論而
發。〈進與退〉備人事之體，〈動與植〉則言人事之用：

中人雖商，而無資本制度；西人雖農，而無堅固家庭。此
其故在順勢與逆勢。西人凡事皆發達過度，以所謂演化之
例觀之，家必成大族而專制，奴隸必至極壓而相爭，工業
必極能力而兼併，所謂擴大性爲進步之象者，莫不用而致

的，然而人進化至於文明，自然知道和平比鬥爭要好。參米勒利爾（F. C.
Müller-Lyer）（著），陶孟和、沈怡、梁綸才（譯），《社會進化史》（上
海：商務印書館，1924），頁29-36

60 湯姆遜（E. A. Thomson）（著），伍況甫（譯），《原人》（上海：商務印
書館，1927），頁37-38，51。

61 《外書・進與退・進與退後記》，《推十書甲輯》，頁964-966，1027。後人
引用了引文首段内容，可見其影響力，參居正，〈文化學術者的使命〉，
收入羅福惠、蕭怡（編），《居正文集》（武漢：華中師範大學出版社，
1989），頁767-768。1949年11月講。

弊。中人則不然，世卿亡而族治仍存，主傭分而感情猶
在，其組織變化每至中途而止，不識者方以爲不進也。李
爾又曰：貪得無厭的欲望，最初發現於牧畜民族變爲很盛
的。牧畜，可以自己繁殖也，具有資本的各種要素，所以
牧畜民族有資本制度的傾向。又曰：中國國家靠千萬知足
安樂的人民維持，而歐洲的國家沒有不用武力維持
的[62]……論者或以陳、項、黃巢、張獻忠之倫爲説，實則
貧富相忌，古則有之。經大亂而互易，固往復之常，非如
西方之一分爲二，二分爲三四而遞相傾也……條頓族常流
爲海盜，其自由常與劫掠之習混合。因北歐之血統出於海
盜祖先，故吾輩之文明有殘忍性質，至今仍保存原始時代
強權即公理及劫掠的個人習慣之成訓[63]……克魯泡特金嘗
論羅馬式之國家曰：以個人渙散之聚合爲基礎，而欲自爲
個人結合之唯一連鎖之國家，究竟未達其目的[64]……愛爾
烏特曰：精神生活，吾輩尚未離開石器時代，未開化及野
蠻之社會的及道德的成訓仍然存於今日。此等成訓，不獨
爲今日社會不和及禍患之源，且得獸性之助，將永使人返
於野蠻。[65]此自知之言也。西人之不幸而助長其劣性者，
動物生活之故也……直布羅陀海峽刻語曰：休再向前。無

---

62 米勒利爾（著），陶孟和、沈怡、梁綸才（譯），《社會進化史》，頁316，
　　62。

63 愛爾烏特（C. A. Ellwood）（著），王造時、趙廷爲（譯），《社會問題：
　　改造的分析》（上海：商務印書館，1922），頁50。

64 克魯泡特金（著），周佛海（譯），《互助論》，頁42。

65 愛爾烏特（著），王造時、趙廷爲（譯），《社會問題：改造的分析》，頁
　　37-38。

　　生有生之界線甚模糊，亞里斯多德已覺之。[66]

聯繫前文，這段引文的意旨可說是：本天性之孝悌而有的堅固家庭，輔以地理氣候化成的農本位習俗，纔能導向人道之正途。這是《外書》的明體達用之談。再一次，劉咸炘試圖從西方文化事實中尋找證據以助成此義，而當時的著、譯文獻中恰好有不少嚴厲反思歐洲資本主義、拓殖活動跟整個現代工業文明的言論。綜合來看，前引柏格森、杜威和托爾斯泰，在不同程度上都有反思歐美文化現狀的趣味，上述引文所涉之克魯泡特金（Pyotr Alexeyevich Kropotkin, 1842-1921）、愛爾烏特（Charles Abram Ellwood, 1873-1946），對具體社會現象的批評又是同樣激烈的。劉氏數引西方文化之激進反思者為保守中國文化之黨援，[67]其實愛爾烏特所論已經近乎意氣之語，[68]不能說客觀。前引《東西文化及其哲學》覺得倭鏗柏格森不足為訓者，恰在於此。至於引文說中國的治亂交替不像歐洲一般釀成分裂，故為禍不烈，更是有些保守派的意氣。如果讓吳稚暉（1865-1953）一類革命派看到，恐怕少不了許多冷嘲熱諷。非但如此，〈動與植〉的末尾還留了一個很難以解決的問題：如何從植物生活的角度，治療西方文化乃至當代中國文化陷溺於動物生活的病痛？

　　〈動與植〉的末尾，感嘆西化價值導向的動物生活，會驅人走極

---

66 杜倫（Will Durant）（著），詹文滸（譯），《哲學的故事上：亞里士多德》（上海：青年協會，1929），頁38。《外書・動與植・動與植後記》，《推十書甲輯》，頁971-980，1032。

67 反之，劉氏所引的知新之國人，則二梁和後來潘光旦這種偏於保守的人物。

68 劉氏偏好愛爾烏特，很大程度在於後者對西方人生觀批判最為徹底，「西人知其人生觀根本不善者最少，以吾所知，只美人愛爾烏特一人」，參《內書・橫觀綜論》，《推十書甲輯》，頁1002。

端。作於1929年的〈動與植後記〉暗示，解決之方是「毋過度」，亦
即知足。這樣的說法稍欠力量。同情這種說法的梁漱溟讀到〈動與
植〉以後，固然十分驚喜、力為傳播。可是，該文對於主張西化的異
見者來說，僅僅是無法驗證的懸想，其比喻還可以說是脫離人道
的。[69]因人本身不完全是劉氏所比擬的動物，又更不能是植物。要以
植物生活救動物生活，真無實驗基礎可依。另一方面，揆諸當時情
狀，至少對於有心的新派讀書人來說，讓家庭和鄉村恢復到理想狀態
面臨著理論、實踐上的諸多困難。[70]尤其是後一個問題，讓人想起熊
十力（1885-1968）1934年對梁漱溟鄉村運動事業的評論：「村治運
動，誠是根本至計。然我總以為如果國家的政治整個的沒有辦法，村
治運動也做不開」。[71]這方面的困難，身處川軍內戰漩渦的劉咸炘自然
清楚，但他對國家政治整體上的未來，同樣是不樂觀的：

> 天下一統，無所復去就也。《莊子》有言此，[72]則安所擇

---

69 周鼎，《劉咸炘學術思想研究》，頁363-364。〈動與植後記〉引用了一句
有意思的話：「無生有生之界線甚模糊」。這說的是由無生命物至於植
物、動物、人類，其中階次不容易分別，是不是也在講人道跟物理一樣，
有其不能、不必打破砂鍋問到底的真諦呢？難以確定。如新派人物回應道
家思者劉咸炘說：「你的這些比喻，壓根就沒法說清楚人、動物、植物是
什麼」。劉氏或也會一笑置之。

70 參羅志田，〈重訪家庭革命：流通中的虛構與破壞中的建設〉，《社會科學
戰線》，期1（長春：2020年1月），頁79-88；羅志田，〈認識被化外的自
我：後五四時期對鄉村的關注和農村的問題化〉，《四川大學學報（哲學
社會科學版）》，第240期（成都：2022年5月），頁84-99。

71 熊十力，〈英雄造時勢〉，《熊十力全集》（武漢：湖北人民出版社，
2001），卷8，頁73-76。

72 此論可能參考了伊川對《莊子》「無所逃於天地」之發明，參程顥、程頤
撰，張旭暉校理《二程全集》，武漢：崇文書局，2021，頁63：「父子、
君臣，天下之定理，无所逃於天地之間，安得有私心！行一不義殺一不
辜，有所不為。有分毫私意，便不是王者事」。

哉！夫士欲不失義，不離道，則固不能不擇主。既不可復
擇，則惟不仕……明太祖作《大誥》十條，其一爲寰中士
夫不爲君用。時有儒士夏伯啓叔侄斷指不仕，蘇州人才姚
閏、王模被徵不至，皆誅而籍其家。此則古今所稀有，敢
爲韓非、李斯之所未爲矣。（小字：此段壬申六月十七日
記。）[73]

此段改定於劉氏去世前半個月，時有一統建國之相者乃南京國民政
府。之所以作此諷刺，是否是出於目睹「黨化」而生的不安？無從核
實。不過就文本而推論，可知在劉氏眼中，即使國家的政治整體有了
辦法，天下一統，個人出山行道的空間也未必會出現，反而還可能喪
失歸隱守道的自由。亞里士多德（Aristotle, 前384-前322）以人爲政
治的動物，從前文可見，劉氏非常不滿他「國家先於個人」的觀點，
因個人、社會、國家、君主在人道之中固不當有先後。尤其在人道難
以實現的時代，存續人道的本位反而是在個人，不在國家，也不在政
黨。

在生命的最後五年中，劉咸炘投入了大量精力研究中西文化關於
義利不二、德福一致的原理。這一次，他更加重視中西所同：「以完
成生之本身爲善之本，非新說也，乃古今中外深達之賢哲所同主」。[74]
中國心學的特出之處，在於讓個人對上述原理有最直接、完整的經
驗。結合前文的論述，世情惡濁、無所去就之際，個人貴生、愛人，
等待否極泰來，是踐行人道的要領。[75]此類言論不妨概括爲「視素抱

73《右書‧續臣道》，《推十書甲輯》，頁420-421。
74《右書‧續臣道》，《推十書甲輯》，頁682。同段引述了Marius Deshumbert
（1856-1943）等歐洲哲人的相關論點，無不表示贊同。
75 參前揭〈論劉咸炘之理事說及其困境〉，頁202-207。

朴」，確實可以說，是在以植物式的人生補救動物式的人生。中西文化都是龐大而複雜的，它們的發展歷程難以用進退動植來形容，讓文化總體返回正途、或說變得更好的方法，也多半無法操作。劉咸炘在1922-1923年之間的文化歷史研究，從殊相歸納總結通相，復衡論通相之下的殊相，最後以此研究增益自家對於人文之道之爲中西公理的理解。可惜天不假年，他未能在最後一階段深入，進而反觀前程所得、形成系統之撰著。雖然如此，也無愧胸懷公道的一家之言。下文側重使用劉咸炘之書信文獻，將其論說置入清季民國時期的語境，呈現道公學私的近代思想史景觀。

四、道公學私：矯正時風偏蔽

　　新舊權勢異位，伴隨了國人眼中人文之道的多歧、衝突。[76]各人言說的道無法一致，但根底堅固的舊學者，也會發於至誠公心而言說公道。散落民國四方的舊學者據學問論時弊，聲音多種多樣。其中關懷國人人生、思想該往何處去的誠懇思考，雖論說內容不同，但不妨從訪求人文大道的角度體察其公心、會通其獨見。如前文所說，劉咸炘之議論上溯明清、旁通百家，很適合作爲開　這一角度的引子。以下，先從他冷熱皆非中道的批評說起。

　　早在1918年，劉咸炘就有〈冷熱〉之作，取龔自珍（1792-1841）〈尊隱〉意，以冷眼隱士自處。[77]觀前代興亡，多坐冷熱不調，

---

76 羅志田，〈近代中國「道」的轉化〉，《近代史研究》，期6（北京：2014年12月），頁4-20。

77 對比《內書・冷熱》，《推十書甲輯》，頁860；龔自珍，〈尊隱〉，收入《龔自珍全集》（上海：上海人民出版社，1975），頁87-88。

亦楊墨爲己爲人之節度失理。至於清代，則是亡於士人心冷：

> 道之不明，逃楊者不知歸儒。龔自珍有言：空王開覺路，
> 網盡傷心民。[78]萬怪惶惑，終爲莊周之徒。讀蘇軾、白居
> 易、陸游之文可見矣。[79]

故中國世紀初的衰亂跟清代承平而衰之事相反，恰是成於墨者之躁
熱，此躁熱又孕生於前代之孤冷。進言之，是偏離了孟子所示之中
道。[80]如引文所說，大道不明，士人因怨艾而走極端，高才如龔氏亦
不免。「聞道不遲」云云，乃自喜自憐，非眞聞道者。在此世風下出
現的今文學影響所及，讓部分學者以纏繞比附、螣蛇吞象的方式合西
入中，[81]既不能取信於新，也不能保存舊貫。前者不待言，後者正如
劉氏所說：「惟德退智進之說不明，異說因以滋多，今文家遂不信上
世有堯、舜矣」，[82]是以西方文化偏見所生之理格量不易之德性典範。
在朱一新和康有爲的討論中，「儒者心熱、佛老心冷」曾是一項共
識。前者也深知，熱血轉冷、逃世敗倫只在一瀲之間。[83]這一見解和

---

78 龔自珍，〈自春徂秋，偶有所觸，拉雜書之，漫不詮次，得十五首 其
六〉，《龔自珍全集》，頁488：「聞道乃不遲，多難乃緣因。空王開覺路，
網盡傷心民」。

79 《内書・冷熱》，《推十書甲輯》，頁881。

80 楊朱代表袖手旁觀、不問實用的一種人，墨學可以代表熱心器物、放肆兼
愛的一類人。後面一種人，在清季民初的語境中，還可以指涉計較功利、
明鬼敬天的西人，以及刻意借墨攻苟的譚嗣同（1865-1898）激進新派
（他保守的朋友夏曾佑因此自署「別士」）。此承外審點出，但本文暫時無
力深入討論。

81 鄧秉元，〈發刊詞〉，鄧秉元（編），《新經學》（上海：上海人民出版社，
2017），輯1，頁1-2。

82 《三寶書・反復》，《推十書甲輯》，頁854。

83 朱一新，《無邪堂答問》，〈復長孺第二書〉，《朱一新全集》，頁121-
122，1105-1106。康有爲，《康子内外篇・闔辟篇》，《康有爲全集》（北
京：中國人民大學，2007），集1，頁99。

劉氏此處所論是契合的，而且熱中無節和今文異說化合產生的流弊，
還遠遠超出了朱氏所料。在新舊權勢轉移以後，如前所述，由個人本
位出發重探中國文化固有的群己和諧之人道，是一種比較審慎的路
徑：

> 又言以道觀之，物無貴賤。夫謂物各有其性，不相比較可
> 也。若就大宇宙總觀之，則人與物豈無差乎？吾人之言價
> 值，固爲吾人言也，豈以萬物言耶？人而若爲蟲臂鼠肝，
> 則已失其所以爲人，即使無高下，要爲自失其德矣……道
> 者何？軌則也。萬物雖變動，而其變動之象，永久而不以
> 時異，普遍而不以地異，若有不變之軌則焉，故謂之道。
> 道爲普遍者，德則其分出之個體。老子兼言道德，莊周已
> 不免言道而失德。楊朱止認個體，慎到則重普遍而沒個
> 體，是亦道家道德二義之歧，猶儒家之敬與和也。西方自
> 由平等兩觀念、個人社會二主義之爭，亦與此同。[84]

此論載於劉氏接觸西學以來持續增補的筆記《不熟錄》。由此可見，
劉氏斷非袒護道家，教人隱世自了者。儒家立場鮮明、排斥佛老的學
者熊十力評說《莊子》「鼠肝蟲臂」有言：「他把萬物和人生看成隨
大化之所爲，自家無分毫自主力」。[85]對比上面引文，頗爲相契，可映
襯出劉咸炘志於道而不失所據守之儒者性格。同時，熊氏因此批評而
發的矯正時弊之論，又更可凸顯冷熱分途的義理思想景觀：

> 莊子之宇宙論實只承認外在大力司造化之機耳，吾人或萬
> 物皆出於機，皆入於機，直同大造之玩具，無足算也……

---

84 《不熟錄》，《推十書乙輯》，頁695，698。
85 熊十力，〈覆鍾泰〉，《熊十力論學書札（增訂本）》（上海：上海古籍出版
　社，2019），頁230。

關尹、老聃攝用歸體，遂主之以太一，尊一源於吾人與天
地萬物之上，雖反神教，而人與太一隔截，遺世之意義頗
重。其流至於莊子，人道頹廢已極。自漢以來，詩文名士
有聰慧者鮮不中其毒，而群俗衰敝無可振拔。[86]

這兩段引文是熊十力五十年代所寫文字，其中《原儒》更是希望在當
道者面前為中國舊文化出頭的作品。其中第一段的批評意思和劉氏尤
其相應，反映具有儒者性格的學人身丁世變，絕不隨大化浮沉。如果
隨波逐流、迎合演化，反而近於前文所謂適應環境的小人。沒有德性
作為行道之「欛柄」，則非惟失德，亦不能明道。[87]然熊氏認為《莊
子》有進化論，次段引文又說老莊之教致使中國歷史黑暗多年，顯然
放大了道家學問的缺陷，并非劉氏所能同意。這種歧異背後的根源，
應該說是熱心淑世和冷眼觀世之間的不同。如劉氏得見十力此論，會
判斷其熱心太盛、不容冷眼，偏離了中道。[88]熊十力批評清季儒者多
不見道，無法在西學衝擊和共和建立的時代根底儒術、予以回應。[89]
在志於道這一點問題意識上和劉氏可以相通，儒者性格之相應處亦復
不少。不過二人一熱一冷，論說不免有別，得失亦復可見。

　　具體而言，十力大量化用清季今文學經說、偏嗜哲學思辨、堅信

---

86 熊十力，《原儒‧原學統第二》（上海：上海古籍出版社，2019），頁31-
　　32。
87 參見鍾泰收悉十力信函之後，在注《莊》時所作回應，《莊子發微‧天運
　　第二十四》，《鍾泰著作集》（上海：上海古籍出版社，2021），冊2，頁
　　248：「蓋能順其運行之機，則於所以運行之故，自有相默契而不待於言說
　　者。觀監照下土云云，實有欛柄在我之意。竊望讀者能於此著眼也」。
88 在私人通信中，劉氏認為某語錄作者十分「燥辣」，結合語境，很可能指
　　的就是《尊聞錄》作者十力，參〈與徐季廣書〉，《推十書戊輯》，頁609。
89 〈第一講 經為常道不可不讀〉，《讀經示要》（上海：上海古籍出版社，
　　2019），頁4-16。

先秦中國即有現代民主政制，皆非劉咸炘所樂見。梁漱溟長文〈讀熊
著諸書書後〉已辨正之。[90]該文中尤可注意者，乃是批評熊十力的
《原儒》未能「從世界各地不同文化和學術來作種種比較對照功
夫」。[91]如將此批評結合劉咸炘的立場申說，即是熊十力出於對中國和
中國文化的熱心，辯說中國文化之普遍性、進步性過力，使得重心外
逸。自家對身心性命之學的正確認知也不幸遺失。[92]此則天下
（universal）士之所忽，當求諸鄉曲（provincial）士之所守也。一定
程度上，《原儒》因《中國文化要義》而發，然不能說服梁氏，他此
後還有《東方學術概觀》、《人心與人生》表達自己的看法。同時，
劉、梁在以退爲進地捍衛中國文化方面，也表現出不同。劉氏無緣讀
到《要義》，但他在和學生的通信中，有對於梁漱溟參與的鄉村建設
運動之評鑒曰：

> 《村治月刊》，炘早訂有一分。梁君之說，固有具眼。其
> 不足處，乃在未多讀古書及深究道家之說。弟謂抑揚太
> 過，似猶非其病也……炘嘗與所與遊之三數人談，謂吾輩
> 皆坐夾雜名心，諸人亦以此言爲然，而深感此語，則惟吳
> 碧柳耳。現在雖有人講求身心之學，而不得眞傳，終是說

---

90 此當專文研究。

91 梁漱溟，〈讀熊著諸書書後·試論我所不敢苟同復不敢抹殺處·假若今天
我來寫原儒〉，《梁漱溟全集》，冊7，頁749，752。

92 梁漱溟，〈讀熊著諸書書後·假若今天我來寫原儒〉，《梁漱溟全集》，冊
7，頁754-756。劉、熊還有一位共同的朋友蒙文通，他認爲熊氏不研究歷
史，持論過於理想化、罔顧事實。另一方面，他歷史觀、心性觀、中西文
化觀的內容、結構跟劉氏有相當多的可比性（參看下文腳注所引〈與蒙文
通書〉中的文本），需要專門討論。基本文獻可參蒙文通〈周秦民族與思
想〉、〈儒家哲學思想之發展〉和未能完成的〈儒家政治思想之發展〉，此
不贅言。

食。或絞腦以盡思，所得同是空蕉，或作氣以立節，仍不免於粗率。不能用功涵養本原，踏實體驗，日用固應盡於此。來書謂非前人之言不可盡信，即國民精神退墜，炘以爲皆非，直是順、康以來專務文字，避身心而不談，此學中斷，無前輩模範，故致此耳。[93]

細玩首句意思，梁氏言論之失在於缺少對於中國歷史之瞭解，以及不解退、靜、樸素之義理，觀前文所述《推十書》的相關批評可以知悉。次段信文把問題歸結到清代義理之學廢墜上，和側重學問（相比梁漱溟）的熊十力相應。信中所及吳芳吉（1896-1932）乃誠樸有操守之文士，他的生命歷程也巧合地呈現過「舊化」、「退化」之相。[94]劉咸炘與之相知，加上是同輩，故能放言曰：

梁漱溟君近於東西不同之處頗有舉發，此功爲大。若夫村治，即自昔儒者鄉治之説。此本是聖道之殼子，不可空提倡，而梁君輩讀舊書又稍少，即於此殼子亦有未講明處。至於合作主義，彌爲淺矣。合作主義，正是經濟上一救濟法，未爲無可取，而言者張大過甚。弟數年前即曾詳觀其説，以爲無大意味也。吾兄謂不如直倡儉德，與弟素懷相同。笙磬同音，聞之喜躍，此義似陳而實，萬古常新；似渾而實，無處不切。弟八年前作〈地財〉三篇論社會主義，疏釋《大學》〈平天下〉章，即標尚儉。依經濟學家

---

93 〈覆徐季廣書〉，《推十書戊輯》，頁608-609。這段話把身心之學的衰落上溯到順治、康熙時期，而不僅僅是乾嘉漢學，對整個清朝宋學都帶有貶義，算是比較激進的看法，值得深思。

94 可參黎漢基，《社會失範與道德實踐：吳宓與吳芳吉》（成都：巴蜀書社，2006）。

論法論之，彼時與〈家倫〉、〈反復〉二篇，合印一冊名
曰《三寶書》，印數百冊，分贈友人。惜今已無本，暇當
抄以求正也。[95]

此信當成於1931年，《三寶書》所言學理，後來《外書》又屢據西方
人事確證。劉咸炘保守「舊化」之意態，當是堅固不減。根據信文的
看法，梁漱溟、克魯泡特金等新派達者的論說雖在不同程度上契合舊
學精理，然限於所見，都尚有不足。而且刻深言之，《三寶書》中的
內容也有些過時了，「直倡儉德」、視素抱樸方是當世之要務。鄉曲
儒者唐迪風（1886-1931）是劉、吳的共同好友，劉咸炘許之為衛道
狂者，[96]另與吳芳吉通信稱：

孔、墨合一之說，正如孟、荀合一，若以根本言，則萬無
合理；若以一枝一節言，則天下何物不可合也？主此說
者，亦如言東西文化調和者耳。近日此類最多，大抵見現
在路子不通，而又不敢直言回復於古，乃以新說傳之，既
可以取容於時，又可以標新領異，實則皆侗風之所謂鄉愿
者耳。[97]

劉氏有感「西來之風，侵削華化，東南人輕浮，隨風而靡，西北人則

95　〈覆吳碧柳書〉，《推十書戊輯》，頁610-611。《三寶書》也引述了梁漱溟
　　的家庭觀，加以肯定，形式上和別處肯定歐美作者非常相似，參《推十書
　　甲輯》，頁828。

96　〈唐迪風別傳〉，《推十書戊輯》，頁520-521：「敬業學院者，迪風與二三
　　同道友所設，沿俗男女同班已久矣。一日迪風忽慨然謂余曰：吾終當使此
　　學院男女分班。余聞之乍驚，而肅然起敬，蓋雖迪風，余亦不意其竟有此
　　言也。一日謂余曰：吾近乃覺西方之學，與吾華先聖之學絕不同。吾輩談
　　先聖之學，絕不可借西方語。余聞之愕然，以為過，而亦為之肅然」。

97　〈與吳碧柳書〉，《推十書戊輯》，頁611。

朴魯不能與」，所以「華化退據」之地非蜀不可。[98]結合前述論說，可見他的淑世實踐在於修身講學，文字事功不與焉。或者得年更富、閱世更久，會讓劉氏的主張有所變化？無從得知。另一方面，眞正的修身講學也不易實現，劉、唐、吳似乎都是到了生命中的最後幾年，纔有機會相知相得。和蒙文通（1894-1968）的懇切交流，也是要等到1930年。蜀土力學所獲，貢獻於世人者殊少。[99]於人於己，於中於西，都不能不說是遺憾。

五、結語：儒風道流

偏居成都的舊派學人劉咸炘，在1922-1932年間汎觀新書、消化新知，同時形成了頗具特點的中西文化論說。在他混一新舊的表述背後，存在對普適人文之道的追求，而這一切又根植於他的理學、史學修養。貫徹「推十合一」的治學方法，劉氏的學思歷程呈現普遍和特

---

[98] 〈重修宋史述意〉，《推十書丙輯》，頁573-574。前述唐氏言行，和劉氏最大的不同是嚴守中西界分、不重西學西語。劉咸炘雖然對這種態度有所保留，也爲之肅然。回看八年前的《三寶書》，主動判攝新學、積極展望未來，恐怕不是「華化退據」之際適合對治時弊的作品。可惜，上天沒有給他留下足夠的歲月，完成這一反思。承外審點出，故作推論如此。

[99] 〈與蒙文通書〉，《推十書戊輯》，頁604-605：「每於碧柳處讀來書，心輒怦怦……先祖於先儒所已發明者，皆承認之。炘於姚江、泰州尤有偏嗜。曩與足下罕談及此。今讀來書，有以相發，倜風謂足下不以其純美者示人，炘亦有同感。來書謂今日與東西學者共見者乃不在中國之精華，而在於糟粕，此豈可獨責之足下耶？吾華賢聖於天道、人道、群道自有其超然獨至之處，今以比較而益明。犖犖數大端非難言也，而世多不知。略知者又不貫，能貫者又不言。雖亦有高談華化之輩，然大抵不會詳讀華書，又見脅於時風，不免宛轉以調和。炘不自揣，輒欲有所提揭，有書數篇，不敢謂其必合賢聖，庶幾使世人知有此端緒。足下邃學深思，又多朋友，宜留意於是。以其純美者示人，必大過於炘」。

殊的辯證推進。然而在《推十書增補全本》出版之前，瞭解其人思想、言論的細節有一定困難，其學思推進之精微、語境因此難得知曉。此文通盤檢視《推十書增補全本》的綱旨部分所提供的新舊文獻，重構其運思考歷程、注出其所閱之部分西書，從而補充了學界對於此一東西文化交涉案例的認識。雖曰探求普遍人道，但劉咸炘的中西文化論說也有左祖中國文化的偏重，故而其所用西書多爲不失激烈的反思西方文化之作，這同時又和當時「西化」新潮不斷分裂、更新的現象存在契合性。如此後出現「劉咸炘購書藏書總目」、「劉咸炘批點西書」一類文獻，那麼他眼中以上海出版物的西學世界，無疑可以進一步研究。

　　通過原理、人事兩方面的中西文化研究，劉咸炘之於人文之道可說是在「重訪」，他希望陷溺於進步、躁動、欲求的時人「視素抱朴」，重新回到人生正道，把西化之後失落的人生重心找回到以往鄉土、家庭所涵育的生活當中。然而在當時客觀條件制約之下，劉氏的理性選擇惟有修身講學，也就是做好自己和告誡學友「視素抱朴」。他的論說及此後的理論思考，處於清季儒學尤其是趨新儒學和現代新儒學之間的位置，和諸多學人的主張之間有值得玩味的異同。而哪怕是在偏舊的群體中內部比較，劉咸炘也呈現出一種保守、狷介的「鄉曲」特色。鑒於其人同時所具有的天下意識和任道之勇，他的論說可算是清季民初時期思想界「道公學私」的一種表現。

　　整體地談論中西文化，哪怕僅僅引出端緒，都是十分困難的。雖然劉咸炘有了比清季儒者「覘國觀風」優越許多的新書資源，他的論說也難言成功，不構成西化之爲新潮的理論挑戰。無論他多麼明確地看到了西方以往的弊端和如今的分裂，字面意義上的「退化」、「靜植」都無法成爲中國舊文化可行的翻身之道。所以劉氏論說的最後歸

宿，側重面嚮個人操守而非群體治理的儉樸之道。在他而言，成己成物固然不是二事，然其間側重分別仍有必要注意，茲引唐迪風哲嗣唐君毅之論以申發之：

> 虛靜自持，而天門開，天光照，道家已有其義。過此以往，而隨時即義見命，而性命天命俱立，以使天道天德流行，則儒者之義。然此與道家之言，初不必相悖。道家言只及其義之始，儒家言更成其義之終耳。不必爭也⋯⋯中國之孔子，則知其對長沮、桀溺等道家型之人物，實無言以相服之艱難。此人類之自然之智慧，發展至一觀照境，而只以形數等爲觀照之所對，固亦無大害。然當其對人生、文化、道德理想，亦只視爲一觀照之所對，則可截斷此諸理想之生起之原始的根，亦使此諸理想失其原始的意義，而爲由人道入魔道之一程。此理想之原始的根，在人之生命存在與心靈，對有價值意義之事物之愛慕之情。[100]

後一段論述跟前引《不熟錄》所言相應。魔道則不仁之孤冷，斷根照理則西人之以物理爲人道，道家如志道失德，流弊必至於此。就唐氏角度來看，劉咸炘乃是一位葆有儒者熱心的道家。[101] 前一段論述，更

---

[100] 唐君毅，《生命存在與心靈境界（下）》，《唐君毅全集》，卷26，頁155-156，368。此書「以密意成教」，從求同存異境界下照各家（參同書頁363-364）。在明白分析言語、意向的顯教層面看，可能太籠統、斬截。故本文僅以此作爲提示，不必全依其義而論。

[101] 長沮、桀溺的避世選擇尚無所謂是非對錯，孔子不能規之。惟此靜觀態度後來發展，易致仁心冷寂，乃有流弊可言。鑒於二位早期道家的選擇終究不算中道，劉咸炘編次《君子錄》時已有類似體會，參《推十書丙輯》，頁577：「夫事莫要於群己，質本異其冷熱。成己、成人，一貫之道不明；歸墨、歸楊，兩端之說相代。合離多變，通蔽相妨。沮、溺、蘇、張，終不能合」。然以長沮、桀溺與遊士同列，幾於出道入儒矣。反觀章太炎主

是提示了兩處意義深遠的道標。「道家言只及其義之始，儒家言更成
其義之終」者，劉氏不必同意。但順承宋明之學的儒者鍾泰（1888-
1979）、馬一浮皆以遯世爲歸，牟宗三（1909-1995）「良知不反對科
學」之論亦相應道家之「無」義，或是在暗示：在西化面前反求成人
之道起點道標的時刻，儒道兩家的行者必有同路之誼。[102]

孔老顏莊授受大乘心法，又回擊伊川批判僧人逃父背倫曰：「古亦有吳太
伯」，可謂近代眞正退儒家、進二氏之道家思者。參〈《二程全書》校
評〉，羅志歡等整理，《章太炎全集·眉批集》（上海：上海人民出版社，
2017），頁497-498；虞雲國等點校，《章太炎全集·菿漢昌言·經言》
（上海：上海人民出版社，2015），頁76-77，78。

102二人的學思歷程，當分別專門研究。牟説參《牟宗三先生晚期文集》，李
明輝等編，《牟宗三先生全集》（臺北：聯經出版公司，2003），冊29，頁
223-234；415。康有爲固冷熱無常、言行不正之典型，但他的論述可作爲
背景參看，見《康子内外篇·闔辟篇·不忍篇》，《康有爲全集》，集1，
頁99，103：「朱子嘗曰：看來天下事終於不成。事何必求其成？……夫
非有所爲已，心好之而已，亦氣質近之耳。若使余氣質不近是，則或絕人
事、入深山，吾何戀乎哉！」。不妨和前引章太炎批語對照來看，冷熱兩
端之相。

徵引書目

Sarolea, Charles 原著，張邦銘、鄭陽和譯，《托爾斯泰傳》，上海：泰東圖書局，1921。

Woodford, Peter J., *The Moral Meaning of Nature: Nietzsche's Darwinian Religion and Its Critics*. Chicago and London: The University of Chicago Press, 2018.

中島半次郎原著，鄭次川譯述，《教育思潮大觀》，北京：商務印書館，1922，頁138。

田制佐重著，無悶譯，《社會思想概論》，上海：太平洋書店，1928。

朱一新撰，《朱一新全集》編輯委員會整理，《朱一新全集》，上海：上海人民出版社，2017。

牟宗三，《牟宗三先生晚期文集》，收入李明輝等編，《牟宗三先生全集》，冊29，臺北：聯經出版公司，2003。

米勒利爾（F. C. Müller-Lyer）著，陶孟和、沈怡、梁綸才譯，《社會進化史》，上海：商務印書館，1924。

克魯泡特金（Pyotr Alexeyevich Kropotkin）著，周佛海譯，《互助論》，上海：商務印書館，1921。

李淵庭、閻秉華編，《梁漱溟年譜》，北京：商務印書館，2018。

李曉美，〈個人本位的社會主義──劉咸炘對個人本位與社會本位之爭的創造性闡釋〉，《教育學報》，卷18期4（北京：2022年4月），頁187-196。

杜威（John Dewey）講述，常道直編譯，《平民主義與教育》（北京：商務印書館，1922。

杜倫（Will Durant）著，詹文滸譯，《哲學的故事上：亞里士多德》，上海：青年協會，1929。

周月峰，〈「列寧時刻」：蘇俄第一次對華宣言的傳入與五四後思想界的轉變〉，《清華大學學報（哲學社會科學版）》，卷32期5（北京：2017年9月），頁113-128。

周鼎，《劉咸炘學術思想研究》，成都：巴蜀書社，2008。

居正撰，羅福惠、蕭怡編，《居正文集》，武漢：華中師範大學出版社，1989。

泡爾生（Friedrich Paulsen）著，蔡元培編譯，《倫理學原理》，上海：商務印書館，1924。

唐君毅，《生命存在與心靈境界（下）》，收入《唐君毅全集》新編編輯委員會編，《唐君毅全集》，卷26，北京：九州出版社，2016。

＿＿＿＿＿，《東西文化與當今世界》，收入《唐君毅全集》，卷15。

泰羅（G.R.S. Tylor）著，沈澤民譯述，《基爾特的國家》，上海：商務印書館，1922。

馬一浮，《爾雅臺答問》，收入吳光等編，《馬一浮全集》，冊1，杭州：浙江古籍出版社，2013。

康有爲，《康子內外篇》，收入姜義華等編，《康有爲全集》，集1，北京：中國人民大學，2007。

張凱，〈經史、義理學的重建：劉咸炘與中國學術的近代轉化〉，《哲學研究》，期9（北京：2020年9月），頁69-78。

張舜徽，《清人文集別錄》，武漢：華中師範大學出版社，2004。

梁漱溟，〈讀熊著諸書書後〉，收入《梁漱溟全集》編輯委員會編，《梁漱溟全集》，卷7，濟南：山東人民出版社，1989。

＿＿＿＿＿，《東西文化及其哲學》，收入《梁漱溟全集》，卷1。

章太炎，〈《二程全書》校評〉，收入羅志歡等整理，《章太炎全集‧眉批集》，上海：上海人民出版社，2017。

＿＿＿＿＿，《菿漢昌言》，收入虞雲國等點校，《章太炎全集‧菿漢微言等》，上海：上海人民出版社，2015。

章清，《會通中西：近代中國知識轉型的基調及其變奏》，北京：社會科學文獻出版社，2019。

陳中，《儒道會通：劉咸炘哲學思想研究》，貴陽：孔學堂書局，2017。

曾德祥主編，《蜀學》第6輯，成都：巴蜀書社，2011。

湯姆遜（E. A. Thomson）著，伍況甫譯，《原人》，上海：商務印書館，1927。

程顥、程頤撰，張旭輝校理，《二程全集》，武漢：崇文書局，2021。

黃凌霜編，《西洋知識發展綱要》，上海：華通書局，1932年。

愛爾烏特（C. A. Ellwood）著，王造時、趙廷爲譯，《社會問題：改造的分析》，上海：商務印書館，1922。

熊十力，〈英雄造時勢〉，收入郭齊勇等整理，《熊十力全集》，卷8，武漢：湖北人民出版社，2001。

＿＿＿＿＿，《原儒》，上海：上海古籍出版社，2019。

＿＿＿＿＿，《讀經示要》，上海：上海古籍出版社，2019。

＿＿＿＿＿撰，劉海濱編，《熊十力論學書札（增訂本）》，上海：上海古籍出版社，2019。

劉咸炘撰，劉伯穀等整理，《推十書增補全本》，上海：上海科學技術文獻出版社，2009。

余一泓，〈論劉咸炘之理事說及其困境〉，收入張宏生主編，《人文中國學

報》，輯33，上海：上海古籍出版社，2021。

廚川白村原著，嚴迪先譯，《近代文學十講》，上海：學術研究會總會，1922。

鄧秉元，〈發刊詞〉，收入鄧秉元主編，《新經學》，輯1，上海：上海人民出版社，2017，頁1-2。

黎漢基，《社會失範與道德實踐：吳宓與吳芳吉》，成都：巴蜀書社，2006。

錢智修譯述，《德國大哲學家郁根傳 一、哲學與人生問題》，《教育雜志》，卷7期2（上海：1915年2月），頁1-12。

_____，《德國大哲學家郁根傳（續）四、郁根之認識論》，《教育雜志》，卷7期6（上海：1915年6月），頁13-19。

錢穆，《民族與文化》，收入《錢賓四先生全集》編輯委員會編，《錢賓四先生全集》，冊37，臺北：聯經出版公司，1998。

_____，《近三百年學術史》，收入《錢賓四先生全集》，冊16。

鍾泰，《莊子發微》，收入《鍾泰著作集》，冊2，上海：上海古籍出版社，2021。

羅志田，〈文化表述的意義與解釋系統的轉換——梁漱溟對東方失語的認識〉，《四川大學學報(哲學社會科學版)》，總第214期（成都：2018年1月），頁89-102。

_____，〈曲線救文化：梁漱溟代中國「舊化」出頭辨析〉，《思想史 7 專號：英華字典與思想史研究》，臺北：聯經出版公司，2017，頁33-62。

_____，〈近代中國「道」的轉化〉，《近代史研究》，期6（北京：2014年12月），頁4-20。

_____，〈重訪家庭革命：流通中的虛構與破壞中的建設〉，《社會科學戰線》，期1（長春：2020年1月），頁79-88

_____，〈清季民初經學的邊緣化與史學的走向中心〉，收入《權勢轉移》，武漢：湖北人民出版社，1999，頁302-341。

_____，〈道出於三：西方在中國的再次分裂及其影響〉，《南京大學學報（哲學·人文科學·社會科學）》，卷55期6（南京：2018年11月），頁77-94。

_____，〈認識被化外的自我：後五四時期對鄉村的關注和農村的問題化〉，《四川大學學報（哲學社會科學版）》，總第240期（成都：2022年5月），頁84-99。

龐雯予，〈劉鑒泉對進化論以及西方文化的反思〉，收入胡治洪編，《現代思想衡慮下的啟蒙理念》，武漢：武漢大學出版社，2011，頁298-328

龔自珍，《龔自珍全集》，上海：上海人民出版社，1975。

Revisiting Cultural Universalism: On Liu Xianxin's Discourses of Chinese and Western Cultures (1922-1931)

YU Yihong

Although living in Chengdu, Liu Xianxin, an old school scholar of the early Republican era, became a unique figure in the new cultural trend of the early Republican era by digesting and expressing new knowledge through his profound traditional scholarship and broad theoretical thinking. Between 1922 and 1932, his deliberately structured writings displayed an intriguing universalist interest, in the meanwhile, he made an effort to explore the principles of human affairs in dialogue with the disciplinary Western learning at that time. First, this paper analyzes the left-right and internal-external classifications of Liu's structured work *Tuishi shu* to identify the order of development of the axiological line of inquiry in his writings and to examine the basis of his Western knowledge. Thereafter, this paper investigates different translated materials used by Liu in describing foreign cultural affairs, and reveals the conservative position leading to his negative judgment of Western culture profoundly conditioned by people's attachment of evolution, practicality, and individuality. Next, through comparison with related cultural and Confucian ideas, this paper studies Liu's discourses within intellectual context of late Qing and republican China. Finally, this paper briefly reviews the significance of Liu's cultural discourses and their theoretical foundations.

Keywords: Liu Xianxin, Neo-Confucianism in Modern China, Reception of Western Learning in Early Twentieth Century China, New Culture in Early Republican China, Debates upon East and West Cultures

進化與普世：雷海宗對《世界史綱》的批評

黃相輔

英國倫敦大學學院科學史與科學哲學博士，現任南開大學歷史學院副教授。研究興趣爲通俗科學的歷史、文化及相關的學術史，尤其關注19、20世紀英國與中國的案例。論文發表於 *Notes and Records*、*History of Science*、《中央研究院近代史研究所集刊》、《新史學》、《近代中國婦女史研究》等期刊。

本研究受南開大學文科發展基金項目「普遍歷史與近代英國通俗科學的發展」（項目號：ZB22BZ0310）資助。本文承蒙徐兆安教授及兩位匿名審查人提供諸多修改建議，謹此致謝。

進化與普世：雷海宗對《世界史綱》的批評

黃相輔

摘要

威爾斯（H. G. Wells）的《世界史綱》（*The Outline of History*）是 20 世紀前半極暢銷的通俗世界史著作。《世界史綱》以進化史觀描述自生命起源到人類文明進展的普世史，自成書以來毀譽參半，引來不少學者批評，包括雷海宗最初發表於 1928 年的書評。本文便以雷海宗的《世界史綱》書評爲中心，探討其生涯早期史學寫作的思想及歷史脈絡。歷來對雷海宗評《世界史綱》的研究，集中在他對歐洲中心主義的批判。然而，雷的批評不僅限於歐洲中心主義，還涉及文化形態史觀與進化論的衝突、對於史學範圍的定義，以及專業與通俗對立的緊張關係。雷海宗受史賓格勒的文化形態史觀影響，認爲人類歷史並非一貫的整體，而是各區域文化系統獨立發展，因此否定普世史或世界通史書寫的可行性，也否定歷史的範圍包含人類文化線索尚不明確的史前時代。雷海宗當時剛學成歸國，加上研究已轉向非其原本專業的中國古代史，因此他的寫作有在面臨同儕壓力下建立名聲的動機。

關鍵詞：威爾斯、雷海宗、文化形態史觀、進化論、普世史

一、引　言

　　英國作家威爾斯（Herbert George Wells, 通稱 H. G. Wells）[1]的通俗史學著作《世界史綱》（*The Outline of History*）自 1920 年成書以來，在歐美風行一時，也獲得中國讀者關注。商務印書館於 1927 年出版中譯本，當時清華大學歷史系教授孔繁霱的書評即謂：「近年史學類著作銷行之多之速之遠，恐無出韋爾斯此書之右者」，[2]替《世界史綱》全球暢銷的現象下了簡潔有力的註腳。威爾斯在文壇享有盛名，卻不是史學專家；充滿個人特色的《世界史綱》儘管暢銷，卻招來不少中外學者批評。其中，雷海宗最初發表於 1928 年的論述，不但嚴屬分析《世界史綱》的若干缺陷，也藉機闡述自己的史學觀，可說是中國史學界早期對《世界史綱》負面評價的代表。[3]

　　學界過去極少關注雷海宗對《世界史綱》的評論；即便提及，也集中在雷海宗對歐洲中心主義的批評。例如陳志強便引用雷海宗之語撻伐歐洲中心論，更指出雷海宗是中國第一位明確批評歐洲中心論的學者。[4]其他評介《世界史綱》的文章，也多著墨歐洲中心主義的毛

1　文獻中常有不同的中文譯名，如韋爾斯、威爾士。本文除引文維持原貌外，一律稱威爾斯。

2　孔繁霱，〈英國韋爾斯著《世界史綱》〉，《清華學報》，卷 4 期 2（北京：1927 年 12 月），頁 1452。

3　此處所謂「早期」指 1920 至 1930 年代。雷海宗不是唯一對《世界史綱》有負面評價的中國學者，如齊思和、陳翰笙等人亦有撰文批評，但論述不如雷海宗深入。本文專門針對雷海宗討論，不贅述其他學者言論。

4　陳志強，〈雷海宗批評「歐洲中心論」——以〈評漢譯韋爾斯著《世界史綱》〉為例〉，《史學理論研究》，2012 年第 3 期（北京：2012 年 7 月），頁 128-132。

病，並經常引用雷海宗。[5]然而雷海宗這篇書評批評的層面其實廣泛，除了歐洲中心主義，還另外牽涉到三個問題：首先是做為人類整體的「世界史」究竟是否成立？其次，史學的範圍是否包含文字出現之前的「史前史」甚至人類之外的自然萬物史？最後則是學術專家對非專家撰述通俗史學的非議，即《世界史綱》算不算史學著作？尤其是前兩個問題，雷海宗的意見是基於反對「進化史觀」，與他後來系統性闡揚的「文化形態史觀」息息相關。因此前人研究對於歐洲中心主義批判的偏重有其侷限，無法完整呈現雷海宗史學思想的脈絡。

　　文化形態史觀或文化形態學（Kulturmorphologie, 1873-1938）在德國最初衍生自民族學家弗羅貝尼烏斯（Leo Frobenius）於1898年提出的「文化圈」（Kulturkreis）理論，將人類文化分成數個獨立的文化圈，每個文化圈基於血緣、宗教及物質文化等因素而具有共同的文化特徵。弗羅貝尼烏斯更視文化如同有機體般，會歷經青年、成熟到老年不同階段。[6]受弗羅貝尼烏斯的理論啓發，文化形態學在20世紀初期的德國極爲流行，除了民族學外，尚影響語言學、考古學、歷史學甚至現實政治理論等不同領域，反映當代德國人對「民族」（Volk）與「文化」（Kultur）的高度興趣。例如史賓格勒（Oswald Spengler,

---

5　例如馬克堯，〈威爾斯《世界史綱》評介〉，《讀書》，1982年第12期（北京：1982年6月），頁52；朱慈恩，〈略論韋爾斯《世界史綱》及其在中國的影響〉，《廊坊師範學院學報（社會科學版）》，卷29期5（廊坊：2013年10月），頁63；吳延民，〈民國以來國內史學界對歐洲中心論的批評〉，《史學理論研究》，2015年第4期（北京：2015年10月），頁116-117。

6　Martin Rössler, *Die deutschsprachige Ethnologie bis ca. 1960: Ein historischer Abriss* (Cologne: Department of Cultural and Social Anthropology, University of Cologne, 2007), pp. 11-12, 15-16.

1880-1936）便將文化形態理論應用在世界史及歷史哲學，認爲世界從古至今有八種獨立發展的高等文化，每種文化有從興盛到衰退的生命週期。[7]藉由預設不同文化圈有各自的發展規律，文化形態學方法橫向比較不同地域或民族的文化形式及結構，不同於進化史觀以普世的、線性的社會發展階段套用在所有人類。雷海宗在民國時期的史學思想便深受史賓格勒影響。

值得注意的是，雷海宗發表《世界史綱》書評時未滿三十歲，僅是剛學成歸國的青年教師，尚未嶄露頭角。他的批評有欲標新立異以在學界立足的動機。雖然該作品僅是雷海宗學術生涯之初一篇短文，卻預示其史學思想後續發展的主軸，也展現民國時期不同史學門派路線的分歧與多元。

許多學者已指出，新文化運動至對日抗戰爆發間的二十餘年，是中國現代史學轉型及建制化的關鍵時期。余英時謂1917至1937年間是「中國歷史編纂的黃金時代」，不但有強大的制度和豐富的新史料支持研究活動，歷史學做爲一門專業在整體上也深受時人尊重，吸引不少青年俊彥投入史學專業。後世可說再也沒有達到這般人才輩出又百家爭鳴的盛況。[8]許多史學陣營在此期間蓬勃發展且互相競合。梁啓

7　Sebastian Fink and Robert Rollinger, "Einleitung: Oswald Spenglers Kulturmorphologie-eine multiperspektivische Annäherung," in Sebastian Fink and Robert Rollinger, eds., *Oswald Spenglers Kulturmorphologie: Eine multiperspektivische Annäherung* (Wiesbaden: Springer VS, 2018), pp. 1-7; David Engels, "Oswald Spengler and the Decline of the West," in Mark Sedgwick, ed., *Key Thinkers of the Radical Right: Behind the New Threat to Liberal Democracy* (Oxford: Oxford University Press, 2019), pp. 3-21.

8　余英時著，羅群譯，〈20世紀中國國史概念的變遷〉，收入余英時（著），何俊（編），《人文與理性的中國》（臺北：聯經出版公司，2008），頁583。

超早在清末呼籲「新史學」，晚年重拾學術撰述，啓發無數後浪投入
中國史學科學化的運動。胡適與傅斯年領導的史料考證派，主張以史
料考據爲基礎、研究細微具體問題的實證史學，即是所謂「科學史
學」的代表。[9]以柳詒徵與繆鳳林爲代表的南京高等師範學校史地研究
會，則藉《史地學報》、《學衡》等刊物爲發聲管道，在許多學術及
中西文化問題上與胡適、傅斯年及梁啓超等北方新派人物意見相左。
即便是重視國學傳統及儒家價值的南高諸人，其實亦勤於追蹤國外學
界動態，吸收西方史學方法以納爲本土研究之用，並不能以故步自封
的「舊派」簡單定義。[10]立場接近學衡派文化保守主義，日後成爲
「國史大師」的錢穆，自1930年代初始登上大學講壇，從一位江南地
方的中學教師進身全國學術及文化中心北平。[11]此外還有具鮮明意識
形態特色，政治後勢看漲的左派馬克思主義史學。以上史家及門派僅
是較受後世學者關注的犖犖大者。葛兆光曾舉梁啓超去世的1929年
爲例，分析當時中國史學界累積的資源、多元的趨向及蘊藏的各種潛

9　余英時著，羅群譯，〈20世紀中國國史概念的變遷〉，，頁575-583；王汎
　　森，〈近代史家的研究風格與內在緊張〉，《近代中國的史家與史學（增訂
　　版)》（香港：三聯書店，2020），頁267-298；王晴佳，〈從整理國故到再
　　造文明：五四時期史學革新的現代意義〉，收入張國剛（主編），《中國社
　　會歷史評論》，輯5（北京：商務印書館，2007），頁127-138。
10　李孝遷，〈印象與眞相：柳詒徵史學新論——從發現《史學研究法》未刊
　　講義說起〉，《史林》，2017年第4期（上海：2017年8月），頁120-135；
　　吳忠良，《傳統與現代之間——南高史地學派研究》（北京：華齡出版
　　社，2006），頁50-78。
11　關於錢穆與「科學史學」史家的糾葛，見王晴佳，〈錢穆與科學史學之離
　　合關係1926~1950〉，《臺大歷史學報》，期26（臺北：2000年12月），頁
　　121-149；王汎森，〈錢穆與民國學風〉，《近代中國的史家與史學（增訂
　　版)》，頁195-248。

能，[12]正足以說明這個中國歷史編纂黃金時代的榮景。

雷海宗發表《世界史綱》書評時，正值葛兆光所稱中國史學界眾聲喧嘩爭取什麼是中國「新史學」，面臨無限可能性的1929年前後。套用狄更斯（Charles Dickens）的名句來形容，這是個「最好也最壞的時代」。雷海宗在此後幾年內也逐漸成名，以文化形態史觀成一家之言，和上述諸多史學門派路線皆有差異。王汎森在分析民國時期史學派別及各自內在思路對立的緊張關係時，便指出雷海宗發問和思索的皆是宏觀疏闊的「大問題」，不是史料考證派史家會考慮的問題取向。[13]但由於後續際遇及政治因素，雷海宗的史學缺乏傳承，相對於史料考證派、馬克思主義史學甚至南高史地學派的後世研究，皆非常稀少。因此筆者期望藉由雷海宗這篇書評，窺探其史學思路的早期發展，彌補當前研究所缺乏的一塊拼圖。

本文便以雷海宗《世界史綱》書評為中心，佐以其後來的著作引證，依序討論書評裡所關注的三個問題，說明為何雷海宗反對威爾斯《世界史綱》所秉持的「進化」與「普世」主旨。在開始分析雷海宗書評前，先簡介威爾斯其人及《世界史綱》發行的歷史背景，以理解威爾斯寫作的脈絡。

二、《世界史綱》的寫作與中譯本發行的背景

威爾斯撰寫《世界史綱》的動機源自第一次世界大戰的慘痛經

---

12 葛兆光，〈《新史學》之後——1929年的中國歷史學界〉，《歷史研究》，2003年第1期（北京：2003年2月），頁82-97。

13 王汎森，〈近代史家的研究風格與內在緊張〉，《近代中國的史家與史學（增訂版）》，頁270-271，特別是頁271註3。

驗。一戰嚴重的傷亡及破壞，對整個世代的歐洲人造成難以抹滅的衝擊。威爾斯認爲，戰前歐洲各國盛行的民族主義教育，鼓吹民族情緒及對敵國的仇視，是造成大戰爆發並難以收拾的主因。因此在大戰末期，他開始構思一部摒棄民族國家偏見的世界通史，述說人類「共通之知識」，來塑造以全人類福祉爲念的共同體概念。在《世界史綱》導言中，威爾斯表示：「今日世界苟無公共之和平，即無和平可言；苟無全體之福利，即無福利可得；而除具公共之歷史觀念外，即不能致公共之和平與全體之福利……歷史爲人類全體共同前進之觀念，實爲國內和平與國際和平之必要條件」。[14] 王雲五在商務印書館中譯版的譯序裡，也強調威爾斯乃「主張人類大同之有力者」，原書對此理念「再三致意」。[15]

　　除了世界大同的政治理想，威爾斯特別的學經歷及教育理念也影響了《世界史綱》的寫作風格。威爾斯出身貧寒，早年就讀於倫敦南肯辛頓的理科師範學校（Normal School of Science）。理科師範學校是19世紀後期英國政府爲改進科學教育而設立的新式機構，以培育急需的科學師資。著名的達爾文演化論支持者、生物學家赫胥黎（Thomas H. Huxley）曾任理科師範學校校長，積極倡議教育改革。理科師範學校後來獲王室御准更名爲皇家科學學院（Royal College of Science），即今日的倫敦帝國理工學院（Imperial College London）的前身。威爾斯在學時曾親炙赫胥黎的演化生物學課程，受赫胥黎影響

---

14 韋爾斯著，梁思成等譯，《世界史綱》（上海：商務印書館，1927），導言第2頁。

15 王雲五，〈序〉，收入韋爾斯（著），梁思成等（譯），《世界史綱》（上海：商務印書館，1927）。

甚深，後來畢生的創作都以進化論爲思想基礎。[16]威爾斯原本立志成爲中學理科教師，卻由於健康因素不得不放棄教書生涯，轉而成爲職業記者與作家。一戰爆發前，他已經以數部小說成名，如科幻小說《時間機器》（*Time Machine*）與《莫洛博士島》（*The Island of Doctor Moreau*），也經常在報刊發表時事評論。在政治上，威爾斯支持漸進改良的社會主義，曾參加費邊社。因此威爾斯熱衷於談論社會改革議題，尤其重視普及教育。他的作品除了科學幻想主題及半自傳體的社會寫實小說，還經常以淺近的語言介紹百科知識或闡揚社會改革理念，這類「文以載道」的風格甚至近似說教。蕭乾就曾評論威爾斯說教式的作品「起初是當小說來寫，到後來已變成社會局或衛生署的傳單了」。[17]以上理念與個人特質均造就了《世界史綱》的獨特風貌。

威爾斯希望以編撰通俗的歷史、科學及政治經濟學讀本「三部曲」，作爲啓蒙一般大眾智識與思想的工具，達成其理想中全人類和平統合的烏托邦。《世界史綱》便是這個遠大的平民教育及政治藍圖的第一步。[18]因此《世界史綱》的體裁及內容編排獨樹一格，有意打

---

16 文獻中對evolution一詞常有「演化」或「進化」不同譯名。達爾文《物種起源》僅論述生物學上的evolution，即生物性狀隨世代傳遞，經天擇產生新物種的機制，且此過程並非線性或具目的性。然而同時代人論evolution常涵蓋更廣泛的物質宇宙、人類社會、文化、道德倫理甚至政治經濟，並與「進步」（progress）、「發展」（development）等類似概念混雜，反映相關概念及科學理論語境的複雜。爲避免混淆，本文以「演化」專指達爾文論生物學上的evolution；以「進化」稱包含宇宙及人類社會等更廣義且有優劣高低與目的意涵的evolution。參見Peter Bowler, *Evolution: The History of An Idea* (Berkeley: University of California Press, 2009).

17 蕭乾，〈威爾斯去了！〉，《粵秀文叢》，卷1期6（廣州：1946年9月），頁9。

18 這三部曲除了《世界史綱》，關於科學及政治經濟學的作品分別是1929年出版的《生命的科學》（*Science of Life*）及1932年的《人類的工作、財富

破傳統史學書寫的框架。全書從太陽系與地球的起源說起，依序敘述
生物及原始人類的演化、石器時代與古文明的開端、文字記載的人類
信史，直到第一次世界大戰爲止。最末一章題材陡然轉變，超出歷史
的範疇而談未來，預警下一場大戰爆發的危險，討論「世界政府」及
人類統合的可行性。威爾斯也警覺到西方史學書寫忽略甚至貶低世界
其他民族的弊病，因此在《世界史綱》中盡量增加篇幅描述歐洲之外
地區或文明的歷史，例如中國上古史、佛教與伊斯蘭教的興起及傳
播、蒙古人橫跨歐亞的大帝國、日本及中國近代的維新改革等主題。

　　威爾斯雖然不是史學專家，他對《世界史綱》的寫作態度不可說
不嚴謹。除了花費大量心力查閱資料，也不時諮詢專家學者，每章初
稿並委託朋友及編輯反覆試閱、修改才定稿。寫作中國史題材時，威
爾斯除了參考西方漢學家的著作，也請益幾位中國訪客的意見，包括
正訪問歐洲考察的梁啓超、丁文江及留學生傅斯年、陳西瀅。[19]如此
從1918年10月至1919年11月，花了一年的時間才完成全稿。《世界
史綱》起初是以連載的形式刊印，又復於1920年9月發行修訂版單行
本。英文單行本出版後短短兩年內，在全世界就售出將近一百萬冊，
可見其熱潮。[20]

與幸福》（*The Work, Wealth and Happiness of Mankind*）。威爾斯稱此遠大
計畫爲「陽謀」。見H. G. Wells, *The Open Conspiracy: Blue Print for a World Revolution* (London: Gollancz, 1933).

19 關於威爾斯寫作《世界史綱》的經過，見Michael Sherborne, *H. G. Wells: Another Kind of Life* (London: Peter Owen, 2010), pp. 251-264. 威爾斯在寫作
過程中與中國友人交流的細節，見黃相輔，〈威爾斯《世界史綱》的寫
作、譯介與中國史〉，《中央研究院近代史研究所集刊》，期115（臺北：
2022年3月），頁161-199。

20 Michael Sherborne, *H. G. Wells: Another Kind of Life*, p. 252.

　　《世界史綱》出版後也立刻引起中國讀者關注。早自清末，威爾斯的作品就開始被翻譯成中文。[21] 由於威爾斯的創作重視社會現實問題，科學幻想或知識內容又有宣揚「賽先生」的意味，頗獲新文化運動知識分子讚賞，如羅家倫就曾將威爾斯與托爾斯泰、莫泊桑同列爲作品「尤以多譯爲是」的歐洲作者。[22] 所以中國讀者對威爾斯的作品不可謂不熟悉。1920 年《世界史綱》出版後，《新潮》、《史地學報》、《小說月報》與《東方雜誌》等刊物都有報導書訊，甚至刊登書評深入評介。[23] 推動《世界史綱》翻譯及在華出版最關鍵的人物其實是梁啓超。前面提過，威爾斯寫作時有與當時正歐遊訪問的梁啓超交流，梁啓超對《世界史綱》也寄予厚望，回國後請其子梁思成動手翻譯，並親自校潤譯稿、添加案語，積極聯絡商務印書館高層安排出版事宜。[24] 然而由於梁啓超外務繁忙及傷病等種種因素，翻譯工作拖延甚久。商務印書館最終只得另請向達、黃靜淵、陳訓恕與陳建民，在梁啓超父子譯稿的基礎上，根據最新英文版重加翻譯。又請科學及教育界專家如竺可楨、秉志、任鴻雋、徐則陵、朱經農與何炳松等人

---

21 陳娟，〈威爾斯在現代中國的譯介〉，《新文學史料》，2012 年第 1 期（北京：2012 年 2 月），頁 152。

22 志希，〈今日中國之小說界〉，《新潮》，卷 1 號 1（北京：1919 年 1 月），頁 113。

23 例如：朱經，〈世界史大綱（威爾斯著）〉，《新潮》，卷 3 號 2（北京：1922 年 3 月），頁 41-52；〈史學界消息：5. 威爾士歷史大綱之近聞〉，《史地學報》，卷 1 期 3（上海：1922 年 5 月），頁 238；〈海外文壇消息：（四）惠爾斯的人類史要〉，《小說月報》，卷 12 號 1（上海：1921 年 1 月），頁 37。另見朱慈恩，〈略論韋爾斯《世界史綱》及其在中國的影響〉，《廊坊師範學院學報（社會科學版）》，卷 29 期 5，頁 60-61。

24 丁文江、趙豐田編，歐陽哲生整理，《梁任公先生年譜長編（初稿）》（北京：中華書局，2010），頁 474；黃相輔，〈威爾斯《世界史綱》的寫作、譯介與中國史〉，頁 183-188。

校訂，[25] 可見主事者之慎重。歷經波折的《世界史綱》中譯版終於在
1927年6月出版，距英文初版發行已逾七年，從梁啓超父子開始投入
翻譯也已過六年，無怪孔繁霱感嘆：「何姍姍其來遲也？」[26]

三、雷海宗的書評

　　商務印書館《世界史綱》中譯版發行後立刻成為暢銷書，屢次再
版，到1930年4月便發行第四版，1935年8月發行國難後第一版。[27]除
了精裝書，1929年還推出平裝十冊的萬有文庫版。受坊間歡迎可見
一斑。樹大招風，《世界史綱》吸引了更多中國讀者批評，其中批判
得最激烈的就是雷海宗。

　　1927年《世界史綱》中譯版初發行時，年方二十五歲的雷海宗
剛從美國芝加哥大學歷史研究所畢業，獲博士學位。他的博士學位論
文是研究18世紀法國政治人物及經濟學家杜爾閣（Turgot）的政治思
想。同年8月，甫歸國的雷海宗獲聘至南京國立第四中山大學（後來
的國立中央大學）史學系任教。直到1931年轉入武漢大學為止，雷
海宗在南京居留四年。據曾在中央大學選修過雷海宗西洋史課程的蔣
孟引回憶，由於雷海宗剛留學歸國，資歷尚淺，又講授外國史，系裡
「有些多烘先生妒火中燒」，批評雷海宗的中國史學問不夠、中文水
準不高。雷海宗因此憤而寫中國史文章、開中國史課程，以行動反擊
他人的質疑。[28]這件軼聞的具體實情已難考證，不過亦可從中略窺雷

25 王雲五，〈序〉，收入韋爾斯（著），梁思成等（譯），《世界史綱》。
26 孔繁霱，〈英國韋爾斯著《世界史綱》〉，《清華學報》，卷4期2，頁1452。
27 北京圖書館編，《民國時期總書目（1911-1949）：歷史・傳記・考古・地
　　理》，上冊（北京：書目文獻出版社，1994），頁15。
28 蔣孟引，〈雷海宗先生給我的教益〉，收入南開大學歷史學院（編），《雷

海宗的個性脾氣。由此可知當雷海宗發表《世界史綱》書評時，僅是初出茅廬的青年教授，尚未獲得全國性的名聲。此時雷海宗已開始轉向中國史研究。

　　雷海宗的書評最初發表於1928年3月4日《時事新報》的「書報春秋」欄，後來在1930年12月重刊於由他主編、中央大學史學系主辦的《史學》創刊號。兩次刊行的內容沒有改變，僅有再刊時增加附言解釋重刊原因。雷海宗在附言中表示，自原評發表兩年以來，「國人對於《世界史綱》的信仰似乎仍未減少」，且「無論普通的讀者或中學大學的學生仍多以此書為有權威的世界史」，因此他將原評轉載於《史學》，「盼望國人將來能少走不通的路」。[29]由此番諍言，可見雷海宗堅持批判《世界史綱》以正視聽的態度。

　　除了重印附言，雷海宗的書評正文分成四部分：（一）序論；（二）原著歷史觀的評價；（三）譯本之批評；（四）餘言。在序論中，雷海宗先提示評論譯本及史書的方法，又把史書分成「記事的史」和「史觀的史」——前者沒有系統性的史觀，所以評論重點在於事實紀錄是否堪為可靠的參考書；後者目的是專門發揮著者的史觀，記事只是證明其理論的工具，故評論時宜觀其史觀是否有道理，不用太計較些微事實的錯誤。他指出《世界史綱》屬於後者，因此接著以評價威爾斯的史觀為主軸，即以生物演化論為基礎的進化史觀及原著包羅萬象的普世史架構。筆者將在下兩節分別詳細討論。

　　至於《世界史綱》譯文，雷海宗同意文詞清順，堪與原書比美，

海宗與二十世紀中國史學——雷海宗先生百年誕辰紀念文集》（北京：中華書局，2005），頁113-114。

29 雷海宗，〈書評：《世界史綱》〉，《史學》，創刊號（上海：1930年12月），頁246。

「除佩服讚歎之外，再也不敢置一詞」。[30]這個評價可說是時人共識，例如孔繁霱也稱讚中譯本譯筆明達，「絕非中國文字而英文文法或名曰譒譯而隨意斧削之筆」。[31]在梁啓超潤稿的影響下，《世界史綱》譯文半文半白，即使梁啓超後來未能完成全書潤校，接手的譯者們仍維持同樣文體，保持風格統一。加上商務印書館動員多位學界菁英參與校訂，因此這部譯本精緻正確且文字通暢優美。然而在肯定譯工盡善盡美之餘，雷海宗也譏刺一眾參與翻譯、校訂的前輩才俊沒有眼光，「在學術界大鬧飢荒的中國〔，〕我們卻費了這許多精神上和物質上的精力去擺弄這一本書，評者不知說甚麼纔好」，只能大嘆可惜！在雷海宗看來，「單講譯工，此書在近年來恐怕是第一等了。但原書恐怕是近年來外書譯品中最無價值的」。[32]

　　這個稱原書「最無價值」的評語可謂異常激烈，但是雷海宗並非指《世界史綱》不值得一讀，而是認爲其價值不在史學而在於思潮，不該被視爲一部出類拔萃的世界史入門。他在附言總結：「《史綱》並不是歷史；研究歷史時，最好讀別的書，對韋爾斯的書愈少過問愈好」。[33]整體而言，雷海宗的書評文字辛辣而犀利，直率指出《世界史綱》的特色及優缺點，不是泛泛介紹書訊的應酬之作。

　　值得注意的是，這篇書評最初刊載於1928年3月，據現有資料很可能是雷海宗學成返國後第一篇公開發表的論文，此時入中央大學任教剛滿半年。[34]因此這篇書評也可說是雷海宗在國內學界初試啼聲之

---

30 雷海宗，〈書評：《世界史綱》〉，《史學》，創刊號，頁234。
31 孔繁霱，〈英國韋爾斯著《世界史綱》〉，《清華學報》，卷4期2，頁1453。
32 雷海宗，〈書評：《世界史綱》〉，《史學》，創刊號，頁242。
33 雷海宗，〈書評：《世界史綱》〉，《史學》，創刊號，頁247。
34 馬瑞潔、江沛，〈雷海宗年譜簡編〉，收入江沛（編），《雷海宗文集》（天津：南開大學出版社，2019），頁694-695。

作。或許由於此緣故，他有意識地要以辛辣的言論一鳴驚人，挑戰此前國內普遍的好評。在雷海宗之前評論《世界史綱》的中國學者如胡愈之、朱經農及孔繁霱，雖有指出瑕疵，但整體來說是持正面評價。[35] 況且中譯本發行以前，《世界史綱》在歐美暢銷已久，也獲得西方學者褒貶不一的評價。雷海宗很可能在美國留學期間（1922-1927）便熟悉西方學界的批評，因此在中譯本上市熱銷之際，不禁為文匡正國內讀者視聽。

雷海宗的激烈言辭也帶有某種「炫學」的目的，反映出其亟欲立足學界取得一席之地的企圖心。這種寫作風格常見於雷海宗早期的作品。竹元規人指出，雷海宗早期發表的書評或論文在選題上似有精心考慮，不是由於發現什麼具體問題，更像是為了「成一家之言」以應對已成名的前輩或同儕學人而作。以1931年對《古史辨》第二冊的書評為例，在承認疑古派破除古代儒家塑造的聖君偶像的貢獻之餘，雷海宗也批評顧頡剛的方法有問題，「除非〔顧頡剛〕放棄根深蒂固的偏執妄想，否則不可能了解古代中國的真正面貌」；結語甚至警惕：「一個新教條主義的古史學派——顧氏學派已在年輕學者當中興起，總有一天他們會跟古代哲學家們一樣歪曲中國歷史」。[36] 同一年發

---

35 愈之，〈名著研究：歷史大綱〉，《東方雜誌》，卷18號13（上海：1921年7月），頁73-80；朱經，〈世界史大綱（威爾斯著）〉，《新潮》，卷3號2；孔繁霱，《英國韋爾斯著〈世界史綱〉》，《清華學報》，卷4期2。

36 竹元規人，〈雷海宗對《古史辨》第二冊的書評：翻譯和解讀〉，收入南開大學歷史學院、中國世界古代中世紀史研究會（編），《紀念雷海宗先生誕辰一百一十周年——中國第四屆世界古代史國際學術研討會論文集》（北京：中華書局，2016），頁91-92；H. T. Lei, "Book Review: Ku, Discussions in Ancient History," *The Chinese Social and Political Science Review*, 15:2 (July 1931), pp. 301-307. 雷海宗原文以英文撰寫，此處引句摘自竹元規人之翻譯。原文："...he can ever get a true picture of ancient China

表的論文〈殷周年代考〉，則以每世二十五年的假設，配合史書記載帝王傳位歷經幾世，來推算商周歷史事件年代，如認爲此法可旁證根據《竹書紀年》推定周克商於西元前 1027 年這一說法合理。這種推算方法粗略，雷海宗也坦承是屬缺乏其他史料「無可奈何情形下」的嘗試。[37] 我們需注意類似的推論及疏通方法是傅斯年公開反對的。傅斯年主張史學研究必以材料實證出發，認爲「推論是危險的事，以假設可能爲當然是不誠信的事」。[38] 傅斯年領導的中央研究院歷史語言研究所此時已投入發掘安陽遺址，以傅斯年的理念來重建中國上古史，在中央政府支持下羽翼漸豐。因此，無論是直率批評顧頡剛，還是另闢蹊徑以不同於傅斯年的方法切入探討，都顯示雷海宗欲在中國古代史領域爭取話語權的迫切。《世界史綱》書評文筆之尖銳，也適用於以雷海宗早期生涯爲了成名而爭雄的脈絡去解釋。

　　青年學者爲了在學界建立聲譽，標新立異本是常情，但雷海宗書評中許多直率的文字卻充滿針對性，甚至可說顯露欲「挑釁」前輩大佬的態勢。姑且不論他對威爾斯的批評——威爾斯不太可能知曉雷海宗在中國發表的中文書評；就算知道，也不太可能在乎一位素昧平生的中國青年教授。然而，雷海宗還狠狠地諷刺商務印書館及參與《世

---

unless he discards his deep obsessions is quite impossible … but a new dogmatic school of ancient history, the Ku-ist school, is rising among the younger students who, in the course of time, may distort Chinese history just as much as ancient philosophers."

37 雷海宗，〈殷周年代考〉，收入江沛（編），《雷海宗文集》（天津：南開大學出版社，2019），頁39。原載《文哲季刊》，卷2號1（上海：1931）。

38 傅斯年，〈歷史語言研究所工作之旨趣〉，《中央研究院歷史語言研究所集刊》，本1分1（廣州：1928年5月），頁7；王汎森著，王曉冰譯，《傅斯年：中國近代歷史與政治中的個體生命》（臺北：聯經出版公司，2013），頁99。

界史綱》中譯出版的眾人，其中不乏梁啓超、徐則陵與何炳松等有名望的同行前輩，即使他沒有直接點名，僅以「五位青年十位長老」代稱。很可惜目前不知這些人是否有什麼回應。

在「五位青年十位長老」中唯一被點名批評的是王雲五。雷海宗特地用一整段文字來挑剔王雲五撰的〈譯者序〉。王氏在此序署名王雲五，但在書名及版權頁的校訂者名單中則署名王岫盧，雷海宗便以此大做文章：「譯者的五人中並沒有一個姓王的，不知這位譯者是從何而來……『雲五』與『岫盧』好似是有名與字的關係。然而一個人在同書中爲甚麼要署兩個名字，叫人費功夫去摸索，眞是不可解」，認爲此篇「莫名其妙」的譯者序應該正名叫「校訂者序」或「王岫盧先生序」。[39] 儘管雷海宗的指正有理，但特地挑這點瑕疵出來大加議論，實在有吹毛求疵之嫌。雷海宗不僅針對王雲五，還將砲火對準中譯本書末附的四大頁勘誤表，批評商務印書館既對《世界史綱》如此費工夫，就不該出現這麼長篇的勘誤表。他諷刺：中國最大的書局爲何不能達到和西方同業一樣的校對水準，眞是「百索不得的怪事」。[40]

雷海宗的詞鋒可謂初生之犢不畏虎，不僅是針對原著內容，也嚴格檢視中譯本的文字編排。他的諍言或許也有吸引商務印書館注意的用意，畢竟商務印書館的規模及聲望在國內無出其右。多年後雷海宗的代表作《中國文化與中國的兵》即由商務印書館出版。

四、文化形態史觀對「世界史」書寫的否定

學界之前較注意雷海宗書評中對歐洲中心主義的批評。歐洲中心

---

39 雷海宗，〈書評：《世界史綱》〉，《史學》，創刊號，頁244。
40 雷海宗，〈書評：《世界史綱》〉，《史學》，創刊號，頁244-245。

主義在歷史書寫裡的表現主要有兩種：一是以歐洲作爲世界史敘事的主軸，使其他區域文明的歷史成爲點綴或旁襯歐洲史的附庸；二是以歐洲的歷史模式或經驗去比附其他地區文明的歷史，像是現代史學研究習慣的上古、中古與近代的歷史分期，即是源自歐洲史的標準。[41] 前面提到，威爾斯盡量在《世界史綱》裡增加非西方文明的篇幅，就是爲了矯正歷史書寫以歐洲爲主的毛病，但仍遭時人批評未能擺脫歐洲中心主義的窠臼。雷海宗就認爲《世界史綱》仍是西洋史，斷定威爾斯的歷史觀還是以西洋史爲根據所推演出來的歷史觀。他批評《世界史綱》裡西方及非西方歷史的比重失衡，其中26章的人類信史部分，西洋人就佔了百分之六十以上的篇幅，只剩10章「慷然慨然的讓亞述人、巴比倫人、埃及人、印度人、中國人、猶太人、回人、蒙古人、日本人去擁擁擠擠的湊熱鬧」。[42]

　　雷海宗批評威爾斯擺脫不了以西洋史爲中心的思維，並不是單純出於民族情感或反對帝國主義的心理，其實牽涉到雙方史觀立場的衝突：威爾斯的「進化史觀」與雷海宗當時傾向的「文化形態史觀」，兩者對於人類不同民族文化發展模式的詮釋有根本的差異。吳延民就注意到雷海宗的歐洲中心主義批評，與現今學界在後殖民主義影響下

---

41 西方學界歷來關於歐洲中心主義的批判與討論很多，例如：James M. Blaut, *The Colonizer's Model of the World: Geographical Diffusionism and Eurocentric History* (New York: Guilford Press, 1993); Jack Goody, *The Theft of History* (Cambridge: Cambridge University Press, 2007). 中國大陸學界由於學科建設及政治意識形態等現實因素，相關論述長久以來更是顯學，見馬克垚，〈困境與反思：「歐洲中心論」的破除與世界史的創立〉，《歷史研究》，2006年第3期（北京：2006年6月），頁3-22；任東波，〈「歐洲中心論」與世界史研究——兼論世界史研究中的「中國學派」問題〉，《史學理論研究》，2006年第1期（北京：2006年1月），頁41-52。

42 雷海宗，〈書評：《世界史綱》〉，《史學》，創刊號，頁237。

的歐洲中心主義批判的出發點截然不同，目的並不是爲了實現更合理的世界史敘事。[43] 雷海宗是根本否定了「世界史」書寫的可行性。

　　威爾斯很熟悉達爾文的生物演化論。然而就像同時代許多演化論支持者一樣，威爾斯對演化的信念和詮釋也不限於生物物種，而是延伸至更廣泛的人類歷史與社會。例如他對教育改革的理念受到動物學家蘭卡斯特（E. Ray Lankester）對生物「退化」理論的影響，認爲適當的教育能防止做爲物種的人類群體在生理、智力及文化上可能的退化，甚至同意優生學做爲防止種族退化的手段具有科學根據。[44] 進化──更精確地說，是人類社會與文化持續發展改良的「進步」（progress）概念，是威爾斯作品的基調。[45] 在《世界史綱》裡，威爾斯便採取從太古洪荒到現代的普世史敘事。威爾斯特別重視思想與科技對人類歷史進程的影響。即便歷史上不乏戰爭及種種殘酷事蹟，威爾斯仍然抱持樂觀的態度，宏觀地描繪從野蠻到開化的古今對比，突顯人類理性所能帶來的進步。在這樣的進步敘事中，儘管有著多元民族的歷史，仍然是一種單線的進化模式，且此模式適用於全人類，也適

43　吳延民，〈民國以來國內史學界對歐洲中心論的批評〉，《史學理論研究》，2015 年第 4 期，頁 117。

44　Richard Barnett, "Education or Degeneration: E. Ray Lankester, H. G. Wells and *The Outline of History*," *Studies of History and Philosophy of Biological and Biomedical Sciences*, 37:2 (June 2006), pp. 203-229.

45　John Reed, *The Natural History of H. G. Wells* (Athens, Ohio: Ohio University Press, 1982), pp. 95-109; Emelie Jonsson, "The Human Species and the Good Gripping Dreams of H. G. Wells", *Style*, 47:3 (Fall 2013), pp. 296-315. 關於進步概念在 19 至 20 世紀前期的歷史發展以及與演化論的關係，參見 J. B. Bury, *The Idea of Progress: An Inquiry into Its Origin and Growth* (London: McMillan & Co., 1920), pp. 334-349; Peter Bowler, *Evolution: The History of An Idea*, pp. 274-324.

用於書寫全人類的世界通史。雷海宗便指出，威爾斯的哲學根據就是
「無限量無底止的宇宙人類進化論」，並依此產生「古」、「今」絕對
不同的成見。[46]

　　雷海宗反對進化史觀。他認為除了國際外交史與文化溝通史外，
沒有別種世界史，而世界通史是「無論怎樣也寫不出來的」。他還斷
定，所謂世界通史，要不是自圓其說的小說，要不就是前後不連貫的
數本民族專史勉強拼湊的組合，根本不可能達到威爾斯理想中一以貫
之的整體世界史：

> 人類近五六千年的歷史並不是一貫的，也不是一體的。換
> 句話說，時間上或空間上人類史都不是一息相通的……人
> 類史的實情乃是好幾個文化區域獨立的各各獨自發展演
> 變；其中雖於幾個極短的時期中，不免有外交上或文化上
> 的關係，但一大半的時間各各文化區域都是自過自家的生
> 活，與其他一切的文化區域毫不發生關係。中國由開國到
> 兩漢，與其他開化民族並沒有過甚麼國際上或文化上的來
> 往；假設我們硬要將中國這二千年左右的歷化與全世界所
> 有民族同時期的歷史併在一起去敘述，試問那本歷史怎會
> 有上下連貫的可能？[47]

這段認為人類史是由數個不同文化區域各自獨立發展的主張，和雷海
宗日後大力提倡的文化形態史觀的核心觀點相合。雷海宗對文化形態
史觀的思考在這篇書評已現雛形。

　　前面提過，文化形態學濫觴於弗羅貝尼烏斯的民族學理論，在

---

46 雷海宗，〈書評：《世界史綱》〉，《史學》，創刊號，頁235、240-241。
47 雷海宗，〈書評：《世界史綱》〉，《史學》，創刊號，頁236-237。

1920年代的德國達到高潮。史賓格勒將文化形態理論應用在世界史及歷史哲學上，分別於1918與1922年出版《西方的沒落》（Der Untergang des Abendlandes；英文通譯 The Decline of the West）上下兩冊，是在歐美影響最深遠的文化形態史觀代表作。史賓格勒認爲世界歷史上有八種獨特的高等文化：巴比倫、埃及、中國、印度、中美洲（馬雅/阿茲提克）、古典（希臘/羅馬）、阿拉伯（包含波斯、閃族及亞伯拉罕諸教）、西方（西歐）。每種文化有其生命週期，按史賓格勒比喻是如春夏秋冬四季的階段，發展至最終即爲「文明」（Zivilisation）。但文明並不是文化最鼎盛的狀態，而是文化成熟後向外擴張的最終階段，此時文化本身已缺乏創新，停滯僵化。各種文化皆是獨立系統，彼此間無從比較優劣高低，內涵也截然不同，頂多是在表面上借取或轉用異文化的形式，核心內容仍然不變。[48]史賓格勒在《西方的沒落》中認爲西歐文化已達到文明階段，故20世紀當代人正見證西歐文化無可避免的衰落。受到一戰德國戰敗的影響，史賓格勒對西方文明宿命悲觀且詩意的描述，深受1920年代的德國讀者歡迎，《西方的沒落》也迅速被翻譯成多種語言在德國之外出版，成爲國際熱潮。[49]

---

48 David Engels, "Oswald Spengler and the Decline of the West," in Mark Sedgwick, ed., *Key Thinkers of the Radical Right: Behind the New Threat to Liberal Democracy*, pp. 7-12; John Farrenkopf, "The Transformation of Spengler's Philosophy of World History," *Journal of the History of Ideas*, 52:3 (July 1991), pp. 463-485. 關於史賓格勒與文化形態史觀的中文簡介，見陳惠芬，〈文化形態史觀與國史研究：論雷海宗的史學〉，《臺灣師大歷史學報》，期16（臺北：1988年6月），頁258-262。

49 David Engels, "Oswald Spengler and the Decline of the West," in Mark Sedgwick, ed., *Key Thinkers of the Radical Right: Behind the New Threat to Liberal Democracy*, pp. 12-14.

　　史賓格勒的學說於1920年代初傳入中國，最早是由旅德留學生
王光祈、魏時珍分別記述史賓格勒其人其事；[50]張君勱〈學術方法上
之管見〉也略述史賓格勒著作之主旨，並稱其書在德國造成的轟動猶
在愛因斯坦相對論之上。[51]比較有系統地介紹史賓格勒學說的文章，
以李思純〈論文化〉為代表，於1923年刊載於吳宓主編的《學衡》。
1928年，吳宓又請張蔭麟翻譯美國學者葛達德（E. H. Goddard）與吉
朋斯（P. A. Gibbons）介紹史賓格勒哲學的書籍《文明還是諸文明》
（*Civilization or Civilizations*），以〈斯賓格勒之文化論〉為題目刊登
在《國聞周報》與《學衡》上，引起較多中國讀者的關注。[52]

　　雷海宗在1930年代中期以前，反倒沒有發表過專門討論文化形
態史觀相關問題的作品，直到1936年發表〈斷代問題與中國歷史的
分期〉，才引用文化形態史觀的概念來比較中國與世界文化。[53]至於更
系統地闡揚及運用文化形態史觀的著作，則要到抗戰期間才發表。例

50 王光祈，〈旅歐雜記（續）〉，《少年中國》，卷2期8（上海：1921年2
月），頁63；魏時珍，〈旅德日記〉，《少年中國》，卷3期4（上海：1921
年11月），頁31-32。

51 張君勱，〈學術方法上之管見〉，《改造》，卷4期5（上海：1922年1月），
頁6。

52 王敦書，〈斯賓格勒的文化形態史觀在華之最初傳播——吳宓題英文本
《斯賓格勒之文化論》手跡讀後〉，《歷史研究》，2002年第4期（北京：
2004年8月），頁180-185；李長林，〈斯賓格勒「文化形態史觀」在中國
的早期傳播〉，《歷史研究》，2004年第6期（北京：2004年12月），頁
162-165；張廣智，〈西方文化形態史觀的中國回應〉，《復旦學報（社會
科學版）》，2004年第1期（上海：2004年1月），頁30-39。

53 雷海宗，〈斷代問題與中國歷史的分期〉，收入江沛（編），《雷海宗文
集》，頁167-186，原載清華大學《社會科學》，卷2期1（北平：1936年10
月）。另參見Xin Fan, *World History and National Identity in China: The
Twentieth Century* (Cambridge: Cambridge University Press, 2021), pp. 67-72.

如在1942年2至3月間於重慶《大公報》副刊《戰國》先後刊載三篇
文章〈歷史的形態——文化歷程的討論〉、〈三個文化體系的形態
——埃及、希臘羅馬、歐西〉與〈獨具二週的中國文化——形態史學
的看法〉。[54]這三篇文章依序層遞發揮，首先介紹文化形態史觀將文化
分爲不同階段的概念，接著舉古代西方的三種文化爲例證說明，最後
分析中國歷史。三文後來並合併爲〈歷史的形態與例證〉一文，收錄
於雷海宗與林同濟合著的專書《文化形態史觀》。[55]

　　目前雖無法確定雷海宗是何時接受文化形態史觀，但種種線索顯
示最遲至1930年代中期他已相當重視史賓格勒的歷史哲學。據其學
生回憶，雷海宗至清華大學任教後，在1935年左右開設的「西方史
學名著選讀」課程就是專門講授《西方的沒落》。[56]另外，據1931年雷
海宗在武漢大學短暫停留期間講授的「歐洲通史（二）」課程綱要，
就已打破國別及王朝斷限，將歐洲史劃分成西洋文化醞釀期（黑暗時
代）、第一期（封建時代）、第二期（舊制度時代）及第三期（歐美
文明時代），這樣帶有文化形態意涵的結構。[57]加上先前對威爾斯《世

---

54 雷海宗，〈歷史的形態——文化歷程的討論〉、〈三個文化體系的形態——
　　埃及、希臘羅馬、歐西〉、〈獨具二週的中國文化——形態史學的看法〉，
　　收入江沛（編），《雷海宗文集》，頁306-310，311-315，316-319。
55 林同濟、雷海宗，《文化形態史觀》（上海：大東書局，1946），頁18-44。
56 朱延輝，〈我知道的雷海宗先生〉，收入南開大學歷史學院（編），《雷海
　　宗與二十世紀中國史學——雷海宗先生百年誕辰紀念文集》，頁119；章
　　克生，〈雷海宗師論斯賓格勒的《西方之沒落》〉，收入南開大學歷史學院
　　（編），《雷海宗與二十世紀中國史學——雷海宗先生百年誕辰紀念文
　　集》，頁122-123。
57 雷海宗著，王敦書整理、導讀，《西洋文化史綱要》（上海：上海古籍出
　　版社，2001）。本書是以雷海宗在武漢大學「歐洲通史（二）」課程的鉛
　　印題綱爲本，加上季平子提供1930年代雷海宗在清華大學西洋史課程的
　　部分手抄題綱補充而成。

界史綱》的書評，我們可以合理判斷，雷海宗早在1930年以前就已經在醞釀對於文化形態史觀的思考。

　　雷海宗雖受史賓格勒影響，卻不拘泥其學說，尤其是在論述中國歷史方面，發展出自己的「中國文化二週論」。他主張中國和世界其他文化不同，具有獨特的兩個週期：第一週從殷商、西周到西元383年的淝水之戰；第二週則從淝水之戰後的南北朝起，至當前的中日戰爭。早自〈斷代問題與中國歷史的分期〉起，雷海宗就開始闡述二週論，後來並多次修改精煉，如以〈中國文化的二週〉為題收入其1940年出版的專著《中國文化與中國的兵》，以及前述1942年《戰國》副刊的文章等。其史觀發展至此，依托當前抗戰的形勢而茁壯，具有強烈的現實意義及民族主義，甚至不時激勵讀者「建設一個第三週的偉局」。[58]此時雷海宗的立場，不僅絕非威爾斯式普世的、線性的進化史觀，也非史賓格勒式文化單一生命週期的文化形態史觀，而是強調中國歷史形態的獨特性，以及中國文化具有「衰而復生」潛力的民族主義式循環史觀了。[59]

五、何謂歷史：宇宙、禽獸與人類史

　　威爾斯《世界史綱》的另一項特色，就是從宇宙洪荒講起，包含

---

[58] 例如雷海宗，《中國文化與中國的兵》（上海：商務印書館，1940），頁200。另參見江沛，〈戰國策學派文化形態學理論述評——以雷海宗林同濟思想為主的分析〉，《南開學報》，2006年第4期（天津：2006年7月），頁41-42。

[59] 民族主義及文化保守主義在雷海宗等戰國策派學人思想的表現，見 Xin Fan, *World History and National Identity in China: The Twentieth Century*, pp. 76-83.

天地萬物及人類演化的史前時期，可說是一部名副其實的「世界」史。這種普世史式的敘事架構影響了1920至1930年代中國眾多通史書籍或教材的書寫。例如主持《世界史綱》中譯本校訂的何炳松所編撰的高級中學外國史教科書，開頭第一章「先史時代」，第一節就是地球和生物的起源。[60]另一部同樣是商務印書館發行的暢銷教科書，陳衡哲的《西洋史》，也以「先史時代」做為其首編，依序介紹地球和生物的起源、人類的始祖與文明的萌芽。陳衡哲並在例言指出：「自人類學明，而西洋歷史不從埃及始；自生物學明，而人類的歷史不從造物搏土為人始。」[61]雷海宗在〈斷代問題與中國歷史的分期〉便指出這個現象：

> 地下的發掘愈多，「古代」拉得愈長……但地下發現的史實太生硬，除了用生吞活剝的方法之外，萬難與傳統的歷史系統融合為一。專講埃及史或巴比倫史，還不覺得為難，一旦希求完備的通史，就感到進退窘迫。凡讀通史的人，對希臘以前時間非常長而篇幅非常短的一段都有莫名其妙的感想，幾萬言或十幾萬言讀過之後，仍是與未讀之前同樣的糊塗，仍不明白這些話到底與後來的發展有什麼關係。近年來更變本加厲，把民族血統完全間斷，文化系統線索不明的新石器時代與舊石器時代也加上去，甚至有人從開天闢地或天地未形之先講起，愈發使人懷疑史學到底有沒有範圍，是否一種大而無外的萬寶囊。[62]

---

60 何炳松，《新時代外國史》，上冊（上海：商務印書館，1929）。
61 陳衡哲，《西洋史》，第五版，上冊（上海：商務印書館，1926），序頁5。
62 雷海宗，〈斷代問題與中國歷史的分期〉，收入江沛（編），《雷海宗文集》，頁168-169。

原文「甚至有人從開天闢地或天地未形之先講起」這句尾有一個腳
註，雷海宗在其中明確指出威爾斯《世界史綱》是最早最著名的例
子，「近年來東西各國效顰的人不勝枚舉」。[63]

　　《世界史綱》如此起首的安排和威爾斯的學思背景息息相關。威
爾斯受理科大學教育出身，在赫胥黎門下學習生物學，對達爾文演化
論有深刻的科學認識，也終身服膺進化思想。《世界史綱》即為威爾
斯以進化史觀貫串整體的普世史作品。以進化史觀視角來看，人類也
是一種動物，和其他芸芸眾生同在地球這座舞臺上一起演化；從物種
到文化、社會，莫不受此規律支配。因此《世界史綱》以地球、生物
及人類的起源講起，一路鋪陳至人類文化及社會的起源，然後才是有
文字紀錄可稽的人類信史。這種宏大的世界歷史觀是18、19世紀以
降迅速發展的地質學、生物學等自然科學領域影響的產物。同時，人
類學、社會學等新興的社會科學，也以進化論為線索試圖構建「科學
化」的人類歷史圖景。[64]從威爾斯在《世界史綱》導言引用德國人文
地理學者拉策爾（Friedrich Ratzel, 1844-1904）之言：「名實相符之人
類歷史哲學，必從天體敘起以及於地球，必具萬物為一之真知——自
始自終以同一定律貫徹其單純之觀念」，[65]即可窺見這類在19世紀後期
興盛的以科學尋求自然與人類整體歷史規律的信念。

　　當中國知識分子在20世紀初欲建立新史學時，受時下思潮影

---

63 雷海宗，〈斷代問題與中國歷史的分期〉，收入江沛（編），《雷海宗文
　 集》，頁169。

64 Peter Bowler, *Evolution: The History of an Idea*, pp. 284-292, 297-307; George
　 Stocking, Jr., *Victorian Anthropology* (New York: Free Press, 1991); Henrika
　 Kuklick, *The Salvage Within: The Social History of British Anthropology, 1885-
　 1945* (Cambridge: Cambridge University Press, 1991), pp. 75-118.

65 韋爾斯著，梁思成等譯，《世界史綱》，導言頁1。

響，對於歷史的定義相較今日而言非常廣泛。他們參照的文獻除了西方來源，也有來自較早引入西方現代史學的日本。例如1919年柳詒徵在南京高等師範學校講授史學研究法，談到歷史的種類時，就引用日本學者浮田和民《西洋上古史》的說法，[66]稱歷史有廣狹二義：廣義的歷史即自然界一切進化之事物，狹義之歷史則專指人類社會之進化。柳詒徵並補充說，研究歷史「實當分人文與生物二大部」。[67]上述這種廣義與狹義歷史的分法，在1920至1930年代的史學著作或教本中，仍然常見沿用。《世界史綱》即是所謂廣義歷史在1920年代最具代表性的暢銷作。

　　雷海宗對於這種將人類外的事物也納入史學範疇的見解極不以為然。《世界史綱》開頭「講宇宙與禽獸史的十幾章」，雷海宗即宣稱「看不出牠們與人類史有甚麼關係」，甚至隱然有對生物演化論不置可否之意：

> 固然我們人類是由億萬年前的星霧中的原質所產生出來的，（科學家既然這樣說，我們不妨姑且也這樣承認，）固然沒有人之先世界上就有禽獸，（為免無謂的糾紛起見，這點也可不問而承認，）但生物如何會從星霧中漸漸演變出米，下等的生物如何會漸漸變成上等動物，甚至人類，（假設真有其事）我們是半點也不知道的。所以這些事並沒有解釋人類史的功用；我們又何苦去把牠們牽羊似

---

66 浮田和民，《西洋上古史》（東京：早稻田大學出版部，1905）。

67 柳詒徵，〈史學研究法〉，收入黃人望、柳詒徵、李季谷、姚從吾（撰），李孝遷（編校），《史學研究法未刊講義四種》（上海：上海古籍出版社，2016），頁59-60。

的牽來作人類史的小序呢？[68]

雷海宗治史關注的是文化——在文化形態史觀下各文化區域獨立發展的文化系統，因此承載文化的「人群」或者「民族」在他看來才是構成歷史的關鍵因素。雖然他承認「地方」也有歷史，但認爲那是地質學與自然地理學的範圍，與史學本身無關。一塊土地上若民族改變，則文化的線索中斷，雖是同一塊土地，也不是同一歷史了。所以在〈斷代問題與中國歷史的分期〉裡，他進一步質疑無論中國或西洋的「上古史」的定義。時下盛行的考古發掘，雖然能補充許多史前時期的材料，但在雷海宗看來，還是有很多無法釐清的疑慮。比如說，舊石器時代的人類和新石器時代的人類是否同一物種？他們彼此間有文化傳承嗎？就算新石器時代的人類和現代人是同一物種，文化線索也較可尋，但不見得某地的新石器文化與同一地後來的高等文化有連帶關係。因此雷海宗斷定：「關於任何地方的上古史或所謂『史前史』，即或民族文化都一貫相傳，最早也只能由新石器時代說起，前此的事實無論如何有趣，也不屬於史學的範圍。」[69]爲歷史的範圍劃下明確的界線。

雷海宗對史學範圍的決斷不是孤例。進入1930年代，愈來愈多史學著作明確定義史學的範圍僅限人類。就算仍提到廣義與狹義歷史的二分法，也承認研究廣義歷史是自然科學家的工作，不是史學家所能爲之。如何炳松於1930年初版的《通史新義》，就定義現代所謂歷史乃專指研究「過去人類事實」的科學；「動植物之過去事實不屬歷史範疇中」。在何炳松看來，所謂「自然的歷史」之概念，「至今已

---

68 雷海宗，〈書評：《世界史綱》〉，《史學》，創刊號，頁243-244。
69 雷海宗，〈斷代問題與中國歷史的分期〉，收入江沛（編），《雷海宗文集》，頁170。

廢而不用」。[70]

六、專業與通俗的對立

　　雷海宗對威爾斯的批評還牽涉到20世紀史學專業化的問題。今日學術界規範的研究方法與體制，無不追溯至19世紀在歐洲大學裡開始「科學化」及學科建制化的西方現代史學。在此過程中，歷史學成為一門學科，史學研究也變成一種新的職業。[71]同樣在東亞，無論是日本明治維新還是中國清末新政，先後引入西方學術及教育體制進行現代化改革。20世紀上半即是中國嘗試建立本土各種學科（包括史學）體制的關鍵時期，[72]尤其是1920年代，北京大學史學系在朱希祖主持下參考歐美史學改造課程架構，其他大學史學系紛紛仿效。國民政府北伐成功後，教育部設立大學課程標準起草委員會，擬將大學課程及設備進行標準化規範，令朱希祖、蔣廷黻、張其昀、徐則陵與雷海宗為歷史學科的審查及修訂委員。[73]除了大學，也有專門研究機構設立，如中央研究院歷史語言研究所在發掘新史料、建立新方法與學術制度等不同層面的貢獻。在專業化（職業化）的趨勢下，什麼人

---

70 何炳松，《通史新義》（上海：上海古籍出版社，2012），頁1。

71 格奧爾格・伊格爾斯（Georg Iggers）、王晴佳、蘇普里婭・穆赫吉（Supriya Mukherjee）著，楊豫、王晴佳譯，《全球史學史》，第二版（北京：北京大學出版社，2019），第3章，頁160-219。

72 學界對中國近代史學的轉型及建制化有很多專著討論，例如王汎森，《近代中國的史家與史學（增訂版）》（香港：三聯書店，2020）；桑兵，《晚清民國的學人與學術》（成都：四川人民出版社，2020）；劉龍心，《知識生產與傳播──近代中國史學的轉型》（臺北：三民書局，2019）。

73 王應憲編校，《現代大學史學系概覽（1912-1949）》，上冊（上海：上海古籍出版社，2016），前言頁3-4。

可以書寫歷史？該怎麼書寫歷史？這些是當時有志改革中國新史學的
史家必然關切的問題。雷海宗身為中國最早一代留洋取得博士學位的
職業歷史學家之一，返國後在多所大學擔任學科建設的早期工作，也
自然不例外。

　　雖然雷海宗並未在書評中明確申論以上問題，但欲劃清界線，將
威爾斯排除在史學家之外的用意相當明顯。他在「原著歷史觀的評
價」一節便開宗明義說：大家都知道威爾斯是小說家，並且是「富有
改造社會熱誠的小說家」，而《世界史綱》就是威爾斯「鼓吹世界大
同的一本小說傑作」。[74] 起手便定調《世界史綱》並不是由史學家所撰
的嚴肅史學著作。雷海宗接著在批評威爾斯將歷史等同西洋史時，也
歸咎於威爾斯是「西洋著作界一個富有普通常識而缺乏任何高深專門
知識的人」。[75] 這個評價和之前新文化運動知識分子對威爾斯的寬容大
相逕庭。例如早在1922年《新潮》對《世界史綱》英文版的書評，
羅家倫便在文末的編輯附言中稱讚：正因為威爾斯不是史學專家，才
能單槍匹馬「殺入歷史的領地如入無人之境」，「推翻歷史界許多舊
觀念，惹起歷史界許多新問題」。羅家倫並總結說威爾斯的思想雖不
精深，但讀其作品可以領略文學和當代思想，仍然是值得注意的作
者。[76] 前後相隔不過數年，兩者的訴求已大不相同——《新潮》重在
引進西方思潮開風氣，而雷海宗則是站在職業歷史學家的立場上批評
「門外漢」威爾斯，自然產生截然相反的評價。

　　批評威爾斯非史學專家的聲浪，中外皆然，雷海宗和此前不少西
方同行在這一點上意見相合。例如時任英國格拉斯哥大學希臘史講師

---

74 雷海宗，〈書評：《世界史綱》〉，《史學》，創刊號，頁245。
75 雷海宗，〈書評：《世界史綱》〉，《史學》，創刊號，頁248。
76 朱經，《世界史大綱（威爾斯著）》，《新潮》，卷3號2，頁50-52。

的古典學家岡姆（Arnold W. Gomme），撰寫《作為歷史學家的威爾斯》（*Mr. Wells as Historian*）批評《世界史綱》裡關於古希臘及羅馬的部分。岡姆在其書開頭指出：史學專家寫通史，難在容易偏重甚至誇張其所熟悉的時代領域，但至少清楚前因後果，也知道如何批判學術同儕的研究；反觀非專家，如置身茫茫大海，絲毫不明方向，還可能犯下錯誤引用文獻或方法的低級失誤——威爾斯正是犯了這類低級失誤。[77]《史地學報》也轉載報導美國中世紀歐洲科學史教授桑戴克（Lynn Thorndike）對《世界史綱》的攻擊，謂威爾斯沒直接接觸過一手史料，引用二手材料也經好幾手轉述，對史事沒有堅實的了解。因此威爾斯絕非史家，「至多但為歷史批評之堆積者」。[78]類似的評論在歐美屢見不鮮，雷海宗應該也相當熟悉。

　　從雷海宗的書評能清楚察覺上述「專業」與「通俗」對立的緊張關係。雷海宗認為《世界史綱》不是史書，做歷史研究時絕不能用來參照，還建議讀者《世界史綱》的正確用途，是將每章看做獨立的小冊，當做「通俗粗淺的參考書」，而不是「上下一致的世界史」。雷海宗並不否定《世界史綱》在通俗教育方面的價值。在重刊書評的附言裡，他便指出西方近年來像《世界史綱》一類的通識著作興盛，是由於19世紀以來各種學術太偏專門研究，「與平民完全斷絕關係」的後果。為了應付今日西洋社會大眾的求知需求，才會產生這麼多標榜

---

[77] A. W. Gomme, *Mr. Wells as Historian: An Inquiry into those parts of Mr. H. G. Wells's "Outline of History" which deal with Greece and Rome*, Glasgow: MacLehose, Jackson & Co., 1921, p. 3.

[78] 〈史地界消息：歷史類 6. 對於威爾思歷史大綱之攻擊〉，《史地學報》，卷2期3（1923年3月），頁128。桑戴克評論原文見：Lynn Thorndike, "Another Shot at Mr. Wells," *The Historical Outlook*, 13:7 (October 1922), pp. 233-235.

「大綱」的著作，而最初開此風氣的便是《世界史綱》。[79]故《世界史綱》不僅內容上顯示當代思潮，其風行現象也反映了知識普及的時代潮流。

七、結　論

本文重探雷海宗1928年對通俗史學暢銷作《世界史綱》的評論，分析此篇書評所顯示出的各種史學問題意識。由以上的分析，可知學界過往將注意力集中在雷海宗對歐洲中心主義的批評，窄化並侷限了對原文意義的理解。雷海宗確實反對歐洲中心主義，不過欲了解其批評的基礎，還是得回歸到文化形態史觀的脈絡方能清楚認識。其時雷海宗已醞釀對文化形態史觀的興趣，在此基礎上反對威爾斯式進化史觀所描繪的連貫整體「世界史」。另外，書評中亦顯示出對於歷史種類、歷史書寫時間上限範圍的取捨，以及專業與通俗史學之間的矛盾。因此雷海宗這篇書評，不僅只是回應當代西方世界史著作的歐洲中心主義問題，還反映出他生涯早期對於文化形態史觀與進化史觀的思考。

儘管雷海宗對《世界史綱》嚴厲批評，《世界史綱》在1920及1930年代風行暢銷的現象，還是使他難以完全繞開或無視這部作品。有趣的是，《世界史綱》的名氣及特殊體裁，倒使它成為教學上極佳的案例。1932年雷海宗至清華大學後，講授「史學方法」課程。據曾聽過此課的谷霽光的課堂筆記，雷海宗先論歷史著作之三成分：歷史之科學（對材料之分析工作）；歷史之哲學（以理論進行綜

---

79 雷海宗，〈書評：《世界史綱》〉，《史學》，創刊號，頁246-247。

合工作）；歷史之藝術（敘述之表現工作）。他特別舉《世界史綱》
爲例來解釋此三成分：

> 威爾士之《世界史綱》，其範圍甚廣。材料乃根據世界歷
> 史家結論而鑑別其輕重以成之，此爲編史，但亦費分析之
> 法。威氏提倡大同主義，又信進化論，所以將各不相屬之
> 文化一貫聯屬敘述，此其一線索；又反對戰爭與軍國主
> 義，主張戰爭爲進化之阻礙，此又一線索，爲其綜合功
> 夫。（現人固無人承認其價值，但示例而已。）威氏爲小
> 說家，下筆生動，故以小說寫歷史，亦覺有趣。其敘述分
> 配，亦爲其藝術之手段。[80]

可見雷海宗在課堂上還是公允地評價《世界史綱》，分析威爾斯在這
三方面的表現，尤其肯定其藝術方面的成就。雷海宗所不認同《世界
史綱》者，唯針對其歷史哲學，即解釋材料之綜合工作。正好在此三
成分中，雷海宗最重視哲學，稱綜合爲史學主體。

　　《世界史綱》書評雖僅是雷海宗學術生涯起點一篇半長不短的文
章，卻預示了其治史的特色及方向。雷海宗的史學在民國時期別樹一
格：他治學興趣廣泛，研究雖始於歐洲近代思想史，返國後卻跨足中
國史，又好講長時段的通史、上古史，做中西文化形態比較。這樣的
治史風格難免有博而不精的爭議，常遭時人批評爲好談大處而考據過
於簡略，尤其是在處理中國史方面，如吳晗在西南聯大期間便曾表示
對雷海宗的譏彈之意。[81]雷海宗非常重視歷史哲學之綜合工作，又在
史賓格勒文化形態學基礎上發揮自己的理論，著述寧可簡約而不願堆

---

80 谷霽光筆記，王敦書整理，〈「史學方法」課堂筆記〉，收入江沛（編），
　《雷海宗文集》（天津：南開大學出版社，2019），頁 673-674。
81 何炳棣，《讀史閱世六十年》（北京：中華書局，2012），頁 112-113。

砌事實。其治學方法與當時以傅斯年爲代表的史料考證派史家不合。
吳晗深受胡適、傅斯年等人提攜,治史方法上與雷海宗有別,對雷自
然無甚好評。[82]

　　以雷海宗代表性的「中國文化二週論」來說,大膽創新有餘,但
在以考據成主流的史學研究標準下,難說是嚴謹的學術論述,容易淪
爲威爾斯所犯的「自圓其說」。這並不是說雷海宗的史學一無可取。
如本文所分析,當中國史學界在1920及1930年代摸索著如何建設現
代化的新史學的過程中,雷海宗對於上古史、西洋史及世界史等概念
的正名,能在尋常史家未注意之處提出發人省思的問題。這些思想線
索都能從其生涯早期對《世界史綱》的書評看出端倪。筆者以爲雷海
宗的長處便在於開思潮風氣。在這點上,雷海宗倒是與他當初批評的
威爾斯不約而同了。

---

82 除了治史方法差異,也可能由於政治因素。吳晗在西南聯大期間加入中國
　民主同盟,親近共產黨;同時雷海宗加入國民黨,其參與的「戰國策」學
　派言論也屢被共產黨人批評爲宣傳法西斯主義。

徵引書目

史料

丁文江、趙豐田編，歐陽哲生整理，《梁任公先生年譜長編（初稿）》，北京：中華書局，2010。

王雲五，〈序〉，收入韋爾斯（著），梁思成等（譯），《世界史綱》，上海：商務印書館，1927。

王應憲編校，《現代大學史學系概覽（1912-1949）》，上冊，上海：上海古籍出版社，2016。

北京圖書館編，《民國時期總書目（1911-1949）：歷史・傳記・考古・地理》，上冊，北京：書目文獻出版社，1994。

朱延輝，〈我知道的雷海宗先生〉，收入南開大學歷史學院（編），《雷海宗與二十世紀中國史學——雷海宗先生百年誕辰紀念文集》，北京：中華書局，2005，頁119-121。

何炳松，《新時代外國史》，上冊，上海：商務印書館，1929。

何炳松，《通史新義》，上海：上海古籍出版社，2012。

何炳棣，《讀史閱世六十年》，北京：中華書局，2012。

谷霽光筆記，王敦書整理，〈「史學方法」課堂筆記〉，收入江沛（編），《雷海宗文集》，天津：南開大學出版社，2019，頁672-693。

林同濟、雷海宗，《文化形態史觀》，上海：大東書局，1946。

浮田和民，《西洋上古史》，東京：早稻田大學出版部，1905。

韋爾斯著，梁思成等譯，《世界史綱》，上海：商務印書館，1935。

柳詒徵，〈史學研究法〉，收入黃人望、柳詒徵、李季谷、姚從吾（撰），李孝遷（編校），《史學研究法未刊講義四種》，上海：上海古籍出版社，2016，頁55-85。

馬瑞潔、江沛，〈雷海宗年譜簡編〉，收入江沛（編），《雷海宗文集》，頁694-708。

章克生，〈雷海宗師論斯賓格勒的《西方之沒落》〉，收入南開大學歷史學院（編），《雷海宗與二十世紀中國史學——雷海宗先生百年誕辰紀念文集》，頁122-125。

陳衡哲，《西洋史》，第五版，上冊，上海：商務印書館，1926。

雷海宗，〈殷周年代考〉，收入江沛（編），《雷海宗文集》，頁38-45。

雷海宗，〈斷代問題與中國歷史的分期〉，收入江沛（編），《雷海宗文集》，頁167-186。

雷海宗，〈歷史的形態——文化歷程的討論〉，收入江沛（編），《雷海宗文

集》，頁306-310。

雷海宗，〈三個文化體系的形態——埃及、希臘羅馬、歐西〉，收入江沛（編），《雷海宗文集》，頁311-315。

雷海宗，〈獨具二週的中國文化——形態史學的看法〉，收入江沛（編），《雷海宗文集》，頁316-319。

雷海宗，《中國文化與中國的兵》，上海：商務印書館，1940。

雷海宗著，王敦書整理、導讀，《西洋文化史綱要》，上海：上海古籍出版社，2001。

蔣孟引，〈雷海宗先生給我的教益〉，收入南開大學歷史學院編，《雷海宗與二十世紀中國史學——雷海宗先生百年誕辰紀念文集》，頁113-114。

Gomme, A. W. *Mr. Wells as Historian: An Inquiry into those parts of Mr. H. G. Wells's "Outline of History" which deal with Greece and Rome*, Glasgow: MacLehose, Jackson & Co., 1921.

Wells, H. G., *The Open Conspiracy: Blue Print for a World Revolution*. London: Gollancz, 1933.

報刊

《小說月報》（上海：商務印書館），1921。

《少年中國》（上海：少年中國學會），1921。

《文哲季刊》（武漢：武漢大學），卷2號1，1931。

《中央研究院歷史語言研究所集刊》（廣州），本1分1，1928。

《史地學報》（上海：南京高等師範學校史地研究會），1922-1923。

《史學》（上海：國立中央大學史學系），期1，1930。

《改造》（上海），卷4期5，1922。

《社會科學》（北平：清華大學），卷2期1，1936。

《東方雜誌》（上海：商務印書館），卷18號13，1921。

《新潮》（北京：新潮社），1919-1922。

《清華學報》（北京：清華學校），卷4，1927。

《粵秀文曇》（廣州：粵秀出版社），卷1期6，1946。

The Chinese Social and Political Science Review, vol. 15, no. 2, 1931.

The Historical Outlook (Philadelphia), vol. 13, no. 7, 1922.

專著

王汎森著，王曉冰譯，《傅斯年：中國近代歷史與政治中的個體生命》，臺

北：聯經出版公司，2013。

吳忠良，《傳統與現代之間——南高史地學派研究》，北京：華齡出版社，2006。

格奧爾格・伊格爾斯（Georg Iggers）、王晴佳、蘇普里婭・穆赫吉（Supriya Mukherjee）著，楊豫、王晴佳譯，《全球史學史》，第二版，北京：北京大學出版社，2019。

桑兵，《晚清民國的學人與學術》，成都：四川人民出版社，2020。

劉龍心，《知識生產與傳播——近代中國史學的轉型》，臺北：三民書局，2019。

Blaut, James M. *The Colonizer's Model of the World: Geographical Diffusionism and Eurocentric History*. New York: Guilford Press, 1993.

Bowler, Peter. *Evolution: The History of An Idea*. Berkeley: University of California Press, 2009.

Bury, J. B. *The Idea of Progress: An Inquiry into Its Origin and Growth*. London: McMillan & Co., 1920.

Fan, Xin. *World History and National Identity in China: The Twentieth Century*. Cambridge: Cambridge University Press, 2021.

Goody, Jack. *The Theft of History*. Cambridge: Cambridge University Press, 2007.

Kuklick, Henrika. *The Salvage Within: The Social History of British Anthropology, 1885-1945*. Cambridge: Cambridge University Press, 1991.

Reed, John. *The Natural History of H. G. Wells*. Athens, Ohio: Ohio University Press, 1982.

Rössler, Martin, *Die deutschsprachige Ethnologie bis ca. 1960: Ein historischer Abriss*. Cologne: Department of Cultural and Social Anthropology, University of Cologne, 2007.

Sherborne, Michael. *H. G. Wells: Another Kind of Life*. London: Peter Owen, 2010.

Stocking, George Jr. *Victorian Anthropology*. New York: Free Press, 1991.

論文

王汎森，〈錢穆與民國學風〉，收入王汎森著，《近代中國的史家與史學（增訂版）》，香港：三聯書店，2020，頁195-248。

王汎森，〈近代史家的研究風格與內在緊張〉，《近代中國的史家與史學（增訂版）》，頁267-298。

王敦書，〈斯賓格勒的文化形態史觀在華之最初傳播——吳宓題英文本《斯賓格勒之文化論》手跡讀後〉，《歷史研究》，2002年第4期，2004年8

月，頁180-185。

王晴佳，〈錢穆與科學史學之離合關係1926~1950〉，《臺大歷史學報》，期
　　26，2000年12月，頁121-149。

王晴佳，〈從整理國故到再造文明：五四時期史學革新的現代意義〉，收入張
　　國剛主編，《中國社會歷史評論》，輯5，北京：商務印書館，2007，頁
　　127-138。

江沛，〈戰國策學派文化形態學理論述評──以雷海宗、林同濟思想為主的
　　分析〉，《南開學報》，2006年第4期，2006年7月，頁37-43。

朱慈恩，〈略論韋爾斯及其《世界史綱》在中國的影響〉，《廊坊師範學院學
　　報（社會科學版）》，卷29期5，2013年10月，頁60-64。

任東波，〈「歐洲中心論」與世界史研究──兼論世界史研究中的「中國學
　　派」問題〉，《史學理論研究》，2006年第1期，2006年1月，頁41-52。

竹元規人，〈雷海宗對《古史辨》第二冊的書評：翻譯和解讀〉，收入南開大
　　學歷史學院、中國世界古代中世紀史研究會編，《紀念雷海宗先生誕辰
　　一百一十周年──中國第四屆世界古代史國際學術研討會論文集》，北
　　京：中華書局，2016，頁91-100。

余英時著，羅群譯，〈20世紀中國國史概念的變遷〉，收入余英時著，何俊
　　編，《人文與理性的中國》，臺北：聯經出版公司，2008，頁565-588。

李孝遷，〈印象與真相：柳詒徵史學新論──從發現《史學研究法》未刊講
　　義說起〉，《史林》，2017年第4期，2017年8月，頁120-135。

李長林，〈斯賓格勒「文化形態史觀」在中國的早期傳播〉，《歷史研究》，
　　2004年第6期，2004年12月，頁162-165。

吳延民，〈民國以來國內史學界對歐洲中心論的批評〉，《史學理論研究》，
　　2015年第4期，2015年10月，頁116-126。

馬克垚，〈困境與反思：「歐洲中心論」的破除與世界史的創立〉，《歷史研
　　究》，2006年第3期，2006年6月，頁3-22。

馬克堯，〈威爾斯《世界史綱》評介〉，《讀書》，1982年第12期（北京：
　　1982年6月），頁45-52。

陳志強，〈雷海宗批評「歐洲中心論」──以〈評漢譯韋爾斯著《世界史
　　綱》〉為例〉，《史學理論研究》，2012年第3期（北京：2012年7月），
　　頁128-132。

陳娟，〈威爾斯在現代中國的譯介〉，《新文學史料》，2012年第1期，2012
　　年2月，頁152-156。

陳惠芬，〈文化形態史觀與國史研究：論雷海宗的史學〉，《臺灣師大歷史學
　　報》，期16，1988年6月，頁255-284。

黃相輔，〈威爾斯《世界史綱》的寫作、譯介與中國史〉，《中央研究院近代史研究所集刊》，期115，2022年3月，頁161-199。

張廣智，〈西方文化形態史觀的中國回應〉，《復旦學報（社會科學版）》，2004年第1期，2004年1月，頁30-39。

葛兆光，〈《新史學》之後——1929年的中國歷史學界〉，《歷史研究》，2003年第1期，2003年2月，頁82-97。

Barnett, Richard. "Education or Degeneration: E. Ray Lankester, H. G. Wells and *The Outline of History*'" *Studies of History and Philosophy of Biological and Biomedical Sciences*, vol. 37 (2006), pp. 203-229.

Engels, David. "Oswald Spengler and the Decline of the West," in Mark Sedgwick, ed., *Key Thinkers of the Radical Right: Behind the New Threat to Liberal Democracy* (Oxford: Oxford University Press, 2019), pp. 3-21.

Farrenkopf, John. "The Transformation of Spengler's Philosophy of World History," *Journal of the History of Ideas*, vol. 52, no. 3 (July-September, 1991), pp. 463-485.

Fink, Sebastian. and Robert Rollinger, "Einleitung: Oswald Spenglers Kulturmorphologie – eine multiperspektivische Annäherung," in Sebastian Fink and Robert Rollinger, eds., *Oswald Spenglers Kulturmorphologie: Eine multiperspektivische Annäherung* (Wiesbaden: Springer VS, 2018), pp. 1-7.

Jonsson, Emelie. "The Human Species and the Good Gripping Dreams of H. G. Wells," *Style*, vol. 47, no. 3 (Fall 2013), pp. 296-315.

Evolution and Universality: Lei Haizong's critique of *The Outline of History*

Hsiang-Fu Huang *

Abstract

The Outline of History by the English writer H. G. Wells was a bestseller of popular world history in the first half of the twentieth century. The *Outline* narrates a universal history from the origin of life to the development of human civilizations from an evolutionary perspective. It received a mixed reception and was criticized by many scholars, including a book review by Lei Haizong first published in 1928. By focusing on Lei's book review of the *Outline*, this article explores the intellectual and historical contexts of his early historical writings. Most scholarly discussions of Lei's critique of the *Outline* have always focused on his criticism about Eurocentrism. However, Lei's critique also touched on more aspects, including the conflict between his historical view of cultural morphology and the evolution, the scope of historiography, and the tension between professional and popular historians. Lei was influenced by Oswald Spengler's cultural morphology and regarded human history was not a continuous whole but that each regional culture systems developed independently. Therefore, he rejected the possibility of universal history writing and excluded the prehistoric era when the clues of human cultures are not clear from history. At that time, Lei had just graduated and returned to China. His research had turned to ancient Chinese history, which was not his original expertise, so his writing had the motivation of establishing a reputation under the pressure of his peers.

Keywords: H. G. Wells, Lei Haizong, cultural morphology, evolution, universal history

《思想史》稿約

1. 舉凡歷史上有關思想、概念、價值、理念、文化創造及其反思、甚至對制度設計、音樂、藝術作品、工藝器具等之歷史理解與詮釋，都在歡迎之列。

2. 發表園地全面公開，竭誠歡迎海內外學者賜稿。

3. 本學報為年刊，每年出版，歡迎隨時賜稿。來稿將由本學報編輯委員會初審後，再送交至少二位專家學者評審。評審人寫出審稿意見書後，再由編委會逐一討論是否採用。審查採雙匿名方式，作者與評審人之姓名互不透露。

4. 本學報兼收中（繁或簡體）英文稿，來稿請務必按照本刊〈撰稿格式〉寫作。中文論文以二萬至四萬字為原則，英文論文以十五頁至四十頁打字稿為原則，格式請參考 *Modern Intellectual History*。其他各類文稿，中文請勿超過一萬字，英文請勿超過十五頁。特約稿件則不在此限。

5. 請勿一稿兩投。來稿以未曾發表者為限，會議論文請查明該會議無出版論文集計畫。本學報當儘速通知作者審查結果，然恕不退還來稿。

6. 論文中牽涉版權部分（如圖片及較長之引文），請事先取得原作者或出版者書面同意，本學報不負版權責任。

7. 來稿刊出之後，不付稿酬，一律贈書2本。

8. 來稿請務必包含中英文篇名、投稿者之中英文姓名。論著稿請附

中、英文提要各約五百字、中英文關鍵詞至多五個;中文書評請
加附該書作者及書名之英譯。

9. 來稿請用眞實姓名,並附工作單位、職稱、通訊地址、電話、電
子郵件信箱地址與傳眞號碼。

10. 投稿及聯絡電子郵件帳號:intellectual.history2013@gmail.com。

《思想史》撰稿格式

（2013/08 修訂）

1. 橫式（由左至右）寫作。
2. 請用新式標點符號。「 」用於平常引號，『 』用於引號內之引號；
   《 》用於書名，〈 〉用於論文及篇名；英文書名用 Italic；論文篇
   名用 " "；古籍之書名與篇名連用時，可省略篇名符號，如《史
   記・刺客列傳》。
3. 獨立引文每行低三格（楷書）；不必加引號。
4. 年代、計數，請使用阿拉伯數字。
5. 圖表照片請注明資料來源，並以阿拉伯數字編號，引用時請注明
   編號，勿使用 "如前圖"、"見右表" 等表示方法。
6. 請勿使用："同上"、"同前引書"、"同前書"、"同前揭書"、
   "同注幾引書"，"ibid.,"，"Op. cit.,"，"loc. cit.,"，"idem" 等。
7. 引用專書或論文，請依序注明作者、書名（或篇名）、出版項。
   A. 中日文專書：作者，《書名》（出版地：出版者，年份），頁碼。
      如：余英時，《中國文化史通釋》（香港：牛津大學出版社，
      2010），頁 1-12。
      如：林毓生，〈史華慈思想史學的意義〉，收入許紀霖等編，
      《史華慈論中國》（北京：新星出版社，2006），頁 237-246。

B. 引用原版或影印版古籍，請注明版本與卷頁。

如：王鳴盛，《十七史商榷》（台北：樂天出版社，1972），卷12，頁1。

如：王道，《王文定公遺書》（明萬曆己酉朱延禧南京刊本，臺北國家圖書館藏），卷1，頁2a。

C. 引用叢書古籍：作者，《書名》，收入《叢書名》冊數（出版地：出版者，年份），卷數，〈篇名〉，頁碼。

如：袁甫，《蒙齋集》，收入《景印文淵閣四庫全書》第1175冊（台北：臺灣商務印書館，1983），卷5，〈論史宅之奏〉，頁11a。

D. 中日韓文論文：作者，〈篇名〉，《期刊名稱》，卷：期（出版地，年份），頁碼。

如：王德權，〈「核心集團與核心區」理論的檢討〉，《政治大學歷史學報》，25（台北，2006），頁147-176，引自頁147-151。

如：桑兵，〈民國學界的老輩〉，《歷史研究》，2005：6（北京，2005），頁3-24，引自頁3-4。

E. 西文專書：作者—書名—出版地點—出版公司—出版年分。

如：Samuel P. Huntington, *Political Order in Changing Societies* (New Haven: Yale University Press, 1968), pp. 102-103.

F. 西文論文：作者—篇名—期刊卷期—年月—頁碼。

如：Hoyt Tillman, "A New Direction in Confucian Scholarship: Approaches to Examining the Differences between Neo-Confucianism and Tao-hsüeh," *Philosophy East and West*, 42:3 (July 1992), pp. 455-474.

G. 報紙：〈標題〉—《報紙名稱》（出版地）—年月日—版頁。

〈要聞：副總統嚴禁祕密結社之條件〉，《時報出版公司》（上

海），2922號，1912年8月4日，3版。

"Auditorium to Present Special Holiday Program," *The China Press* (Shanghai), 4 Jul. 1930, p. 7.

H. 網路資源：作者—《網頁標題》—《網站發行機構／網站名》—發行日期／最後更新日期—網址（查詢日期）。

倪孟安等，〈學人專訪：司徒琳教授訪談錄〉，《明清研究通訊》第5期，發行日期2010/03/15，http://mingching.sinica.edu.tw/newsletter/005/interview-lynn.htm（檢閱日期：2013/07/30）。

8. 本刊之漢字拼音方式，以尊重作者所使用者為原則。

9. 本刊為雙匿名審稿制，故來稿不可有「拙作」一類可使審查者得知作者身分的敘述。

思想史

思想史 12 史思傳薪：紀念余英時院士專號

2023年12月初版　　　　　　　　　　　　定價：新臺幣750元
有著作權・翻印必究
Printed in Taiwan.

編　　　著	思想史編委會
叢書主編	沙　淑　芬
內文排版	菩　薩　蠻
封面設計	廖　婉　如

出　版　者	聯經出版事業股份有限公司	副總編輯	陳　逸　華
地　　　址	新北市汐止區大同路一段369號1樓	總編輯	涂　豐　恩
叢書主編電話	(02)86925588轉5310	總經理	陳　芝　宇
台北聯經書房	台北市新生南路三段94號	社　長	羅　國　俊
電　　　話	(02)23620308	發行人	林　載　爵
郵政劃撥帳戶	第0100559-3號		
郵撥電話	(02)23620308		
印　刷　者	世和印製企業有限公司		
總　經　銷	聯合發行股份有限公司		
發　行　所	新北市新店區寶橋路235巷6弄6號2樓		
電　　　話	(02)29178022		

行政院新聞局出版事業登記證局版臺業字第0130號

本書如有缺頁，破損，倒裝請寄回台北聯經書房更換。　　ISBN 978-957-08-7168-5 (平裝)
聯經網址：www.linkingbooks.com.tw
電子信箱：linking@udngroup.com

國家圖書館出版品預行編目資料

思想史 12 史思傳薪：紀念余英時院士專號/思想史編委會
編著 . 初版 . 新北市 . 聯經 . 2023年12月 . 460面 . 14.8×21公分
（思想史：12）
ISBN 978-957-08-7168-5（平裝）

1.CST：思想史　2.CST：文集

110.7　　　　　　　　　　　　　　　　112018184